1+X职业技术·职业资格电子商务师认证教材
高职高专"十二五"电子商务专业规划教材

电子商务管理

主　编　陈文培
副主编　程渊敏

上海财经大学出版社

图书在版编目(CIP)数据

电子商务管理/陈文培主编. —上海:上海财经大学出版社,2013.4
(1+X职业技术·职业资格电子商务师认证教材)
(高职高专"十二五"电子商务专业规划教材)
ISBN 978-7-5642-1571-2/F·1571

Ⅰ.①电… Ⅱ.①陈… Ⅲ.①电子商务-经济管理-高等职业教育-教材 Ⅳ.①F713.36

中国版本图书馆 CIP 数据核字(2013)第 024444 号

□ 责任编辑　台啸天
□ 电　　话　021-65904706
□ 电子邮箱　sufep@126.com
□ 封面设计　张克瑶
□ 责任校对　赵　伟　胡　芸　廖沛昕

DIANZI SHANGWU GUANLI
电 子 商 务 管 理

主　编　陈文培
副主编　程渊敏

上海财经大学出版社出版发行
(上海市武东路 321 号乙　邮编 200434)
网　　址:http://www.sufep.com
电子邮箱:webmaster @ sufep.com
全国新华书店经销
同济大学印刷厂印刷
上海远大印务发展有限公司装订
2013 年 4 月第 1 版　2013 年 4 月第 1 次印刷

787mm×1092mm　1/16　22.5 印张　576 千字
印数:0 001—4 000　定价:43.00 元
(本书有电子课件和参考答案,欢迎向责任编辑索取)

前　言

电子商务专业的学生学完本教程之后,第一要能够自己上网开店,第二能够考取一张电子商务师(三级)国家职业资格证书。本着这一宗旨,我们编写了本教材。

艾瑞咨询数据显示,2012 年中国电子商务市场交易规模达 8.1 万亿元;从市场结构来看,网络购物突破亿元大关,占比较 2011 年提升。艾瑞咨询分析认为,2012 年中国网络购物市场份额有所提升,其因素是核心电商企业通过各种形式的促销,深入挖掘网购用户的消费潜力,从而带动了网购市场的快速增长。仅"双十一",天猫、淘宝就创下了 191 亿元的交易业绩,远超美国 2012 年"网购星期一"15 亿美元交易额水平。未来随着传统企业大规模进入电商行业、移动互联网的快速发展,促使移动购物日益便捷,中国网络购物市场整体还将保持较快增长速度。[1]

网络购物正以其价格低廉、品种丰富、购买方便等特性,成为越来越多人的首选购物方式。如此诱人的市场,更让不少人决定在网上开一家小店,开创一番全新的事业。

随着电子商务在我国的迅速发展,政府、行业和企业对电子商务的重视程度不断提高,我国高校电子商务人才培养的任务也不断加重。电子商务是研究如何利用互联网技术和信息处理技术使商务过程发生深刻变化的学科,也是一门处于发展时期、并不断把人们对它的关注和研究引向纵深领域的学科。电子商务是适应社会经济发展的需要而产生的新兴学科专业。在电子商务的理论研究和教学实践过程中,国内外的专家和学者们在专业教育课程体系、知识结构、技能培养、电子商务的理论与技术发展对电子商务专业教育的促进等方面取得了许多研究成果。这些成果对提高高等学校电子商务专业的教学与实践水平发挥着越来越大的作用。

本书特色:

1. 全新的教学模式,以故事引导式为主线,以任务驱动为导向展开

本教材以大学生王东东在网上开店创业为主线,详细介绍了电子商务的基本原理并配上一个全新的电子商务平台 EcStore,全真模拟电子商务网店的开设、经营和管理。所有知识点以项目任务书展开,通过生动有趣的情景介绍及项目制作不知不觉中将所有电子商务理念融入其中,给人以耳目一新的感觉。

2. 结合最新的职业鉴定要求及考试大纲展开

本教材的内容充分反映了当前从事职业活动所需要的最新核心知识与技能,较好地体现了科学性、先进性与前瞻性。随附的指导练习册更能突出考核要求及方式。可供职业院校师

---

[1] 转载自亿邦动力网,http://www.ebrun.com/20130131/67195.shtml。

生,以及相关从业人员报考电子商务师(三级)国家职业资格考试、参加岗位、就业培训使用。

根据职业教育要走项目引领、双证融通之路,教材紧扣上海市人力资源和社会保障局上海市职业技能鉴定中心于2012年提升的电子商务师(三级)的鉴定要求、鉴定细目表和鉴定题库,可以作为上海市电子商务师(三级)培训、实训和考试的教材。

3. 全新的网上教程,以视频、讲解、练习为主线展开

本书除了教材及指导练习册外还制作了相关的网上教程,对EcStore的功能分八个模块介绍。教程中知识点难点突出,并有图文并茂的讲解、视频及课后练习,使读者有较大的收益。

本教材由陈文培任主编,程渊敏任副主编,编者有:陈楠,邢开东,陈岚,陈倩。

教材的编写是一项探索性的工作,由于时间紧迫,不足之处在所难免,欢迎各使用单位及个人对教材提出宝贵意见和建议。

本教材中所引用的EcStore电子商务软件属上海商派网络技术有限公司所有,并受《中华人民共和国著作权法》和其他有关法律、法规的保护,仅供本教材作为教学演示平台使用,不得用于商业用途。

EcStore是上海商派推出的基于新一代的"电子商务解决方案驱动引擎"ECOS开发的企业级开源网上商店系统,该系统融合ShopEx在电子商务领域多年的行业经验,为企业提供快速搭建网店的解决方案,提供安全、稳定的底层架构。EcStore作为ShopEx最新发布的产品,以其开放性、拓展性、安全性、高性能等特性立足国内中高端企业用户市场,相信EcStore的问世,将成为ShopEx服务于国内电商行业的又一巅峰利器。

编者
2013年2月

目　录

前言 ·· 1

项目一　搭建网店 ·· 1
　　场景介绍 ··· 1
　　技能列表 ··· 1
　　知识准备 ··· 1
　　项目规划 ··· 21
　　项目执行 ··· 22

项目二　后台配置 ·· 37
　　场景介绍 ··· 37
　　技能列表 ··· 37
　　知识准备 ··· 37
　　项目规划 ··· 48
　　项目执行 ··· 48

项目三　商品的上架与管理 ·· 88
　　场景介绍 ··· 88
　　技能列表 ··· 88
　　知识准备 ··· 88
　　项目规划 ··· 94
　　项目执行 ··· 94

项目四　商品促销 ·· 133
　　场景介绍 ··· 133
　　技能列表 ··· 133
　　知识准备 ··· 133
　　项目规划 ··· 144
　　项目执行 ··· 144

项目五　会员管理 ·· 165
　　场景介绍 ··· 165
　　技能列表 ··· 165

知识准备 ··· 165
　　项目规划 ··· 176
　　项目执行 ··· 176

项目六　店铺整修 ·· 191
　　场景介绍 ··· 191
　　技能列表 ··· 191
　　知识准备 ··· 191
　　项目规划 ··· 197
　　项目执行 ··· 197

项目七　订单管理 ·· 229
　　场景介绍 ··· 229
　　技能列表 ··· 229
　　知识准备 ··· 229
　　项目规划 ··· 234
　　项目执行 ··· 234

项目八　网上调查、统计和报表 ·· 260
　　场景介绍 ··· 260
　　技能列表 ··· 260
　　知识准备 ··· 260
　　项目规划 ··· 268
　　项目执行 ··· 269

电子商务管理认证复习题 ·· 280

附录　电子商务常用专业术语 ·· 349

主要参考文献 ··· 352

项目一　搭建网店

【场景介绍】

王东东,一个以电子商务网店起家的创业大学生,在经历了"心意网"创办、运营、挫折之后已经渐渐成长为一个有一定经验的店主。然而随着网上商场不断地兴起,消费者的要求也越来越挑剔。网店的打折活动成了主题,可带来的不是更多客户的光顾而是卖家利润的削减。所谓"物竞天择,适者生存",为了迎接电子商务的"凛冬将至",王东东做出了全新的选择……

【技能列表】

序　号	技　能	重要性
1	企业网站构建的目标	★★★☆☆
2	电子商务网站设计与管理的可行性分析	★★★★★
3	电子商务网站策划的基本原则	★★★☆☆
4	全新的电子商务平台介绍	★★★★★

【知识准备】

1. 电子商务网站构建的目标

电子商务是当今新兴的商务模式,从不同的角度出发有不同的定义。可以理解为以互联网为依托,借助一定的信用支付手段,在网络上进行产品的购销、费用支付及其他商务活动等。电子商务是未来经济形式发展的大趋势,目标是实现交易信息的网络化和电子化,企业上网通常都会加入到网上的某个行业协会网站或商业网站中,成为会员或网员。在行业协会网站或商业网站上发布供求信息,获取有关政策和市场信息,享受相关服务。企业建立网站,从销售的观点看,可以减少交易的中间环节,降低成本。企业网站还可以扩建成为网上销售和售前售后咨询服务中心。

但是,企业构建网站并不能"随波逐流",我们必须结合本企业的具体情况,明确企业建站的真实目的。只有把网络技术同企业管理体系、工作流程和商务动作实现紧密地集成,才能真正发挥企业网站的作用。一个企业建网的最终目的和它的经营目的应该是一致的,就是通过企业网站来降低企业的管理成本和交易成本以及通过开展电子商务活动来获得更多的利润。明确了这一目标,才能正确地开发和经营这个网站,并使其为企业服务,否则,建站过程中的各种投入不仅得不到回报,而且会丧失在网络空间发展的机会。

基于电子商务网站的功能,企业构建电子商务网站一般有以下几种目的。

(1) 面向客户,提供详尽的产品信息或服务介绍,方便客户的信息索取,极大地节省业务接待、咨询和回应的负担及费用。这方面成功的例子如微软公司,其庞杂多样的产品系列如果不是依靠其详尽的网站来进行全面细致的介绍,不知该公司要在全球配备多少高级的专职业务接待人员,才能满足客户的咨询要求。

(2) 面向客户,提供产品或服务的预定或咨询接待。这方面成功的案例如网上预定外卖食品的必胜客(http://www.pizzahut.com),以及像思科公司的网上预订产品的业务等。此类网站目前在我们国内主要集中在酒店、旅行社、航空公司等。

(3) 面向客户,提供售后服务或动态服务状态查询,更高层次地满足客户需求。这方面的成功例子如美国联邦快递公司提供给客户在网上自行管理和跟踪货物的网上查询服务系统。国内也有这方面的相关应用,如现在各大商业银行提供的客户在线查询账户余额服务,上海移动通信公司提供的自助服务等。

(4) 面向客户,直接进行销售,直至完成支付与运输安排。成功的案例是美国戴尔电脑公司进行的网上电脑直销。另外像国外的网上书店亚马逊(Amazon.com),国内的当当网上书店等都取得了巨大的成功。

(5) 面向媒体和股东,作为企业公共关系的重要窗口,宣传企业的最新动态和经营状况。这方面特别在国外的一些上市公司,在其网站上都设有公司新闻(Corporate News)和投资者专递(Investor Relations)栏目,成为企业对外公布消息的正式渠道和准确来源。另外,现在国内外政府部门已经将其网站作为其公布正式法令和通告的正式渠道,对自己和公众两方面都受益无穷。

(6) 面向企业内部,建立销售信息网络(或称业务级网络),提高销售能力,促进销售信息管理,及时掌握市场动态和情报,包括提高地方市场和办事机构的信息沟通、处理和管理能力。企业内部电子商务的实现常常通过跨越内联网或公司门户得以实现(链接 Web 的网关)。

(7) 面向企业内部,建立售后服务信息网络(或称售后级网络),提高企业提供售后或配套服务的效率与能力,加强管理,及时发现情况并进行处理,提高相关部门的调度能力。这方面是以上销售信息网络的扩展,一般包括更广阔的范围和综合通信手段的使用,帮助企业达成销售和售后一条龙服务和销售信息的更大范围利用和管理。成功的例子如美国一些成功的储运公司,利用综合信息网络高效灵活地调度有限的运力,极大地提高了竞争能力,降低了成本。

(8) 面向企业内部,建立管理信息系统(或称知识级网络),促进信息的共享,降低成本和开发研究周期,提高信息处理能力和效率。这方面主要强调了企业整体的办公自动化程度,以及整体的信息处理、管理和共享的能力。

(9) 面向企业内部,建立虚拟企业管理环境(或称管理级网络),规范岗位责任和工作模式,建立规范和自动化的内部管理流程,完善内部管理机制。

(10) 面向企业内部,建立生产、供销、储运、开发、人事、财务等全面的企业资源计划管理系统(或称运营级网络),将整体企业运作反映在电子网络中,并完全依赖电子网络进行企业运作。这就是一般经常提到的 ERP 或 MIS,强调的是管理体系和电子网络的完全融合。

(11) 面向供应商或 OEM 厂商,建立电子采购模式和环境,提高供应商工作规范和供应配合密切程度,降低外围成本。

(12) 面向代理厂商或其他营销渠道,建立批发营销网络,完成代理支持与管理,建立订购、交付货物和结算的支持系统,减低管理与流转成本,增强企业掌握市场的能力和机动性能。在这方面,IBM中国公司就为其中国的代理商建立了专门的网站,提供代理商管理、订货、促销材料的提供和索取,以及其他商务信息的交换,做到了对代理网络的高效管理和支持。

(13)面向政府机构,建立报关、EDI、申请、汇报、税赋等与政府电子信息系统的接合和配套。

(14)面向海外和进出口业务的特殊考虑和单独计划,以及为降低国际通信费用或提高进出口业务拓展能力而采用的新通信服务及方式。

综上所述,企业建设网站就是在互联网上开设一个营销窗口,展示企业的产品和服务,开展网络营销,为企业带来更多的潜在客户,是一种性价比极高的新型宣传模式,是当今的商业发展的大趋势。所以企业要在当今世界中立于不败之地,紧紧跟上时代的步伐,建设企业网站,是首要选择。

企业网站建设可以分阶段实施。

第一阶段:网上发布信息,企业和产品的介绍,广告宣传,收集客户信息,提供客户服务等。

第二阶段:网上接受订单,采购商品等。

第三阶段:网上完成结算、物流、配送等功能。

2. 电子商务网站设计与管理的可行性分析

可行性是指在当前组织内外的具体条件下,信息系统的研制工作是否具备必要的资源及其他条件。网站实施的可行性分析主要包括社会可行性分析、技术可行性分析和经济可行性分析这三个方面。

(1)社会可行性分析

社会可行性分析主要考虑电子商务网站构建受到社会政策、法律、经济等外部环境和企业内在环境的限制。

我们构建企业网站必须考虑大众的消费心理和习惯。比如,我们要完成一套房子的交割买卖,鉴于我国目前的个人信用体系还不是很完善,再加上房屋属于大宗贵重商品,人们普遍习惯于在物理空间来完成对房屋的买卖。如某房产公司开发了一个房屋买卖的销售网站,显然是不合时宜的。相反,目前大量房地产企业,包括一大批的房产中介商,他们所开发的网站只能是提供房产信息的查询服务,这是由现实情况决定的。另外,社会的经济状况指数、网民的人数等都是要考虑的因素。

企业内部的影响也不能忽视。因为电子商务网站的构建,可能会导致企业组织结构等的调整或变化,从而会引起企业内部各部门、各个职工权利和利益的变化,对于这些变化企业的承受能力到底有多大要认真分析。

(2)技术可行性分析

技术可行性分析主要是指构建与运行电子商务网站所必需的硬件、软件及相关技术对电子商务业务流程的支撑分析。需要说明的是,技术的可行性分析应在已经普遍使用、已经成为商品的技术基础之上,不能以刚出现的甚至正在研究中的技术为依据。

①可以选择的电子商务技术

a. EDI技术。以报文交换为基础的数据交换技术推动了世界贸易电子化的发展。在电子商务中,EDI技术不仅用于单证和商贸文件的交换和传递,而且可以将结构化数据集成应用到客户关系管理、与供应商及合作伙伴的商务交易等方面。

b. 条码技术和射频识别技术(Radio Frequency Identification,RFID)。在电子商务中,该技术主要应用于商品识别,客户身份的判定与识别,并将这些数据信息集成到其他的应用和数据库中。

c. 电子邮件。在电子商务中,应用电子邮件技术,为企业内部员工、客户及合作伙伴等提供实时信息交流、自由论坛、信息查询和反馈的平台。尤其是通过附加文档(附件)技术不仅可以共享复杂的信息,加快信息的交流和共享,而且使远距离的写作更加方便和快捷,缩短了信息传播的空间距离。

d. 万维网技术(WWW 技术)。在电子商务中,WWW 技术的应用可以分为基于 Internet 的应用和基于 Intranet、Extract 的应用。其中,基于 Internet 的应用主要有信息发布、信息浏览、信息查询和信息处理。通过企业形象、产品、服务等信息的发布,达到宣传企业,推广其产品与服务的目的;通过信息查询和检索,可以使用户从大量的商品数据源中检索到所需的信息,方便地实现电子化交易。

e. 数据仓库与数据挖掘技术。在电子商务中,数据仓库和数据挖掘技术主要用于各种大量繁杂数据信息的存储与分析,并提高数据处理的效率,降低企业信息成本;协助企业发现商务交易中存在的问题,寻找所展现出的未来竞争机会,为企业战略决策提供服务。

f. 移动通信技术。我们把全部或部分在无线环境中完成的电子商务交易和活动称为移动商务(mobile commerce)。例如,人们利用能上网的手机可以完成银行业务以及在亚马逊订购图书。许多移动商务的应用都涉及移动设备和移动通信技术。

②技术的选择与企业原有技术或系统衔接程度的分析

当企业决定实施电子商务并构建网站时,就需要分析和确定可以满足企业业务需求的各种技术的可行性。添置硬件系统和选择电子商务技术的原则是以企业原有技术的衔接程度和提高企业的业务能力为基准,同时要考虑技术对电子商务网站功能实现的可支撑程度。

企业构建网站,开始实施电子商务,往往是从企业发展最需要的环节开始着手的。因此,企业原有的技术运作良好,那么在原有的商业和技术的基础上开展电子商务无疑可以节省大量财力、物力和人力等方面的开支。例如,戴尔公司在原先电话直销基础上进一步利用网络,开展了网络直销模式。

③技术的选择与利用对于网站功能实现的支持分析

电子商务网站构建的目标决定了网站的功能,目标层次越低,网站的功能越简单。例如,企业建立网站的主要目的是宣传与推广企业形象和产品,那么网站的主要功能是发布和浏览信息,只要选择满足 WWW 服务的软硬件就可以达到目标;如果企业建立网站的目的是在网上销售商品并与供应商、合作伙伴等进行网上的信息交流,那么网站的主要功能包括信息发布、信息浏览、信息检索、信息反馈、网上支付、网上认证等,在技术的选择上要充分考虑对这些功能实现的支持程度,需要配备包括 WWW 浏览器、Web 服务器、数据库服务器、认证服务器、防火墙/代理服务器、商务应用系统等在内的软硬件。

(3)经济可行性分析

企业建立网站是一项投资。网站构建的经济可行性分析,主要是指构建、运行、维护网站的投入与产出效益分析。

①电子商务网站的成本分析

电子商务网站在开发、利用、管理和维护过程中需要投入大量的人力、物力、财力。人员、技术、设备和材料等的投入构成了电子商务的成本,其中在规划、分析、设计与构建过程中的投入是主要部分。具体如图 1—1 所示。

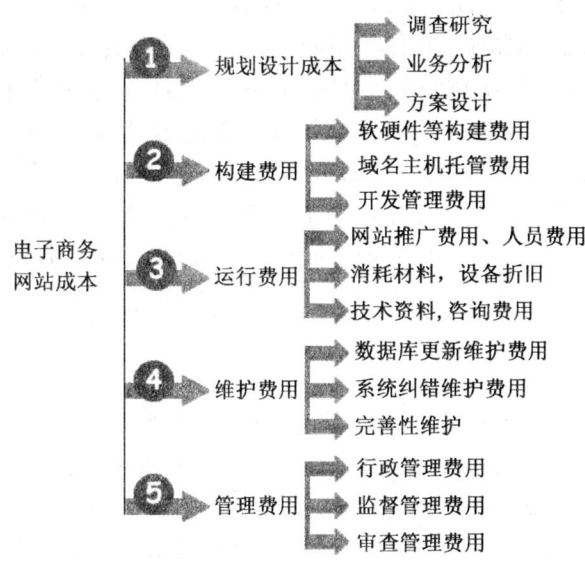

图 1-1 电子商务网站的成本构成

② 电子商务服务提供商的参考报价

建立企业网站需要寻找电子商务服务商,图 1-2 是建立企业网站主要工作进程及费用项目的案例。

工作责任方	受托方一般负责					委托方一般负责	
工作项目	建立网站前期准备（外部）			网站策划设计制作发布（本地）		经协议，可由受托方代办	
	申请域名	租用虚拟主机	租用电子邮箱	制作主页	发布主页及后期维护更新	网站推广（外部） 网站宣传推广	信息处理 网站反馈信息处理
优惠套价	国际域名一个、虚拟主机空间200M、1个50M邮箱 350元/年			价格可以商定（可整套或单项计算） 一般按照正规网站费用的80%计算		免费上传发布	有偿服务	1. 一般由委托方自行接收网站反馈信息。 2. 受托方可以代办信息反馈的接收和向委托方的转达（以书面或电话形式），每月按50元计收费用
单项收费标准	英文国际域名，100元/个/年 形如：abc.com	200M空间，350元/年	50M/1个 150元/年	整体风格设计	2 000元/套	2. 免费负责半年时间的网页维护（不多于3次且修改工作量不大于网页总量的30%）	CNNIC通用网址，500元/个/年，形如："新浪/sina/2002世界杯/加油啊！"
	英文中国域名，280元/个/年 形如：abc.com.cn、abc.cn			首页设计制作	800元/页		
	.cc 国际域名，300元/个/年 形如：abc.cc			栏目页设计制作	500元/页		3721网络实名，形如："新浪/sina/2002世界杯/加油啊！"
	.biz国际域名，150元/个/年 形如：abc.biz			内容页设计制作	200元/页		
	.info国际域名，150元/个/年 形如："abc.info"			GIF动画（六帧内）	200元/个		新浪搜索 普通登录300元/推广登录2 500元
	中文国际域名，280元/个/年 形如："中文.com"			Java效果（用Java实现的页面动态效果（图像、文字）	200元/个		搜狐搜索 普通登录300元/推广登录2 500元
	中文通用域名，280元/个/年 形如：中文.cn/中文.公司			FLASH主页	200～300元/秒（10秒起）		网易搜索 经济型500元/超值型2 500元
说明	1. 受托方仅负责网站设计、制作、发布和维护工作，网站内容的真实性及网站发布后所能得到的效果不予保证和负责。 2. 委托方须承担网站内容的真实性、合法性，须按照协议规定支付所需的相关费用，须自行承担网站效果的风险。 3. 本表仅起解释建立企业工作流程及项目费用的作用，不作为正式协议内容。						

图 1-2 建立企业网站主要工作进程及费用项目

③ 电子商务网站的收益分析

电子商务网站收益是指来源于网站运营的经济收入。网站收益分析不像网站费用分析那样具体,因为应用系统的收益往往不易定量计算。电子商务网站收益分析可以从直接效益和间接效益这两方面考虑。

a. 直接收益

直接收益是指网站系统交付使用后,在某一时期能产生的明显经济效益,其主要来自于在线销售网上信息或服务而获取的。具体包括两大类:一类是网站信息的收益;一类是网站功能的收益。网站信息的收益又包含浏览查询信息的收益(如数据查询、软件下载、娱乐欣赏收费等)和宣传推介性信息的收益(如网站广告收入、网上中介信息收费等)。网站功能收益包括独立性功能收益(即按照用户要求通过网站自身提供的服务,如信息加工整理、统计、分析等所取得的收入)和专门性功能收益(即通过网站实现的特定社会经济功能,如金融、证券、海关、税收等)。

目前电子商务网站的直接收益的实现手段有直接收费、上网卡收费、会员方式收费、通过金融系统收费等。直接收益是电子商务网站经营的基础,也是目前网络行业发展的"瓶颈"之一。

b. 间接收益

间接收益是指电子商务网站通过其相关业务而获取的收益。电子商务网站是企业发展的一项基本工具,在其有效运行的状态下,必定会对企业原有的或新的业务产生积极的影响,这无疑是一种收益。如工作效率提高,从而提高了企业管理水平;节省人力,减轻了有关业务人员手工处理的工作负担;及时给企业领导提供决策信息;提高了企业素质;等等。

在间接收益中,企业利用网站还可以实现企业的品牌收益效应。企业利用网站,借助网站上开发的功能或模块,可以实现企业品牌的社会宣传效应,从而起到提高企业知名度的作用。目前,电子商务网站的间接收益在网站收益中的比重较大。

3. 电子商务网站策划的基本原则

网站策划是成功网站平台建设成败的关键内容之一。网站策划重点阐述了解决方案能给客户带来什么价值,以及通过何种方法实现这种价值,从而帮助业务员赢取订单;网站策划从业者要求的知识面较广泛,必须具备市场和销售意识,具备较强的沟通和文字表达能力,熟悉商业情报收集和信息分析的方法,熟悉网络广告投放和搜索引擎优化等方法。网站策划人员要做的工作不仅仅是一份策划方案书的撰写,而是涵盖了从对客户需求的了解到与美工人员、技术开发人员的工作协调到网站发布宣传与推广等多项工作内容。

(1)市场策划分析

①相关行业的市场是怎样的,市场有什么样的特点,是否能够在互联网上开展公司业务。

②市场主要竞争者分析,竞争对手上网情况及其网站规划、功能作用。

③公司自身条件分析、公司概况、市场优势,可以利用网站提升哪些竞争力,建设网站的能力(费用、技术、人力等)。

(2)网站功能定位

①明确建立网站的作用是为了宣传产品,进行电子商务,还是建立行业性网站;是企业的需要还是市场开拓的延伸。

②整合公司资源,确定网站功能。根据公司的需要和计划,确定网站的功能:产品宣传型、网上营销型、客户服务型、电子商务型等。

③根据网站功能,确定网站应达到的目的作用。

④企业内部网(Intranet)的建设情况和网站的可扩展性。

(3)网站技术方案

根据网站的功能确定网站技术解决方案。

①明确是采用自建服务器还是租用虚拟主机。

②选择操作系统,用 Unix,Linux 还是 Window NT。分析投入成本、功能、开发、稳定性

和安全性等。

③采用系统性的解决方案。可以选择 IBM、HP 等第三方公司提供的企业上网、电子商务解决方案,也可以自己组织软件开发,提供解决方案。

④网站安全性措施,防黑、防病毒方案。

⑤相关程序开发技术。如网页程序 ASP、JSP、CGI、数据库程序等。

(4)网站内容规划

①根据网站的目的和功能规划网站内容,一般企业网站应包括:公司简介、产品介绍、服务内容、价格信息、联系方式、网上订单等基本内容。

②电子商务类网站要提供会员注册、详细的商品服务信息、信息搜索查询、订单确认、付款、个人信息保密措施、相关帮助等。

③如果网站栏目比较多,则考虑采用网站编程专人负责相关内容。网站内容是网站吸引浏览者最重要的因素,无内容或不实用的信息不会吸引匆匆浏览的访客。可事先对人们希望阅读的信息进行调查,并在网站发布后调查人们对网站内容的满意度,以及时调整网站内容。

(5)网页 UI 设计[①]

①网页设计美术设计要求,网页美术设计一般要与企业整体形象一致,要符合 CI 规范[②]。要注意网页色彩、图片的应用及版面规划,保持网页的整体一致性。

②在新技术的采用上要考虑主要目标访问群体的分布地域、年龄阶层、网络速度、阅读习惯等。

③制订网页改版计划,如半年到一年时间进行较大规模改版等。

(6)软件环境

电子商务网站的软件环境主要包括:网络操作系统软件、应用服务器软件、网络数据库系统软件和网站安全建设。

①网络操作系统

网络操作系统(Net Operation System,NOS)是使网络上各计算机能方便而有效地共享网络资源,并为网络用户提供所需服务的软件和有关规程的集合。

目前主要网络操作系统存在以下几类:

a. Windows 类

微软公司的 Windows 系统不仅在个人操作系统中占有绝对优势,它在网络操作系统中也很重要。这类操作系统配置在整个局域网配置中是最常见的。

b. Unix 系统

这种网络操作系统稳定和安全性能非常好,但由于它多数是以命令方式来进行操作的,不容易掌握,特别是初级用户。正因如此,小型局域网基本不使用 Unix 作为网络操作系统,Unix 一般用于大型的网站或大型的企、事业局域网中。Unix 网络操作系统历史悠久,其良好的网络管理功能已为广大网络用户所接受,拥有丰富的应用软件的支持。目前 Unix 网络操作系统的版本有:AT&T 和 SCO 的 UnixSVR3.2、SVR4.0 和 SVR4.2 等。Unix 本是针对小型机主机环境开发的操作系统,是一种集中式分时多用户体系结构。

---

① UI 的本意是用户界面,是英文 User 和 Interface 的缩写。从字面上看是用户与界面两个组成部分,但实际上还包括用户与界面之间的交互关系。

② CIS 简称 CI,全称 Corporate Identity System,译称企业识别系统,意译为"企业形象统一战略"。

c. Linux

这是一种新型的网络操作系统,它的最大的特点就是源代码开放,可以免费得到许多应用程序。目前也有中文版本的 Linux,如 Redhat(红帽子)、红旗 Linux 等。在国内得到了用户充分的肯定,主要体现在它的安全性和稳定性方面,它与 Unix 有许多类似之处。但这类操作系统目前仍主要应用于中、高档服务器中。

②应用服务器软件

应用服务器软件是电子商务网站系统的心脏。电子商务网站中可以有多种应用服务器软件,如 Web Server、E-mail Server、FTP Server 等,但 Web Server 是一个电子商务网站所必须提供的最基本的服务。

a. Web 服务器软件的选购原则

选择 Web 服务器软件时,不仅要考虑目前的需求,还应考虑将来可能需要的功能。对于 Web 服务器软件的选择,应从以下方面予以考虑:响应能力,与后端数据资源应用系统的集成能力,管理的难易程度,功能扩展难易程度,稳定可靠性,安全性等。

b. Web 服务器软件简介

目前 Web 服务器软件种类很多,这里选择一些比较流行的 Web 服务器软件予以介绍。

Apache Httpd:Apache Httpd 源于 NCSA Httpd 服务器,经多次修改后成为世界上最流行的 Web 服务器软件之一。Apache 属于自由软件,特点是简单、速度快、性能稳定,并可以作为代理服务器来使用。它的装机量很高,支持很多操作系统平台(支持 Windows NT、IBM OS/2 和 Unix 等操作系统)。

4D Web SmartServer:ACIUS 公司的 4D Web SmartServer 是一个用于 Web 开发的工具包,其特点是 32 位多任务结构。这个软件使用户能够利用很少的编程自动发布 Ftp、电子邮件和实时数据库访问,并可扩展以便包含 SQL 连接性。

Internet 信息服务器(IIS):由微软推出的 IIS 是当今广泛使用的 Web 服务器软件之一。IIS 的设计目标是提供适应性较强的 Internet 和 Intranet 服务器功能。在 NT 下,IIS 具有很高的执行效率且易于管理,它内置了 ASP 动态网页制作技术。IIS 安装简单、操作方便、负载能力较强,不少大型商务网站都是建立在 IIS 之上。

iPlanet Web Server:这是以前的 Netscape Enerprise Web Server,在与 Sun 公司联手后改名为 iPlanet,是 Unix 环境下首选的 Web 服务器软件。其主要功能有:带有客户端授权的 SSL(Secure Sockets Layer),Verity 的集成式检索器、SNMP、出色的数据库连接功能,对于创建、管理和发布信息以及运行联机应用程序来说是一个高性能、安全的 Web 的服务器软件。

CERN Web:CERN Web 最初是由设在瑞士的欧洲高能物理粒子中心设计的。CERN Web 是所有其他 Web 服务器软件的原型,它在配置和管理上比较复杂和灵活,不易为新手使用。此外,它还为防火墙及代理服务器提供了很好的解决方案。

Novell Netware Web Server:这是专用于 Netware 4.1 及以上产品,与 Netware 无缝集成,使用 NDS(Novell 目录服务)来确保 Web 服务器软件的安全性,提供 DNS 目录浏览功能,提供了有效的容错功能,但不能用于其他操作系统平台。

Oracle Web Server:该软件支持多种平台,与 Oracle 数据库产品配合使用能获得最佳性能,具有良好的扩Ⅰ展性和可移植性,良好的安全性。

Web Sphere:这是一组专门为商务网站设计的套件,其中最主要的是 Web Sphere Commerce Suite,它包含的工具可以创建和管理电子商务 Web 站点和复杂的分类数据,另外还包含可以在主机上安装电子商务站点的服务器软件和支付软件。Web Sphere Commerce Suite 和以下软件打包在一起：IBM DB2 Universal Database、IBM Web Sphere Application Server、IBM HTTP Server、IBM Web Sphere Payment Manager、Netscape Communicator for Windows。Web Sphere Commerce Suite 的开发结构允许用户修改任何基本组件以适应特定的要求。

Internet Office Web Server：CompuServe 公司的 Internet Office Web Server 设计用来帮助用户 Web 发布和销售活动。它提供充分的 Web 服务器软件功能，并且具有 S-HTTP 和 SSL 安全支持、HTML 创作工具、一个文本数据库搜索引擎和 CompuServe 客户机软件。该软件还具有安全公用密钥加密、服务器和客户机数字鉴别、基于口令的访问控制、多认证中心支持、访问控制列表和安全访问记录等特性。此外，还提供 DNS 和 IP 地址从动控制、服务器配置目录控制、文件和通配符搜索以及目录的常用索引格式。

Web Base Pro：Expertelligence 公司的 Web Base Pro 是一个 Web 服务器软件，它具有 Verity 全文本搜索引擎、Agent 3W Web 数据交换工具、E-Merge 数据库驱动电子邮件合并引擎、购物、线程论坛和远程管理性能等特性。Web Base Pro 与现有的 Web 站点兼容。Agent3W 可以同时从多个站点检索数据，并将结果合并到单独一个文档中以便于查看。E-Merge 引擎使数据库字段可以合并到电子邮件中，并且各段可以根据指定的计算重新建立。Web Base Pro 能够通过一套自定义管理窗体进行远程管理。

③网络数据库系统软件

网络数据库是在网络上运行的数据库，其是为满足网络的互动要求而设计开发的。一个用途广泛的动态网站必须依靠数据来支持。网络数据库数据存储量大、修改方便，能够进行动态数据组合，是为电子商务网站提供交互式服务的主要手段。

目前大多数商业应用都依赖于关系数据库。关系数据库是一种功能完善、运行可靠的数据库系统。最为流行的关系数据库有 IBM 公司的 DB2，Microsoft 公司的 SQL Server，Oracle 公司的 Oracle 等。

MySQL 是一种开放源代码的关系型数据库管理系统。由于 MySQL 是开放源代码的，因此任何人都可以在 General Public License 的许可下下载并根据个性化的需要对其进行修改。MySQL 因为其速度、可靠性和适应性而备受关注。大多数人都认为在不需要事务化处理的情况下，MySQL 是管理内容最好的选择。

选择数据库管理系统时应从以下几个方面予以考虑：

a. 易用性。数据库管理系统的管理语句符合通用标准，便于维护、开发和移植；有面向用户的开发工具，能支持多媒体数据类型。

b. 分布性。数据库管理系统支持分布式应用，即支持数据透明与网络透明。数据透明指用户在应用中不需指出数据在网络中的什么节点上，数据库管理系统可以自动搜索网络，提取所需数据；网络透明是指用户在应用时无需指出网络所采用的协议。数据库管理系统自动将数据包转换成相应的协议数据。

c. 并发性。在多任务分布环境中，可能会有多个用户点在同一时刻对同一数据进行读写操作，为了保证数据的一致性，数据库管理系统应具有并发控制功能。

d. 数据完整性。数据完整性是指数据的正确性和一致性保护，包括实体完整性、参照完整性、复杂的事务规则等。

e. 可移植性。可移植性是指垂直扩展和水平扩展能力。垂直扩展要求新平台能够支持低版本的平台，数据库客户机/服务器机制支持集中式管理模式，以保证用户以前的投资和系统；

水平扩展要求满足硬件上的扩展,支持从单 CPU 模式转换成多 CPU 并行模式。

f. 安全性。安全性包括安全保密的程度,如账户管理、用户权限管理、网络安全控制、数据约束等。

g. 容错性。容错性是指在异常情况下系统对数据的容错处理能力。评价标准包括硬件的容错,即有无磁盘镜像处理功能;软件的容错,即有无软件方法异常情况的容错功能;其他还应包括数据库描述语言的汉字处理能力和数据库开发工具对汉字的支持能力,并行处理能力,软件厂家的技术服务,性能价格比等因素。

④网站安全建设

为建设一个高效的、可靠的 Web 商业服务网站,必须事先制定一套全面的 Web 服务安全策略和措施。如果采用虚拟主机方式建设网站,大部分安全问题(尤其是物理安全问题和黑客攻击问题)可以由虚拟主机提供商负责;如果采用独立服务器方式建立网站,那么,所有安全问题必须由自己来操心了。但不管采取哪种形式,网站的内容安全、人员的操作管理都必须高度重视。

a. 系统安全建设。从技术层面上讲,网站的安全问题可以归结为两个大的方面:网络安全和数据安全。网络安全是指网络系统的安全,包括组成网络硬件的安全和防止非法用户进入网络。数据安全保护是指存放在网络中的数据的安全保护。常用的数据保护技术包括身份验证、权限控制、数据加密等。

b. 安全管理制度。从电子商务运作情况来看,70%～90%的安全问题来自内部,来自管理的漏洞。所以,加强网站安全管理制度的建设,加强对网站工作人员的监督,对于保证网站高效、正常运作具有极为重要的意义。

4. 电子商务系统的层次结构

由于电子商务覆盖的业务范围十分广泛,到目前还没有关于一个完善的电子商务系统结构的权威论述,每一个电子商务系统都是针对具体的应用进行描述的。总的来说,电子商务系统是一个以电子数据处理、网络、数据交换和资金汇兑技术为基础,集销售、运输、银行结算、认证、保险、商检等为一体的综合商贸信息处理系统。它的结构是根据业务发生过程以及网络数据交换的形式而设置的。从总体上看,一般的电子商务系统由网络平台、基础平台和应用平台三层框架结构组成,如图 1—3 所示。

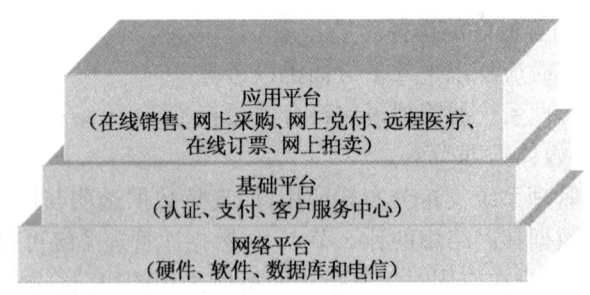

图 1—3 电子商务系统的层次结构

(1)电子商务网络平台

底层的网络平台是信息传送的载体和用户接入的手段,它包括各种各样的物理通信平台和信息传送方式,包括硬件、软件、数据库和电信。硬件:如远程通信网(Telecom)、有线电视网(Cable TV)、无线通信网(Wireless)和互联网(Internet)等;支撑软件和服务器:如网络系统、安全系统、数据库系统、开发工具、Web 服务器、应用服务器以及数据和交易服务器等。互联网是目前电子商务主要应用的计算机网络平台,由基于计算机的电话设备、集线器(Hub)、数字交换机、路由器(Routers)、调制解调器、有线电视的机顶盒(Set-top Box)、电缆调制解调器(Cable Modem)等构成。

网络平台是电子商务的基础设施,它支撑着电子商务的交流过程。规划和建设网络平台绝对不能被认为只是一个技术问题,而要同时考虑实施电子商务主体的业务管理和技术实现两个方面。对于一些中小企业或其他的机构来讲,可不必搭建网络平台,直接依靠公共多媒体网络和一些专门的电子商务网络平台,就可以共享电子商务基础设施资源。

(2)电子商务基础平台

中间层是电子商务基础平台,包括CA(Certificate Authority)认证、支付网关(Payment Gateway)和客户服务中心三个部分,其中的核心是CA认证。CA认证中心的作用类似于网络上的"公安局"和"工商局",给个人、企事业单位和政府机构签发数字证书——"网上身份证",用来确认电子商务活动中各自的身份,并通过加解密方法实现基于网络的安全信息交换与安全交易;支付网关的作用是信息网与金融网连接的中介,它承担着双方的支付信息转换的工作,所解决的关键问题是让传统封闭的金融网络能够通过网关面向互联网的广大用户,提供安全方便的网上支付功能;客户服务中心也称为呼叫中心,它与传统的呼叫中心的区别在于它不但支持电话接入的方式,也能够支持Web、E-mail、电话和传真等多种接入方式,使得用户的任何疑问都能很快地获得响应与帮助,与以往每个企业独立建设和运作呼叫中心的概念不同,客户服务中心是统一建设的结果,它可以将席位向中小企业出租,从而大大简化和方便了中小型企业进行电子商务及提供客户咨询和帮助的活动。

(3)电子商务应用平台

第三层是各种各样的电子商务应用系统,如网上采购、在线销售、网上中介交易、网上报税/交税、网上订购、网上拍卖、远程医疗、远程教育、电子邮件、股票交易、电子交易市场、商情信息在线订阅等。电子商务的各种应用是电子商务满足用户需求的最终体现,各种应用系统开发的科学性、经济性、适用性和有效性等是电子商务能否得到普遍认可和广泛推介的关键。

如图1-4给出的是以多媒体网支撑的一般的电子商务系统模型图,其中虚线框内的是电子商务基础平台,各种各样的电子商务应用系统依托在企业或政府或电子商厦的网站上。在该模型中,企业是一个具有广泛含义的概念,涵盖各种类型的实体企业和虚拟企业。

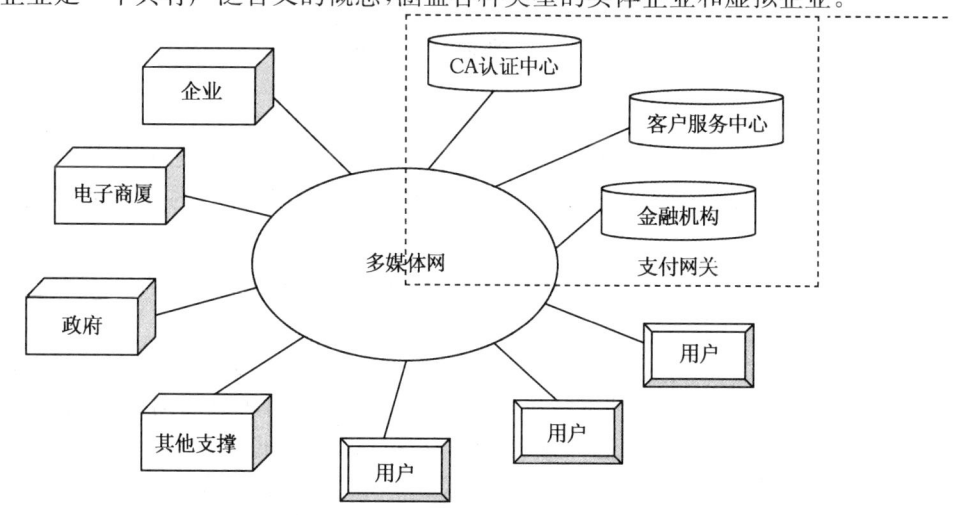

图1-4 电子商务系统模型

5. 全新电子商务平台介绍

近十年来,电子商务市场一直处在持续升温的状态中,且年年都在攀升。特别是2011年,整个电商行业更是呈现出井喷的现象,无论是成交额还是参与的商家,都达到了一个前所未有的高度。

诸多电子商务新贵在不断付出学费的同时,也逐渐在电商行业内一步步夯实自己的领域,树立起自己的电商品牌。越来越多的传统企业也不甘寂寞,纷纷转变思路,尝试涉足电子商务,争取在日益火热的电商行业内抢得属于自己的份额,开辟新渠道。然而,很多想试水电子商务的企业用户在实际操作时却都面临着同样的问题:"如何进入电子商务"、"怎样做电子商务"、"如何管理电子商务"……

EcStore 是 ShopEx(上海商派)基于自主研发的电子商务引擎"ECOS"开发的新一代企业级网上商店系统,是 ShopEx 量身为企业级用户打造的专有产品。EcStore 是多种服务、应用的前端载体,可用于展示企业的各种产品,可提供的服务,可接受订单;同时又是后端处理数据、分析数据、监控数据的信息来源,可用于管理网上商店平台、维护产品信息、处理顾客订单等。EcStore 助力企业用户突破传统销售模式的地域、成本、时间等限制,降低企业成本,拓展新的盈利渠道,建立真正属于自己的电子商务品牌。

EcStore 电子商务平台的功能和作用,如图 1—5 所示。

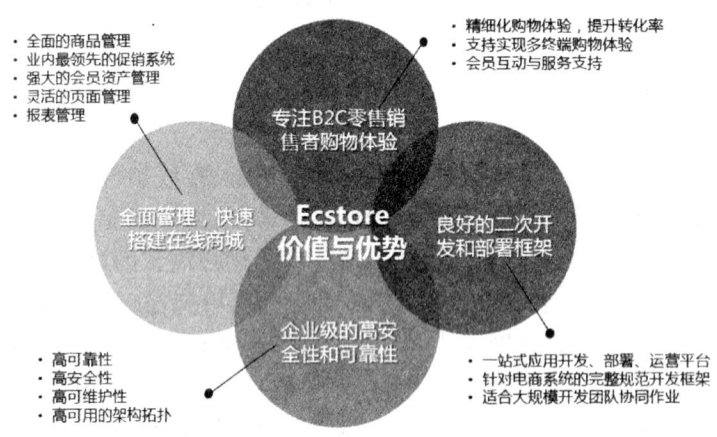

图 1—5　我们选择 EcStore 的理由

(1)EcStore 平台的特色

精细化购物体验,提升订单转化率:通过良好的商品导购和搜索,直接加快消费者的购买决定,极大地提高网站的转化率;通过改善购物流程,提升购物交易的转换率,获得更高的订单转化率和支付转换率,使企业获得更多的交易利益。

多终端购物体验,体验更友好的购物环境:更简短的购物流程,更方便的引导客户实现购买交易。

紧密的会员互动,更好的驱动客户忠诚:支持企业在每次与客户进行互动时,都能快速提供完善的客户服务,帮助企业打造良好的消费体验,可以提升消费者对商家及品牌的体验;商家和消费者之间基于互动的沟通,商户也可以作为需求内容的沉淀,从中发现消费者的潜在需求,改进产品和服务质量。

①购物体验:导购与搜索。导购和搜索是 B2C 网站最重要的用户体验之一,直接与消费

者的购买决定相关,优质的商品导购、商品搜索可大大提高网站的转化率。

以人性化导购为标准,能为企业提供一套标准规范的购物流程,在商品检索方面关注查准率与查全率,关注消费者的检索效率和准确性,如图1-6和图1-7所示。

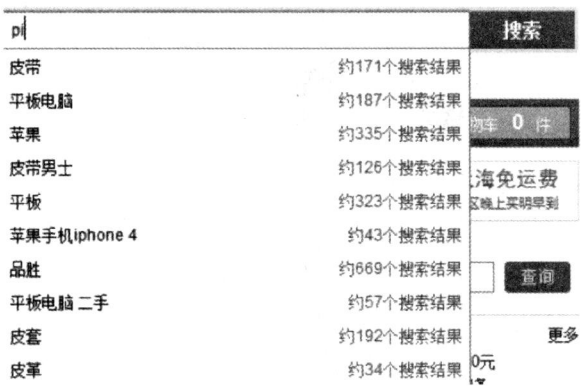

图1-6 关键词联想搜索

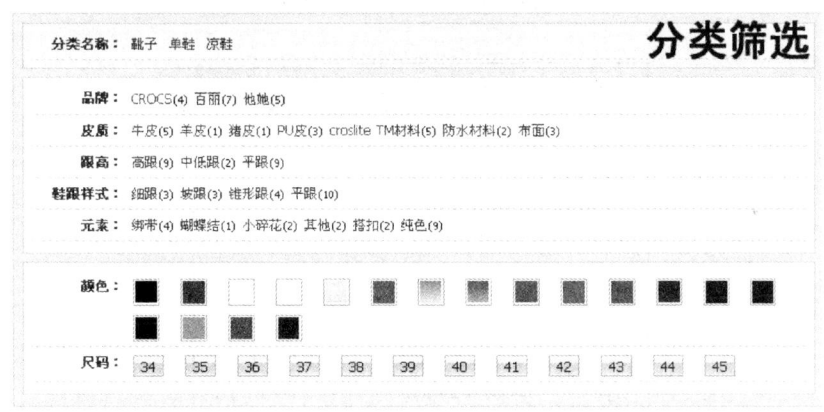

图1-7 分类筛选

②移动商城(如图1-8所示):丰富的多终端导购方式,使您的消费者能更快找到想要的商品;多种商品搜索方法(组合搜索,关键字搜索,联想搜索,类目搜索等);多样化的商品陈列,为消费者带来不一样的视觉体验;简单的购物流程,更方便的引导您的客户实现购买交易;跨终端购物车,使消费者能在不同的终端设备继续购物,无须重新购买;多终端支付方式,使消费者在任何终端设备下完成购物交易。

③会员互动:通过使用EcStore在线客服、商品咨询、商品评论等功能,企业可以和消费者之间进行"零距离"的互动,并在第一时间洞悉消费者需求,为消费者提供更优质的服务,维护和驱动客户忠诚度,如图1-9和图1-10所示。

14　电子商务管理

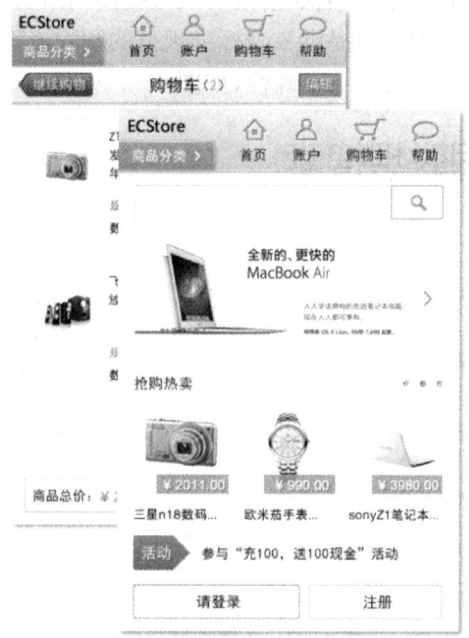

图1—8　全新的购物体验

图1—9　商品咨询与评价及会员中心功能

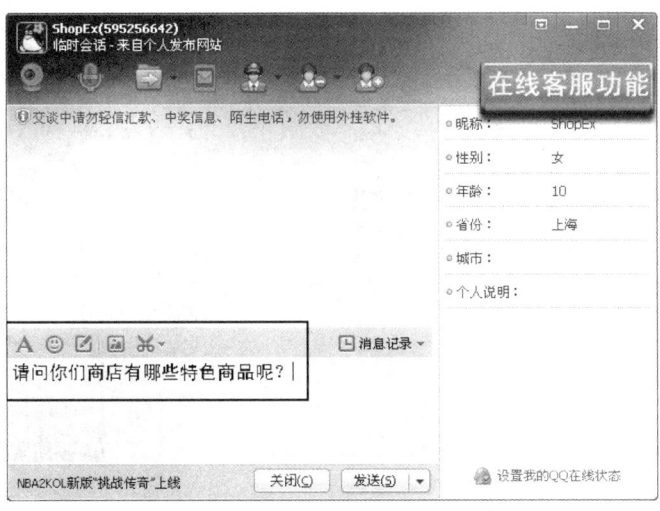

图 1-10　在线客户服务功能

④多维度的商品内容管理，更好的展现商品。通过简便灵活、可控性强、类目扩展度高的商品内容管理，对商品内容的扩展化，建设符合消费者心理所能接受的商品类目，使商品内容信息更富有个性化，快速完成商品初始化工作，保障企业的商品策略发挥最大的优势，完美呈现在消费者面前，提供更好的用户体验，如图1-11和图1-12所示。

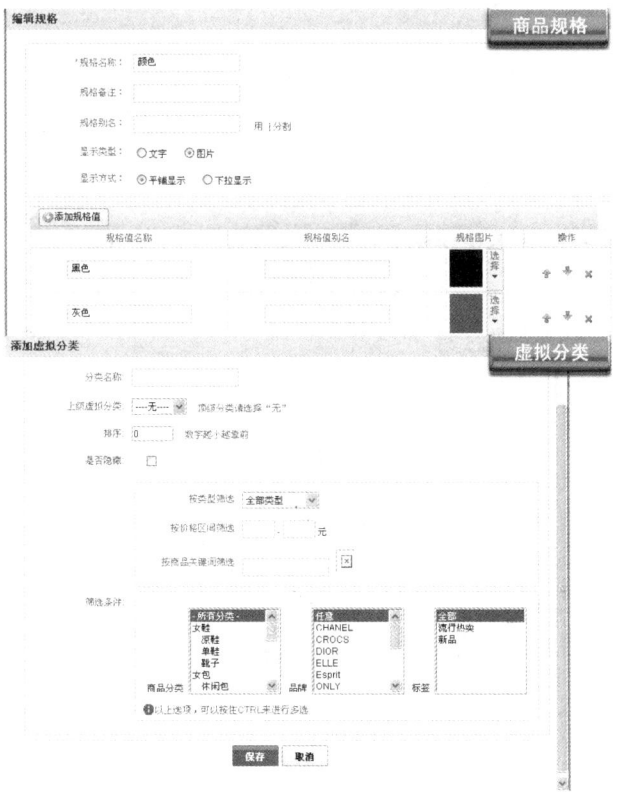

图 1-11　虚拟分类及商品规格参数管理

图 1—12　品类管理及商品批量导入管理

⑤业内领先的促销引擎,快速实现丰富促销规则(如图 1—13 和图 1—14 所示)。提供全面的促销策略、活动执行支持工具,帮助企业应对复杂多变的营销、促销活动;包揽最热门的促销方式,如订单促销、商品促销、积分促销、优惠券、赠品、团购、礼包等;促销规则完全自定义,真正按需配置和扩展适合自身业务需要的促销方式和规则。

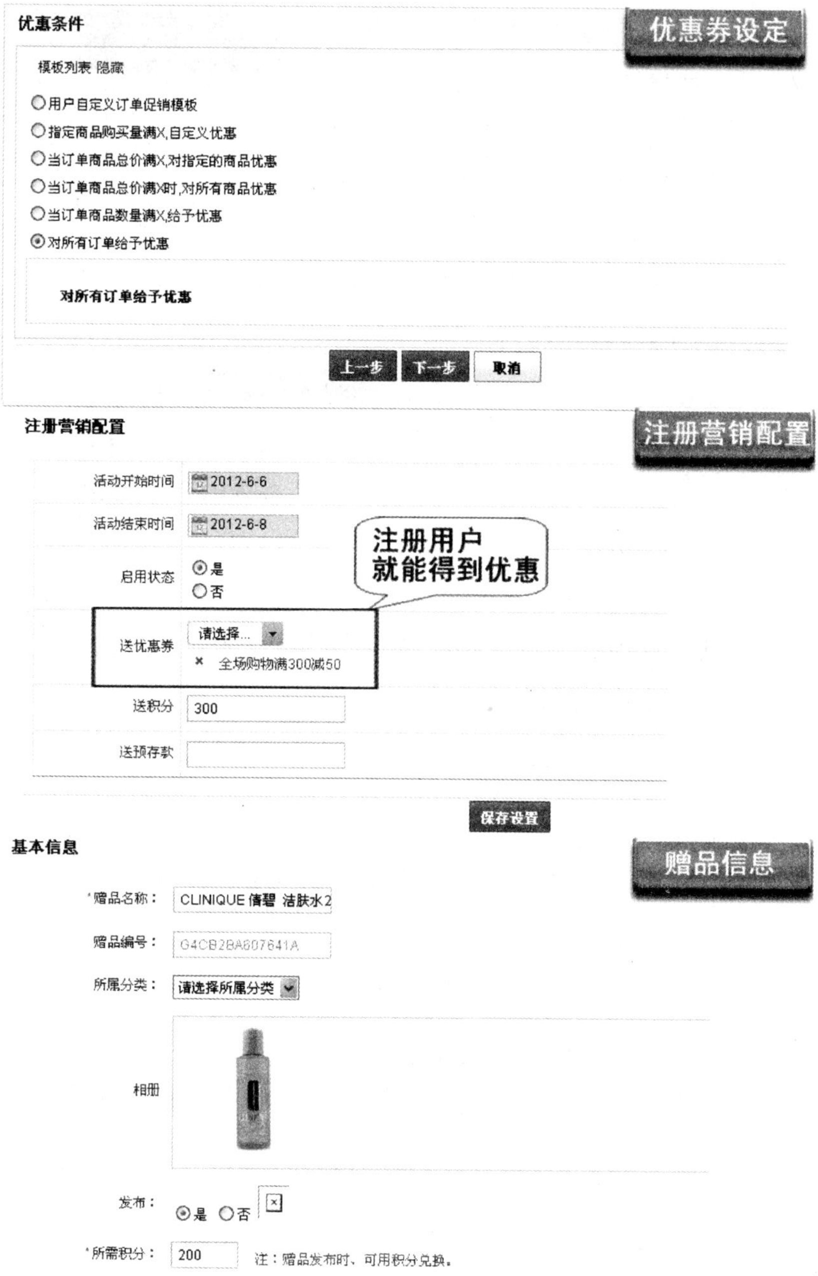
优惠条件
优惠券设定
模板列表 隐藏
用户自定义订单促销模板
指定商品购买量满X,自定义优惠
当订单商品总价满X,对指定的商品优惠
当订单商品总价满X时,对所有商品优惠
当订单商品数量满X,给予优惠
对所有订单给予优惠
对所有订单给予优惠
上一步
下一步
取消
注册营销配置
注册营销配置
活动开始时间
2012-6-6
活动结束时间
2012-6-8
注册用户
就能得到优惠
启用状态
是
否
送优惠券
请选择...
全场购物满300减50
送积分
300
送预存款
保存设置
基本信息
赠品信息
*赠品名称：
CLINIQUE 倩碧 洁肤水2
赠品编号：
G4CB2BA607641A
所属分类：
请选择所属分类
相册
发布：
是
否
*所需积分：
200
注：赠品发布时、可用积分兑换。

图 1—13　优惠方案设定

图 1—14　优惠条件设定

⑥会员资产管理，为两次营销提供可靠依据。根据管理权限的不同，可对不同类型的会员数据进行统一管理，并可根据会员的积分、等级、购物数据、注册数据等，进行二次营销和精准营销，提升会员忠诚度和购买转化率。如图1—15所示。

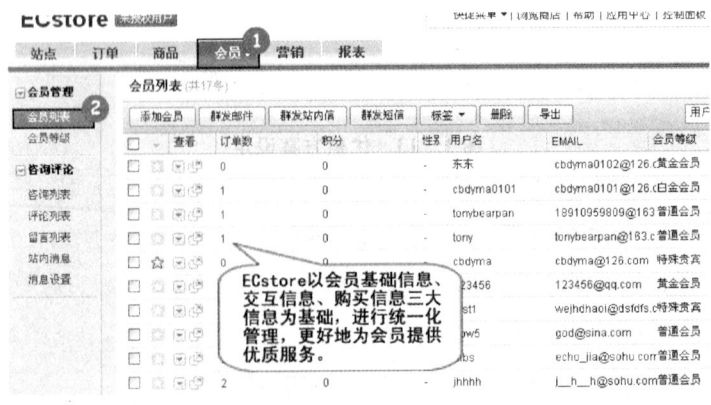

图 1—15　会员资产管理

⑦灵活的页面管理,快速建立可靠的商城站点。通过模板引擎,实现灵活的页面管理,如可视化编辑、SEO、自定义 URL 等,实现快速搭建在线商城,如图 1—16 所示。

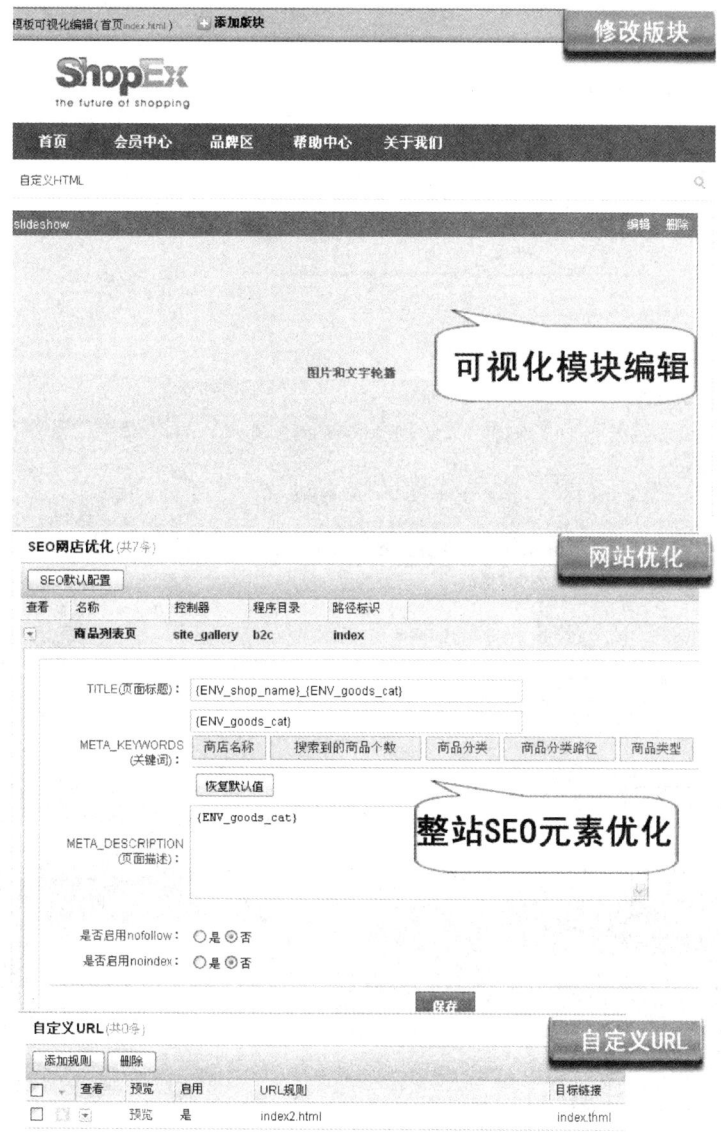

图 1—16　灵活的页面管理

⑧全面的报表管理,实时洞悉线上销售情况。网站数据的统计与分析,能直观反映网店的运行状况,提供账款与销售统计功能,能有效的对销售收入、预存款、商品销售排名、会员购物排名等进行统计,为经营管理者提供必要的依据,对营销、销售策略作出反应和调整,如图 1—17 所示。

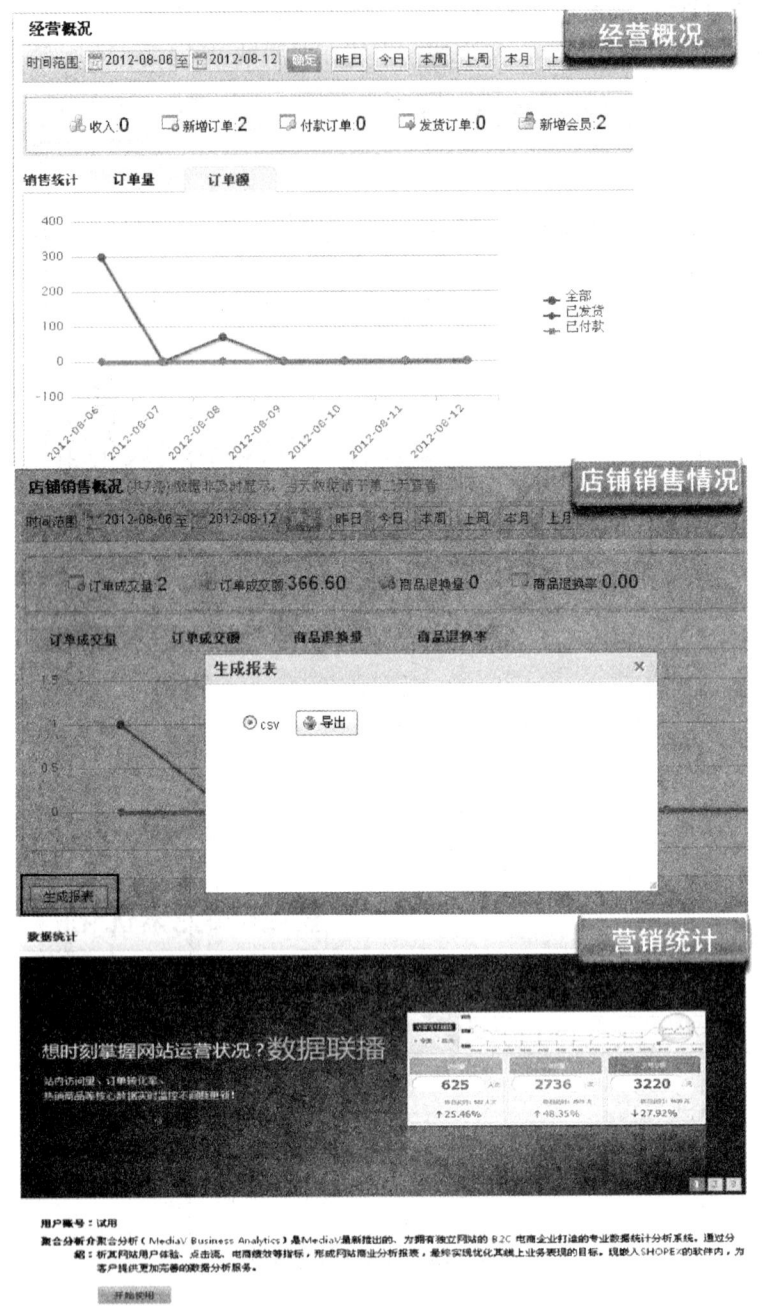

图 1-17 全面的报表管理

⑨EcStore 应用中心，灵活 APP 机制实现更高扩展能力。EcStore 应用中心是一个为商家提代各类电商应用插件的平台，基于 EcStore 灵活的 APP 机制，我们为商家提供丰富、低成本、高质量，且符合电子商务发展趋势的各类电商功能应用，并能帮助商家快速部署实现，可以快速满足商家个性化的产品需求，如图 1-18 所示。

图 1—18　EcStore 应用中心

(2)EcStore 网店的成功案例

①联想中国(LenovoChina)电器以 EPP 为核心业务,整合 B2C 渠道资源,建立统一的客户系统。网址:http://shop.lenovo.com.cn,日均访问:10 万 PV/日,客单价:3 000～5 000元,月销售额:1 000 万元以上。

EcStore 供给的产品方案:基于 EcStore 建立可高效灵活运转的 EPP 门户,为运营提供强有力的支持;重建联想官方网上商城网站与聚类营销系统,打造一个具备强大营销能力的电子商务平台,提升业务效率;建立电子商务协同处理平台(产品、订单、客户的集中管理与处理),提升用户购物体验,提升商务运营承载能力。

②上海来伊份电子商务有限公司无缝对接企业供应链信息体系,为客户提供最优的购买体验。网址:http://www.laiyifen.com/,日均访问:10 万 PV/日,客单价:150 元,月销售额:200 万元左右。

EcStore 供给的产品方案:ShopEx 为来伊份度身订造基于 EcStore 的成熟电商前端商城管理系统,并无缝打通后端的供应链系统,该系统成功规划了来伊份网上商城的订购业务,保证了顺畅的订单收订协同处理流程、统一的商品发布、快速的售后处理反应、明晰的结算管控制度,同时提供了强大的供应链物流保障系统,并且将来伊份原先成熟的门店业务、会员制度进行了无缝整合,招揽了大量的线上客户,同时又保持了传统客户的一贯消费习惯,提供了传统客户更多的增值服务和便捷的购物方式。

③好想你枣业股份有限公司以消费者为中心的多渠道在线零售＋社会化营销推广。网址:http://www.hoologo.cn,网站刚上线,还未开展推广,后续营销方式选择:微博、CPS、EDM 等。

EcStore 供给的产品方案:搭建的完整电商平台,为建立本行业多品牌垂直型平台进行铺垫;具备相当的营销推广手段和系统配套服务来保障该平台顺利运营;帮助好想你建立多渠道电子商务在线零售平台;建立以消费者为中心的线上购物环境,打造优质客户体验;建设基于社会化互联网应用的营销推广能力;以独立官方商城为核心,具备丰富功能应用、优良系统性能及出色的扩展性。

【项目规划】

在当今商务时代,网上经营虽然竞争非常激烈,可是王东东还是决定以 EcStore 为全新的电子商务平台来实现自己创业的梦想,因为它有非常成熟的技术支持。当然要想成功,除了有成熟的网店之外还必须时时学习最新电子商务知识及经营理念。于是东东踏上了全新的旅程。

> 任务一　安装流程
> 任务二　桌面内容介绍

【项目执行】

任务一:EcStore 安装流程

1. EcStore 网店系统安装环境说明

(1)安装环境要求

①服务器环境:Linux、Unix、Windows 均可,推荐 Linux。

②Web 环境:Apache、Ngix、IIS 均可,推荐 Apache。

③语言环境:PHP 5.1.2 及以上。

④数据库:MySQL 4.1 及以上。

⑤其他:Zend Optimizer 2.5.7 及以上。

(2)PHP 环境下必须要启用的函数

在 PHP 配置文件 php.ini 中设置开启如下函数,如果不开启,则某些功能会有影响。

☎ allow_url_f open

☎ GD 扩展库

☎ MySQL 扩展库

(3)基本目录结构说明

../app 基于 ECOS 上建立的所有的 app 的集合。

../config 系统配置文件目录,需要设置为可写。

../data 系统运行过程中产生的数据缓存。

../demo 提供系统运行时的标准数据格式。

../public 用于存放上传的图片、文本。

../themes 系统模板存放目录,权限需要设置为可写。

2. EcStore 安装流程

EcStore 程序只有安装后才可以正常使用,一般情况下只要满足如下三个条件就可以正常安装了。①能够支持 ShopEx 程序运行的空间环境:Php 空间、Mysql 空间;②一个可以访问到空间的域名;③拥有空间 FTP 信息、数据库信息。

(1)下载 EcStore 安装程序

通过 ShopEx 网站提供的链接或通道,获得 EcStore 安装程序,并解压做好上传准备。

(2)获得空间 FTP 信息及数据库信息

空间商一般通过邮件方式告之相关信息,如图 1—19 所示。

需认真记录,然后配置 FTP 上传工具:点此下载 FTP 上传工具。查看详细 FTP 工具上传方法。

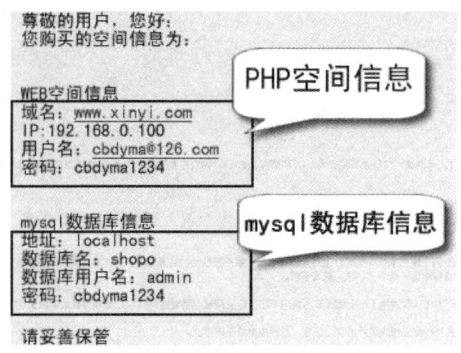

图 1－19　获得空间信息及数据库信息

以 Flashfxp 为例，依次点击"站点—站点管理器"，添加站点，配置站点信息，如图 1－20 所示。

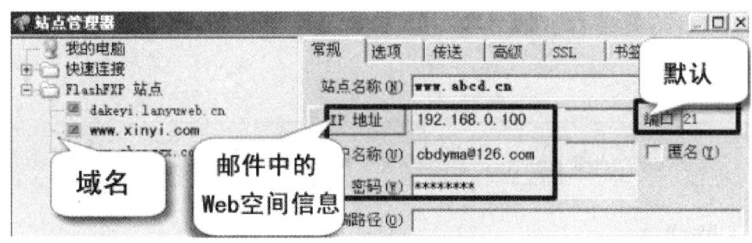

图 1－20　上传数据

（3）开始安装

Step1：输入绑定的域名开始安装，如图 1－21 所示。

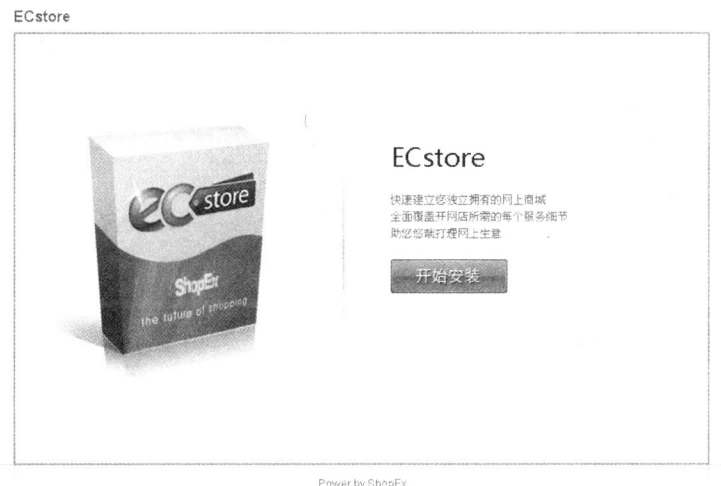

图 1－21　开始安装

Step2：点击"开始安装"，跳出"协议对话框"，点击"同意协议进入下一步"。如图 1－22 所示。

Step3：填写相应的数据库配置信息以及管理员账户的设置，如图 1－23 所示。

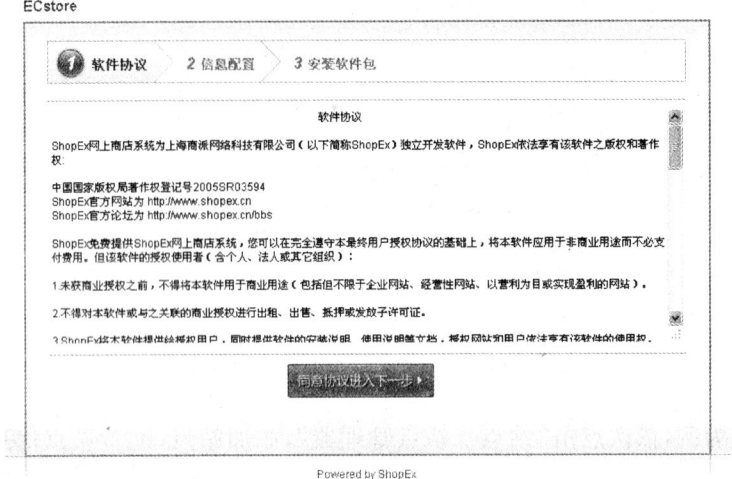

图1-22　同意协议进入下一步

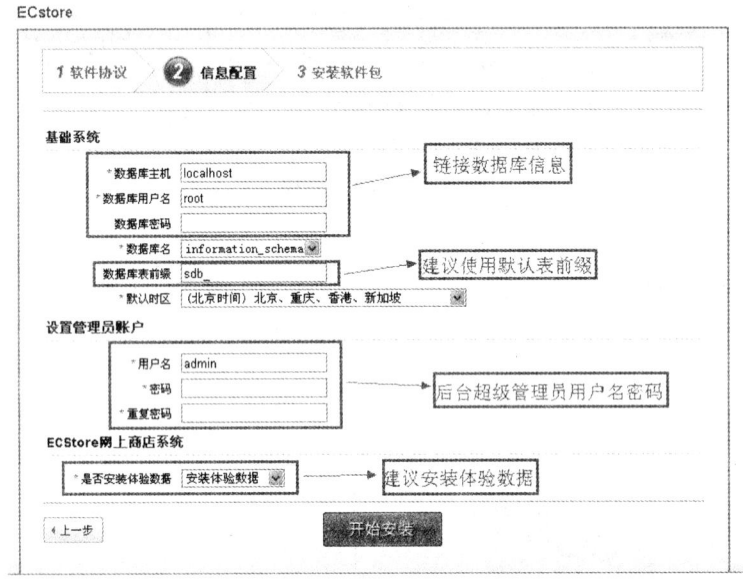

图1-23　开始安装

Step4：安装过程画面，如图1-24所示。

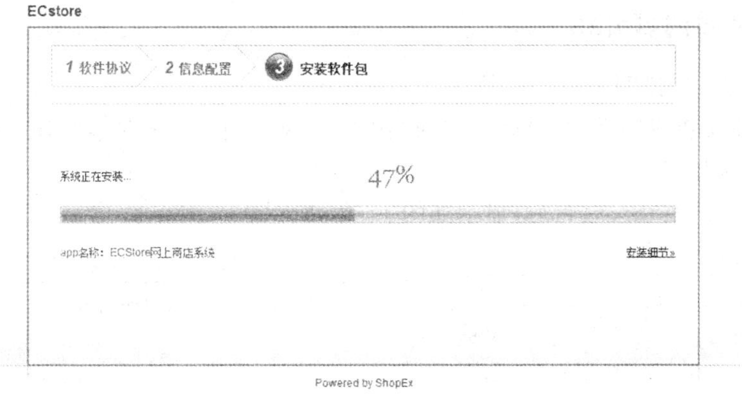

图 1—24 安装过程

Step5:安装完成,填写 ShopEx 通行证,如图 1—25 所示。

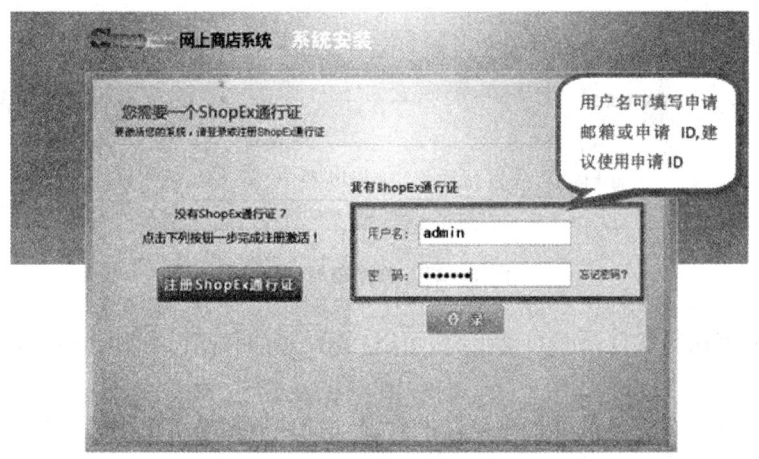

图 1—25 填写 ShopEx 通行证

Step6:安装完成登录后台,如图 1—26 所示。

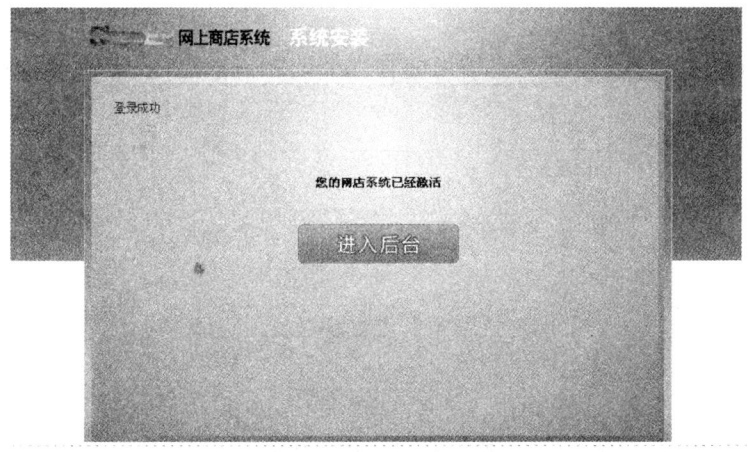

图 1—26 登录后台

任务二：桌面内容介绍

1. 桌面内容布局说明

桌面内容即安装成功后,登录后台看到的内容。桌面内容一般是经常使用的,或最为关心的一些菜单及数据。

（1）总体布局说明登录后台后,显示如图1－27所示。

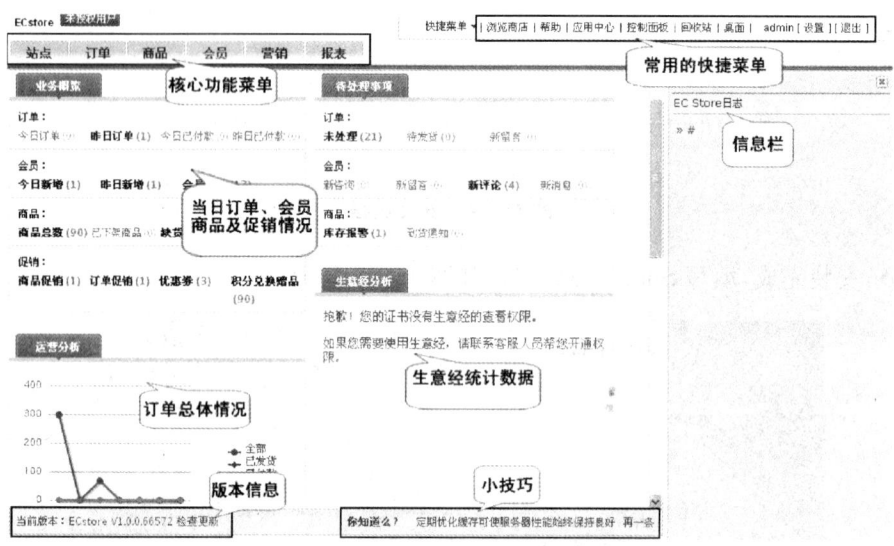

图1－27　总体布局说明

本页面中内容在每次登录时自动汇总,可以在第一时间内看到网店的总体信息,供店主全盘了解。

（2）右上角菜单:右上角菜单主要是登录设置、退出,常用的菜单内容,如图1－28所示。

图1－28　右上角菜单

2. 设置与退出

Step1:最右边的设置与退出主要是当前管理员的相关信息,点击设置后可以看到,如图1－29所示。

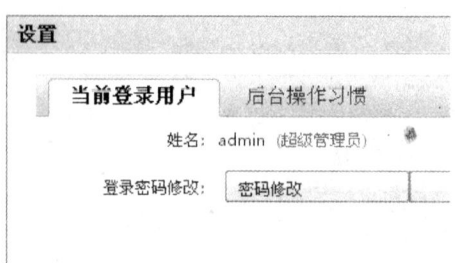

图1－29　设置与退出

Step2:点击密码修改,可以修改当前密码,如图1-30所示。

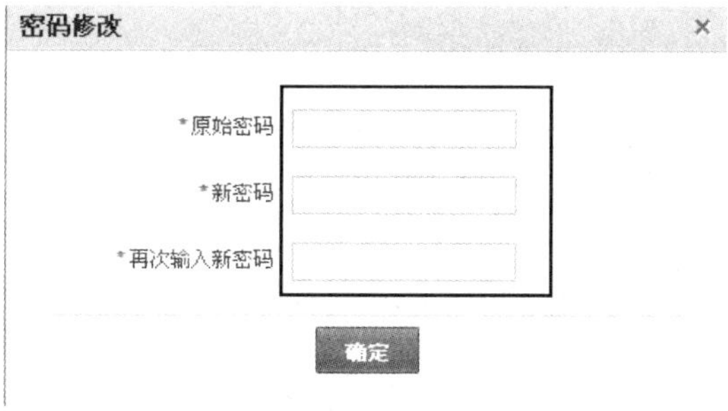

图1-30 密码修改

Step3:点击"后台操作习惯",则可以定制当前用户的菜单顺序,如图1-31所示。

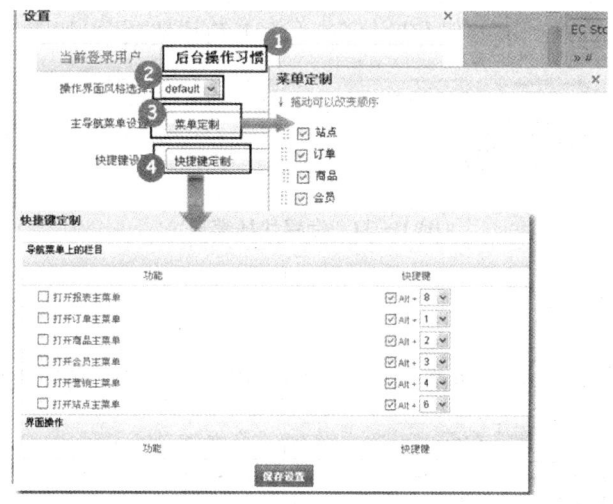

图1-31 后台操作习惯

3. 快捷菜单编辑

Step1:点击菜单中的快捷菜单,如图1-32所示。

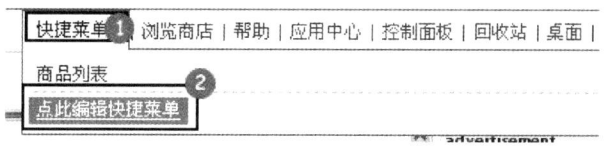

图1-32 快捷菜单的设定

Step2:然后点击编辑,如图1-33所示。

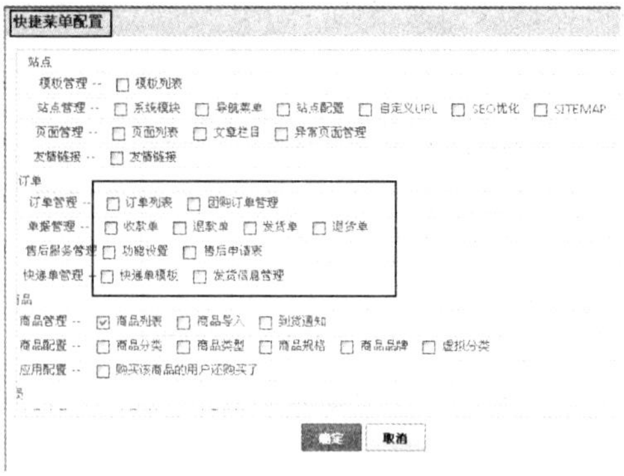

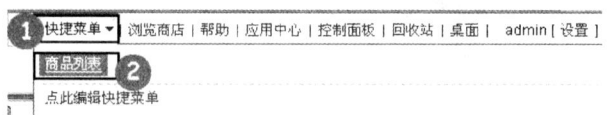

图 1－33　快捷菜单的设定

Step3：此时，会显示后台所有的顶级菜单及下面的子菜单，可以根据操作频率选择后显示在右上角，比如勾选商品列表并保存后，再点击右上角快捷菜单，如图 1－34 所示。

图 1－34　编辑快捷菜单

Step4：商品列表按钮已经添加在此处。

4. 左上角菜单

左上角菜单是系统的主要功能菜单所在，也是操作最频繁的，默认状态如图 1－35 所示。

图 1－35　左上角菜单

Step1：鼠标放在任意一个菜单上时，如图 1－36 所示。当鼠标放在其中任何一个菜单上时，都会动态显示此菜单下面的所有层级的子菜单，并可点击快速打开。

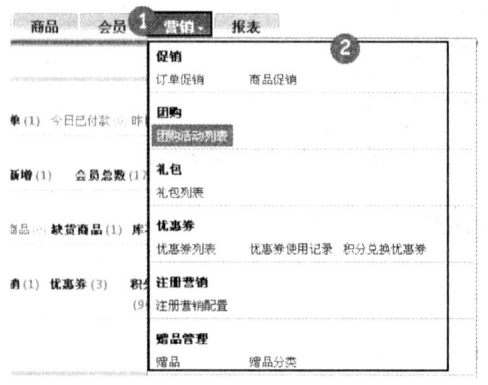

图 1－36　鼠标放在任意一个菜单上时

Step2:在最右边会出现一个按钮"菜单定制",此按钮是用来定制当前管理员可以看到的菜单内容及顺序,如图1-37所示。

图1-37 菜单定制

Step3:点击之后,系统会弹出下拉菜单,如图1-38所示。可根据自己的实际情况操作。

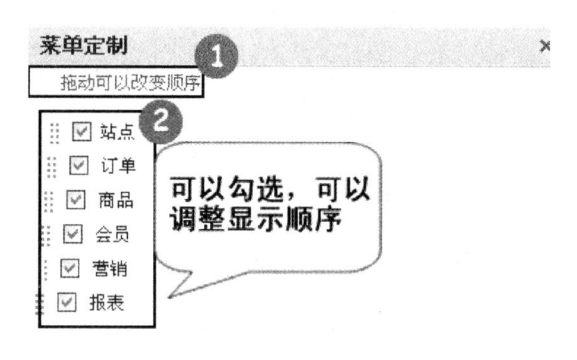

图1-38 菜单定制

5. 报表分析

报表分析主要包括四个部分:运营分析、待处理事项、业务概览、生意经分析。

(1)运营分析:运营分析在桌面的左上方,如图1-39所示。运营主要是对商店总体的订单状态做一个汇总,已发货与已付款的订单情况,当数据量比较大时,不同状态的订单会形成不同颜色的表。

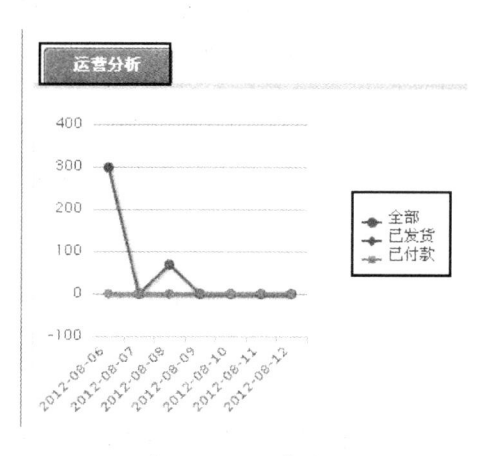

图1-39 运营分析

(2)待处理事项:待处理事项在桌面的左下方,如图1-40所示。对订单来说,主要是新订单的情况、发货情况及订单留言的情况。对会员来说,主要是与会员交流的情况汇总。对商品来说,主要是库存及到货通知的概况。

图 1-40 待处理事项

(3)业务概览:业务概览是在桌面的右下角,如图 1-41 所示。主要是对订单、会员、商品、促销等在量上的变化数据。

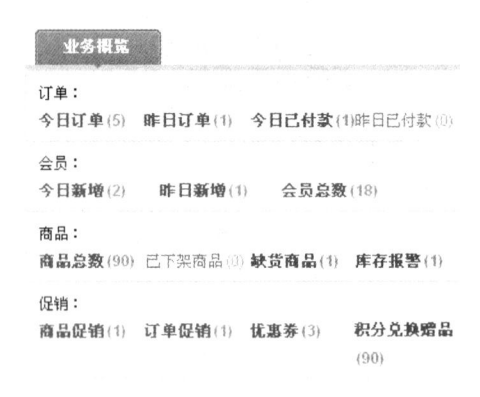

图 1-41 业务概览

右侧信息栏与底部提示栏:右侧信息栏主要是关于 EcStore 的一些发展情况,如图 1-42 所示。底部提示栏分两部分:左边的是版本信息,如图 1-43 所示;右边的是一些使用上的小技巧提示,如图 1-44 所示。

图 1-42 右侧信息栏

图 1-43 版本信息

图 1-44 小技巧

(4)生意经的开启:生意经是专门针对使用 EcStore 的电商用户特别开发的,除了一般的统计工具所拥有的页面统计功能外,还有自己的一些特色。生意经是一个独立的工具,已经内嵌在 EcStore 中,在安装完 EcStore 后,只要激活一下就可以开启了。

Step1:EcStore 在安装完成后,初次登录就可以在桌面中看到相应提示,如图 1-45 所示。

图1-45　生意经窗口

Step2：如果不想使用，可以无视；想使用时点击激活即可，如图1-46所示。

图1-46　激活生意经

Step3：刷新后可以看到即时效果，如图1-47所示。

图1-47　查看效果

Step4：也可查看图表，如图1-48所示。

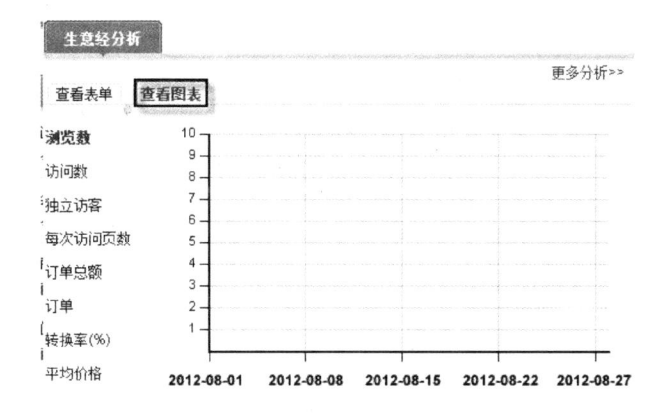

图1-48　查看图表

Step5：这样，每次登录后台时就可以看到即时的统计信息了。生意经的更多应用可点击报表查看，这样，生意经就开启完毕，如图1-49所示。

图 1-49　生意经安装完毕

6. EcStore 后台使用技巧

(1)列表项的使用

EcStore 后台多个栏目在右侧都有列表项，比如商品中的列表项，点击列表项展开后可看到具体内容。

①列表项中选择某些项目，或去掉某些项目，保存后会根据选择情况在列表内容中即时变化。

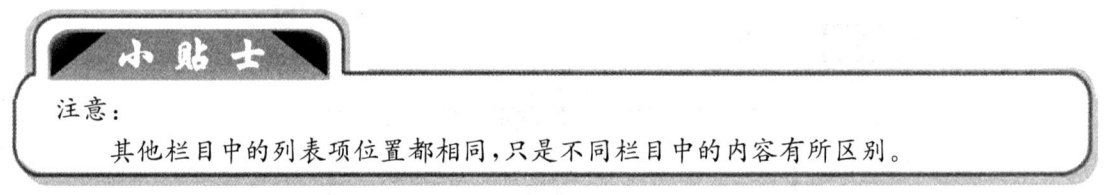

> **小贴士**
>
> 注意：
> 　　其他栏目中的列表项位置都相同，只是不同栏目中的内容有所区别。

②列表项中的各项内容可以用拖动方式进行调整。鼠标放在任意一项上，鼠标会变为移动的按钮，可以上下拖动，拖动到合适位置后，保存即可生效，如图 1-50 所示。

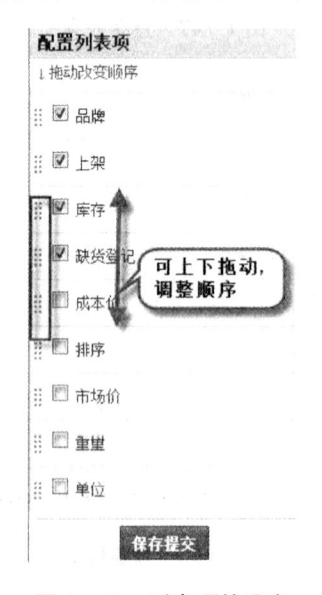

图 1-50　列表项的设定

(2)滑铲的使用

在查询列表中,需要选择多项的时候,可以一直按住鼠标向上或者向下滑动进行选择,俗称"滑铲"。比如在商品列表,如果商品比较多时,可以如图1-51所示操作,一般在选择部分商品时使用。

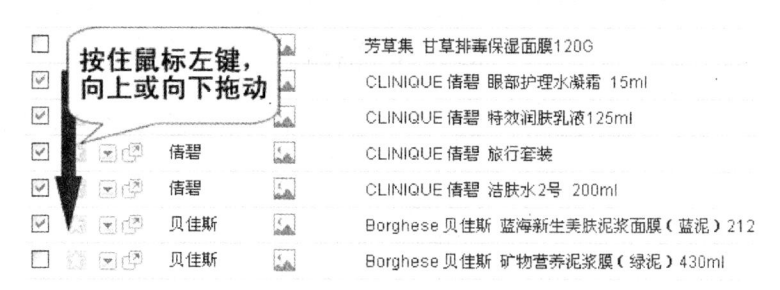

图1-51 滑铲的使用

(3)列表页选择所有内容

在列表页中,比如商品、会员、订单的列表页中,选中两条以上记录以后,会在列表的上部出现一行提示,如图1-52所示。

图1-52 选择所有内容

这一行提示是说明选择了当前页面下的部分记录数,如果想选择所有的记录,可点击蓝色链接,会再出现一个提示,如图1-53所示。这次提示的是选择了所有的记录数,用这种方法可以一次性选择该栏目下所有内容。

图1-53 选择所有记录

(4)高级筛选

在列表页中,比如商品、会员、订单的列表页中,右上角都有一个高级筛选功能,此功能可以全方位搜索当前列表页中内容,做到精准搜索,如图1-54所示。

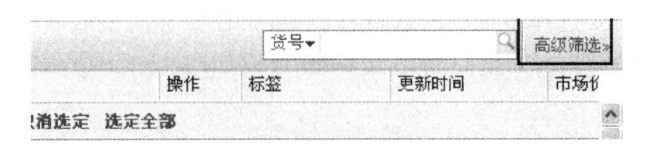

图 1—54　高级筛选

不同列表页,高级筛选功能不尽相同,比如商品列表页的筛选,如图 1—55 所示。

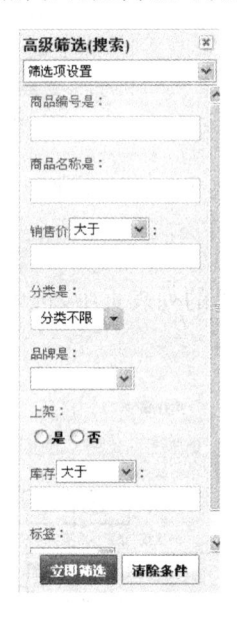

图 1—55　商品列表页的筛选

(5)标签功能

Step1:在列表页中,比如商品、会员、订单的列表页中,右上角都有一个标签管理功能,如图 1—56 所示。

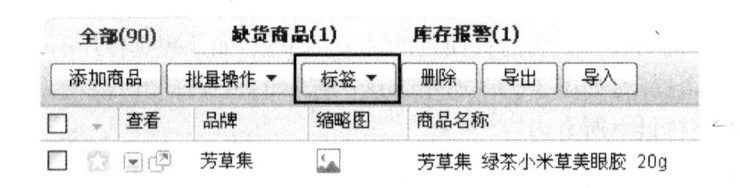

图 1—56　标签管理

Step2:点击后,可以看到界面概况,如图 1—57 所示。

图 1—57　标签管理窗口

Step3:新建一个标签,如图 1-58 所示。

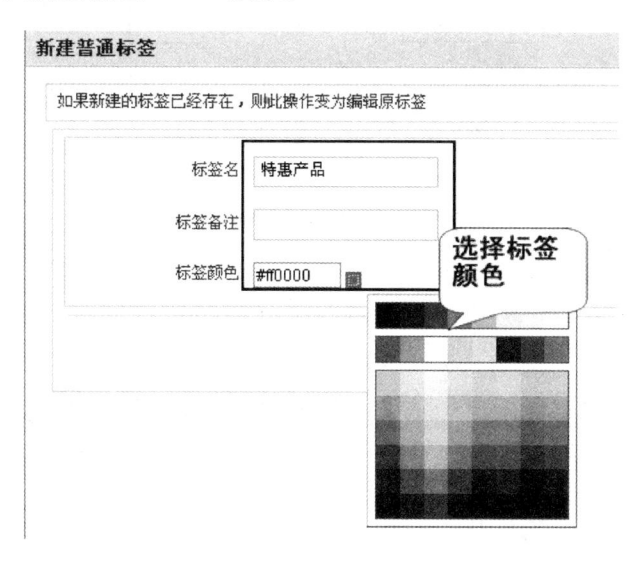

图 1-58　新建普通标签

Step4:添加后,显示在列表中,如图 1-59 所示。

图 1-59　显示在列表中

在商品中使用此标签,如图 1-60 所示。

图 1-60　在商品中使用此标签

(6)商品图片一次性上传多张

添加商品时,如果这个商品有多张图片可以使用,可一次选择后全部上传,节省大量时间。

Step1:添加一个商品,在图片上传位置,鼠标放在上传按钮处会有提示,如图 1-61 所示。

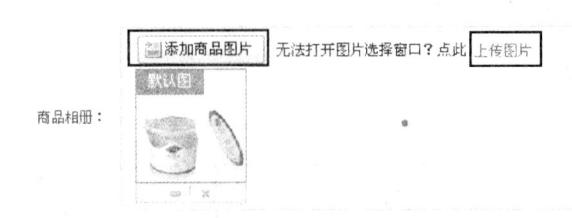

图 1—61 上传图片

Step2：点击后选择图片，如图 1—62 所示。

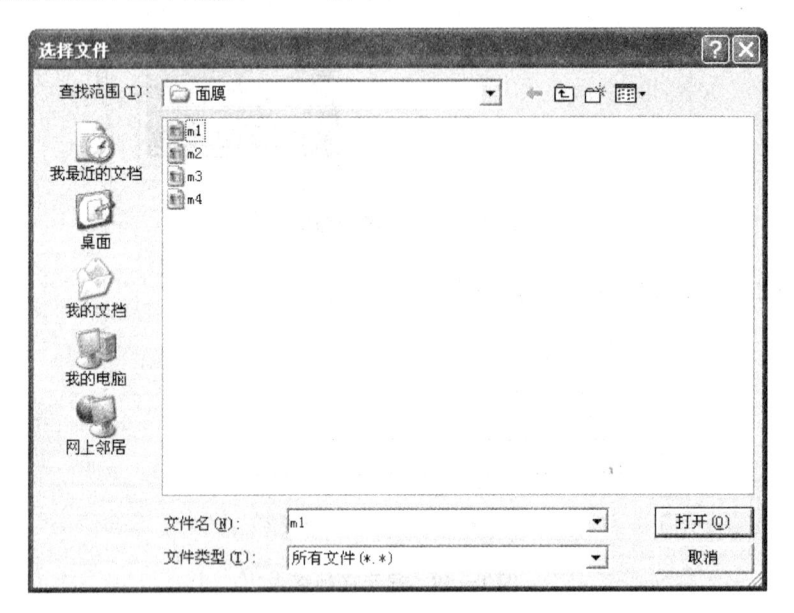

图 1—62 选择多张图片

Step3：选择后自动上传，如图 1—63 所示。

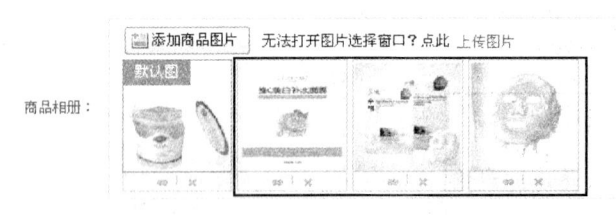

图 1—63 自动上传图片

如果商品图片比较多时，用此方法会非常方便。

项目二　后台配置

【场景介绍】

专业的电子商务平台终于搭建好了。现在东东可以根据喜好组建网店了,这令他非常兴奋。第一次总是紧张的、开心的。"我一定要把我的网上家园装扮得别具特色!"东东暗下决心。于是他踏上了新的征程……

【技能列表】

序　号	技　　　能	重要性
1	电子商务网站的管理模式	★★★★★
2	电子商务网站管理的层次和结构	★★★★☆
3	电子商务网站的内容管理	★★★☆☆
4	域名申请与ISP选择	★★★☆☆
5	网上开店的全新理念	★★★★★

【知识准备】

1. 电子商务网站的管理模式

由于现在许多网站在建设过程中应用了不同的技术,因此也就提出了不同的网站管理模式。总的来说,目前有以下几种网站的管理模式:

(1)完全手工型

早期的电子商务网站管理都采取该种模式,这是一种纯手工的方式,用"复制"和"粘贴"方式来更新内容。其特点是工作量和内容成正比,链接固定,改动比较困难。

(2)半自动化型

其工作流程与纯手工方式完全相同,但采用模板技术,用程序执行部分的"复制"和"粘贴"工作,内容一般以文件格式存储。

在FrontPage中有模板这一功能。该功能可帮助使用者设定一个好的背景色和一系列的字体及CSS这样的设置,帮助使用者完成文档的分级和上下前后的关联,同时在最终网页上自动生成相应的链接。这样使用者只要简单地输入文章,那么链接和文章的格式以及整体模式都会一模一样。如果改变模板,那么整个网站都会改变成相对应的模板的样式。这样,只需要将生成的页面文件上传到Web服务器上,就可以快速地改变整个站点。

这种管理模式操作很方便,但存在一定的缺陷:①每次上传需要完全的传输所有的内容;②网站内网页数目不能太多;③网站内容风格必须一致,如果每个频道的模板不一致,会增加维护的复杂程度;④模板的数量有限,很难扩充更多数量的模板。

因此,这种管理模式适用于页面数量不多但不需频繁改版的小型企业网站。小网站利用这种管理模式不仅操作快捷而且费用低廉。

(3)数据库支持型

该模式是以数据库存储内容,采用模板技术,用程序自动生成网页。其特点是内容、样式改变较容易,页面多样,但层次结构不易经常变更,仅仅是一个内容发布系统。

在网站内容达到一定程度时,完全可以使用数据库来存储大量的信息,所以许多网站使用数据库来存储所有的网站内容。自己写应用程序将信息输入到数据库中,在Web服务器上使用一些CGI程序从数据库中取出相应的数据。如果再加上一个简单的用户管理,它就可以有多人进行内容管理的协同工作,同时对数据库中的数据进行简单的加工,实现内部处理流程。

但这种管理模式也有一些不足:①由于没有模板,网站的改版成了问题。一旦改版时要改动大量的CGI页面,而且页面上的每一点变化都需要程序员对程序进行修改;②网站的点击承受力不足。由于系统受制于CGI,所以承受的点击不能过多,同时也不好实现多台服务器的负载均衡;③由于系统使用数据库,当点击过多时,Web服务器可能最终都会等待数据库的响应,系统地速度会受到数据库系统的限制;④由于需要使用一个大型的数据库系统,则会导致数据库系统的硬件和软件费用极大地提高;⑤Web上的技术过于单一,如果使用不同的技术,不易与已经完成的系统的功能结合。

这种管理模式适用于中小网站。通过这种管理模式,企业在建站完成后,在不进行大量改版的基础上,频繁地对信息内容进行更新,并且还可以实现与用户交互的功能。但是这种管理模式可接受的点击量很少,一般保持在每天几千到几万的点击水平。

(4)页面生成型

该模式是指以数据存储内容,采用自定义的Tag(如[]、{}等符号),将网站页面的模板独立出来,用数据库中的数据与Tag内指定的数据结合起来,生成用户会看到的最终静态页面。这样就能解决大多数的技术问题,如果模板做得足够好,那么可以使用静态页面完成许多类似动态页面的功能,同时这样的系统还支持更多的Web上的技术,最终的页面可以包括如ASP、PHP、JSP这样的与HTML结合的Script脚本语言。这是适用于高访问量的网站的管理方式。

但这种管理模式在各个技术环节上会因设计人员的思路不同而限制其功能和使用。

(5)智能结构模式

该模式是指以数据库存储内容,将内容彻底结构化,并可以配备各种完善的流程管理和远程办公功能来保证信息的来源和质量,通过一些智能化的手段,提供各种关键字的索引和目标定位,提供与信息内容相关的商贸信息,并且能自动实施网站的管理、调度和重构,也能动态发布信息。

这是网站管理的最高模式,该管理模式能够实现网站全面、系统地综合管理。主要包括:①网页信息发布和管理,布局管理和模板管理;②全面的用户管理,用于用户的注册、登录界面、用户分组管理和授权,并追踪访问网站的用户及其喜好;③网上贸易信息处理,用于建立网上商城、网上书店、购物篮、接受访问者提交的产品需求订单;④对某行业的所有网站进行收集和分类,提供中英文关键字搜索功能;⑤自动生成详尽的统计报告,主要包括广告点击统计、网页和访问者的详细情况统计、产品的销售和订货情况统计;⑥设置论坛信息分类和监控,包括全面个人事务管理、网站会议管理、展览时间管理等;⑦全面的文件管理;⑧其他管理,如网上调查,帮助访问者建立私人的网上任务记事本,用于企业内部网络的任务安排和进度跟踪等。

现在国外已经有许多的厂家推出了网站管理系统,有一些是结合第二和第三这两种方式来实现。国内也有不少公司开始针对这个近两年才有的强烈需求进行市场挖掘。但是如果你是一个网站或是拥有自己的网站的人,那么应该考虑一下是否需要一个网站内容管理系统来帮助你完成一个自主的网站了。

2. 电子商务网站管理的层次和结构

(1)电子商务网站管理的层次

不管是何种模式的电子商务网站管理,从电子商务网站管理的应用目的角度来看,主要包括四个层次的管理:文件管理、网站内容管理、网站综合管理和网站安全管理。

①文件管理

文件管理是指对构成网站资源的文件应用层进行的文件管理,以及支持企业与客户之间数据信息往来的文件传输系统和电子邮件系统的管理。一般来说,文件管理包括网站文件的组织、网站数据备份、网站数据恢复和网站垃圾文件处理等。

网站文件组织管理的关键是网站的目录结构。确保正确的布局和结构是使网站管理高效的基础,因此必须保证网站的简洁清晰的访问结构。

网站数据备份和恢复是为保护网站数据完整,减少由于意外原因造成数据丢失带来的损失而必须安排的。企业数据备份主要包括:企业数据库、客户信息、电子邮件、主页等。

②网站内容管理

网站内容管理是基于业务应用层的管理,即面向电子商务活动中的具体业务而进行的对输入和输出信息流的内容管理。网站内容管理是网站管理的核心,是保证电子商务网站有序和有效运作的基本手段,可分为信息发布管理、企业在线支持管理、在线购物管理和客户信息管理。

网站的内容管理具体可以分为对两类信息的管理:一种是对外部流入的数据和信息的管理,包括客户信息管理、供应商的管理、在线购物管理、交易管理等;另一种是对网站内部业务信息的管理,如产品管理、新闻管理、广告管理、企业论坛管理、留言板管理、邮件订阅管理、网上调查管理、在线技术支持管理等。

第一,客户基本信息管理包括客户注册管理、忘记密码查找、注册客户群分析及客户信用分析和管理、客户消费倾向分析等。由于在电子商务活动中,电子商务网站对于客户通常是采用会员制度,让客户登录为会员,以保留客户的基本资料,所以,在电子商务网站的管理中,简单的客户信息管理基本上是等同于会员资料管理的。这项功能能够帮助企业收集目标客户的资料,为企业网站营销提供分析的资料,并可以考察网站的使用频率及对目标消费者的吸引程度,在以后的网络营销中,这些注册会员是相当准确的目标客户。

客户反馈信息管理用于管理者从网上获取各种客户反馈信息,客户反馈信息管理几乎是所有网站必备的工具。目前大部分网站的客户反馈功能是以邮件的信息直接发送到管理者信箱中,这种形式反馈信息是散乱的,无法对反馈信息进行分类存档、管理、查询及统计。所以对于一个基于数据库开发的设计,提供强大的后台管理功能的客户信息反馈系统是十分必要的。

第二,在线购物管理可以分为系统账号管理、产品信息管理、购物车管理、订单管理等方面。具体阐述如下:

➢ 系统账号管理

该管理提供超级用户的管理权限控制。根据不同的用户进行不同的管理列表控制，设定和修改企业内部不同部门用户的权限，限制所有使用电子商务网站管理系统的人员权限。超级用户可根据要求管理所设定的相应的管理功能，对订单、产品目录、历史信息、用户管理、超级用户管理、次目录管理、功能列表控制、购物车管理等进行添加、删除、修改等功能进行一系列操作。

➢ 产品信息管理

产品信息管理使得网站管理员可以通过浏览器根据企业产品的特点在线进行产品分类，建立相应的数据库，并将产品按照不同层级进行分类展示；可以提供产品动态增减、修改等功能，可以批量更新数据，保证用户浏览到的永远是最新的产品信息；同时可以随时更新最新产品和畅销产品，以及特价产品等，方便日后产品信息的维护，提高企业的工作效率。

➢ 购物车管理

在线购物车管理应对用户正在进行的购买活动进行实时跟踪，从而使管理员能够看到消费者的购买、挑选和退货的全部过程，并实时监测用户的购买行为，纠正一些错误或不当事件的发生。

➢ 订单信息管理

这是网上销售管理的一个不可缺少的部分，它用于对网上全部交易产生的订单进行跟踪管理。管理员可以浏览、查询、修改订单，对订单/合同进行分析，追踪从订单发生到订单完成的全过程。只有通过完善的、安全的订单管理，才能使基于网络的电子商务活动顺利进行，达到预期的效果。

➢ 网站新闻发布管理

网站新闻发布管理是将网站上的某些需要经常变动的信息，如新闻、通知和业界动态等更新信息进行集中管理，并通过信息的某些共性进行分类，最后系统化、标准化发布到网站上的一种网站管理手段。新闻发布管理的主要内容包括在线新闻发布、新闻动态更新与维护、过期新闻内容组织与存储、新闻检索系统的建立等。

➢ 广告发布管理

广告发布管理系统应具有操作简单、维护方便，能综合管理网站广告编辑、播放等功能，可以轻易实现统计、分析每个页面广告播放的情况，并且可以指定某页面的广告轮播。具体包括广告申请；广告管理（申请查询、申请删除、申请发布、发布查询、发布作废）；用户广告计数统计分析等。

➢ 企业在线支持管理

企业在线支持管理包括在线帮助管理、企业论坛管理、留言板管理、网上调查管理、在线技术支持管理。

③网站综合管理

网站综合管理是指除文件管理、网站内容管理之外对网站提供的个性化服务等方面的管理，主要包括网站运行平台的管理、网站统计管理和聊天室管理等。

a. 网站统计管理

网站统计管理是指跟踪用户访问情况，对访问情况进行统计分析，生成全面的网络统计报告，从而更好地改进网站服务。具体应包括统计网站类型、访问者IP、浏览器、操作系统、屏幕分辨率、日报表、时段报表、每日访问量、当前排名、访问者来源分析、访问者IP地址分析、地域分析等。

b. Web 服务器和数据库服务器管理

Web 服务器和服务管理主要包括以下四方面的内容：

第一，Web 页面使用统计。具体包括：网站总体使用统计；网站的图形资源使用情况统计；网站的具体网页使用统计；网页被各类浏览器的访问情况统计；下载系统日志文件到本地硬盘。

第二，FTP 站点使用统计。具体包括：统计情况产生时间、时间跨度、连接次数、请求次数、不同的文件数、传输总字节数、传输的文件名称及其百分比；下载 FTP 日志文件。

第三，E-mail 使用统计。具体包括：统计情况产生时间、时间跨度、邮件总数、邮件来源、邮件字节总量；各类地址来信百分比情况统计；以企业名发送的 E-mail 数量统计；下载 E-mail 的日志文件。

第四，磁盘空间使用统计。具体包括：站点空间总体使用情况；企业个人空间使用情况。

④ 网站安全管理

电子商务网站的安全是电子商务网站可靠运行并有效开展电子商务活动的基础和保证，也是消除客户安全顾虑、扩大网站客户群的重要手段。网站安全管理贯穿在以上三个层次的管理之中。一般来说，网站安全管理主要包括分析网站安全威胁的来源，并采取相应的措施，同时，网站安全管理还必须与其他计算机安全技术结合起来，如网络安全、信息系统安全等。

电子商务网站的安全是电子商务网站可靠运行并有效开展电子商务活动的基础和保证，也是消除客户安全顾虑、扩大网站客户群的重要手段。电子商务网站是利用计算机网络的信息交换来实现电子商务活动的，所以凡是涉及计算机网络的安全问题对于电子商务网站无疑都有着重要的意义。

电子商务网站安全要素包括数据信息的有效性、数据信息机密性、数据信息完整性、可靠性/不可抵赖性/鉴别、数据信息的审查能力等。

提高电子商务安全的措施或技术主要有加密技术、数字签名、安全协议及防火墙技术等。

(2) 电子商务网站管理的结构

根据上述的电子商务网站管理的层次，典型的电子商务网站管理结构可按以下所示进行构造，如图 2—1 所示。

3. 域名申请与 ISP 选择

(1) 域名申请

① 域名基础

根据《中国互联网络域名管理办法》的定义，域名是指互联网络上识别和定位计算机的层次结构式的字符标识，与该计算机的互联网协议(IP)地址相对应。域名在商业竞争中不只是一个网络地址，它具有更多的经济意义和商业价值，它是企业的一项无形资产。相对于企业商标而言，它更具有唯一性特征。所以企业都十分重视域名的注册和设计。

域名与网址的区别：一个完整网址如：http://www.mofcom.gov.cn。对应于这个网站的域名则是 mofcom.gov.cn。人们建立一个提供 WWW 信息的主机后以域名来为其命名。此时，这台主机的名字称为 www 域名。当访问者要访问这台主机时，浏览器会以指定的 http 协议向主机发出数据请求。为此，我们描述一个完整的网址时都会加上前缀 http://。

② 域名体系

目前互联网上的域名体系中共有三类顶级域名：一是地理顶级域名，共有 243 个国家和地

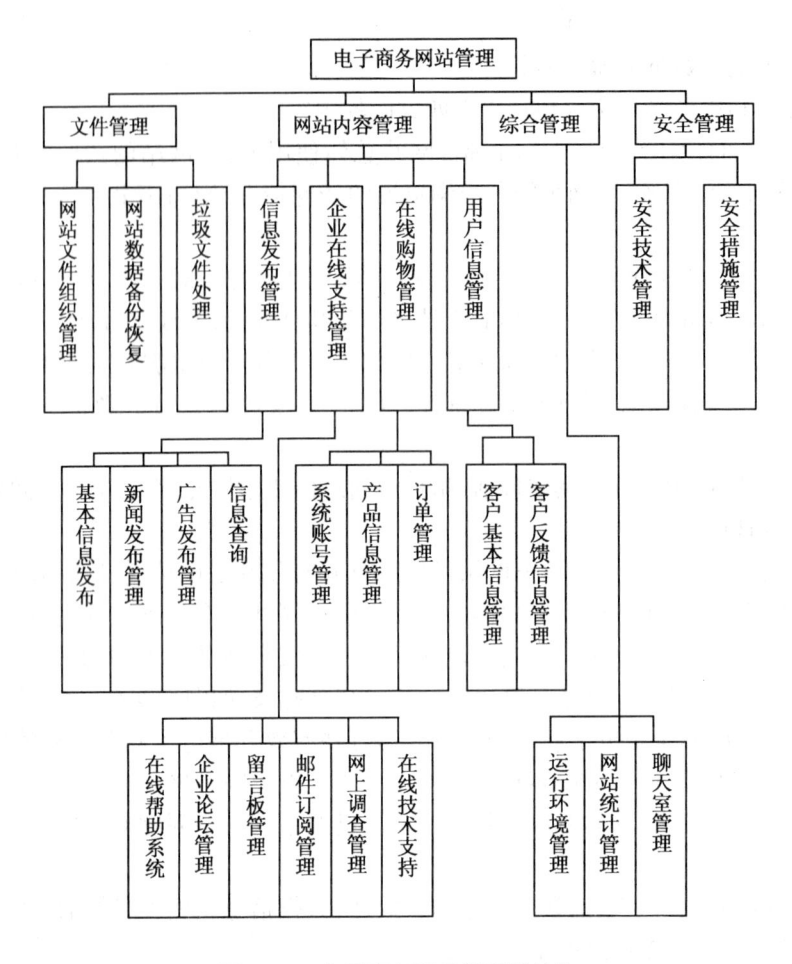

图 2—1 电子商务网站管理的结构

区的代码。例如,.CN 代表中国,.JP 代表日本,.UK 代表英国;另一类是类别顶级域名,共有 7 个:.COM(公司),.NET(网络机构),.ORG(组织机构),.EDU(美国教育),.GOV(美国政府部门),.ARPA(美国军方),.INT(国际组织)。相对于地理顶级域名来说,这些顶级域名都是根据不同的类别来区分的,所以称为类别顶级域名。随着互联网的不断发展,新的顶级域名也根据实际需要不断被扩充到现有的域名体系中来。新增加的顶级域名是:.BIZ(商业),.COOP(合作公司),.INFO(信息行业),.AERO(航空业),.PRO(专业人士),.MUSEUM(博物馆行业),.NAME(个人)。

在这些顶级域名下,还可以再根据需要定义次一级的域名,如在我国的顶级域名.CN 下又设立了.COM,.NET,.ORG,.GOV,.EDU 以及我国各个行政区划的字母代表如.BJ 代表北京,.SH 代表上海等,如图 2—2 所示。

③域名申请

a. 选择域名的一般原则:短小;容易记忆;不容易与其他域名混淆;不容易拼写错误;与公司名称、商标或核心业务相关;尽量避免文化冲突。

b. 域名命名规则:域名可以由 26 个英文字母(不分大小写)、数字(0~9)以及连接符"—"组成,但是域名的首位必须是字母或数字。对于域名的长度有一定的限制:国际通用顶级域名长度不得超过 26 个字符,中国国家顶级域名长度不得超过 20 个字符。

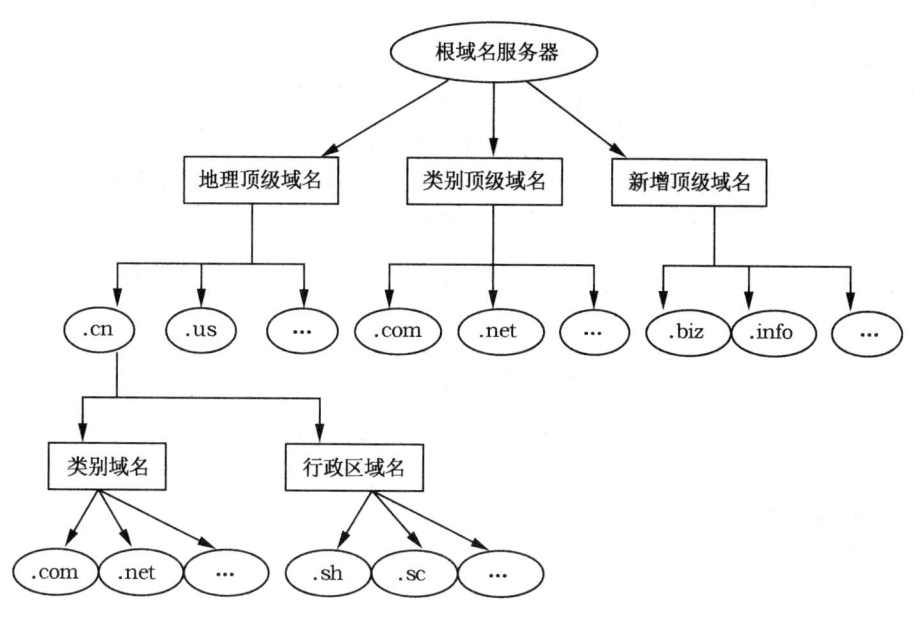

图 2—2 国际互联网域名体系

中国互联网信息中心(CNNIN)在国际域名的一般规则基础上又提出以下规则：

a. 遵照域名命名的全部共同规则。

b. 只能注册三级域名，三级域名用字母(A～Z,a～z,大小写等价)、数字(0～9)和连接符(—)组成，各级域名之间用实点(.)连接，三级域名长度不得超过20个字符。

c. 不得使用，或限制使用以下名称：注册含有"CHINA"、"CHINESE"、"CN"、"NATIONAL"等经国家有关部门(指部级以上单位)正式批准；公众知晓的其他国家或者地区名称、外国地名、国际组织名称不得使用；县级以上(含县级)行政区划名称的全称或者缩写经相关县级以上(含县级)人民政府正式批准；行业名称或者商品的通用名称不得使用；他人已在中国注册过的企业名称或者商标名称不得使用；对国家、社会或者公共利益有损害的名称不得使用。

经国家有关部门(指部级以上单位)正式批准和相关县级以上(含县级)人民政府正式批准是指，相关机构要出具书面文件表示同意某单位注册某域名。如：要申请 beijing.com.cn 域名，则要提供北京市人民政府的批文。

除此之外，还有下列限制条件：反对宪法所确定的基本原则的；危害国家安全，泄露国家秘密，颠覆国家政权，破坏国家统一的；损害国家荣誉和利益的；煽动民族仇恨、民族歧视，破坏民族团结的；破坏国家宗教政策，宣扬邪教和封建迷信的；散布谣言，扰乱社会秩序，破坏社会稳定的；散布淫秽、色情、赌博、暴力、凶杀、恐怖或者教唆犯罪的；侮辱或者诽谤他人，侵害他人合法权益的；含有法律、行政法规禁止的其他内容的。

④域名注册

a. 域名注册申请条件

国内域名注册申请人必须是依法登记并且能够独立承担民事责任的组织，注册时需要出示营业执照复印件，然后按照程序规定填写申请单。涉及国家政府机构、行业机构、行政区等单位的域名注册需经国家有关部门(指部级以上单位)正式批准和相关县级以上(含县级)人民政府正式批准，并取得相关机构出具的书面批文。国际域名注册则没有任何条件限制，单位和个人均可以提交申请。

b. 域名注册

域名注册的过程并不复杂,一般程序为:选择域名注册服务商→查询自己希望的域名是否已经被注册→注册用户信息→支付域名注册服务费→提交注册表单→注册完成。

用户在域名注册时,首先是要选择域名注册服务商,可以是顶级域名注册商或者其代理服务商。通过顶级域名注册商直接注册域名,通常可以完全自助完成、自行管理,整个过程完全电子商务化,如果对互联网应用比较熟悉,这种方式比较方便,如果初次接触这个领域,与本地的代理服务商联系可以得到更多帮助。

无论是选择自行注册还是请求代理商代理注册,都应注意尽量选择有实力的注册商或代理商,以免一些注册商/代理商因业务转移或者关闭而造成不必要的麻烦。

国内域名的注册要通过 CNNIC 授权的国内域名注册商来进行,一般的域名注册商在经营国际域名的同时也都经营国内域名的注册,因此在选择国内域名注册和国际域名注册商时,通常没有必要分开进行。如果对域名注册商的身份有疑问,可以到 CNNIC 网站上公布的域名注册上名录上去核对。

⑤CNNIC 中文域名的介绍

为推进中文网络信息资源的开发,2001 年 CNNIC 正式启用中文域名注册系统。它具有以下特点:高度兼容,全球通用;繁简转换,两岸互通;使用方便,适用面广;兼顾多种标准,符合国际趋势;开放体系,鼓励合作;支持中文邮件地址、中文虚拟主机等应用服务。

(2) ISP 选择

ISP(Internet Service Provider),互联网服务提供商,即向广大用户综合提供互联网接入业务、信息业务和增值业务的电信运营商。ISP 是经国家主管部门批准的正式运营企业,享受国家法律保护。中国三大基础运营商为中国电信、中国移动和中国联通。

互联网服务提供商是网民通过网站进入互联网的桥梁。

4. 服务器托管与虚拟主机

(1) 主机托管

所谓主机托管,就是将购置的网络服务器,托管给一些 ISP 等网络服务机构进行网站的构建、管理与维护,每年支付一定数额的费用。主机托管可以减轻企业缺少网站设计与管理人员所带来的压力,解决网站建设后在技术支持及维护等方面可能出现的各种问题,适用于技术实力欠缺的企业构建中型网站。

(2) 虚拟主机

虚拟主机是使用特殊的软硬件技术,把一台运行在互联网上的服务器主机分成一台台"虚拟"的主机,每一台虚拟主机都具有独立的域名和 IP 地址,具有完整的互联网服务器(WWW、FTP、E-mail 等)功能,虚拟主机之间完全独立,并可由用户自行管理,在外界看来,一台虚拟主机和一台独立的主机完全一样。虚拟主机的出现,是对互联网技术的重大贡献,是广大互联网用户的福音。由于多台虚拟主机共享一台真实主机的资源,每个用户承担的硬件费用、网络维护费用、通信线路的费用均大幅度降低,使互联网真正成为人人用得起的网络。虚拟主机只适合于一些小型、结构较简单的网站。

一般来说,企业要用自己申请的独立域名建立网站,必须投资至少一台价格不菲的服务器,而且要架设专线,由专人维护。虚拟主机则是利用电信局的主机为企业开设一个网站,该网站在外界看起来就如同企业自己建立的一样,拥有高速的网络出口。因此,中小企业建立网站大多采用这种方法,这样不仅大大节省了购买机器和租用专线的费用,同时网站使用和维护服务器的技术问题由 ISP 服务商负责,企业就可以不用担心技术障碍,更不必聘用专门的管理人员。

企业根据需要租用 ISP 服务商提供的"虚拟主机"的一定空间,按照"虚拟主机"指定目录将企业的网页和其他资料放到网上。企业和其访问者通过 ISP 服务商代理的高速网络系统,就好像在真实的主机上进行着网上贸易信息的交流与传递。由于主机的管理与维护的大多数工作由 ISP 服务商完成,所以企业管理"虚拟主机"的主要工作就是网页上传和电子邮件的处理。

5. 网上开店的全新理念

21 世纪是电子商务的时代,网络经济的发展也催生了一个新生人群——网商。无意间你突然发现自己和他们有着千丝万缕的联系。他们中有多少人真正成功了呢?他们是如何开始自己的网售历程?他们是如何吸引和保留顾客的?他们采用何种策略获得成功?又是如何突破发展的"瓶颈"的?俗话说:"只有失败的商人,没有失败的生意。"下面就让我们一起来揭开这层神秘的面纱吧!

"2011 上半年主要 3C 平台年龄属性"显示,2011 年中国网购市场的年交易额突破千亿元大关,达到 1 200 亿元,同比增长 128.5%;与 2009 年相比,增幅上升了近 40%。如图 2-3 所示。

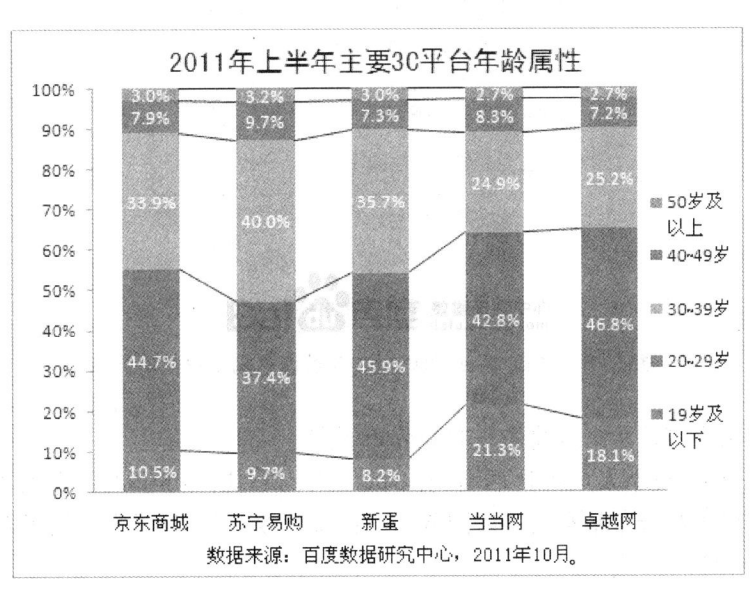

图 2-3　2011 年淘宝用户年龄段分布情况

(1) 2011 年中国 3C 网络购物用户性别分布研究

2011 年整体网购用户中男性占比 52.1%,而 3C 网购用户中男性占比 68.1%,明显高于女性用户占比。3C 网购用户男性占比近七成,男性为主要用户群。如图 2-4 所示。

(2) 2011 年中国 3C 网络购物用户年龄分布研究

2011 年 3C 网购用户中 25~30 岁用户占比最大为 30.6%,19~24 岁用户占比为 26.4%,19~30 岁用户占比近六成。3C 网购用户 30 岁以上用户比例略高于整体网购用户相应比例。如图 2-5 所示。

2011年3C网购用户与整体网购用户性别分布

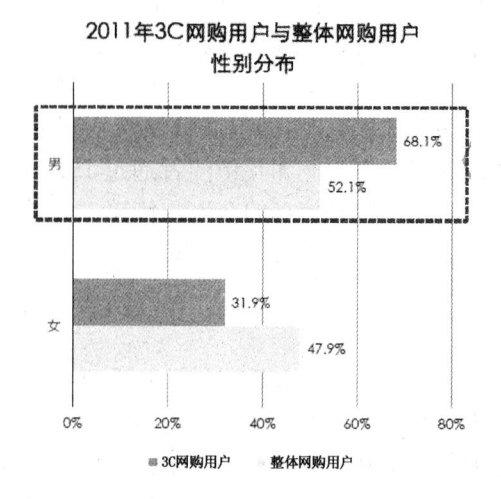

男：68.1% / 52.1%
女：31.9% / 47.9%

图 2－4　2011 年 3C 网购网户与整体网购用户性别分布

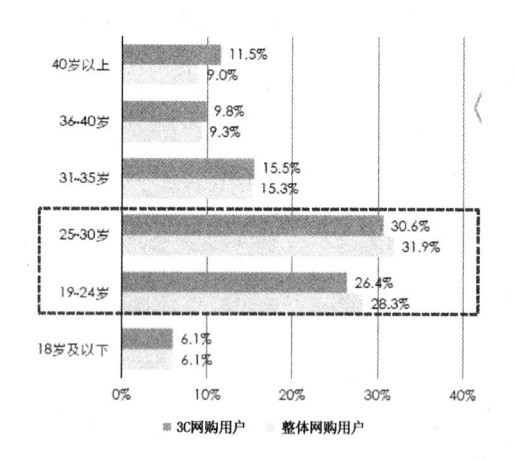

40岁以上：11.5% / 9.0%
36~40岁：9.8% / 9.3%
31~35岁：15.5% / 15.3%
25~30岁：30.6% / 31.9%
19~24岁：26.4% / 28.3%
18岁及以下：6.1% / 6.1%

图 2－5　2011 年 3C 网购网户与整体网购用户性别分布

(3)2011 年中国 3C 网络购物用户职业分布研究

3C 网购用户中,技术人员占比居首,比例为 23.2%;文职办事人员占比 17.1%,排名第二。3C 网购用户职业分布基本与整体网购用户保持一致,其中技术人员和工人占比略多于整体网购用户。如图 2－6 所示。

(4)2011 年中国 3C 网络购物用户地区分布研究

3C 网购用户地区分布中,广东、江苏、山东、浙江和北京用户占比均超过 5%,其中广东占比超过 10%,占比居首,此外,山东、北京、上海、河南、四川、河北等大部分地区 3C 网购用户占比较整体网购用户占比高;其中,北京地区 3C 网购用户占比明显高于该地区网购用户占比,由此可见,广东、江苏、浙江为网购用户分布较多,广东、江苏、山东为 3C 网购用户分布较多。如图 2－7 所示。

(5)2011 年中国 3C 网络购物首要原因分析研究

网购 3C 产品的用户选择网上购买的原因价格便宜居首,占比 49.0%。3C 网购用户最看重的因素为价格便宜、方便快捷和样式丰富,三因素占比近九成。由此可见,3C 网购用户仍以

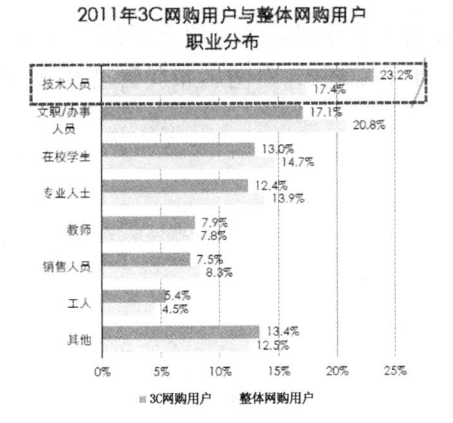

图 2-6 2011 年 3C 网购用户与整体网购用户职业分布

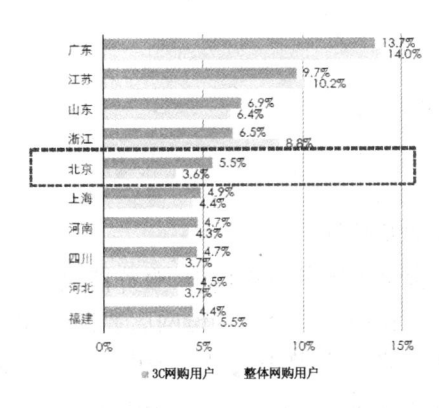

图 2-7 2011 年 3C 网购用户与整体网购用户地域分布

价格敏感型为主。如图 2-8 所示。

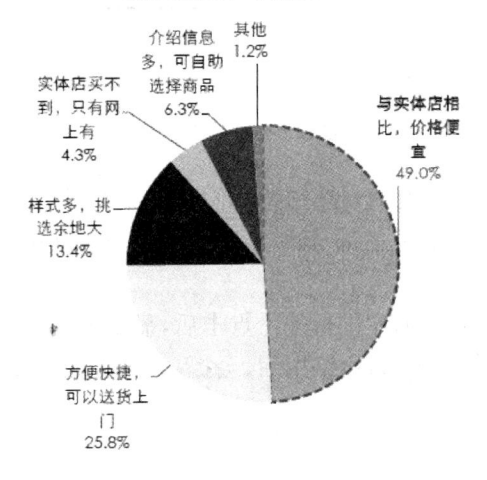

图 2-8 2011 年中国 3C 网购用户网上购物首要原因分布情况

【项目规划】

通过系统的学习,东东对电子商务网店的管理有了深入认识。马上就要开始布置自己的网店了,东东踌躇满志。他写了份规划书,对网店布局管理及细节做了部署。

任务计划书

- 任务一　商店配置
- 任务二　地区管理
- 任务三　配送设置
- 任务四　支付与货币
- 任务五　设置支付宝接口
- 任务六　管理员和权限
- 任务七　图片管理

【项目执行】

任务一:商店配置

1. 数据备份、恢复与清除体验数据

在网店运营过程中,有时会碰上服务器被攻击、服务器损坏、管理员误操作等意外情况,从而导致数据损坏等情况。因此,我们需要经常备份网店数据,以确保数据安全。网店数据一般包括两部分:保存在网店空间里的文件、图片等内容;另一部分是保存在数据库中的内容。前者用FTP工具链接到网店后下载即可,而数据库备份则可通过后台内置的工具进行操作。当服务器出现问题时,可以用这两部分内容进行恢复,从而快速重建。

(1)数据备份

Step1:在管理后台,点击右上角"控制面板",如图2-9所示。

图2-9　数据备份

Step2:然后点击左边菜单中的数据管理,如图2-10所示。

Step3:点击后,界面中主要有三部分内容:数据备份、数据恢复(初始不显示)、清除体验数据,如图2-11所示。

Step4:点击立即备份,对数据库进行备份点击后,显示如图2-12所示。

Step5:点击后就开始备份了,备份结束后,会提示下载,如图2-13所示。

图 2—10　数据管理

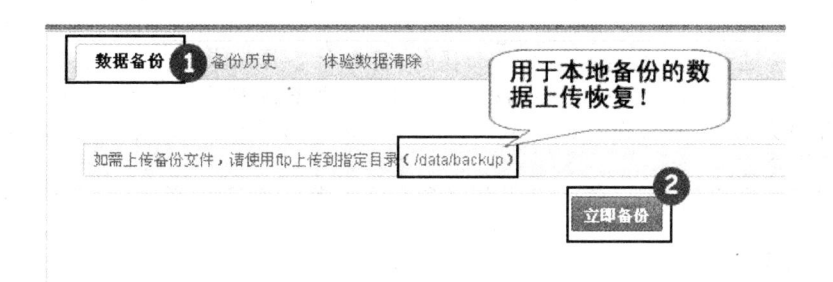

图 2—11　数据备份

图 2—12　确定备份

图 2—13　下载备份好的文件

也可在备份历史界面进行下载,如图2—14所示。

图2—14 在备份历史界面进行下载

注意:
1. A备份过程中请勿进行其他页面操作,请等待备份结束。
2. 空间中data/backup文件夹权限要可写,否则备份文件无法生成。
3. 备份完成后,及时保存到本地。建议养成经常备份数据的好习惯,这样才能真正确保数据的安全。

(2)数据恢复

Step1:在管理后台,依次点击"控制面板—数据管理",如果曾经备份过数据,就会出现如图2—15界面:

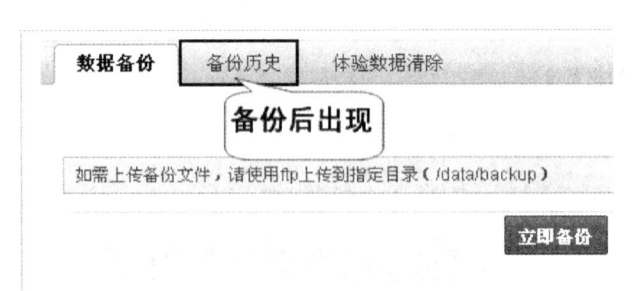

图2—15 数据恢复

Step2:备份历史:此按钮只有在至少操作过一次备份后才会显示,可点击查看备份历史,如图2—16所示。如果经常备份,在此界面会有多个可用来恢复的文件,可根据实际情况选择适合的文件进行操作,如果没有备份过,则此处内容为空。

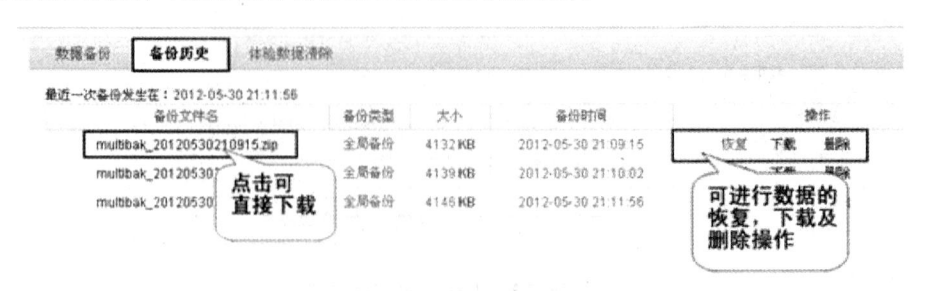

图2—16 备份历史

Step3：点击"恢复"后，跳出确认对话框，点击"确定"按钮，即可完成数据的恢复，如图 2-17 所示。

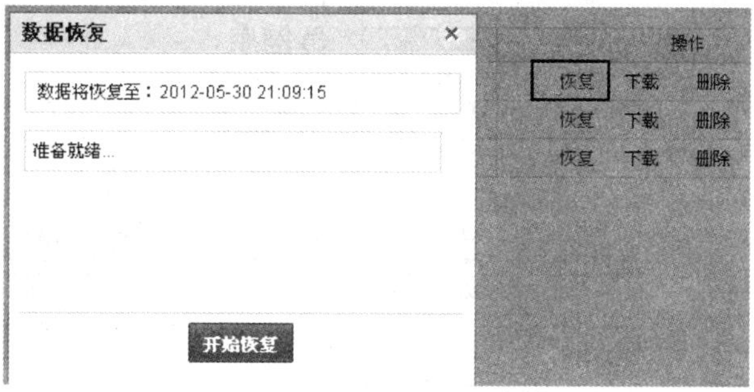

图 2-17　开始恢复

Step4：数据保存在本地时的操作。

如果备份了数据库，将文件下载到本地并在空间上删除后，再要恢复时则需要通过 FTP 工具将下载的 zip 文件上传到空间 data/backup 下，此时在恢复列表中就可以操作了。如何上传不再详述。

小贴士

注意：

如果恢复的是以前备份的数据，则在备份时间点以后网店内变化的数据会发生丢失。

（3）清除体验数据

系统安装后，会用一定的时间输入一些资料进行体验。在体验结束后，要正式运行网站，需要将体验数据清空。

小贴士

注意：

此功能一旦使用，网店内所有的数据包括会员数据、商品分类、商品类型、商品数据、文章等数据将会被清除，包括你最新添加的，请慎重使用。

建议在使用此功能之前，对当前的数据进行备份。

Step1：在管理后台，依次点击"控制面板—数据管理"，如图 2-18 所示。

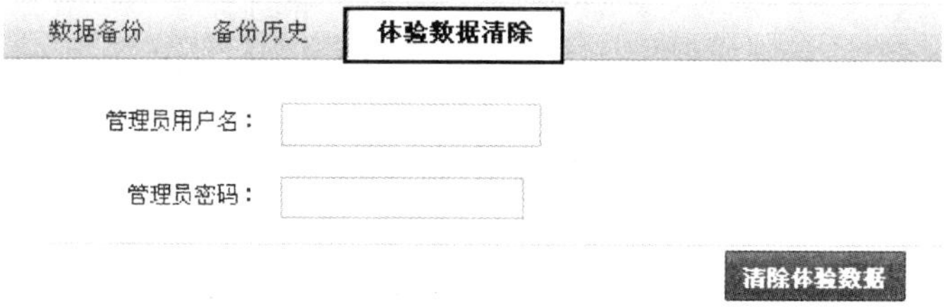

图 2-18　点击体验数据清除标签

Step2：点击后显示，如图 2—19 所示。

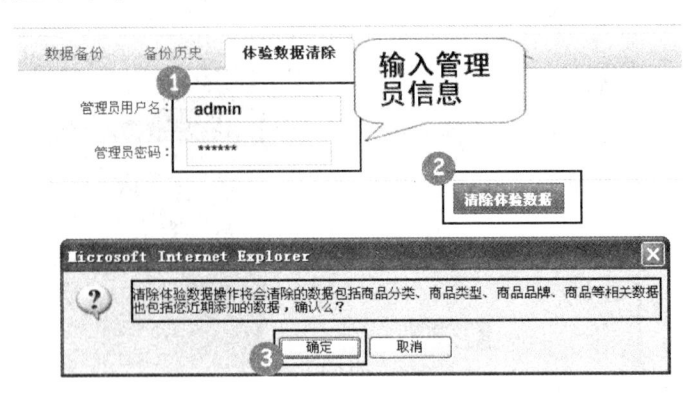

图 2—19　输入管理员信息

为了安全，在操作时必须输入管理员的用户名与密码才可继续。清除体验数据后，商店系统就相当一张白纸，没有任何内容，所有的一切都需要重新考虑与设置。

2. 商店 Logo 与店家信息设置

商店 Logo、店家信息是一个网店的基本信息，也是给顾客的第一印象，设计精美的 Logo 可以留给客户不一样的感受。

(1)商店名称、商店 Logo 更换

Step1：点击右上角"控制面板"，然后点击界面中的"商店配置"，如图 2—20 所示。

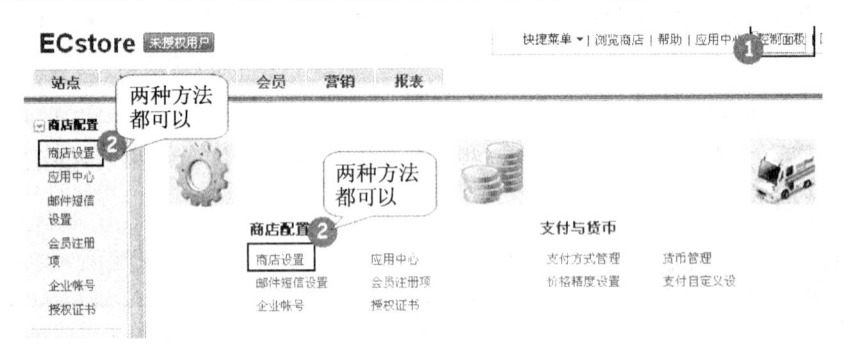

图 2—20　商店设置

Step2：更改商店名称，如图 2—21 所示，在商店名称中修改后，保存，清除缓存，前台便会呈现新修改的名称。

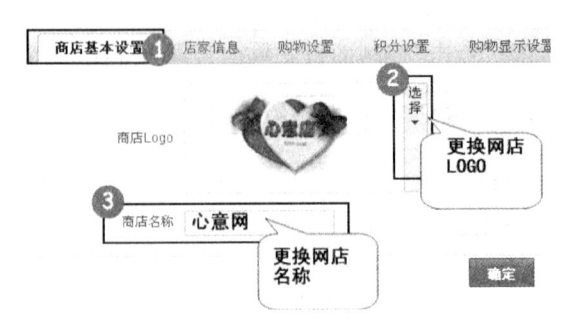

图 2—21　更改商店名称

Step3:更改商店 Logo。

点击如图 2-22 中的选择,可对网店 Logo 进行更换,Logo 图片有三处来源,分别是本地上传、网店图库、网络。

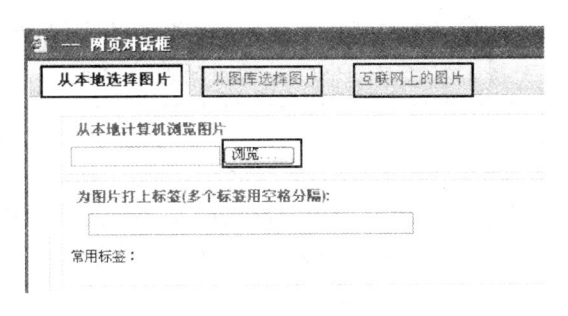

图 2-22 更改商店 Logo

Step4:本地上传使用是最多的,本地做好图片,直接上传后,确认即可,如图 2-23 所示。

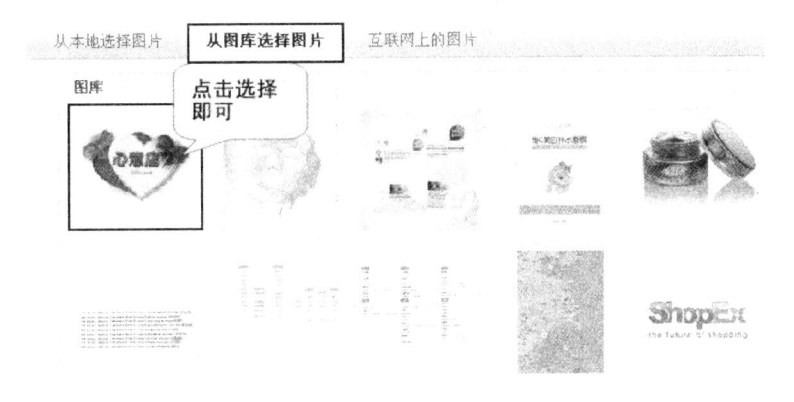

图 2-23 上传图片

图库里的内容一般是商店中其他部分上传的一些图片,比如商品图片、商品描述信息里的图片,如图 2-24 所示。

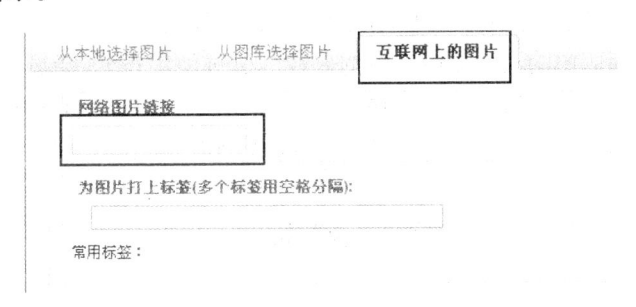

图 2-24 互联网上的图片

网络图片一般是引用互联网上的图片,这种途径与服务器关系密切,如果服务器发生变化,则图片显示会异常,使用时要慎重。

> **小贴士**
>
> 注意：
> 　　Logo 尺寸大小建议：在模板下对原 Logo 点右键查看尺寸，然后制作同大小的 Logo 替换即可；Logo 上传可支持 JPG、GIF、PNG 等常用的图片格式。

（2）店家信息修改

Step1：点击上面菜单中的店家信息，可以对商店的基本信息进行编辑，如图 2-25 所示，店家信息在某个阶段将会直接显示在前台的关于我们中，避免重复填写。

图 2-25　添加商家信息

3. 购物设置与积分设置

购物设置一般是设置商品、订单的显示方式，及顾客在购物时的一些规则，贴心的购物设置可以给顾客非常舒服的感觉，从而促使用户的多次消费。

积分是指顾客在商店中购买商品后获得的分数。通过使用积分，会员可以实现会员级别的变迁，也可以使用积分来兑换优惠券。非会员购物是得不到积分的，只有商店的注册会员才可以享受积分。积分是店主在设置商店促销、吸引顾客购物、保持会员稳定时一个不可或缺的手段。

（1）购物设置

Step1：在管理后台，点击右上角"控制面板"，如图 2-26 所示。

图 2-26　商店设置

Step2:然后点击购物设置,如图 2-27 所示。

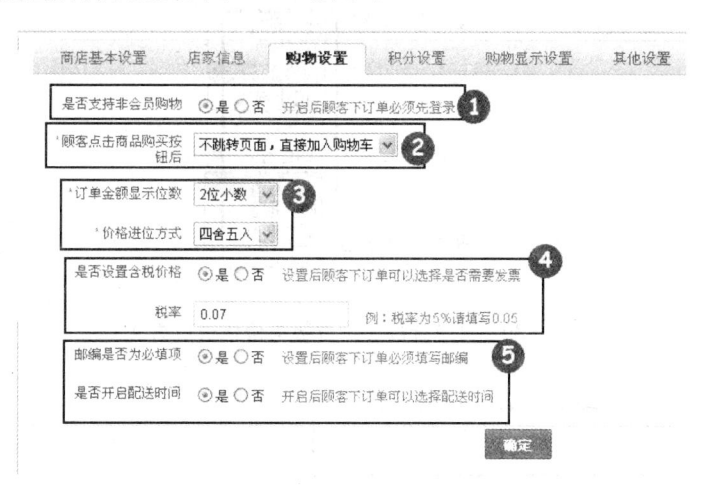

图 2-27 购物设置

根据图 2-27 中的不同功能,分别阐述如下:

①是否支持非会员购物。启用以后,顾客无须注册成为商店会员,即可直接购买商品;不启用,则顾客必须注册成为商店会员才能购买,当非会员顾客选中商品,在购物车点击结算时,将会跳转至登录界面,如图 2-28 所示:

图 2-28 是否支持非会员购物

②顾客点击商品购买按钮后跳转方式,点击后可有三种选择。如图 2-29 所示,可以根据自己的顾客的购物习惯进行选择,也可进行调研后确认,一般默认是不跳转。

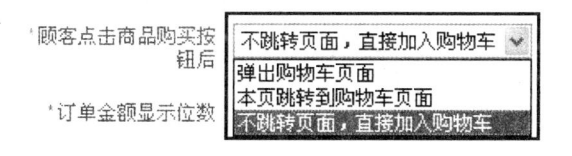

图 2-29 三种购买方式设定

③订单金额显示位数与价格进位方式,如图 2-30 所示。

④是否设置含税价格。此处设置是为商品开具发票时的设置,当顾客需要发票时,可设置相应的税点。设置后,系统会根据此处的设置自动计算需要增加的金额,并合并在订单中。比如要设置 7% 的税点,则此处内容输入 0.07 即可,如图 2-31 所示。

⑤邮编选择及是否开启配送时间。如果 E-mail 不是必填,也不开启配送时间,则订单页

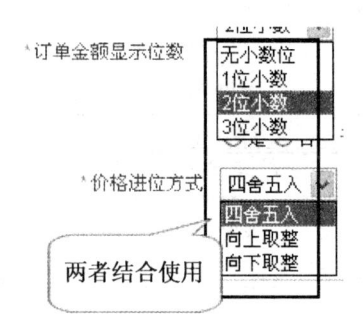

图 2—30　订单金额显示位数与价格进位方式

图 2—31　设置含税价格

显示为如图 2—32 所示。

图 2—32　E-mail 设定

(2)积分设置与相关问题

接上面菜单,点击积分设置,如图 2—33 所示。

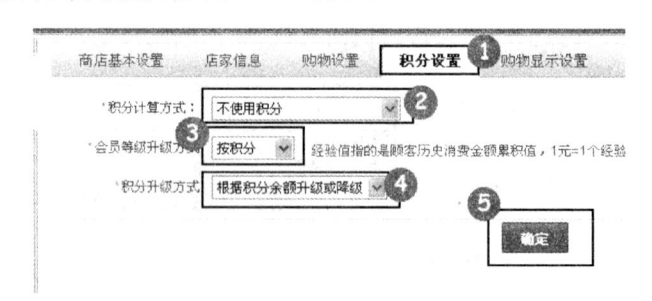

图 2—33　积分设定

①积分计算方式

一般情况下,店主可以通过两种方式的设置,来让会员得到积分:一种是订单中商品总价格乘以某个比例值,另一种是指定商品单独设置积分,如图 2—34 所示。

图 2-34　积分计算方式

按订单中商品总价格来获得积分。例如,会员购买本店任意商品,每 10 元累积 1 个积分,如图 2-35 所示。

图 2-35　积分换算显示

积分换算比率的方法:1 积分除以所要求的金额得到本例中为 1/10 元＝0.1,所以换算积分比例设置为 0.1。购买商品时,在订单详细页面可以看到本次购物所获得的积分情况,如图 2-36 所示。

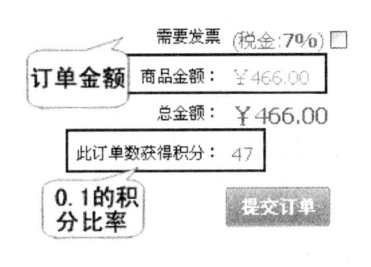

图 2-36　所示

> **小贴士**
>
> 注意:
> 　　只有当此订单的状态变为已付款后,积分才会更新到会员账户,如果是未付款,则会员积分不会更新。

②为商品单独设置积分

例如,会员可以购买本店指定商品获得积分,设置多少分就得多少分,与商品价格无关,如图 2-37 所示。

图 2-37　为商品单独设置积分

此处开启后就可以在商品中设置积分了。在商品列表中,编辑需要设置积分的商品,如图 2-38 所示。

在详细面可以看到积分的设置框,输入积分值,如图 2-39 所示。

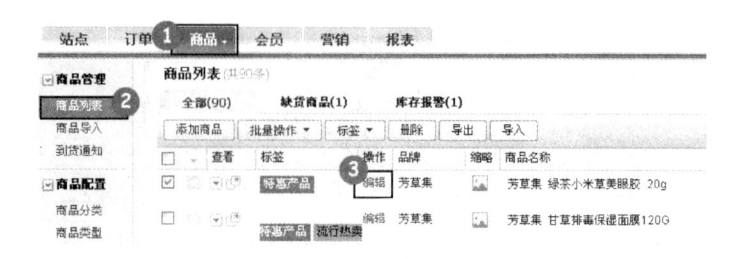

图 2—38　编辑需要设置积分的商品

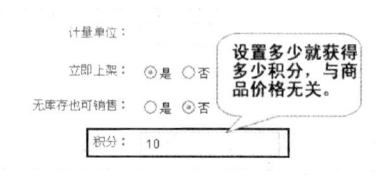

图 2—39　设置积分

小贴士

注意：

如果没有选择商品积分单独设置，则商品中就没有积分选项。然后在前台点击此商品，在商品详细页面可以看到商品的积分情况，如图 2—40 所示。

图 2—40　前台商品的积分情况

购买后，在购物车中可以看到该商品的积分情况，如图 2—41 所示。

图 2—41　该商品的积分情况

在订单页也可以看到积分情况,如图2-42所示。

商品总金额:￥198.00
配送费用:￥10.00
您可获得积分:10
订单总金额:￥208.00

图2-42 订单页积分的显示

小贴士

注意:
只有当此订单的状态变为已付款后,积分才会更新到会员账户,如果是未付款,则会员积分不会更新。

③会员等级升级方式

会员等级可以通过两种途径进行操作:按积分或按经验值。如图2-43所示。

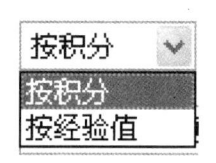

图2-43 会员等级升级方式

a. 按积分:选择按积分时,有只升不降或根据积分余额升降两种方式,如图2-44所示。

图2-44 积分升级方式

获利积分累计数:就是历次购物所获积分总和,不计算兑换商品后扣除的积分。账户账面数:就是不计算历次购物所得积分与兑换积分,只考虑当前积分。这两种方式是两个极端,可以根据自己实际情况进行选择。

b. 按经验值:此方法与积分没有任何关系,只与购物金额有关,一元得一个经验值。

④积分消费是否降会员等级

可根据自己的运营理念与方法灵活操作。

⑤会员积分的查看与编辑

一般情况下,店主可以在会员列表中查看某个会员的积分,如图2-45所示。

点击某个会员,可以查看他的积分历史,并且也可以随时修改会员的积分,如图2-46所示。

如果恢复的是以前备份的数据,则在备份时间点以后网店内变化的数据会发生丢失。有

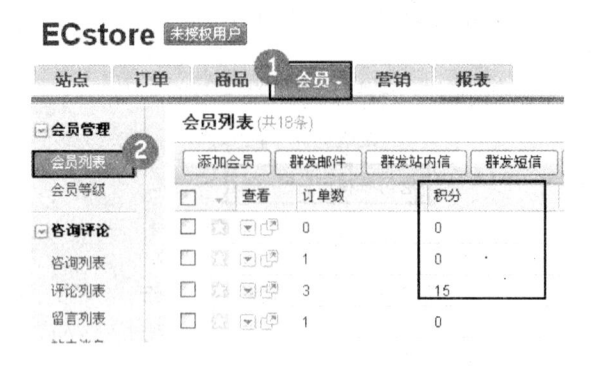

图 2—45　会员积分的查看

图 2—46　会员的积分历史

了积分的协助，相信会在促销上助你一臂之力。

4.购物显示设置与其他

购物显示设置主要是设置会员登录时的显示信息，以及商品在显示时的项目等内容。贴心的购物显示设置可以给顾客极大的信息获利量与购物舒适感。

(1)购物显示设置

主要功能：可设置会员注册与会员登录是否开启验证码、商品列表页显示方式、是否显示销售记录等。

①点击右上角"控制面板"，然后点击界面中的"商店配置"，如图 2—47 所示。

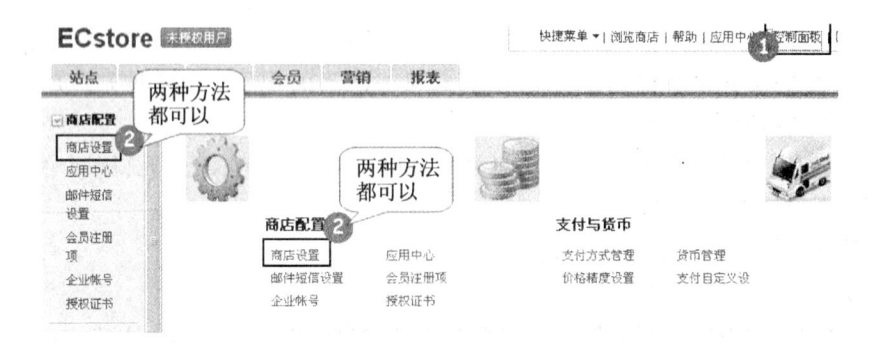

图 2—47　商店设置

②点击购物显示设置，如图 2—48 所示。

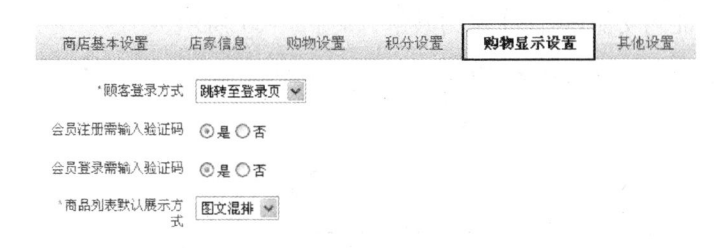

图 2-48 购物显示设置

③具体内容如图 2-49 所示。

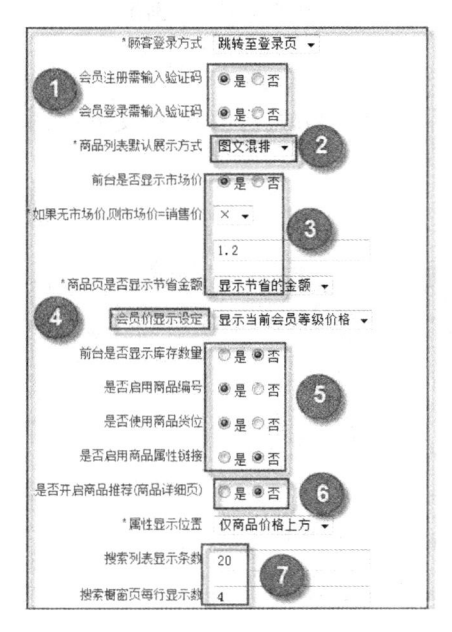

图 2-49 具体内容

a. 会员注册与登录需输入验证码。

注册页启用验证码功能,可防止利用程序恶意注册。如图 2-50 所示。

图 2-50 用户注册

登录页启用验证码功能,可防止暴力破解,如图 2—51 所示。

图 2—51　验证码显示

b. 商品列表默认展示方式。

点击商品分类或搜索商品时的展示方式可设置:图文混排、橱窗形式、文字列表。图文混排效果如图 2—52 所示。

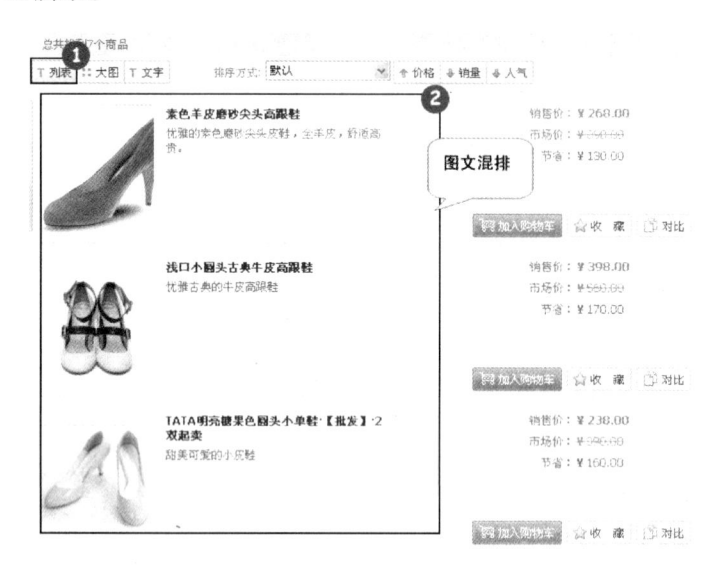

图 2—52　商品列表默认展示

橱窗显式效果,如图 2—53 所示。

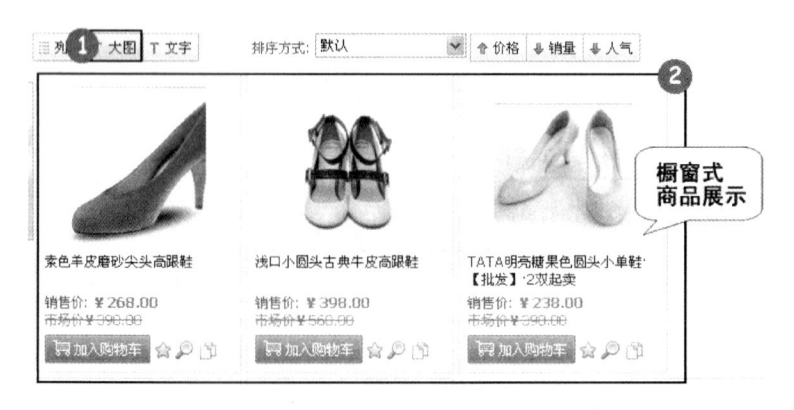

图 2—53　橱窗显式效果

选择橱窗显示方式时,每一行显示的商品数可在本页最下面进行设置,文字列表效果如图 2—54 所示。

图 2—54 文字列表显示方式

c. 市场价相关,如图 2—55 所示。

图 2—55 市场价显示

开启"显示市场价"功能,在商品列表页、商品详细页中都将显示市场价格,关闭则不显示;首页是否显示市场价在模板中控制,商品列表页表现效果如图 2—56 所示。

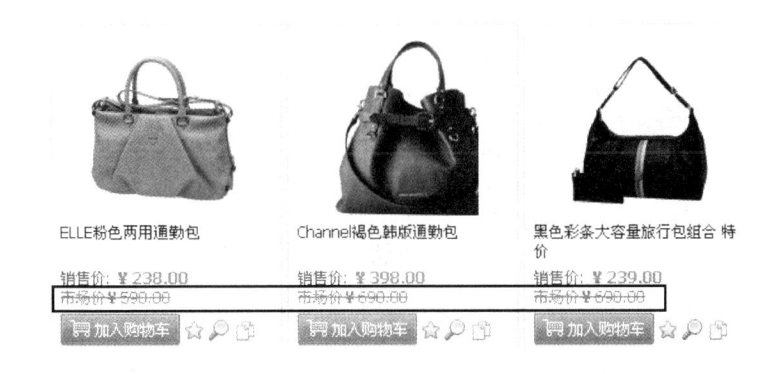

图 2—56 商品列表页

d. 会员价显示设定,如图 2—57 所示。

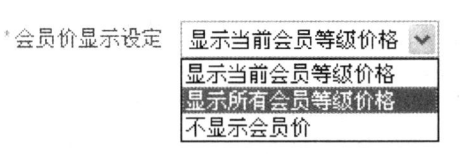

图 2—57 会员价显示

可设置选项如下：
- 显示当前会员等级价格
- 显示所有会员等级价格

[例] 现有普通会员、初级会员、中级会员、高级会员四个零售会员等级；当选择 A "显示当前会员等级价格"，用"中级会员"登录后，商品将显示"中级会员"的商品价格；用"高级会员"登录，商品将显示"高级会员"的商品价格；如果选 B "显示零售会员所有等级价格"，将会同时显示 4 个等级的价格。

e. 商品页详细设置，如图 2—58 所示。

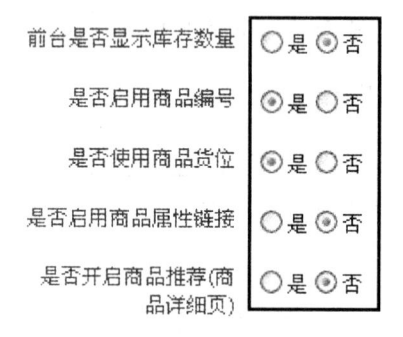

图 2—58　商品页详细设置

库存数量：开启后，会在前台商品页显示对应的库存数量，如图 2—59 所示。

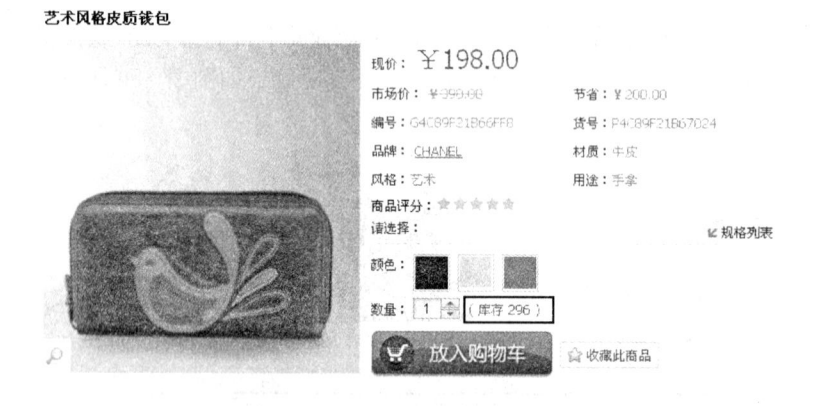

图 2—59　库存数量设定

是否启用商品编号：在使用此功能前，首先要了解下面这些知识。
- 什么是商品？什么是商品编号？

在 EcStore 系统中，商品是一个销售单位，在前台表现为一个商品详细页。商品编号是商品的唯一编号，可用于商店前台的商品检索，一般使用数字编号，方便电话订购。
- 什么是货品？什么是货号？

在 EcStore 系统中，货品与商品不相同，货品是一个库存单位，例如"索爱 W910i"是一个商品，而红色的"索爱 W910i"是一个货品，黑色的是另一个货品。货号是货品的唯一编号，可用于库存管理。

- 为什么会用这个体系？

因为有的商家用了这个体系，需要与进销存软件的货号关联，所以有了这个体系。

当这里勾选启用后，新增商品与商品编辑中将显示"商品编号"的输入框，如图2—60所示。

图2—60　显示"商品编号"的输入框

- 商品货位：此功能一般是显示商品在某个仓库中的具体位置，多适用于有自己仓库或仓库比较多的情况。
- 启用商品属性链接：当开启此功能后，商品页的商品属性均可以点击。如图2—61所示，点击后即可显示有相同属性的所有商品。

图2—61　商品属性链接设定

f. 开启商品推荐页。

开启此功能后，会在商品页最下方生成一个推广链接，如图2—62所示。

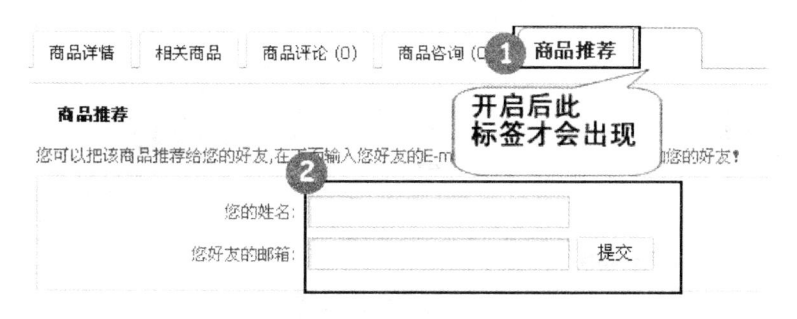

图2—62　开启商品推荐页

g. 搜索列表显示条数与橱窗每行显示数。

此功能是设置点击商品分类及搜索商品数时的数量，默认是显示 20 个。橱窗显示方式时，默认一行显示 4 个，可根据自己情况进行调整。

(2) 其他设置

主要是与库存相关的设置，如图 2－63 所示。

图 2－63　主要是与库存相关的设置

此功能是设置库存报警的数量，当商品库存达到报警数量时就会在后台进行提示。

库存预占即库存的冻结方式，目前有两种：订单付款减少库存、订单生成减少库存。

订单付款减少库存：订单生成并不扣除实际库存数值，只有当订单的状态变为付款后，实际库存才会减少。此方式可避免有人恶意下单，推荐使用。

订单生成减少库存：订单生成立即减少库存，如果库存数额设置较少，在某种程度上会影响用户正常购买。

具体可根据自己实际情况进行设置。

任务二：地区管理

地区管理与地区设置是商家出售商品过程中必不可少的一步。没有设置好地区将无法管理物流设置以及货物运送，销售就会出现严重的障碍。

(1) 地区管理的页面介绍

Step1：后台，依次点击"控制面板—地区管理"，如图 2－64 所示。

图 2－64　地区管理的页面介绍

Step2：系统中默认集成了中国内地及中国香港、澳门、台湾地区内容，如图2—65所示。

图2—65 地区名称

Step3：涉及省、市、县的内容，如图2—66所示。

图2—66 涉及省、市、县的内容

(2)地区以及子地区的添加与编辑

Step1：用户也可以根据自己业务的需要添加自定义的地区及子地区，名称可自定义，如图2—67所示。

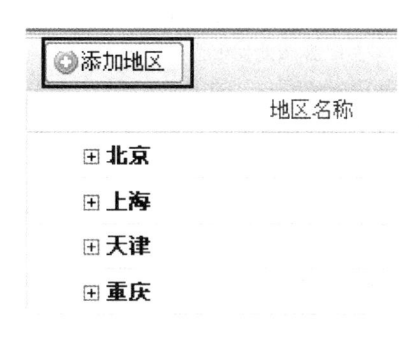

图2—67 添加地区

Step2：如果有上级地区可以设置上级地区，如南京市上级为江苏省。没有则自动成为顶级地区，如图2—68所示。

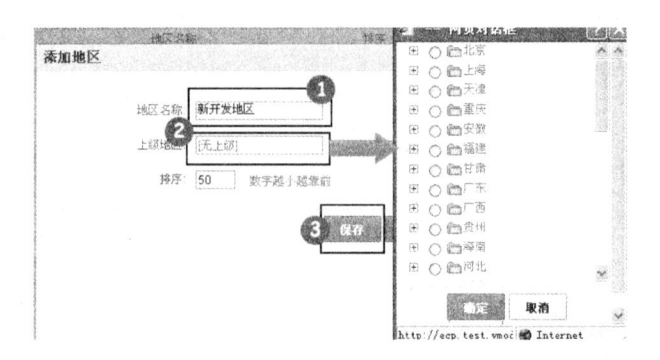

图 2—68　设定地区

地区排序按数字,数字越小排序越靠前。对于已经设置过的地区,可以重新编辑以及设这个地区下面的子地区,如图 2—69 所示。

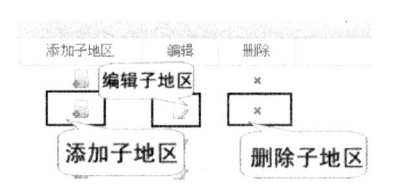

图 2—69　编辑地区内容

Step3:点击添加子地区或者编辑时,又会进入地区编辑页面。添加地区、添加子地区、编辑地区,三个页面中内容是一致的。在对于地区管理的内容编辑完成后,点击保存,结束编辑,如图 2—70 所示。

图 2—70　点击保存

(3)地区设置

对于不同地区,如中国内地、台湾、香港,软件在语言、会员注册地区、购物流程、订单处理机制等各方面都会有一些差异。为了解决此问题,EcStore 软件引入本地化这个管理概念,不同地区商家只要使用相应的本地化插件,就会得到一套符合当地情况的设置方案。EcStore 本地化默认包含"中国地区"方案,如图 2—71 所示。

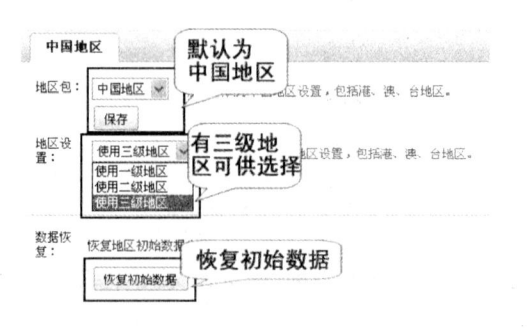

图 2—71　地区设置

经过以上操作，便成功地设置了地区管理模块，将为店铺提供强大的助力。

任务三：配送设置

1. 添加全国统一价的配送方式

配送方式，指的是店主将顾客购买的商品，送到顾客手中所采用的运送方式，如：中国邮政EMS、门店自取等。

> ［例］ 在商店中增加一种针对全国统一价的配送方式，配送费用首重1 000克10元，每续重500克加5元。

（1）设置物流公司

物流公司会出现在配送方式及订单信息中，供会员查询物流状态，需要预先设置。

Step1：依次在后台点击"控制面板—配送设置—物流公司"，点击"添加"，如图2—72所示。

图2—72 添加物流公司

Step2：系统中集成了目前国内常见的一些快递公司，也可以添加新的快递公司，在新增快递公司中，设置快递名称、网址等。排序按数字大小，数字越小排序越靠前，如图2—73所示。

图2—73 填写物流公司信息

Step3：也可以对已有的快递公司进行查看和编辑，如图2—74所示。

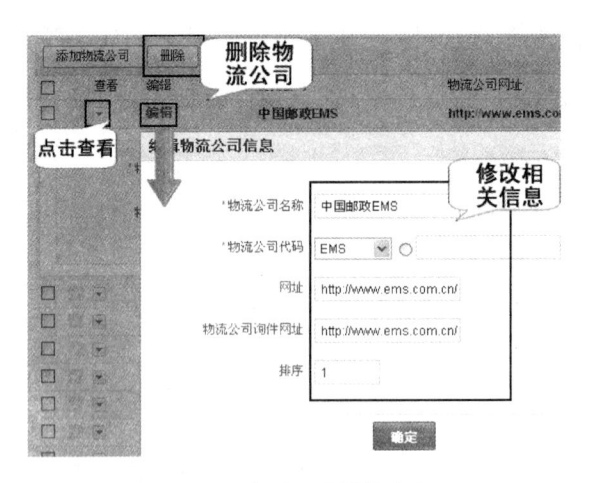

图 2—74　查看和编辑物流公司

Step4：会员中心查询物流状态时查询的网址即为此输入，如图 2—75 所示。

图 2—75　订单追踪

(2) 设置配送方式

Step1：按顺序点击，进入添加配送方式页面，如图 2—76 所示。

图 2—76　添加配送方式

Step2：物流公司从刚才添加好的列表中选择，如图 2—77 所示。
● 地区费用类型选择统一设置，则全国任何地区会员购物时都会显示此种配送方式。
● 计算费用时，如果是根据商品重量来计算，则可以分别选择首重与续重的单位，由系统自动计算。
● 首重与续重均内置了多种常用单位。

Step3：结合本例首重选择 1 000 克，续重选择 1 000 克，意思就是：首重 1 000 克多少钱，每续重 1 000 克加多少钱。

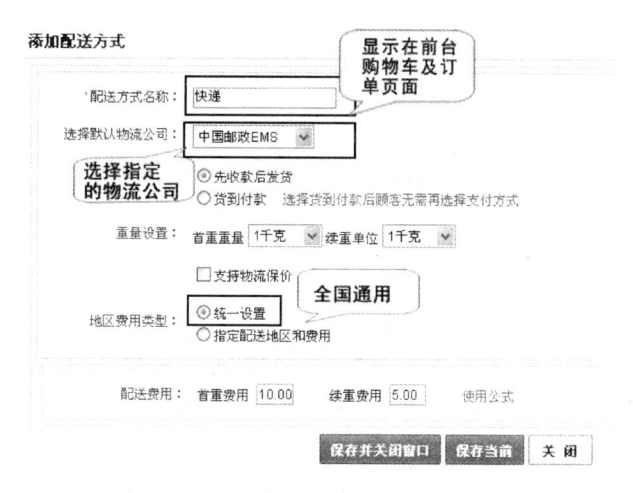

图 2—77 设定配送方式信息

详细设置:如果勾选物流保价,则费率与最低保价费必须设置,如果两者都设置,则取两者最大值,如图 2—78 所示。

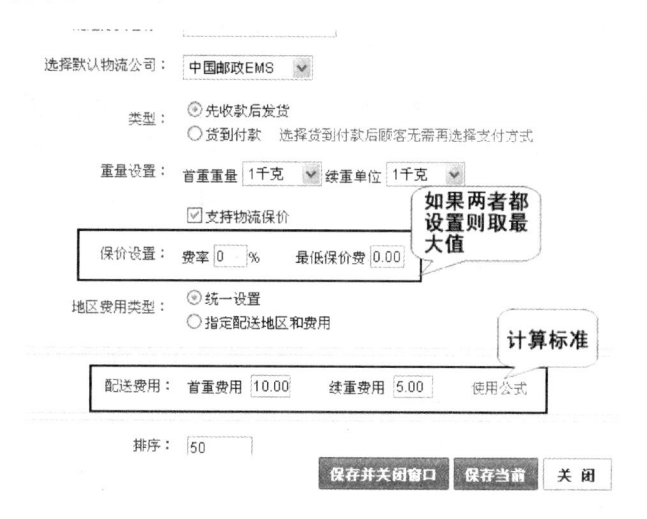

图 2—78 详细设置

● 配送费用是计算运费时的参考标准,结合本例设置的意思就是首重 10 元,然后每续重一次费用加 5 元。
● 如果勾选了货到付款,则会在前台购物页面增加一个货到付款的支付方式,供用户选择。
● 这样,一个全国一价的配送方式就设置好了。规则是首重 1 000 克 10 元,每续重 1 000 克增加 5 元。

同时对于选项中未涉及的地方可以通过文件或图片补充介绍,如图 2—79 所示。

经过上述操作,这两个环节便设置完毕了。

2. 添加不同城市不同物流费用的配送方式

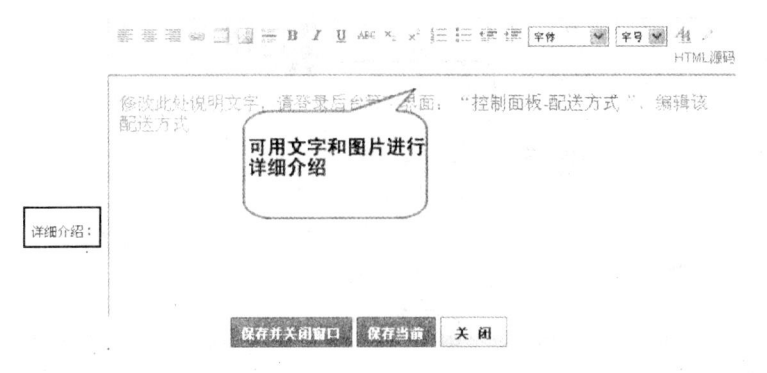

图 2—79　文字与图片的详细介绍

[例]　店主所在地为浙江省杭州市,顾客包括本市、全国省会城市、全国县级城市、港澳台地区,不同的地区配送的费用各不相同:本市首重 1 000 克 3 元,续重 1 000 千克加 1 元;省会城市首重 1 000 克 5 元,续重 1 000 克加 2 元;县级城市首重 1 000 克 7 元,续重 1 000 克加 3 元;港澳台首重 1 000 克 10 元,续重 1 000 克加 5 元。

(1)设置物流公司

物流公司会出现在配送方式及订单信息中,供会员查询物流状态,需要预先设置。依次在后台点击"控制面板—配送设置—物流公司",点击"添加",如图 2—80 所示。

图 2—80　添加物流公司

(2)设置配送方式

Step1:添加新配送方式,如图 2—81 所示。

图 2—81　添加配送方式

项目二 后台配置 73

Step2：然后选择"指定地区和费用"，如图 2-82 所示。

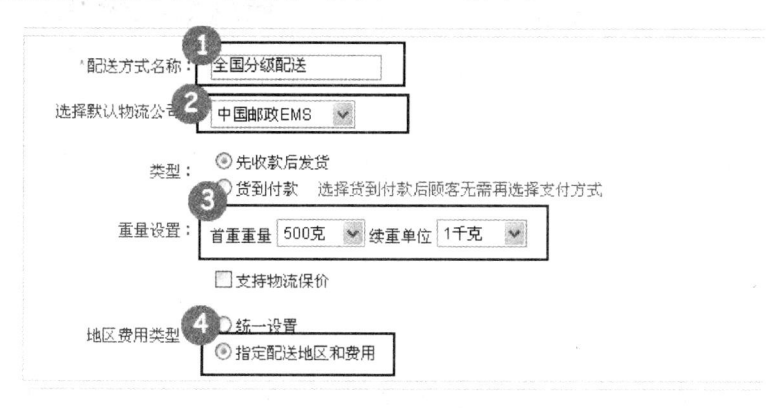

图 2-82 指定地区和费用

Step3：本市专用：选择杭州市，并设置费用，如图 2-83 所示。

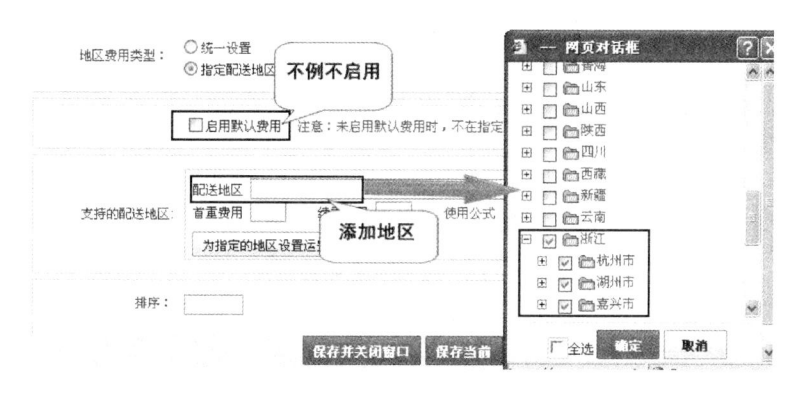

图 2-83 设置费用

Step4：点击"为指定地区设置运费"继续新增省会城市，如图 2-84 所示。

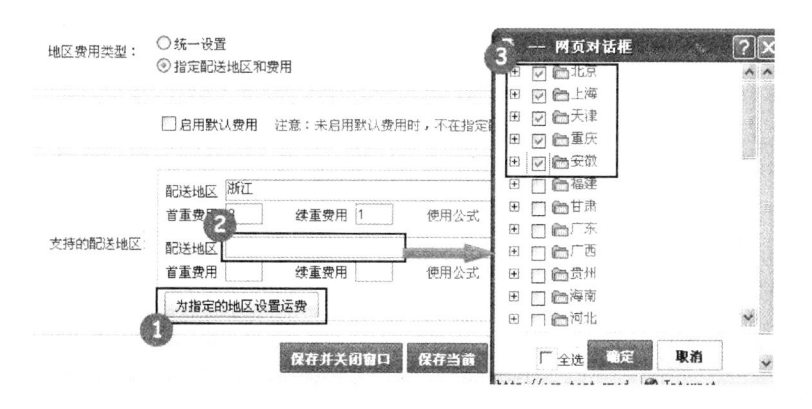

图 2-84 新增不同地区

Step5：在选择省会城市时需要单独点击选择，然后依次添加各县级市港澳台地区，如图 2-85 所示。

Step6：配置完最后效果，如图 2-86 所示。

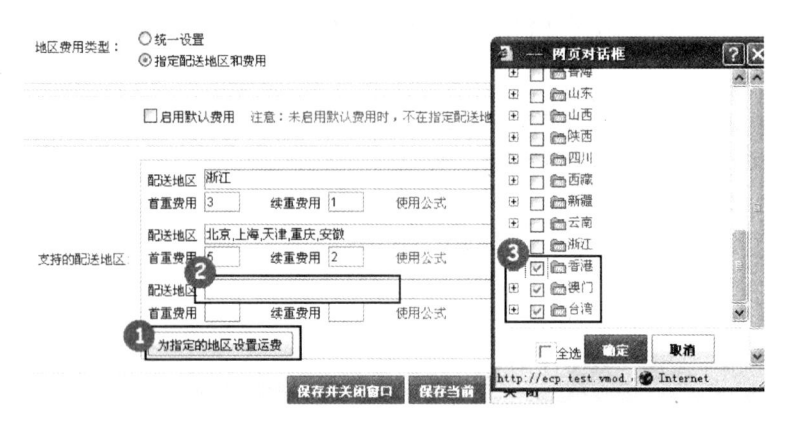

图 2-85 依次添加各县级市及港澳台地区

图 2-86 地区不同费用不同

这样,全国不同地区的用户购物时,选择这同一种配送方式(本例中为中国邮政 EMS)时就会根据注册时的地址自动调用相应的计算方式,相同商品费用各不相同。

任务四:支付与货币

支付方式指的是网上购物时顾客与店主的货款清算方式,如:信用卡付款、支付宝付款、货到付款等。如果一个商店中没有支付方式,则顾客将无法进行购物。

商店添加完常用的支付方式后,顾客在前台购物结账时可以选择支付方式,如图 2-87 所示。

图 2-87 支付方式确认

选择后就会在订单中显示,下面介绍常用的支付方式及配置的方法。

[例] 商店中需要分别设置常用的支付方式,可以线下支付、在线支付、预存款支付,请依次添加。

(1)常用支付方式介绍

一般情况下,支付方式分为三种:预存款、在线网关、线下支付。

①预存款:顾客在商店中注册为会员后,就可以在会员信息中设置预存款;购物时选择此种支付方式,生成订单支付时会自动扣除相应金额。

②在线网关:也称第三方支付网关,店主预先在支付网关平台上申请账号,审核通过后在后台配置生效。当顾客也有相同的支付平台账号时,就可以选择在线网关支付,跳转到网关平台付款完成后会返回一个状态给商店,然后店主根据状态情况来进行后续操作。因为有了第三方的保证,在线网关使用相对会更安全些。目前常用的在线网关有支付宝、财付通、快钱、Paypal等。

③线下支付:通常是指邮政汇款、网上银行转账、货到付款、POS机刷卡、上门自提付款等方式。

(2)支付方式的修改或添加

Step1:依次点击"控制面板—支付方式管理",可以看到系统已经内置了一些常用的支付方式,再配置一下账号就可以使用,如图2-88所示。

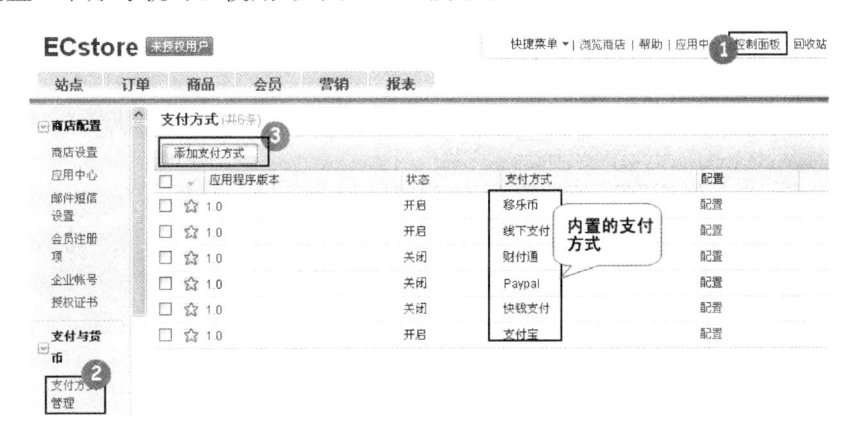

图2-88 添加支付方式

Step2:如果里面没有适合的,也可以进行添加支付方式,然后通过更新安装组件,添加新的支付接口,如图2-89所示。

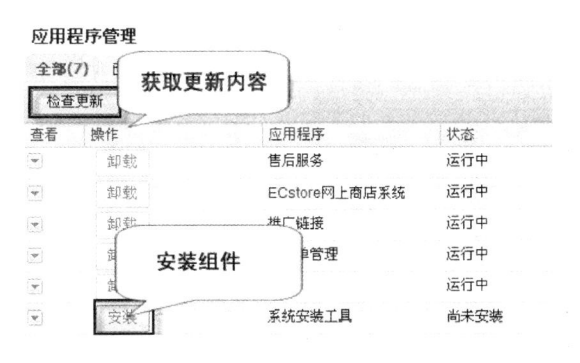

图2-89 安装组件

(3)预存款说明

Step1:点击预付款进行编辑,如图2-90所示。

图 2-90 预付款进行编辑

Step2：顾客一般可通过两种方式为自己增加预付款：

一种是自己汇款给店主，然后店主确认后在会员列表中找到指定会员，手动增加金额，依次点击"会员—会员列表—编辑会员"。

点击指定会员对设置预存款，如图 2-91 所示。

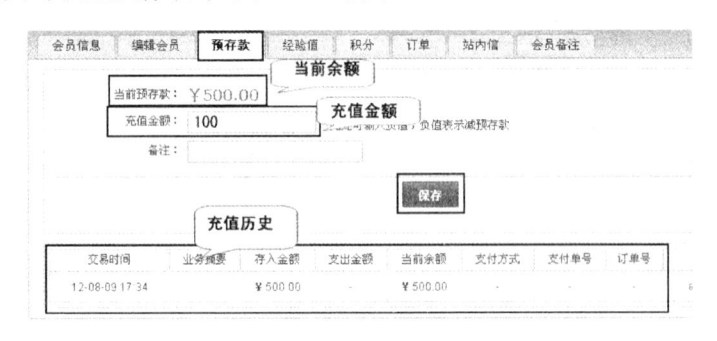

图 2-91 设置预存款

另一种方法是会员自助充值，前提是商店中已经配置好了在线支付网关，顾客登录会员中心，交易管理，选择预存款充值，在线充值即可，如图 2-92 所示。

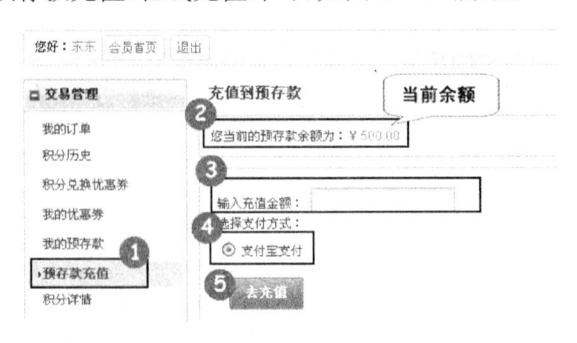

图 2-92 会员自助充值

这样，当顾客购物时，如果选择了预存款，则会自动处理。可根据金额逐步使用。

如果使用预存款的用户比较多时，店主也可以在后台统计所有的预存款情况。依次点击"报表—预存款统计"，如图 2-93 所示。同时，页面会有总体情况显示整体预存款的统计。

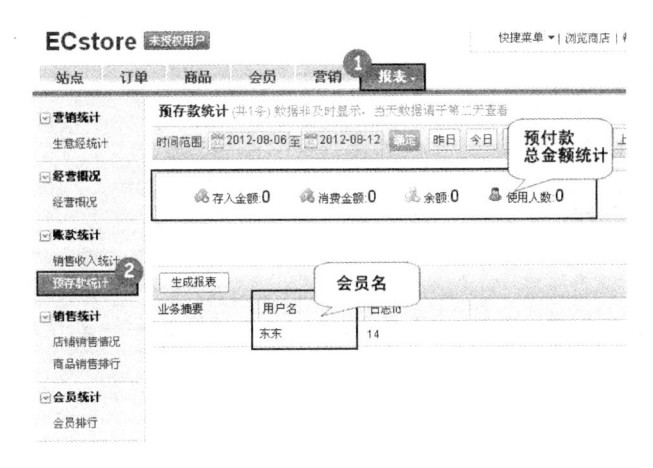

图 2-93　统计所有的预存款情况

(4) 在线网关支付说明

在线支付需要先在支付平台上申请账号,然后有的平台通过审核后才可使用,有的需要在平台上签约后才可使用,以平台说明为准。

在线支付接口目前分两种:一种是担保交易,一种是即时到账。申请账号时会有选择,同一个账号只能申请一种接口。

担保交易:顾客购物付款后,款项先支付到网关平台,店主看到付款状态后发货;顾客收到货后,点击付款,网关平台把款项转到店主的账户中。这种接口在安全上更有保证,看不到货不付款,可以有效保护买家利益。

即时到账:顾客购物付款后,款项会通过网关平台立即转到店主账户中,对卖家利益有保证。

在后台设置接口时,选择相应接口,把审核后或签约后得到的客户号与私钥分别输入,保存即可。

(5) 线下支付说明

点击进行编辑:将银行账号及汇款地址放在详细描述中,供顾客选择。顾客付款后再联系店主进行说明。购物时可选择线下支付。如图 2-94 所示:

图 2-94　支付方式确认

任务五:设置支付宝接口

支付宝(中国)网络技术有限公司是国内领先的独立第三方支付平台,由阿里巴巴集团创办。支付宝(www.alipay.com)致力于为中国电子商务提供"简单、安全、快速"的在线支付解决方案。支付宝账号注册成功后,必须在支付宝平台付费签约后才能在EcStore后台使用。

1. 通过EcStore后台签约

网店后台依次点击"控制面板—支付方式管理",配置支付宝。

小贴士

注意:

通过EcStore后台与支付宝签约,所享受的优惠:无预付年费,单笔费率0.7%~1.2%。

2. 支付方式的修改或添加

Step1:依次点击"控制面板—支付方式管理",可以看到已经内置了一些常用的支付方式,再配置一下账号就可以使用了,如图2-95所示。

图2-95 配置支付宝

Step2:选择支付宝,如图2-96所示。

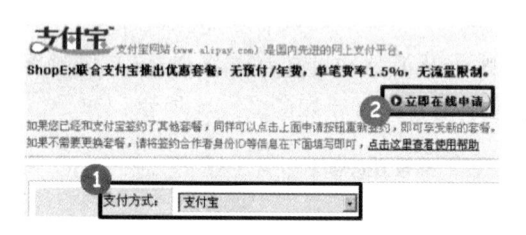

图2-96 选择支付宝

Step3:输入支付宝账号信息,如图2-97所示。

图2-97 输入支付宝账号信息

Step4：登录后会直接跳转到签约界面，如图 2-98 所示。

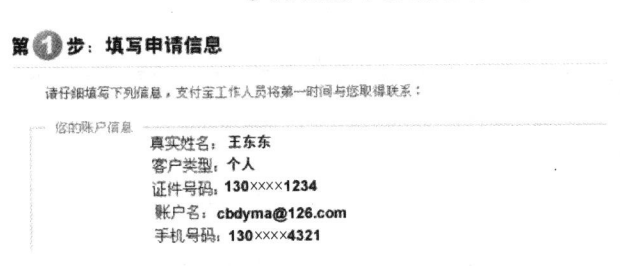

图 2-98　填写申请信息

Step5：根据情况补充个人信息与网站信息，并选择产品类型，如图 2-99 所示。

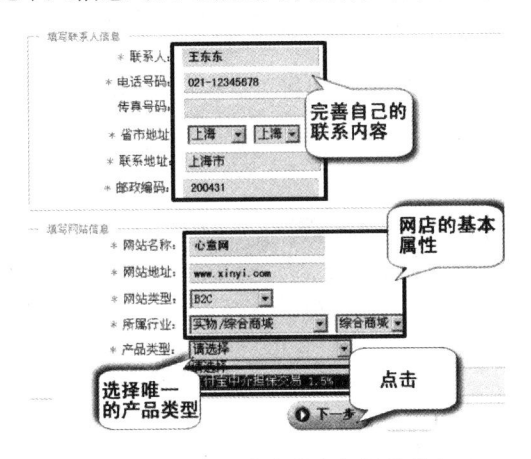

图 2-99　补充个人信息与网站信息

Step6：点击下一步后，显示协议的内容，如图 2-100 所示。

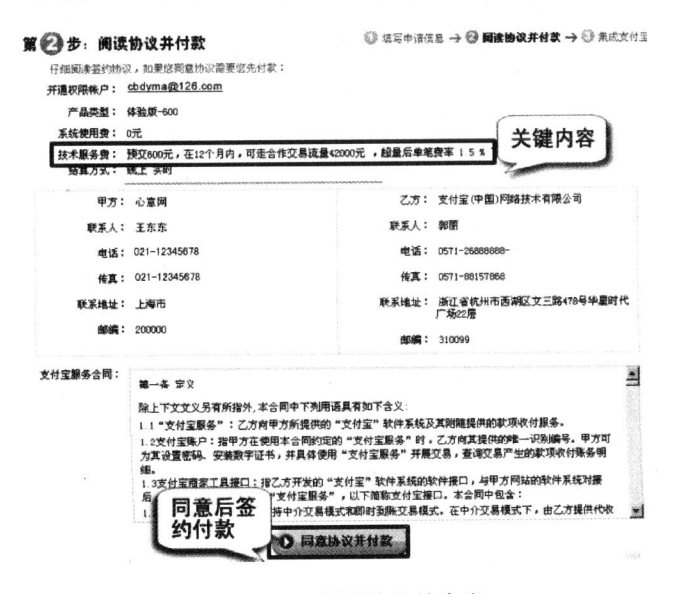

图 2-100　显示协议的内容

Step7：合同创建，如图 2－101 所示。

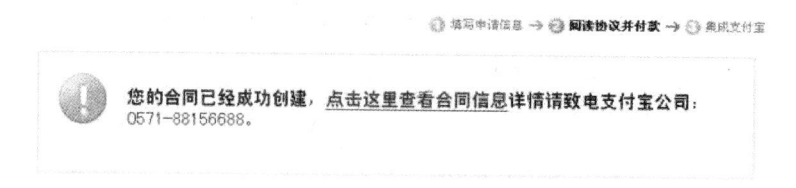

图 2－101　合同创建

Step8：然后支付宝会审核，审核通过就可以获得集成信息。

3. 获得集成信息

如果支付宝审核通过，就可以获取集成信息。

Step1：登录支付宝，点击商家服务，获得合作者身份（Partner ID），如图 2－102 所示。

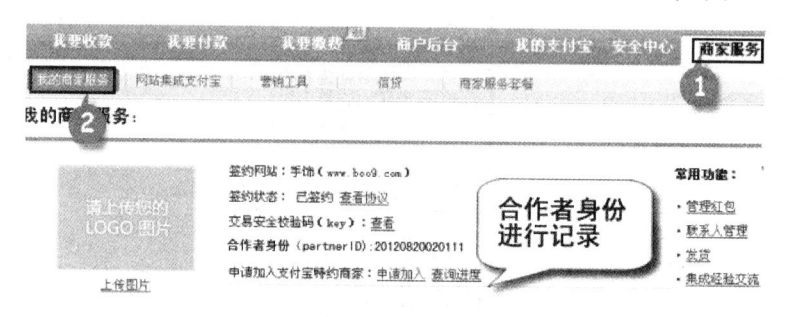

图 2－102　获得合作者身份

Step2：交易安全校验码（Key）需要输入支付密码获得，如图 2－103 所示。记录下这个信息。

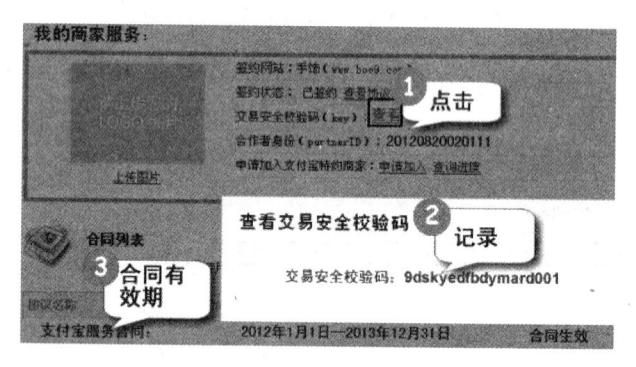

图 2－103　记录交易安全校验码

4. 增加支付宝接口

在 EcStore 后台再次添加支付宝接口，或修改已经添加好的支付宝接口。在合作者身份（Parter ID）和交易安全校验码（Key）内分别输入刚才记录的信息，注意前后均不能有空格；根据与支付宝确认的接口类型选择对应类型，保存后即可完成支付宝接口的设置。如图 2－104 所示。

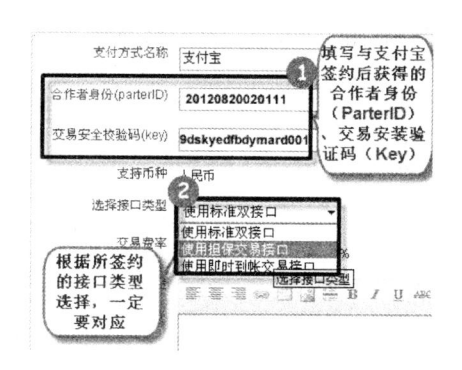

图 2—104 增加支付宝接口

任务六：管理员和权限

在商店日常运营过程中，有时会需要多个部门、多名管理人员协作操作，比如添加商品、处理订单等。使用角色与权限管理可以有效解决这个问题。

1. 管理员权限说明

管理员权限划分功能从网店业务经营角度出发，让不同的管理员有不同的管理权限，方便店主对不同的管理员进行管理和控制。

比如商品的添加、修改、补货、下架可以由商品管理员负责，会员的注册、确认、充值可以由会员管理员负责，添加促销活动、优惠券时可以由促销管理员负责，订单生成后的确认、发货可以由订单管理员负责处理等。这样便于对网店运营进行管理，同时可以责任到人。

系统安装时生成的管理员默认是超级管理员，只有一个，后来添加的管理员均为普通管理员。普通管理员添加之前，需要先设置角色，然后设置属于某角色下的管理员。

2. 角色管理

EcStore 中的角色是指网店后台某个频道的权限集合，类似 Windows 的用户组概念。

例如："商品管理员"角色，只具有与商品有关的全部权限；"会员管理员"角色，只具有与会员有关的全部权限。

如某管理员 A 属于"商品管理员"角色，那么管理员 A 就有"商品管理"的全部权限。

若管理员 A 同时属于"商品管理员"角色和"会员管理员"角色，那么管理员 A 就具有这两个角色的全部权限。

Step1：商店后台，依次点击"控制面板—角色管理"，可以新建角色，如图 2—105 所示。

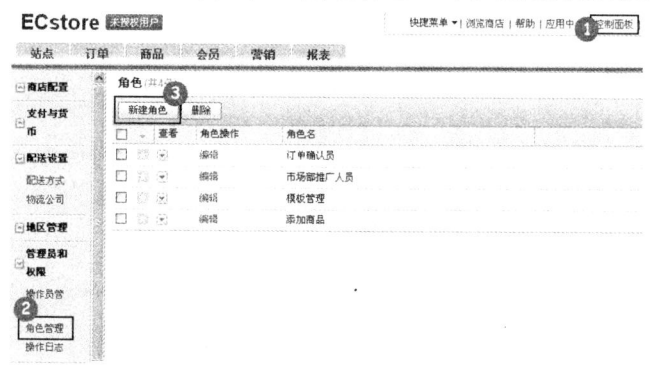

图 2—105 新建角色

Step2：例如编辑"订单管理员"角色，可以查看具体内容，如图2－106所示。

图2－106　指定权限

此角色默认只有商品方面的权限。如果想再为这个角色增加其他权限，可以继续选择并提交。如果内置的角色不能满足需要，可以点击新增，增加其他角色，增加时，权限内容可参考图2－106，只要选择适合的就可以了。

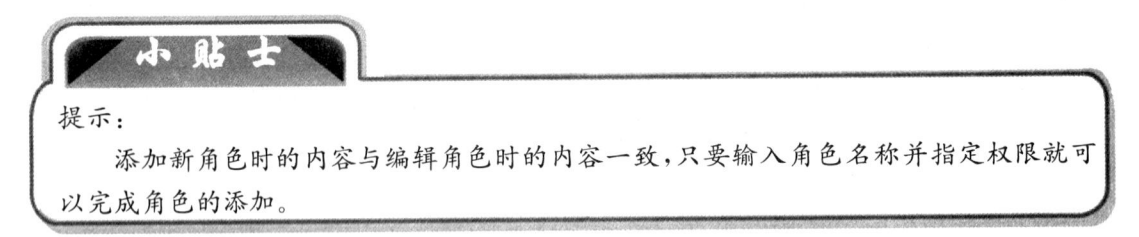

> **小贴士**
>
> 提示：
>   添加新角色时的内容与编辑角色时的内容一致，只要输入角色名称并指定权限就可以完成角色的添加。

3. 添加管理员

添加管理员的前提是角色已经设置结束，如果没有角色，应先添加。例如：添加一个商品管理员，该管理员具有与商品有关的所有权限。点击"控制面板—操作员管理"，点击"添加管理员"，如图2－107所示。

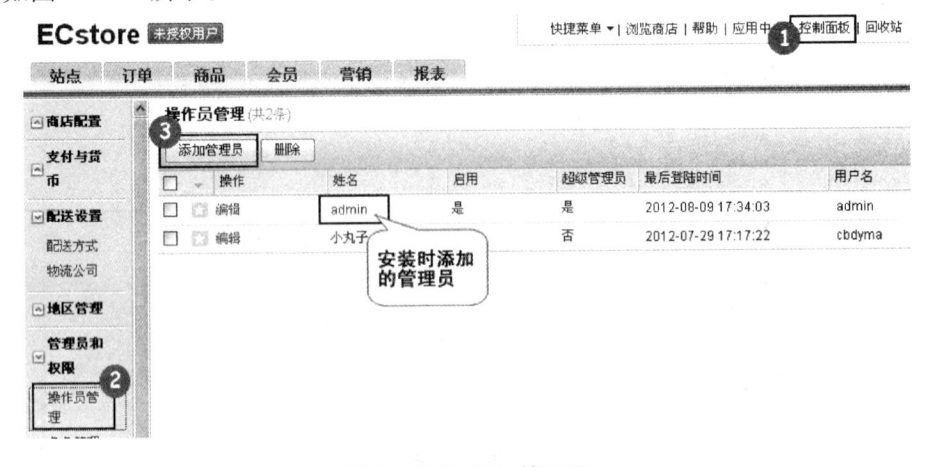

图2－107　添加管理员

依次输入管理员的用户名、密码,指定角色,如图 2—108 所示。

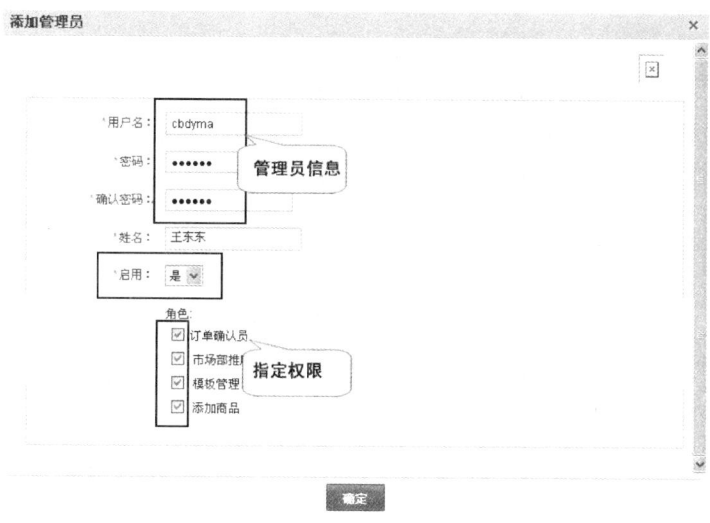

图 2—108 添加管理员信息

启用"是",则该管理员账户被激活,可以正常登录使用。启用"否",则该管理员无法登录。添加后,用此管理员在后台登录,因为其所属角色限制了功能范围,故登录后只会看到商品菜单,其他菜单不显示。

4.编辑管理员

当需要对某管理员权限进行调整时,可以点击管理员列表中的编辑,重新选择已经设置好的角色。内容与添加管理员时完全相同,超级管理员可以禁用此管理员。

任务七:图片管理

商店安装后对商品图片有默认的限制尺寸,如果想调整对图片大小的限制,可以对尺寸大小重新定义。商品水印是商家对自己的图片增加的一种标识,这样既可以用商品图片进行宣传,还可以防止他人盗用自己的商品图片。

> **小贴士**
>
> 说明:
> 一张商品图片上传后,会自动生成三张图片,分别出现在商店的三类页面:1.显示在商品列表页、首页商品版块内的图片,称为"列表页缩略图";2.显示在商品详细页内的图片,称为"商品页详细图";3.显示在商品相册页内的图片,称为"商品相册图"。

1.对商品列表图片进行设置

点击商品分类或搜索商品,可以看到前台表现,如图 2—109 所示。

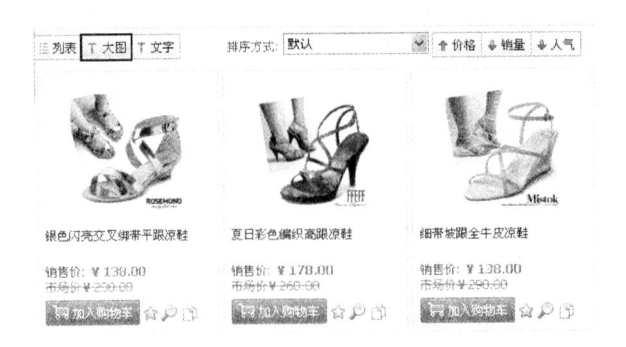

图 2—109　商品列表图片的设定

后台设置：网店管理后台，依次点击"控制面板—图片管理—商品图片配置"，如图 2—110 所示。

图 2—110　商品图片配置

如果商品图片暂时未上传，商品列表中的图片会显示系统默认的缺省图。缺省图也可以自定义，本地上传即可。

2. 对商品详细页图片进行设置

（1）尺寸设定

点击某个商品进入详细页面，可以看到前台表现，如图 2—111 所示。

图 2—111　商品详细页图片

后台设置：依次点击"控制面板—图片管理—商品图片配置"，进行设置，如图 2－112 所示。

图 2－112　商品详细页配置

如果商品图片暂时未上传，商品详细图会显示系统默认的缺省图。缺省图也可以自定义，本地上传即可。

(2)水印设定

前台商品详细页图片上，可以看到设置了水印的效果，如图 2－113 所示。

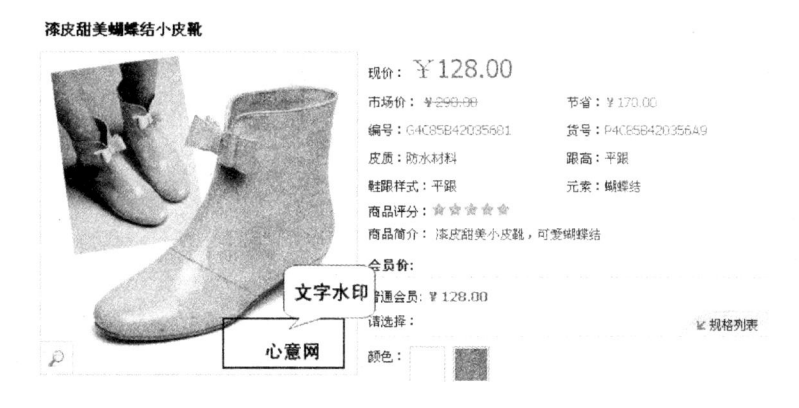

图 2－113　设置水印

后台设置：在控制面板—图片管理—商品图片管理内，开启文字水印功能，输入要显示的文字，选择文字水印在图片上要显示的位置，设定水印文字大小和颜色，点击保存，再上传的商品即可为商品详细页图片打上文字水印效果。

一般建议先设置水印，再上传商品，这样，商品图片就会自动增加设置好的水印，如图 2－114 所示。

3.对商品相册页图片进行设置

(1)尺寸设定

前台表现：如图 2－115 所示。

后台设置：在控制面板—图片管理—商品图片配置后，进行设置，如图 2－116 所示。

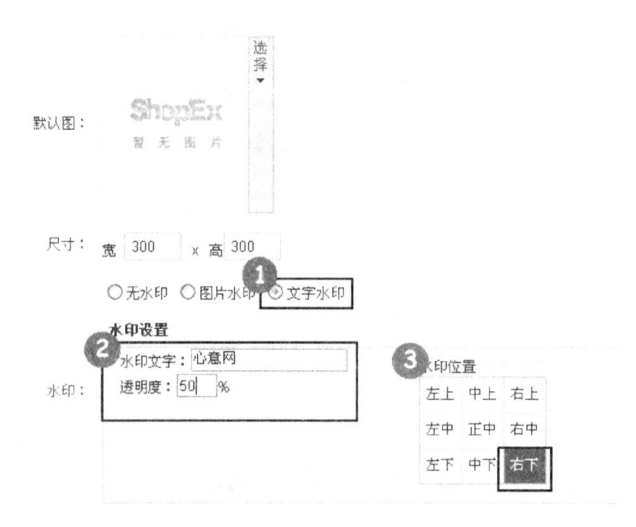

图 2—114 水印设置

图 2—115 商品相册页图片

图 2—116 相册页设定

如果商品图片暂时未上传,商品相册图会显示系统默认的缺省图。缺省图也可以自定义,本地上传即可。

(2)设置图片水印效果

前台商品详细页图片上,可以看到设置了水印的效果,如图2—117所示。

图2—117 水印设定

后台设置:点击"控制面板—图片管理—商品图片",开启图片水印功能,上传水印图片,选择水印要显示的位置,设定图片水印透明度后,点击保存,如图2—118所示。

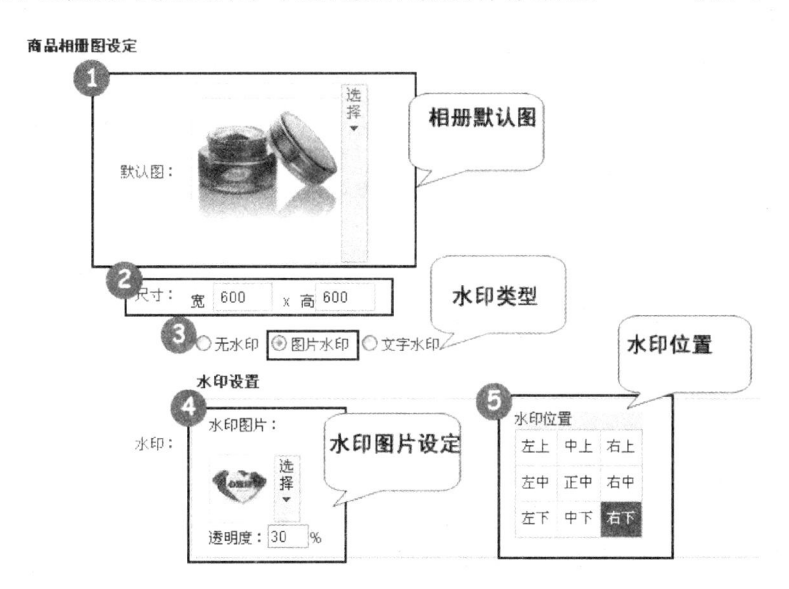

图2—118 水印设定方法

设置成功后,可查看一下效果,如果满意后,再上传的商品图片就会自动加上水印。

项目三　商品的上架与管理

【场景介绍】

一个全新的电子商务平台给东东的创业机遇带来了新的商机。在安装完 EcStore 平台以后，东东又认真学习了它的特色功能。应该选择什么商品来充实自己的网店呢？怎样更好地展现自己的商品呢？于是他踏上了新的征程……

【技能列表】

序　号	技　　能	重要性
1	商品概述	★★★★★
2	商务网站的设计要求	★★★☆☆
3	能够编辑商品信息	★★★★★
4	能够配置商品的属性、类别及附加信息	★★★☆☆
5	能够使用商品发布模板进行商品陈列	★★★★☆

【知识准备】

1. 商品概述

（1）商品的定义

商品是用来交换的劳动产品，具有使用价值和价值两个基本属性。

商品的使用价值是指商品能够以自身自然属性来满足人们某种需要的属性，是商品的效用或物的效用，即商品的有用性。马克思指出："物的有用性使物成为使用价值。但这种有用性不是悬在空中的。它决定于商品体的属性，离开了商品体就不存在了。"商品使用价值表现在商品体上。对具体商品而言，商品使用价值是指该种商品具有有用性，这种有用性是指商品体自身具有能够满足人与社会生产、生活某种需要的用途与功能。不同商品有不同的使用价值。使用价值构成财富的物质内容，同时使用价值又是交换价值的载体。

商品的价值，是指凝结在商品中的抽象劳动。商品的价值是商品的本质属性，反映了人与人之间的社会关系。

综上所述，商品具有以下基本特征：

①具有使用价值的劳动产品；

②供他人消费既社会消费的劳动产品；

③必须通过交换才能到达他人手中的劳动产品。

(2)商品的构成

商品是能够被顾客理解的,并能满足其需求的、由企业所提供的一切。

消费者购买商品,本质是购买一种需要,这种需要,不仅体现在商品消费时,而且还表现在商品购买和消费的全过程。商品应当是有形物质属性和无形消费利益的组合体和最佳统一方式,商品能给人们带来的实际利益和心理利益部分,构成了商品整体概念,即商品的核心部分、形式部分和延伸部分。如表3-1所示。

表3-1　　　　　　　　　　商品的三个层次分析

商品	核心部分	形式部分	延伸部分
钢、铁	建筑用、制造用	钢号(成分)、质量、品牌	使用指导、送货、培训
设备	加工零件	型号、质量、品牌、包装	使用指导、送货、培训
电视	视觉、听觉满足	质量、型号	服务、保修
服装	保暖	质量、款式	免费干洗
食品	充饥、营养	营养含量、包装	制作方法
药	治病、保健	成分、服用方法	服用说明、服药后表现
金融产品	收益、保值增值	保单、存单、卡	售前咨询、售后服务

①核心部分

核心部分是指商品能够给消费者带来的实际利益。或者说是指商品的功能和效用,是消费者购买商品的目的所在。消费者购买商品,都是为了购买商品所具有的功能和效用,希望从中获得消费利益。核心部分表达的是商品实质,是商品构成中最基本、最主要的部分。

②形式部分

形式部分是指商品的具体形态,是消费者通过自己的眼、耳、鼻、舌、身等感觉器官可以接触到,感觉到的有形部分。主要包括商品的成分、结构、外观、质量、商标、品牌、使用说明书、标识、包装等。形式部分是商品的外在形式,是商品使用价值形成的客观物质基础。

③延伸部分

延伸部分是指人们在购买商品时所获得的附加利益和服务。如商品信息咨询、送货上门、免费安装调试、免费培训、提供信贷、售后保证与维修服务等。企业应善于开发和利用商品的延伸部分,当竞争中企业的商品在形式部分没有明显差别的情形下,企业设计有效的商品延伸部分能使企业在激烈的市场竞争中立于不败之地。

(3)商品分类及其应用

①商品分类定义

商品分类就是根据一定的目的,为满足某种需要,选择适当的分类标志或特征,将商品集合体科学地、系统地逐次划分为不同的大类、中类、小类、品类或类目、品种乃至规格、品级、花色等细目的过程。商品分类的类目层次及其应用实例见表3-2。

表3-2 商品分类的类目及其应用实例

商品类目名称	应用实例	
商品门类	消费品	消费品
商品大类	食品	日用工业品
商品中类	食粮	家用化学品
商品小类	乳及乳制品	肥皂、洗涤剂
商品品类或品目	奶	肥皂
商品种类	牛奶	浴皂、洗衣皂
商品亚种	饮用牛奶	香皂
商品品种	全脂饮用牛奶	牛奶香皂

②商品分类的基本原则

a. 必须明确拟分类的商品集合体所包括的范围

不同国家、不同历史阶段，由于商品的升级换代，新产品不断涌现和其他各方面的原因，商品集合体所包括的范围并不完全相同，各行业、各部门所管理的商品范围也不相同，因此商品分类的对象也不尽相同。如我国现阶段的市场经济中，生活资料、生产资料是商品，技术、信息、艺术品等也是商品，商品包括的范围扩大了。因此，商品分类时，必须要明确分类商品集合体所包括的范围，这样商品分类才有实际意义。

b. 必须提出商品分类的明确目的

由于各行业、各部门和各企业进行商品分类的目的和要求不同，商品分类所形成的体系也是多种多样，不同的商品分类体系有各自特定的分类目的。如国家标准商品分类、国际贸易商品分类、海关税则和统计商品分类、危险货物分类、商品的教学分类等。分类是为了生产、国内外贸易、统计、科研、教学等不同的目的。每一种商品分类体系只有根据一定的分类目的来制定，才能科学、实用，因此对商品进行分类时必须提出明确的分类目的。

c. 必须选择适当的分类标志

对商品进行分类时，选择分类标志至关重要，只有分类标志能够满足分类的目的和要求才能保证分类清楚，具有科学性和系统性。每一种商品都有一定的成分、结构，由一定的原材料、工艺生产路线制成，它的物理、化学、机械等性能都不相同，因此用途、化学成分、原材料、生产制造方法等都可以作为商品分类的标志。为了保证分类的唯一性、稳定性，就必须选择最稳定的、属于商品本质性的特征作为商品的分类标志。

(4)商品品种

商品品种是指按某种相同特征划分的商品群体，或者是指具有某种(或某些)共同属性和特征的商品群体。

①商品品种分类：按照生产上的分工，商品可划分为物质产品和劳务产品；按照流通中的分工，商品可分为零售商品和非零售商品；按照消费需求的类型和内容，商品可以分为高、中、低档商品。

②商品品种类别：按照商品品种形成的领域，可划分为生产品种和经营品种；按照商品品种的横向广度或商品品种的结构，可划分成复杂的商品品种和简单的商品品种；按照商品品种的纵向深度，可划分为粗的品种和细的品种；按照行业也可划分成一定的商品品种类别。

(5)商品质量

影响商品质量的因素很多,既有生产环节的影响,也有流通环节的影响。从生产环节看,有的商品来源于制造业,有的商品则来源于种植业和养殖业。要保证和提高商品质量,重要的问题是找出影响商品质量的各种因素,特别是关键因素,只有这样,才能确保商品质量。

影响商品质量的主要因素:

①产品设计对质量的影响。市场调研是商品开发与设计的基础,在开发设计之前,首先要充分研究商品消费需求,因为满足需求是商品质量的出发点和归宿;其次还要研究影响商品消费需要的因素,以使商品开发设计具有前瞻性;最后必须收集、分析与比较国内外,同行业不同生产者的商品质量信息,总结以往成功和失败的经验,通过市场预测以确保质量等级、品种规格、数量、价格的商品才能适应目标市场需要。

②原材料对质量的影响。原材料质量是决定商品质量的重要因素。原材料的质量特性包括化学组成、耐腐蚀性和耐气候性、阻燃性、几何结构特性、热学特性、力学特性、电学特性、光学特性等。

③生产工艺对质量的影响。生产过程就是产品质量的形成过程。生产技术、生产工艺条件是形成产品质量的基础,是影响商品质量的内在因素。对于同品种、同规格、同种用途的产品,如果生产方法不同、生产工艺条件不同,其质量形成过程和质量特征、特性也是不同的。因此,产品加工方法、工艺条件的选择是决定产品质量的关键。许多商品虽然选用的原材料相同,但由于生产、加工的方法不同,赋予商品的品质、特性也是不同的,会形成品质、特性截然不同的商品。如采用同样的原棉,若在棉布生产工艺中增加精梳工序纺出的纱外观和内在质量明显改善,称为精梳纱,用该种纱织造的织物成为精梳织物。

④设备和操作方法对质量的影响。设备水平和质量对商品质量也有重要影响。设备的故障常常是出现不合格品的重要原因。设备的自动化和高速化,有可能使发生故障的机会有所增加,特别是故障一旦发生将会波及较大范围。因此,加强设备管理与保养,防止故障发生和降低故障率,是保证商品质量的必要前提。

⑤标准水平、检验以及包装对商品质量的影响。商品质量问题也与标准水平有关。在制定商品质量标准时要遵循经济合理的原则,但绝不是迁就落后,相反,应该保证技术先进,这就是说商品质量标准的水平应该适当高一些。有了较高水平的质量标准,又能真正的加以贯彻,那么就可以从准则上保证商品质量。

2.商品管理的技巧

(1)在商品标题中突出卖点

很多新手卖家通常会问一个问题:"我的网店怎么没有人来?"每天都会有大量的商品登录到网上,只有在这些商品中脱颖而出才能取得成交的机会。而买家要想在浩瀚的商品海洋中尽快找到自己需要的商品,一定会用到关键字搜索。虽然大家购物的目的不同,但是购物的顺序都大同小异,一般是从搜索商品开始,然后看谁的价格更吸引人、谁的商品图片更漂亮以及谁对商品介绍得更详细,可见商品名称是非常关键的。

买家搜索商品时会在搜索栏输入商品的关键词,每个人输入的关键词都不一样。为了能够更好地让买家搜索到我们的商品,关键字必须在商品名称中体现出来,或者在搜索引擎允许的范围内,所以商品名称写得越全越好。那样不管买家从哪方面搜索商品,我们的商品被买家搜索到的几率都很大,因此才会有生意可做。在商品标题中突出卖点,需要注意如下的一些技巧。

①价格信号。价格是每个买家关注的内容之一,也是最能直接刺激买家、形成购买行为的因素。所以,如果店里的商品具备一定的价格优势,或是正在进行优惠促销活动,如特价、清仓特卖、仅售××元、包邮、买一赠一等,完全可以用简短有力的词在标题中注明。

②进货渠道。如果店铺的商品是厂家直供或从国外直接购进的,可在标题中加以注明,以突出网店商品的独特性。

③值得信赖的售后服务。因在网上不能面对面交易,不能看到实物,许多买家对于某些商品不愿意选择网上购物,因此,如果能提供有特色的售后服务,一定能吸引到不少买家。例如不满意10天内无条件换货、小家电全国联保等,这些都可以在标题中明确地注明。

④店铺高信誉度记录。如果店铺的信誉度较高,如钻石级、皇冠级等,可以在商品标题中注明网店的信誉度,这些都会增强买家与卖家的交易信心。

⑤卖卖超高的成交记录。如果店中某件商品销量在一段时间内较高,可以在标题中注明"已热销××××件"等文字,这样会令买家在有购买意向时,极大降低对此商品的后顾之忧。

⑥使用特殊符号。为了让标题与众不同,可以在商品标题中插入特殊符号,以起到强调作用,如"★限量特价★"、"☆新款☆"等。

⑦添加网店名称。如果想使商品具有统一性,可以在商品名称中添加网店名称,这样给人一种统一、专业的感觉。

(2)注重商品描述,有效提升销售转化率

在网上做生意,最重要的是如何把商品信息准确地传递给买家。如果想长久经营就不能有半点欺骗买家的想法。商品描述信息必不可少,它是对图片信息的重要补充。图片传递给买家的只是商品的形状和颜色的信息,对于性能、材料、产地、售后服务等,必须通过文字方面的描述来说明。

商品描述是真正展示商品的地方,买家主要也是通过商品描述第一印象了解商品的。许多卖家的商品描述非常简单,往往只有几十个字。并不是店主没有时间,也不是他们懒惰,而是他们觉得无话可写。因为这些卖家不知道从哪里收集资料,而这些资料往往就在日常生活中,但是却被忽略了。商品描述信息要简洁明了,以节约买家的时间。

在填写商品描述信息时应注意如下几个方面。

①首先要向供货商索要详细的商品信息。商品图片不能反映的信息包括材料、产地、售后服务、生产厂家、商品的性能等。对于相对于同类产品有优势和特色的信息一定要详细地描述出来,这本身也是产品的卖点。

②商品描述一定要精美,能够全面概括商品的内容、相关属性,最好能够介绍一些使用方法和注意事项,更加贴心地为买家考虑。

③为了直观性,商品描述应该使用文字+图像+表格3种形式结合来描述,这样买家看起来会更加直观,增加了购买的可能性。

④参考同行网店。可以去皇冠店转转,看看他们的商品描述是怎么写的。特别要重视同行中做得好的网店。

⑤在商品描述中也可以添加相关推荐商品,如本店热销商品、特价商品等,让买家更多地接触店铺的商品,增加商品的宣传力度。

⑥留意生活,挖掘与商品相关的生活故事。这个严格来说不属于商品描述信息的范畴,但是一个与商品相关的感人的故事更加容易打动消费者。

3.商品价格的定位

(1) 商品涨价的技巧

许多店铺对商品涨价都十分敏感,他们希望保持现状,尽量少涨价,因为买家一旦发现涨价就会产生抵触心理。其实店铺不应过于害怕涨价,他们应该在经营中做到即使提价,也不会遭到买家的反对,还能吸引买家上门。所以,店铺必须针对不同的时期、不同的商品、买家不同的心理,运用适当的提价技巧。

① 公开采购成本。当店铺公开成本不断上涨时,就要将售价提高,为减轻买家抵触心理,应将商品采购成本如实向买家宣布,让买家接受涨价的事实,减轻涨价的心理负担。

② 部分商品的价格分别提升。提升商品价格可分为部分提价和全部提价。商品全部提价时,买家会心生不满,所以,店铺要采取部分提升价格的方法。

③ 选择适合的涨价时机。涨价要把握住合适的时机,机会一旦错过,价格就不容易提升了。有利的提价时机如下:a. 买家知道采购成本上涨时;b. 季节性商品换季时;c. 年度交替时;d. 有传统节日和传统习俗时。

④ 切实把握好涨价的幅度。买家一般对为什么涨价不关心,他们只关心涨价后的价格与自己心目中的价格标准是否接近。因此,经营者需要大幅度调整商品价格时,要采取分段调整的方法,每次涨价的幅度一般不超过10%。

⑤ 附加馈赠。商品涨价时,不能损害商店正常的收益,要搭配附属商品或赠送一些小礼物,提供某些特别的优惠。这样给买家一种商品价格提高是由于搭配了附属商品的感觉。过一段时间后,再重新恢复到原有水平,这样做要注意时间的搭配。

买家是不希望涨价的,但涨价并不意味着销量下降,有时涨价还会引起购物高潮。因此,只要涨价策略运用得当,就会增加利润。

(2) 商品降价的技巧

降价是指调低原定的商品价格。降价有多种原因,主要包括以下几个方面:市场饱和,商品供大于求;通货紧缩,市值上升;采购的商品不恰当;定价太高,销售额不高;为了竞争,使市场占有率提高;改变销售策略;商品本身的贬值。

降价可能会导致多销,也可能会引发滞销。因此,商品降价需要掌握一定的技巧。

① 适合的降价理由。在降价时,必须让买家认识到这是一次绝好的让利机会,这是根本原则。只有让消费者认可了降价的动机和目的,才能真正有可能让他们"兴奋"买单、"踊跃"买单。

② 选择适合的降价时机。在商品降价的时间选择上,可以提前,也可以推迟。提前降价有几种优势:第一,可在市场需求活跃时就将商品销出去;第二,提早降价可以为新商品腾出销售空间;第三,早降价能够加速企业资金周转,大大改善现金流动状况。推迟降价可以避免降价频繁,干扰正常商品的销售。此外,延迟降价可以减少由于降价带来的毛利减少。选择降价时机时,关键要把握降价的效果。如果商品能很好地销售,则可以推迟降价,如果降价能够刺激买家的购买欲,可以加速商品的销售,就应该采用提前降价的策略。

③ 控制适宜降价幅度。降价幅度对销售效果会产生重大影响。降价幅度太小,不能引起买家的注意。而一次性降价幅度过大,买家则会怀疑商品的使用价值、商品质量等,同样会阻滞商品销售。甚至如果降价之后的利润不能维持店铺的正常运营,最终也就失去了降价的意义。消费品的降价幅度不宜超过10%,一般商品应该控制在10%~40%。

④ 不宜频繁降价。频繁降价会使买家的心理产生不良反应。如果店铺不断地搞降价销售,买家就会认为:"降价销售的商品价格,就是该商品本身的价格。"如果买家产生这种想法,

降价就会失去对买家的吸引力。

⑤可灵活运用多种降价方法。例如,可一次性出清存货,即每年搞几次降价销售,如国庆节、春节等旺销期之后,集中一次降价出售商品提供较长期限。同时,也可以增强买家对店铺正常价格政策的信任。

总之,只要灵活运用降价方法,就一定可以利用价格策略让店铺的商品销售火爆起来。

【项目规划】

通过系统的学习,东东对商品的属性创建及管理有了深入认识。选择合适的商品,有序地管理好自己网店的商品是我们经营的生存之道。时间紧迫,东东再次写了份计划书,开始工作了……

任务计划书

- ▶ 任务一　添加一个简单的商品
- ▶ 任务二　商品标签使用
- ▶ 任务三　批量编辑商品信息
- ▶ 任务四　商品到货通知
- ▶ 任务五　设置商品分类
- ▶ 任务六　设置商品类型
- ▶ 任务七　添加商品规格
- ▶ 任务八　添加商品虚拟分类

【项目执行】

任务一:添加一个简单的商品

1. 添加一个简单的商品

(1)商品的基本信息

①商品分类。一件商品最好有所属的分类,这样便于管理,所以添加分类往往是第一步。

②商品名称。一件商品必须有这个商品的名称。

③商品图片。只有精美的图片,才能让买家对你的商品产生足够的兴趣。

④商品价格。要出售商品,当然也必须给这个商品指定一个价格。

图 3-1 是一个简单商品在网店中的显示。

(2)添加一个简单商品

Step1:依次点击"商品—商品列表",如图 3-2 所示。

Step2:在弹出的对话框中继续确定商品信息,如图 3-3 所示。

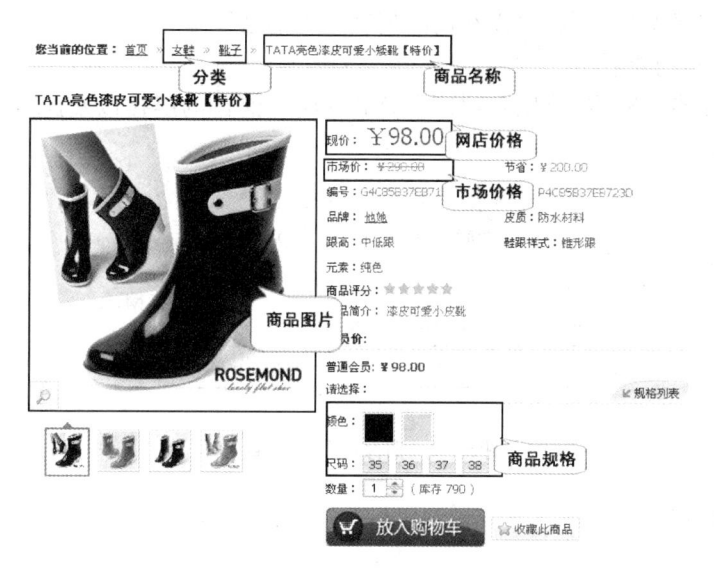

图 3—1　简单商品在网店中显示

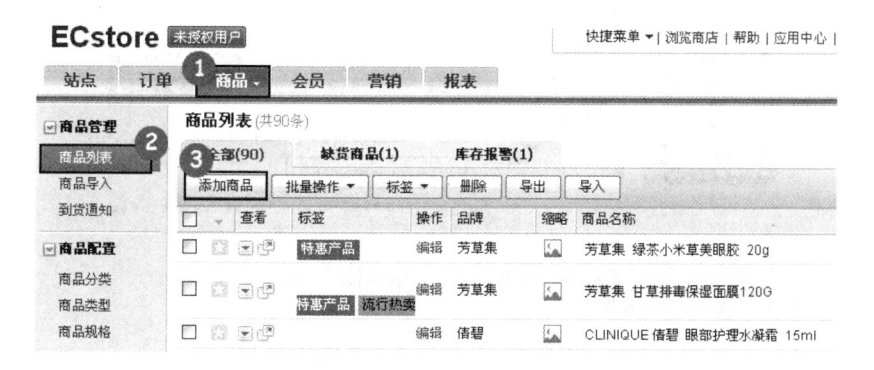

图 3—2　添加商品

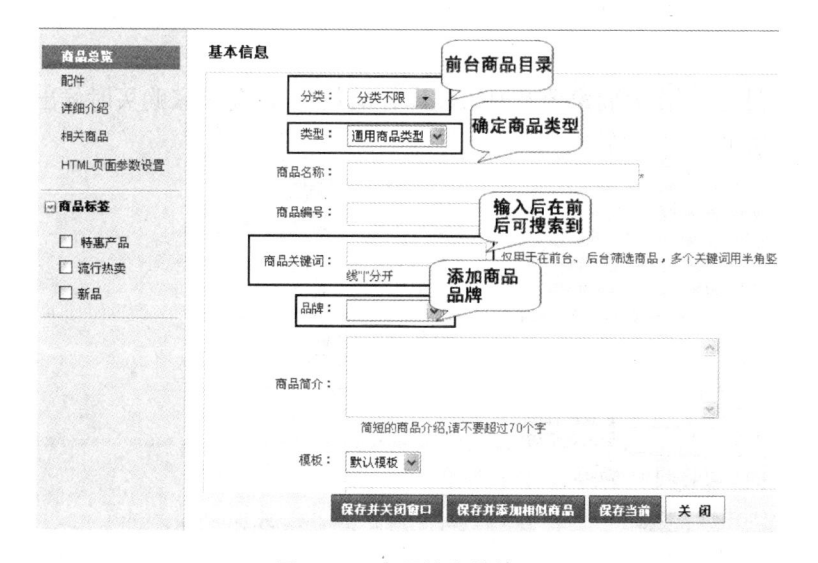

图 3—3　商品信息的填写

Step3：添加完商品之后，就可以在商品列表里看到已经添加的商品。

(3) 商品的显示与查看

在商品列表中点击查看，可以看到这个商品的网店前台的链接以及此商品的访问和购买信息，如图 3－4 所示。

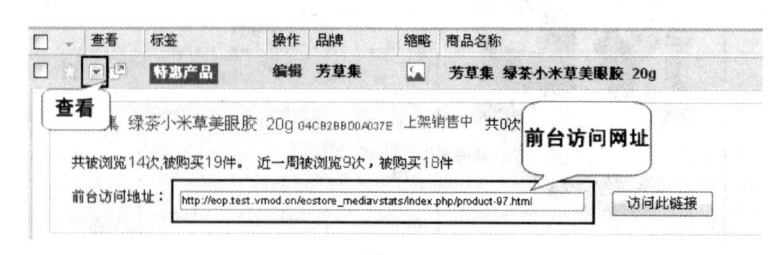

图 3－4　商品的显示与查看

2. 完善这个商品

(1) 商品编号

添加商品编号，可能会更好地管理商品，特别是当商品已经很多的时候，如图 3－5 所示。

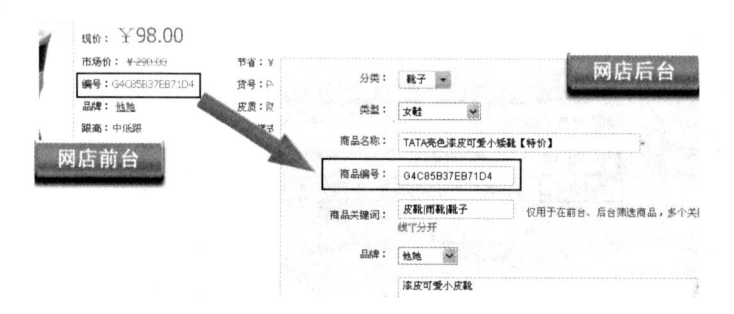

图 3－5　后台输入商品编号以后在前台的显示

(2) 库存

可以在添加商品的时候把库存写上，客户每买一个商品都会直接减去一个库存，当库存小于指定值的时候，这个商品买家就无法购买了。

库存的数量很重要，作为商家要及时关注库存的数量，以免买家购买时候出现库存不足的情况，如图 3－6 所示。

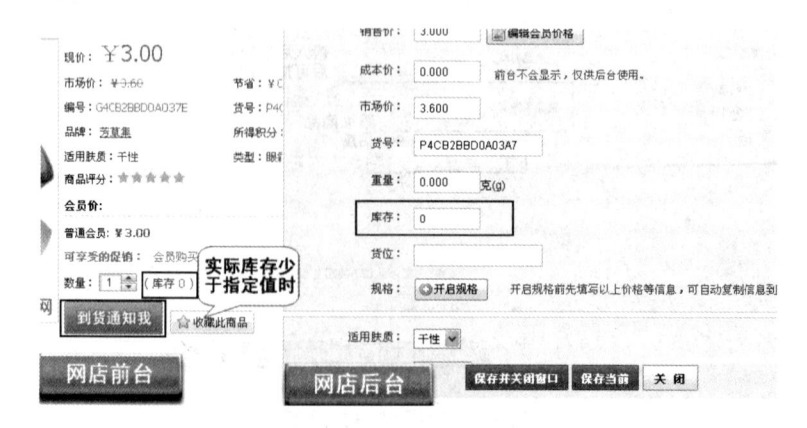

图 3－6　库存设定

小贴士

如果库存的输入框留空,则系统默认为此商品无限多。

如果库存小于1,则在商店网页页面中,此商品不会显示"购买"按钮,会出现"缺货登记"按钮,买家点击这个"缺货登记"按钮,会自动跳转到"缺货登记"页面,让用户输入自己的联系方式,等等,店主把此商品备足货,则可以给这些登记的买家发一个消息,告诉他们现在这个商品已经有货了。

(3)商品简介

商品的特性,供用户在搜索时出现在列表中,当设置为图文方式时就会显示,如图3－7所示。

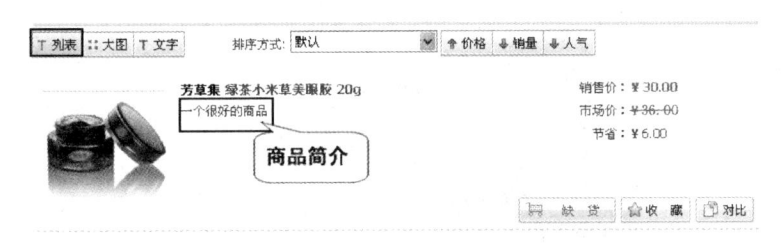

图3－7 商品简介

(4)详细介绍

详细介绍部分,可以较为全面地介绍商品的各种属性。这是个可以自由发挥的地方。

图3－8 详细介绍

(5)商品标签

可以把这个理解为另一种筛选商品的方式,可以自由灵活的定义。关于商品标签的使用,请查看另一个文档,如图3－9所示。

(6)相关商品

仔细地斟酌一下该为这个商品匹配哪些相关商品,往往会起到意想不到的促销效果。有时添加相关商品,是一种重要的促销手段,也可以增加客户黏度。

添加相关商品需要三步,如图3－10所示。

Step1:点击添加这个按钮。

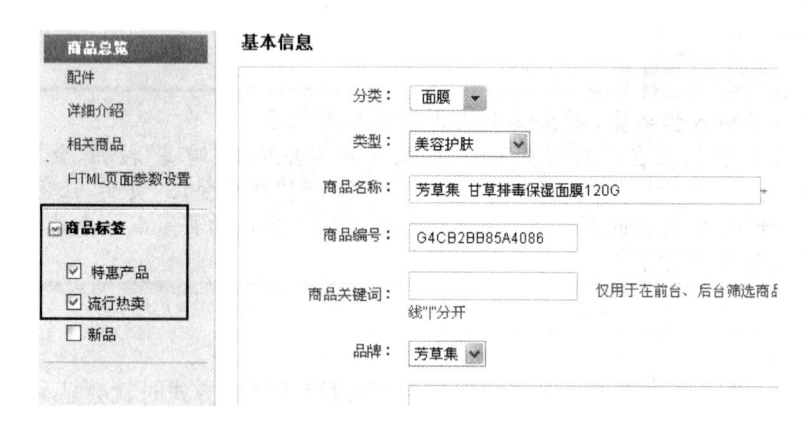

图 3-9 商品标签

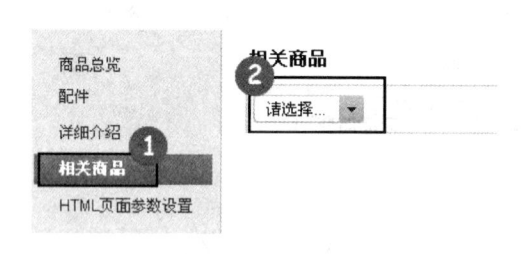

图 3-10 添加相关商品

Step2：在弹出的框中，进行如下设置，如图 3-11 所示。

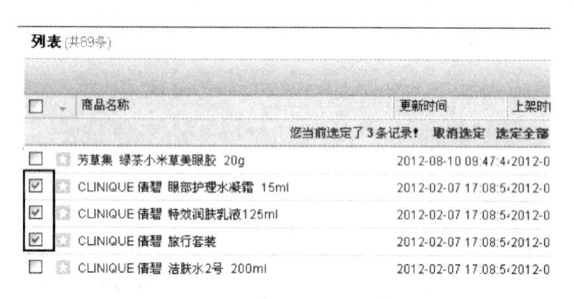

图 3-11 选择指定商品

Step3：选择结束，确认后会提示"单向相关"或"双向相关"，如图 3-12 所示。
单向相关：本商品中显示相关商品，但相关商品不会显示本商品。
双向相关：本商品会显示相关商品，相关商品处也会显示本商品。

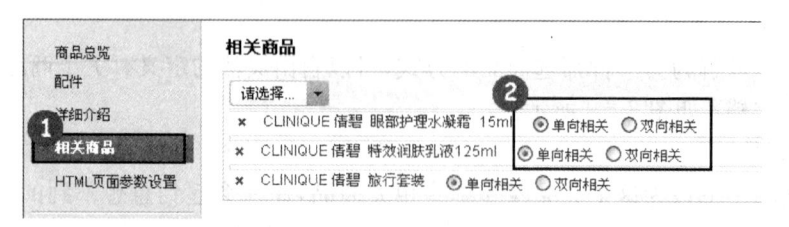

图 3-12 单向相关与双向相关

Step4：保存后，在前台商品处可显示，如图 3—13 所示。

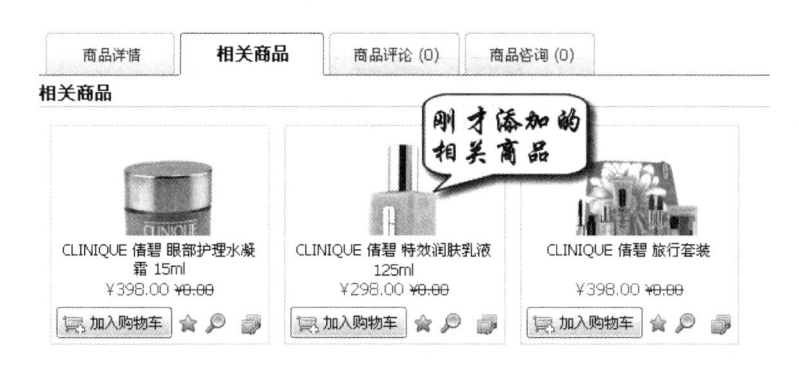

图 3—13　前台商品显示

任务二：商品标签使用

1. 商品标签的作用

商品标签是一种分组标识，店主可以利用商品标签来自定义商品分组。

商品标签可用于：

(1) 可将不同品牌、不同类型、不同分类的商品自定义分组。

(2) 增加促销活动关联商品时，可用商品标签筛选关联。例如：浪漫情人节促销活动选中想参与促销的商品打上"情人节促销"标签，在建立促销活动时，可以锁定"情人节促销"标签的商品。

(3) 后台商品列表"高级搜索"中可用商品标签筛选。

(4) 后台添加虚拟分类的商品时可用商品标签筛选。

(5) 后台添加相关商品时可用商品标签筛选。

2. 新建和管理商品标签

(1) 新建商品标签

Step1：操作步骤如下，商品菜单选择"商品列表"，选中指定商品，然后点击"标签"，如图 3—14 所示。

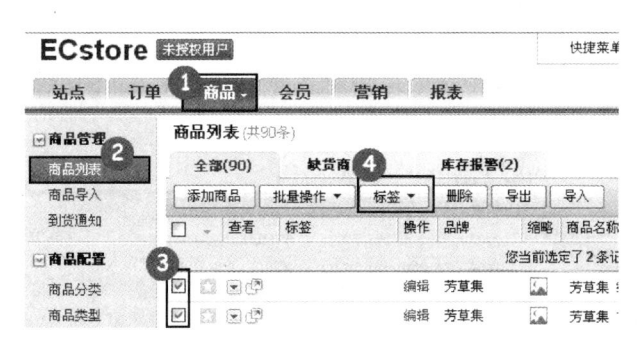

图 3—14　新建商品标签

Step2：点击标签后出现，如图 3—15 所示。

Step3：点击添加新标签按钮后出现，如图 3—16 所示。

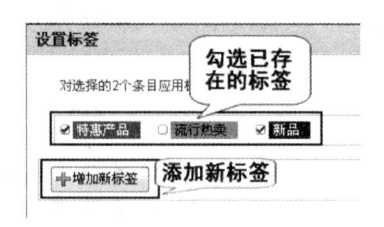

图 3—15　添加标签

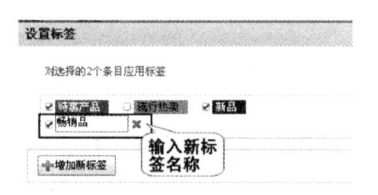

图 3—16　输入标签的名称

Step4：点击保存之后，有标签产品的显示如图 3—17 所示。

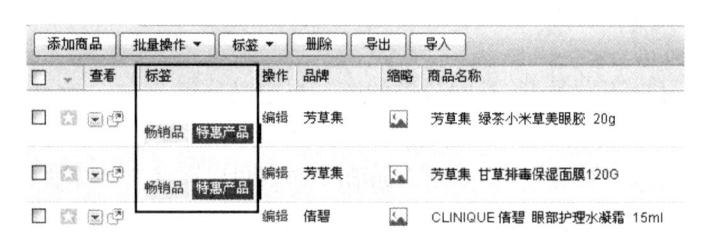

图 3—17　有标签产品的显示

(2)管理商品标签

勾选要进行更改标签的商品，然后按标签按钮，进行选择或添加新的标签。

3. 如何使用商品标签

EcStore 中的标签一般有两个目的：一种是可用于店主自己进行某种标识；另一种是可供系统进行筛选，比如模板中商品区的筛选，或虚拟分类中的商品筛选标准。

例如：在模板首页调用"最新商品"，操作步骤如下：

Step1：在管理后台商品列表中选中一些商品打上"最新商品"的标签，如图 3—18 所示。

图 3—18　选中一些商品打上"最新商品"的标签

Step2：然后在模板里设置一下"最新商品"区的筛选条件。依次点击"站点—模板管理—模板列表"，编辑模板首页，如图 3－19 所示。

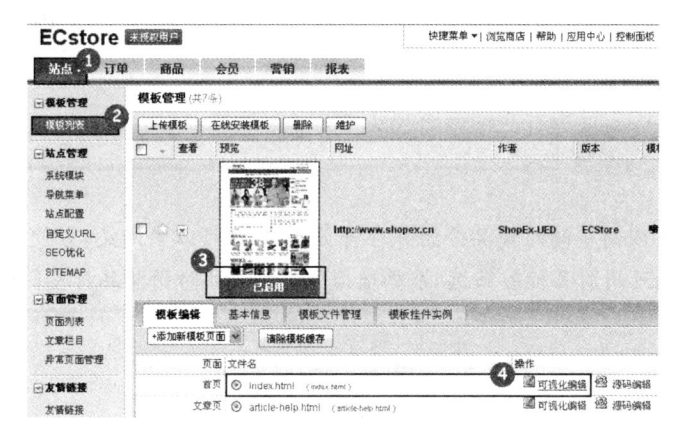

图 3－19　编辑模板首页

Step3：编辑首页最新商品区，如图 3－20 所示。

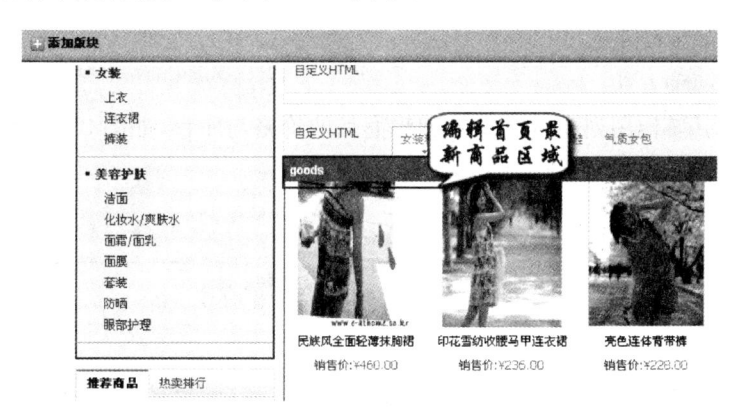

图 3－20　编辑首页最新商品区

Step4：选择标签，如图 3－21 所示。

图 3－21　选择标签

版块里设置标签,当给某商品设置"最新商品"标签后,前台最新商品区就会显示设置了这个标签的商品。用同样的方法,可以自定义很多标签来实现商品分组并在首页显示,比如:可自定义女性手机、智能手机、超薄手机等商品标签,然后选择商品,打上商品标签,再在版块设置里选择相应的商品标签即可。

小贴士

小结:
商品标签即可以简单的对商品分组并在首页调用,也可以自定义,方便综合使用。同时在添加相关商品时还可用商品标签筛选,添加虚拟分类的商品时用商品标签筛选等方面。

任务三:批量编辑商品信息

1.批量编辑商品信息

批量编辑商品信息,可以批量编辑货号、商品名称、商品分类、库存、销售价、简介、品牌、排序及重量,商品图片。

2.批量编辑的方法

批量编辑有两种方法:

(1)列表分别编辑:用列表方式单独编辑商品的价格与库存,如图3-22所示。

图3-22 用列表方式单独编辑商品的价格与库存

(2)所选商品统一编辑:可直接修改或用"加减乘"的方法来批量修改库存、销售价、市场价、商品重量等内容,如图3-23所示。

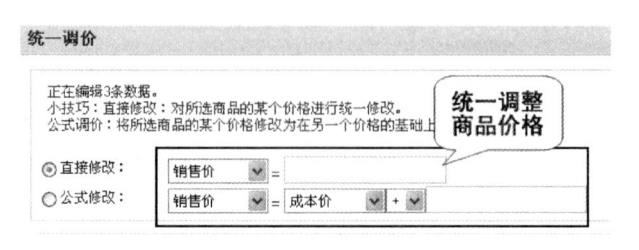

图3-23 批量修改商品价格

3. 可批量编辑的内容

可批量修改内容:商品上、下架,价格,库存,商品名称,商品简介,商品品牌,商品排序,商品重量,分类转换,商品图片重新生成。

(1)批量编辑商品价格的应用案例

公式批量编辑中,又细分为几种方法,针对不同的情况会有不同的用法,下面举一些常见的例子来说明。

[例1] 我想把某些商品设为同一销售价格,应该如何操作呢?

Step1:在商品列表中选择商品,如图 3-24 所示。

图 3-24 选择指定商品

Step2:对商品进行统一调价,如图 3-25 所示。

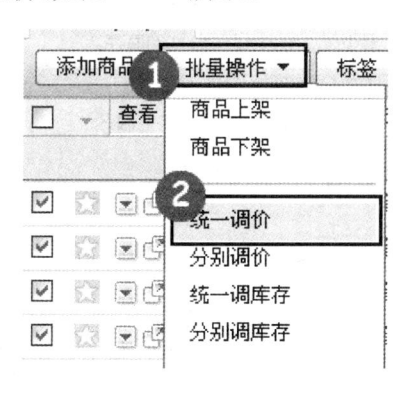

图 3-25 统一调价

Step3:开始统一调价,如图 3-26 所示。

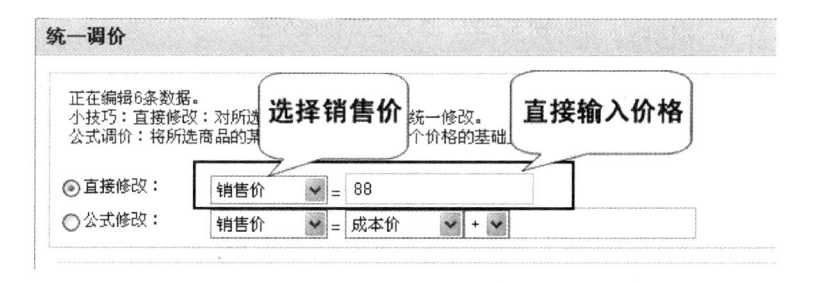

图 3-26 输入销售价

[例2] 如果将整个商店的商品销售都上调10%,该如何操作呢?

Step1:选择指定的商品,如图3—27所示。

图3—27 选对指定商品

Step2:统一调价,如图3—28所示。

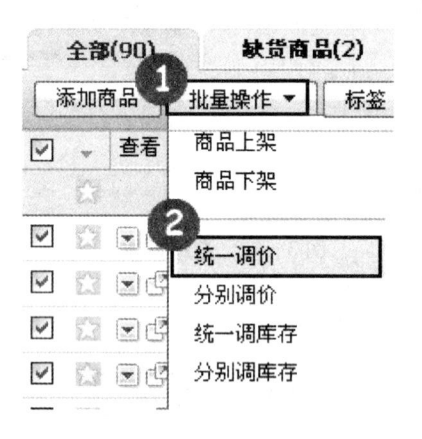

图3—28 统一调价

Step3:使用公式,如图3—29所示。

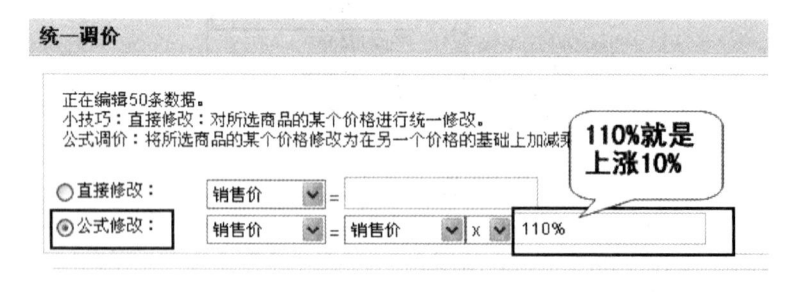

图3—29 选择公式修改价格

[例3] 我新进一批货,想在进价的基础上统一增加5%销售,该如何操作呢?

Step1:选择指定商品,如图3—30所示。
Step2:统一调价,如图3—31所示,该如何操作呢?
Step3:使用公式,如图3—32所示。

项目三 商品的上架与管理 105

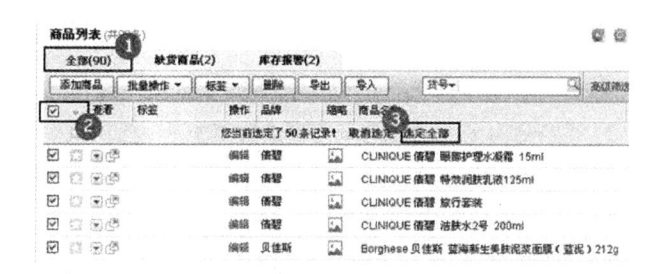

图 3—30 选择指定商品

图 3—31 对商品统一调价

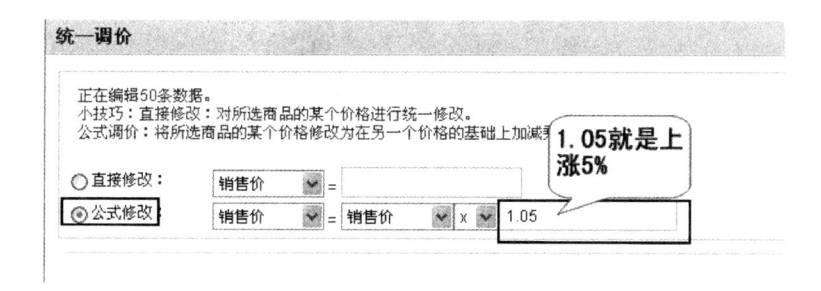

图 3—32 使用公式

[例 4] 我想把某些商品的黄金会员(以当前会员等级为准)价比销售价低 5%,该如何操作呢?

Step1:选择指定商品,如图 3—33 所示。

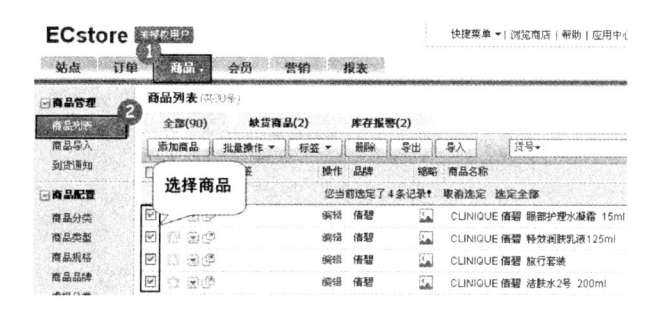

图 3—33 选择商品

Step2:统一调价,如图 3—35 所示。

图 3—34　统一调价

Step3:使用公式,如图 3—35 所示。

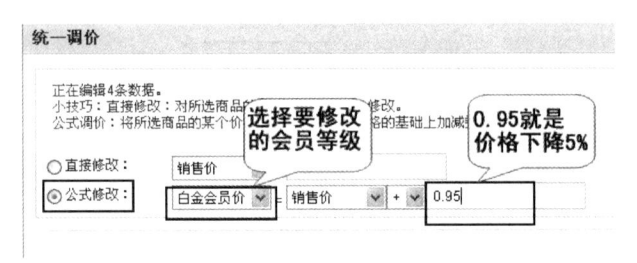

图 3—35　修改商品价格

小贴士

总结:

批量编辑商品信息的功能,有很多场景的应用,很多细节上的小功能,还需要店主一一去尝试才能体会批量编辑功能的方便。

任务四:商品到货通知

商品到货通知,是指顾客对某些没有库存的商品产生购买需求,等待商品到货时接受通知的行为。在一定程度上,也可以认为是预定或代购。

1. 正常的库存设置

一般情况下,在添加商品时会设置一定量的库存,可根据实际情况设置,也可以设置一个无穷大的数字。简单商品的库存,如图 3—36 所示。

图 3—36　简单商品的库存

有规格的商品的库存,如图 3-37 所示。

图 3-37 有规格的商品库存

此时,在网店前台会显示正常的可售状态,如图 3-38 所示。

图 3-38 网店前台会显示正常的可售状态

2. 到货通知触发的条件

到货通知触发的条件:无库存时不可销售,添加或编辑商品时,对无库存的情况要选择不可销售。如图 3-39 所示。

图 3-39 到货通知触发的条件

这样,当实际库存成为 0 的时候,就会触发。触发时,在商品详细页,正常的购买按钮就变为到货通知,不能正常购买,如图 3-40 所示。

图 3-40 在商品详细页的显示

点击此按钮,会提示输入邮件信息,如图3-41所示。

图3-41 缺货登记

提交后的信息就会出现在商店后台商品到货通知列表处。

3.送到货通知

Step1:后台,依次点击"商品—商品管理—到货",可以看到当前的到货通知列表,如图3-42所示。

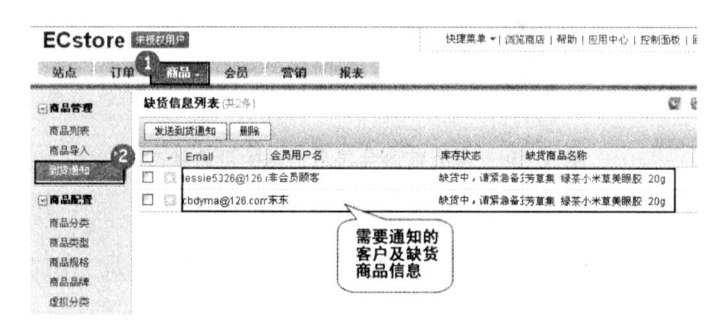

图3-42 到货通知

Step2:这里面会显示缺货的商品信息、顾客的联系方式,供店主进行后期操作,当商品补充库存完毕后,就可以进行发货通知了,如图3-43所示。

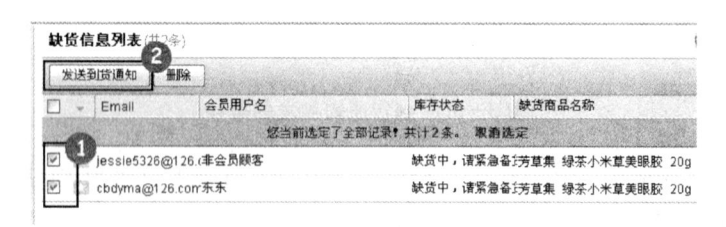

图3-43 点击发送到货通知

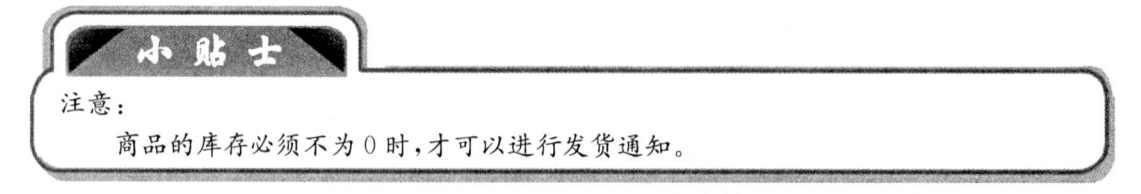

小贴士

注意:

商品的库存必须不为0时,才可以进行发货通知。

Step3:发送完到货通知后,此列表中的状态也会改变,如图3-44所示。

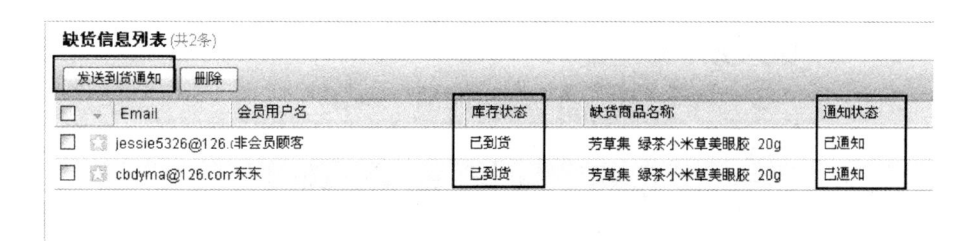

图 3—44　列表中的状态也会改变

Step4：同时，顾客留下的邮箱中也会收到通知的邮件，如图 3—45 所示。

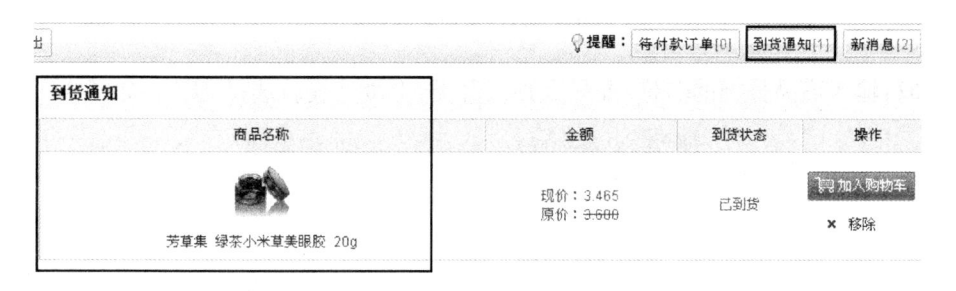

图 3—45　顾客收到通知的邮件

任务五：设置商品分类

商品分类又称商品类别、商品目录，主要是为了方便顾客分门别类查找商品，同时方便店主进行商品管理的分类方式。特别是商店中商品数量比较多时，商品的分类就更加重要。

打开某个 EcStore 商店，均可在前台看到商品的分类，如图 3—46 所示。

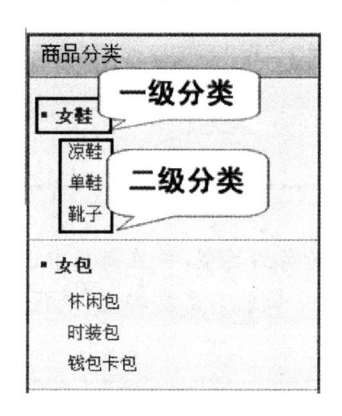

图 3—46　前台看到商品的分类

下面，我们用一个例子来说明如何设置复杂的商品分类。

> ［例］　现在有 10 个商品，分为三大类，每一类下有更详细的子分类，在子分类下也允许有再进一步的子分类。

1. 添加商品分类

Step1：依次点击"商品—商品分类"，进行添加，如图 3—47 所示。

110　电子商务管理

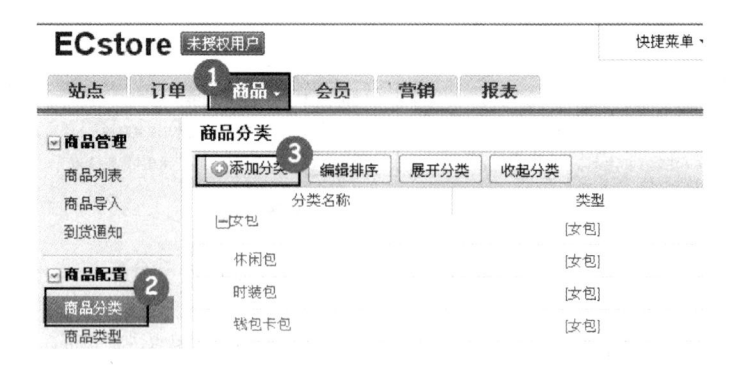

图3－47　添加商品分类

Step2：输入商品分类的名称；如果是顶级分类，上级分类就选择"无"。如图3－48所示。

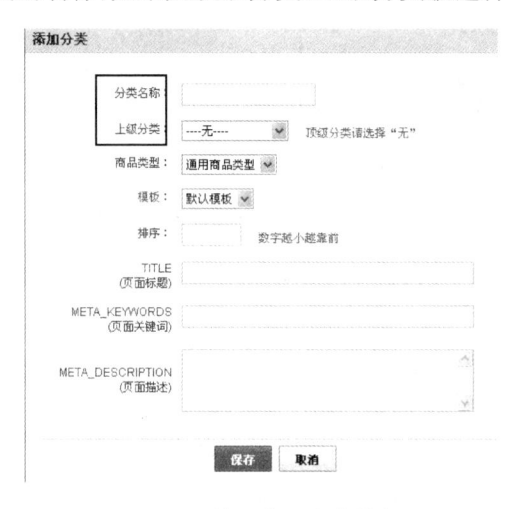

图3－48　输入商品分类的名称

小贴士

说明：
　　如果商品分类需要绑定指定商品类型，并且商店中已经添加好商品类型，则需要绑定商品类型，效果如图3－49所示。如果不需要绑定，或没有添加商品类型，则分类中会使用通用商品类型。

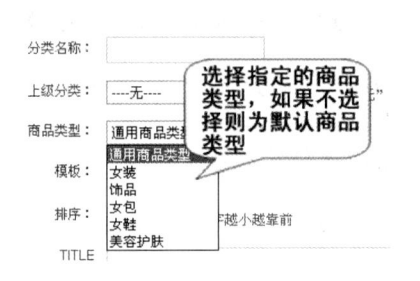

图3－49　选择商品类型

Step3：重复添加步骤，增加三个顶级商品分类，如图 3-50 所示。

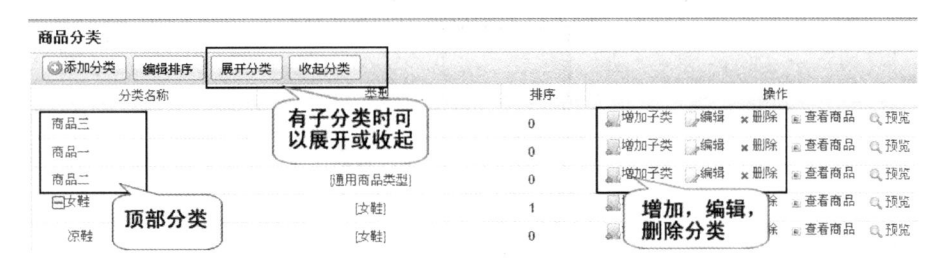

图 3-50　增加三个顶级商品分类

Step4：在分类下可直接点击添加子分类，此时上级分类默认选择，如图 3-51 所示。

图 3-51　添加子分类

Step5：重复添加子分类操作，依次添加完所有的子分类，如图 3-52 所示。

图 3-52　依次添加完所有的子分类

如果分类下面没有商品，可以删除；如果分类下面有商品并且已删除，则还要到商品回收站中清除一下才可以删除分类。也可以查看下面已经添加好的商品有哪些，预览前台效果。

2. 商品分类的排序

排序可通过数字调整分类的显示顺序，数字越小排序越靠前。排序数字相同时，按添加顺序显示，先添加的显示在上。

如本例中，一分类下的三个子分类，如果设置了数字重新排序，可以看到效果，如图 3-53 所示。

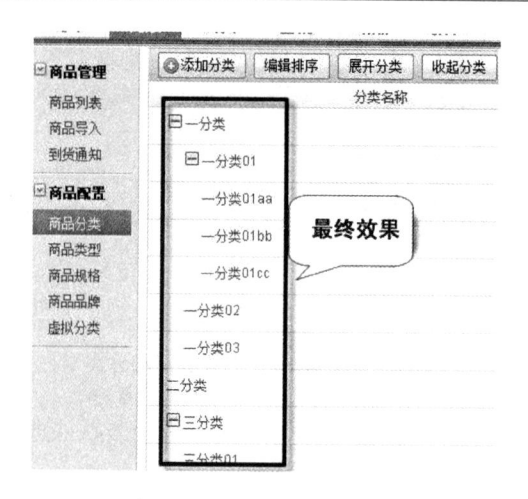

图 3—53 设置分类效果

3. 调整商品分类的层级关系

层次关系可以重新设置分类的整体布局。

例如,本例中的"一分类 03bb"原先的上级分类是"一分类 03"要调整到"一分类 01"下,则可编辑"一级分类 03bb",然后重新选择上级分类,如图 3—54 所示。

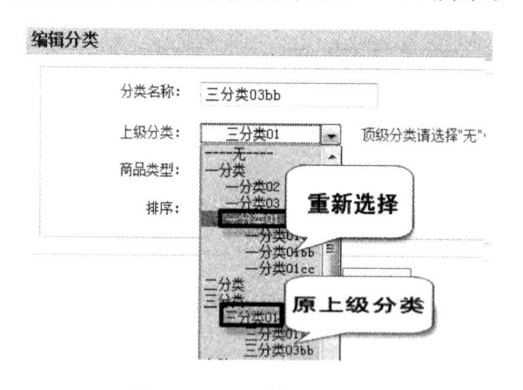

图 3—54 调整分类顺序

同时,分类不仅可以实现同级别下的换位,也可以实现任意级别的调整。还用本例,把"一分类 03bb"调整为顶级分类,重新设置上级分类,选择"无"即可。

4. 商品分类在前台显示

一般情况下,后台商品分类设置完后,前台就可以立即显示了,如图 3—55 所示。

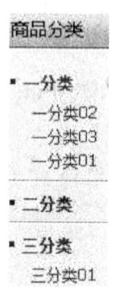

图 3—55 商品分类在前台显示

5.商品分类显示方式的调整——高级应用

默认情况下,商品分类在前台是全部显示。如果商品分类有多级时,也可以选择模板内置的其他显示方式。

Step1:依次点击"站点—模板列表—编辑模板",点击"首页—可视化编辑",如图3－56所示。

图3－56　可视化编辑

Step2:编辑模板中的商品分类版块,如图3－57所示。

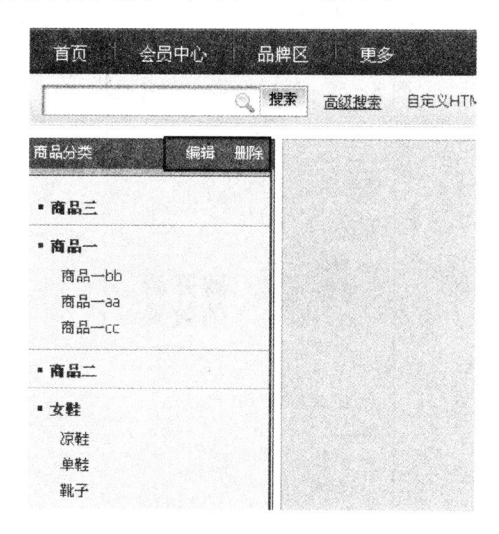

图3－57　编辑模板

Step3:可看到里面有多项设置,如图3－58所示。
Step4:版块模板中选择折叠式,并且循环深度选择最多时,前台不会全部显示子分类,只有点击后才会显示,如图3－59所示。
Step5:展开效果,如图3－60所示。

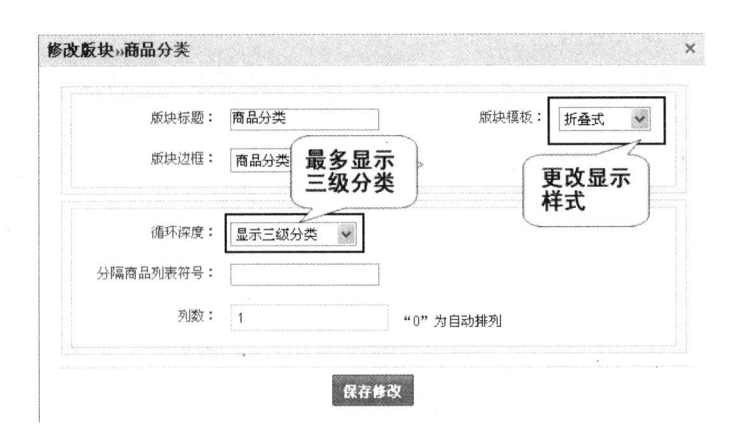

图3—58 修改版块

图3—59 商品分类在前台显示

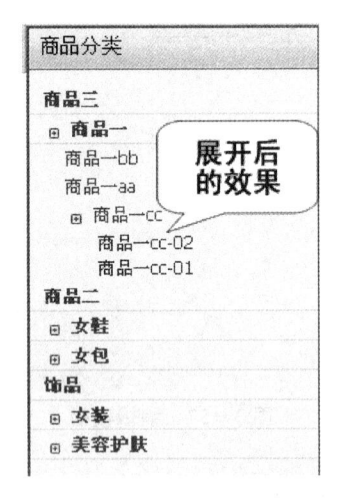

图3—60 商品分类的前台显示

任务六：设置商品类型

1. 商品类型

商品类型不同于商品分类，它指的是依据某一类商品的相同属性归纳成的属性集合，例如手机类型有屏幕尺寸、铃声、网络制式等共同的属性；书籍类型有出版社、作者、ISBN号等共同的属性。商品类型可以在简单商品基础上增加更多的展示点,让顾客能全方位、多角度的来选择商品。商品类型包括扩展属性、参数、规格三个部分。

我们根据一个具体商品来说明商品类型的内容。

(1)扩展属性

先说明一下商品的基本属性,基本属性就是大多数商品所共有的一些内容,如商品名称、货号、重量等基本内容。

扩展属性则是某类商品所独有的内容,不同商品内容有所区别。

在 EcStore 网店点击一个复杂商品的详细页面,可看到在前台显示的扩展属性内容。如图 3-61 所示。

图 3-61 商品的共有属性和扩展属性

本商品中,货号、编号等就是所有商品共有的内容,称为基本属性。而质地、场合、季节、版型等均是这一分类下商品所独有的内容,称为服装类商品的扩展属性。不同类商品的扩展属性不尽相同,如食品会有保质期、产地、原材料;电脑会有主频、内在大小、显卡等内容,这些均可用扩展属性来表现。

(2)详细参数表

当商品需要展示的内容比较多,而扩展属性又不能完全显示其内容时,可以用详细参数表来更详尽的展示商品的信息。如手机商品中,支持的频段可能有多个、主屏尺寸有多个、屏幕色彩有多种、音乐播放和文件格式有多种,用扩展属性已经不能完全展示商品的内容了,此时就可以用详细参数表来全部展示。参数表可以分组,每一组中可以有详细内容。

通过详细参数表配合扩展属性基本可以把商品的所有内容全部展示出来,让顾客更方便的了解商品信息,从而产生相应的购买行动,如图 3-62 所示。

图 3-62 商品的详细参数

(3) 规格

所谓规格,是指依据顾客的购买习惯而独立出来的一种商品的特殊属性,例如顾客先选好了某一款衬衫,必须再选择颜色和尺码才可以订购,这里的颜色和尺码称为规格。

(4) 顾客必填信息

有些商品,用户购买时需要填写一些信息,以方便店主处理商品。比如商品是鲜花,商店提供送花上门服务,顾客购买鲜花送给他人时可以填写收花人的信息,这样就方便店主直接送花上门。比如商品是衬衫,商店提供免费喷字服务,顾客购买时就可以留下要喷的字的内容,方便店主进行后续操作。同时,顾客也可以说一下商品的注意事项或送货时间。总之,这个项目是购物时的一个良好的补充,方便店主与顾客。

(5) 通用商品类型

在 EcStore 中,任何一个商品分类都要绑定商品类型才可。而有些简单商品是不需要商品类型的,此时系统就会在这种商品分类下默认一个通用的商品类型。

通用商品类型是 EcStore 系统内置的仅含有商品名、重量、销售价格、简介、库存、品牌等基本属性的一种商品类型。如果是在简单商品分类下添加商品,或没有选择商品分类时,系统会自动启用通用商品类型,如图 3－63 所示。

图 3－63　通用商品类型

通用商品类型是一个默认的商品类型,不能删除。

2. 设置商品类型

商品类型与商品分类是紧密结合在一起的,商品类型只有与商品分类绑定在一起才可显示其中内容;商品分类也必须绑定了商品类型才可正常操作。商品类型可以设置是否与品牌相关联,如果关联,则添加商品时可直接选择商品品牌,并可在商品列表中用品牌筛选商品;如果没有关联,则添加商品时就无法设置品牌,也无法用品牌筛选商品。

(1) 商品类型与商品分类的绑定

Step1:依次点击"商品—商品类型",查看当前已经添加好的商品类型,如图 3－64 所示。

图 3－64　查看商品类型

Step2：依次点击"商品—商品分类",查看已经添加好的商品分类,如图3-65所示。

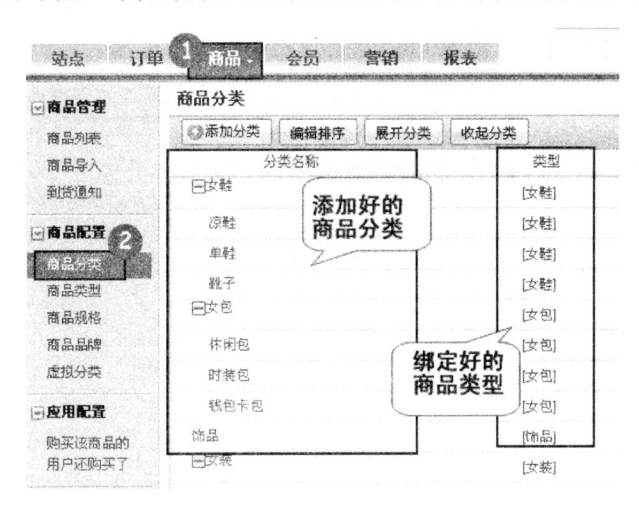

图3-65　查看已经添加好的商品分类

Step3：添加或编辑某商品分类,可进行商品类型的绑定,如图3-66所示。

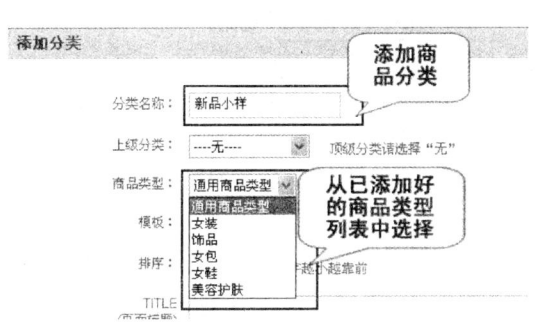

图3-66　绑定商品类型

Step4：保存后就绑定成功

(2)商品类型中对商品品牌的关联

本操作的前提是已经添加了多个商品品牌,如果未添加商品品牌,请先添加。依次点击"商品—商品品牌",如图3-67所示。

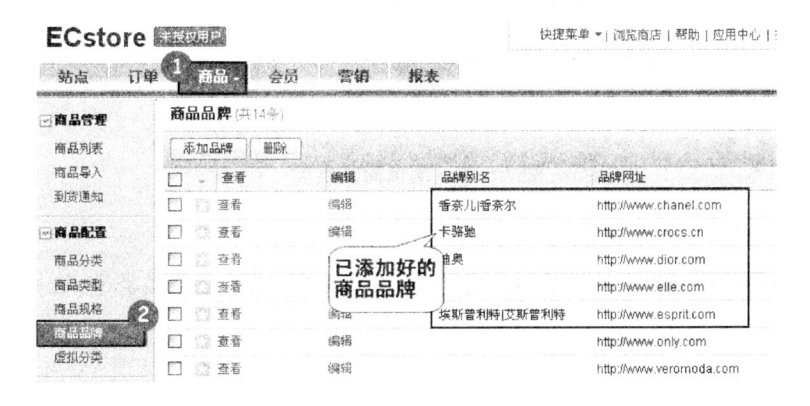

图3-67　添加好的商品品牌列表

Step1：添加或编辑商品类型，如图3－68所示。

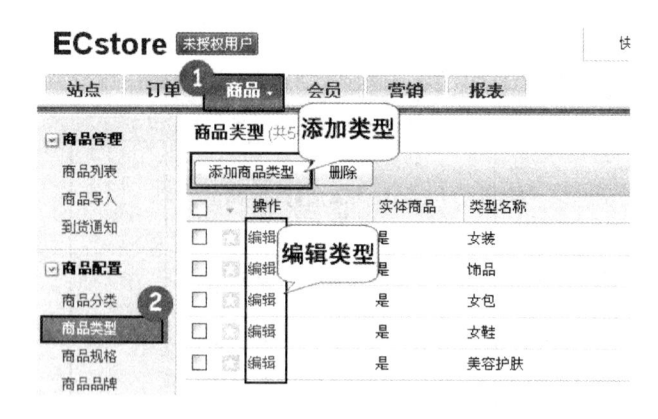

图3－68　添加或编辑商品类型

Step2：选择关联品牌，如图3－69所示。

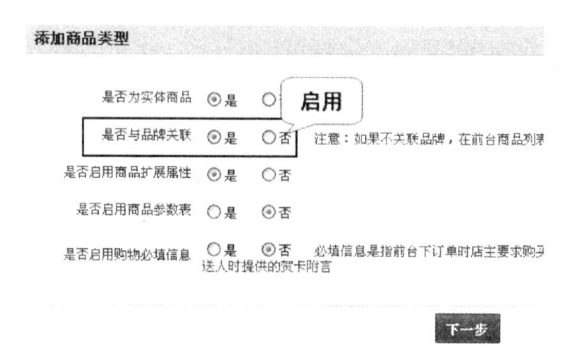

图3－69　选择关联品牌

Step3：然后选择本类型要关联的品牌，如图3－70所示。

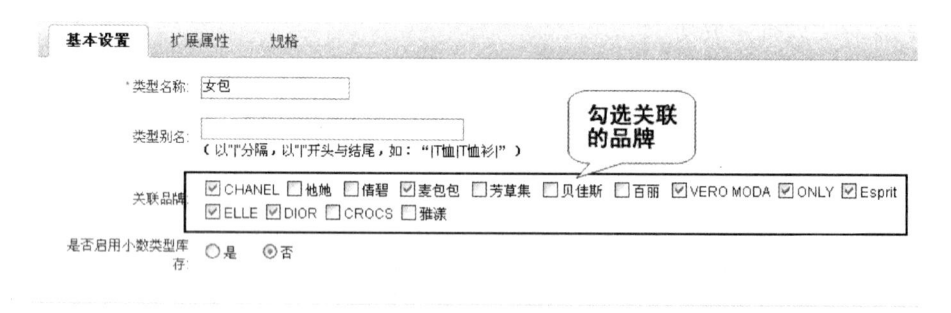

图3－70　编辑商品类型

(3)添加商品时商品类型的表现

Step1：添加商品时，如果未选择商品分类，则调用默认的通用商品类型，如图3－71所示。

图 3－71　调用默认的通用商品类型

Step2：在选择商品分类或更换商品分类时，会有系统提示，请谨慎操作，如图 3－72 所示。

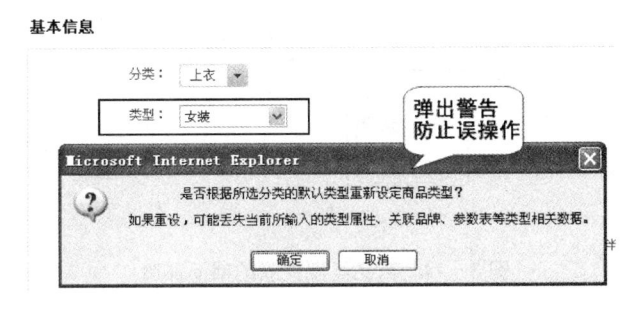

图 3－72　系统提示

Step3：选择商品分类后，会自动显示绑定的商品类型，同时显示商品类型中的内容，如图 3－73 所示。

图 3－73　自动显示绑定的商品类型

Step4：所有内容添加完，保存后即可。

（4）添加商品时商品品牌的表现

①添加商品时，可以从关联的商品品牌中选择品牌，如图 3－74 所示。

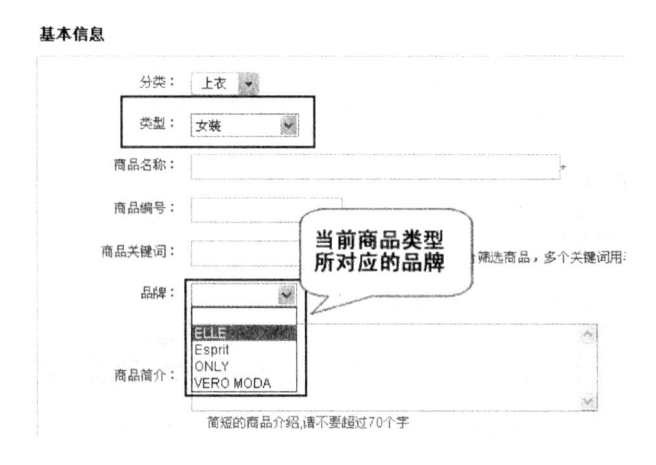

图 3－74　商品类型关联的商品品牌

②在前台商品列表页，关联好的商品品牌成为对商品进行筛选时的筛选条件，如图 3－75 所示。

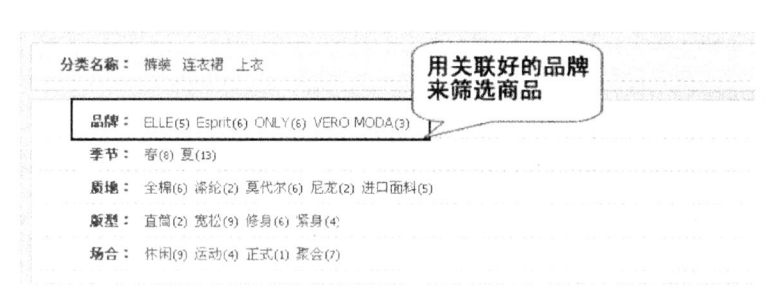

图 3－75　对商品进行筛选时的筛选条件

（5）商品类型在前台的表现

点击"商品分类"，可以看到商品类型内容在商品列表页的表现，如图 3－76 所示。

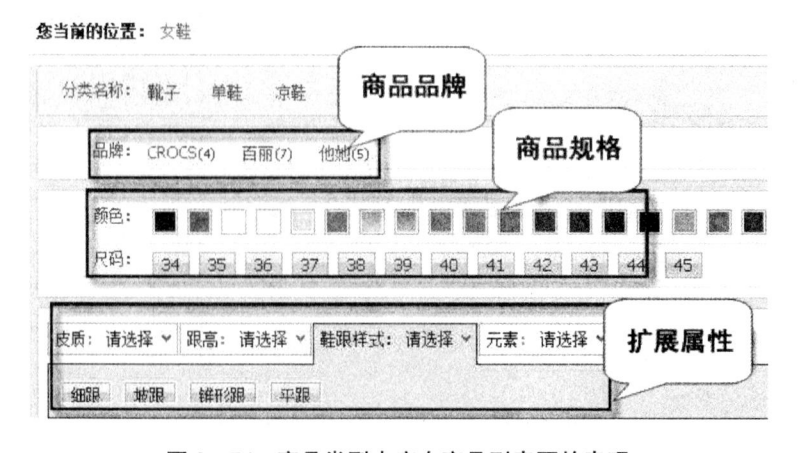

图 3－76　商品类型内容在商品列表页的表现

任务七：添加商品规格

1. 商品规格

规格是依据顾客的购买习惯而独立出来的一种商品的特殊属性，如颜色和尺码等。
先看看下面的截图来了解商品规格，如图3－77所示。

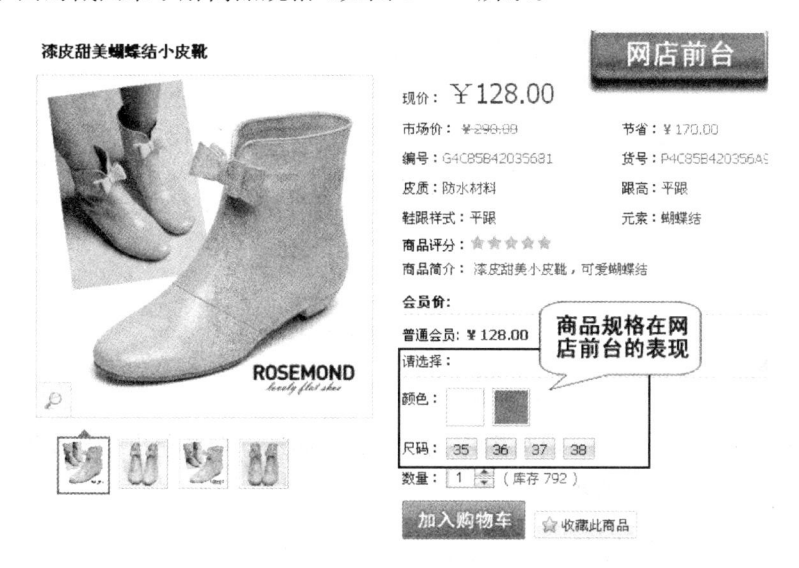

图3－77 商品规格

我们来看看商店后台商品规格设置的界面，如图3－78所示。

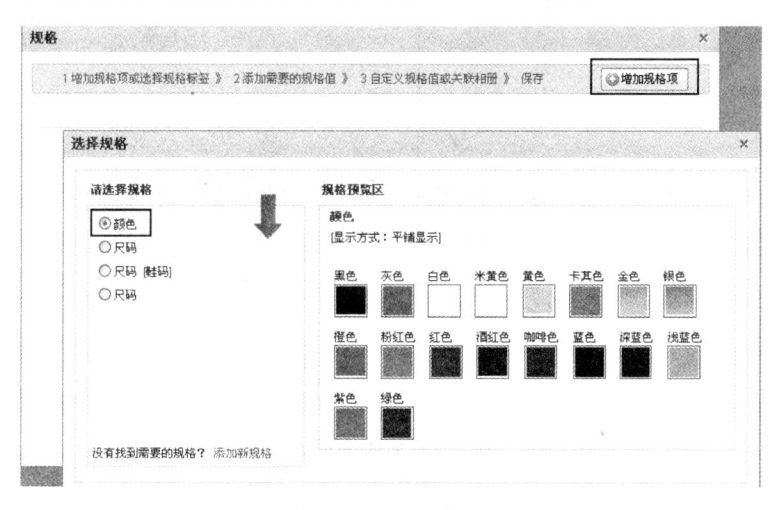

图3－78 后台商品规格设置的界面

商品规格有以下作用：
（1）同一个商品可使用商品规格来生成不同货品
例如：同一款式衣服，有不同的颜色与不同的尺码，可以用商品规格来生成不同货品。如图3－79所示。

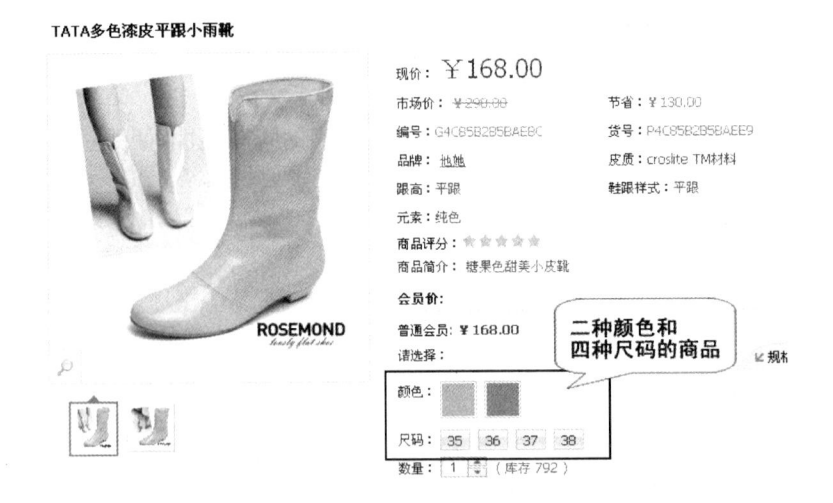

图 3－79　商品多种规格在前台的显示

(2)商品规格增强商品详细页表现力

例如：皮靴可选颜色与尺码、商品图片、价格联动；如选择粉红色皮靴则左侧图片自动切换为粉红色皮靴。如图 3－80 所示。

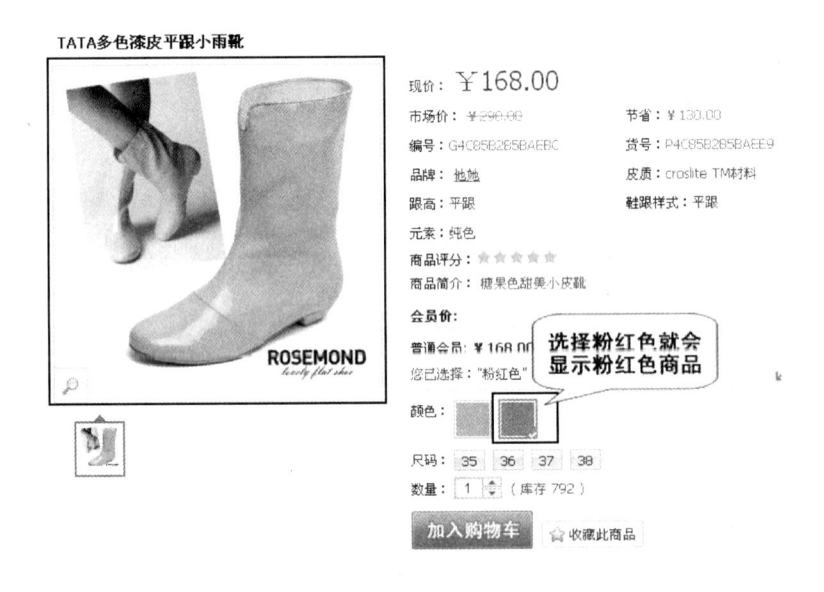

图 3－80　增强商品详细页表现力

(3)可在商品列表页中使用商品规格来快速筛选商品

例如：可按照颜色、尺码等商品规格快速筛选商品，如图 3－81 所示。

2. 开启商品规格

商品使用规格后，在商品分类页与商品详细页面可使用规格对商品进行筛选，商品分类列表页如图 3－82 所示。

商品详细页，如图 3－83 所示。

下面，从添加一个有规格的商品开始说明如何开启规格。

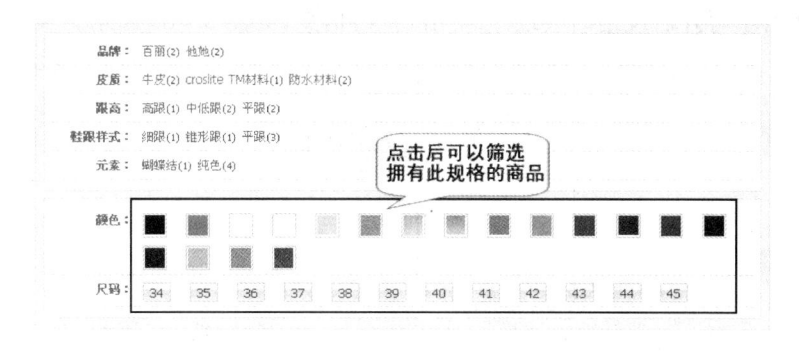

图 3－81　使用商品规格来快速筛选商品

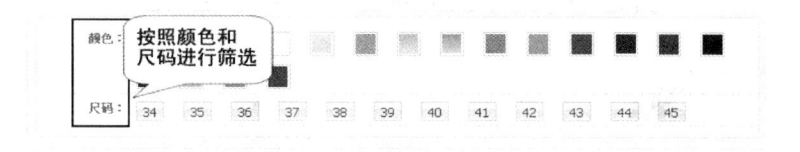

图 3－82　商品分类列表页

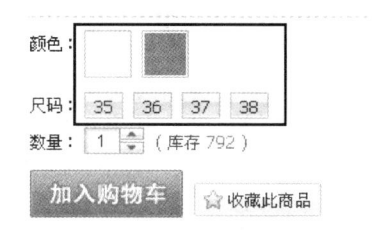

图 3－83　商品详细页

(1)设置商品的销售价、成本价、货号、重量、库存。

Step1：商店后台，依次点击"商品—添加商品"，在页面中填写商品基本信息，如图 3－84 所示。

图 3－84　填写商品信息

Step2：然后填写开启规格时会统一调用的一些信息，如图3-85所示。

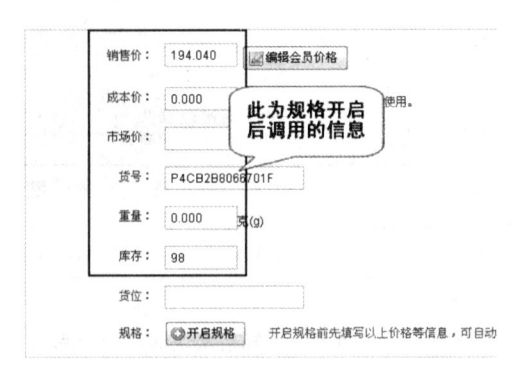

图3-85　填写开启规格时会统一调用的一些信息

小贴士

提示：
　　如果此处的内容预先设置好，则开启规格后每一个货品会自动复制此处信息，无需单独设置。

(2)开启规格，增加规格项

Step1：输入上述信息后，点击商品添加页中的开启规格，在弹出的界面中点击增加规格。如图3-86所示。

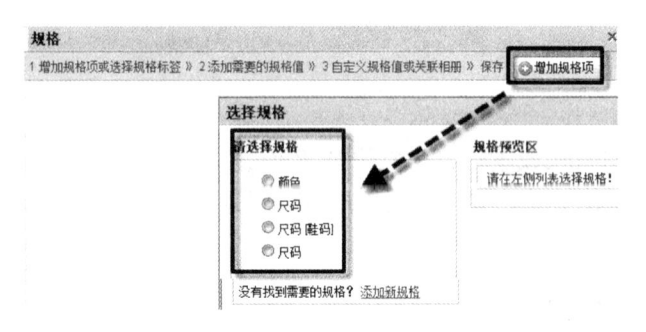

图3-86　增加规格项

Step2：选择颜色，如图3-87所示。

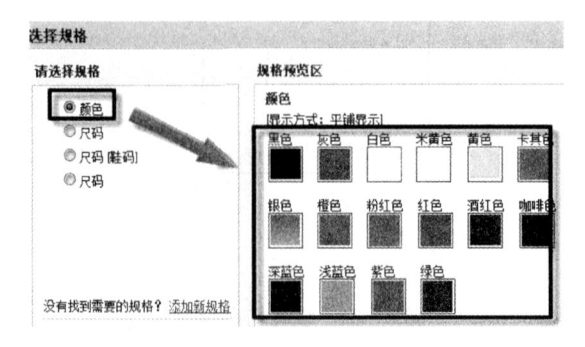

图3-87　选择颜色

Step3：保存这次选择后，再次点击添加规格，选择尺码，如图 3-88 所示。

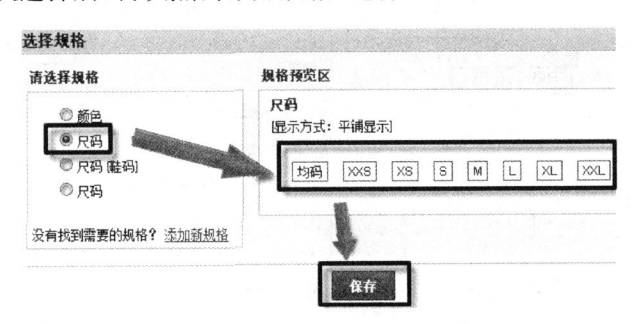

图 3-88　选择尺码

Step4：最终结果，如图 3-89 所示。

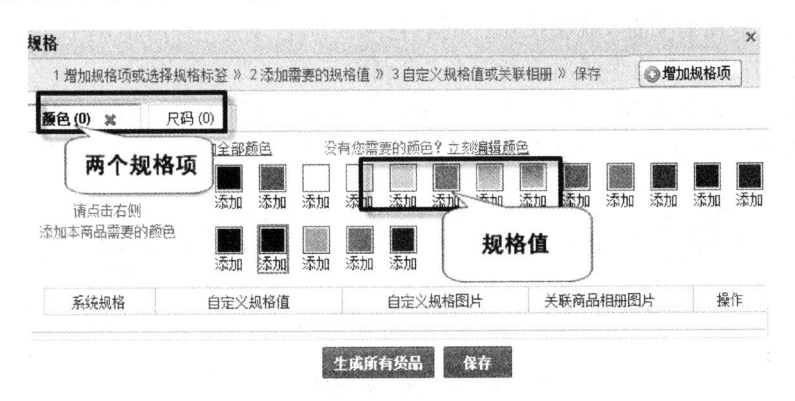

图 3-89　最终结果

(3) 添加需要的规格值

选择了颜色与尺码后，就可以根据需要来添加相应的规格值了。例如：有两种衣服，蓝色的 M 与蓝色的 L，选择颜色，如图 3-90 所示。

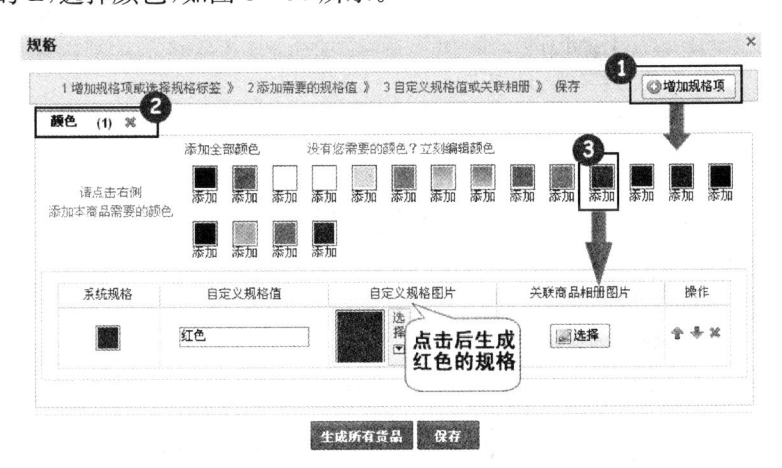

图 3-90　根据需要来添加相应的规格值

再选择尺码：需要 XL，如图 3-91 所示。

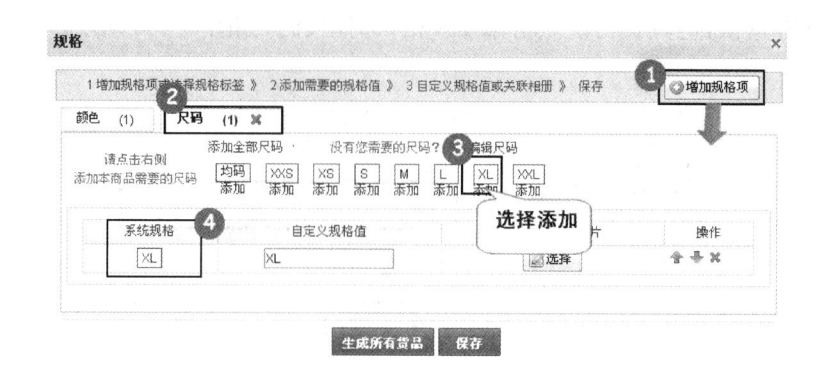

图 3-91 选择尺码

(4)生成货品

如果选择生成所有货品,就会按选择的颜色与尺码自动组合,但本例中只有 2 件衣服,故保存后单独添加;或者自动生成所有货品后,再删除不符合要求的货品。

Step1:保存上面的选择后,点击添加一个货品,此时会看到刚才输入的销售价、重量等内容自动复制到货品中,如图 3-92 所示。

图 3-92 统一调用的信息

Step2:分别选择颜色与尺寸,如图 3-93 所示。

图 3-93 分别选择颜色与尺寸

Step3:最终结果,如图 3-94 所示。

图 3-94 最终结果

小贴士

注意：
　　如果规格项有一个以上，则要全部选择添加。
　　本例中，有颜色与尺码两个规格值，则颜色与尺码要分别选择与添加。如果没有全添加，则会提示出错。

(5) 添加新规格值、自定义规格图片

如果现有的规格值中没有自己需要的规格值或规格值的图片符合自己的要求，则需要自己添加；比如现有的颜色中没有某种颜色，则在添加规格项中可以进行添加，如图 3—95 所示。

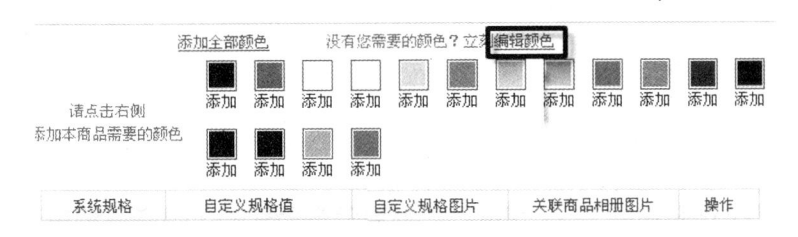

图 3—95　添加新规格值

Step1：选择编辑颜色，如图 3—96 所示。

图 3—96　编辑颜色

Step2：然后上传规格对应的图片，如图 3—97 所示。

图 3—97　上传规格对应的图片

Step3：保存后，即可以在颜色规格值里面看到黄色，如图 3—98 所示。

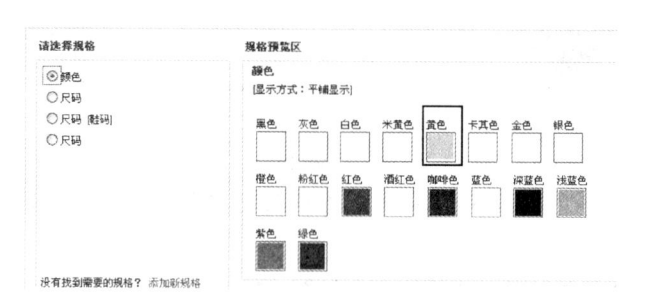

图 3-98　颜色规格值里面看到黄色

(6) 规格关联相册

如果商品的图片比较多,并且每一种规格均有相应的图片,则可以让规格与图片关联。关联后,在商品详细页点击某个规格时会显示对应的图片。

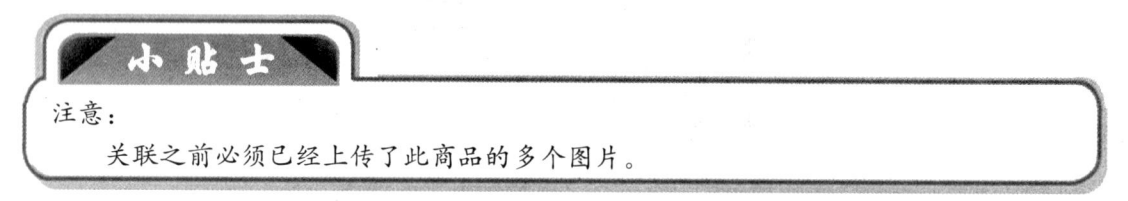

小贴士

注意:
　　关联之前必须已经上传了此商品的多个图片。

Step1:点击商品中规格右边的"选择规格项",如图 3-99 所示。

图 3-99　选择规格项

Step2:然后点击相关联图片的规格,如图 3-100 所示。

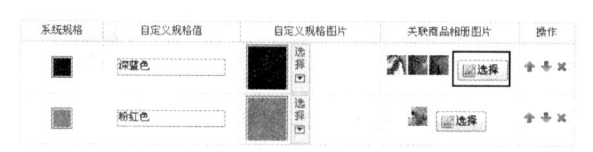

图 3-100　点击相关联图片的规格

Step3:点击选择后会弹出已经上传好的商品图片,对应选择即可,如图 3-101 所示。

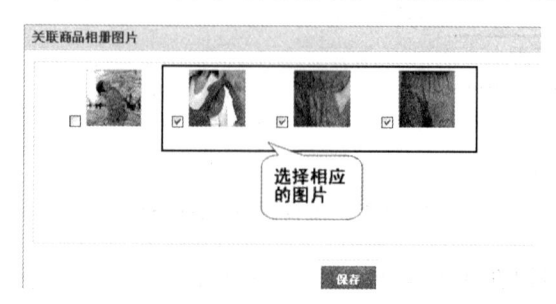

图 3-101　商品相册的图片

其他规格依次勾选商品图片即可。

任务八：添加商品虚拟分类

1. 前台虚拟分类

虚拟分类是指在原商品分类基础上，依据商品的品牌、属性、价格等条件筛选而形成的新分类方式，例如，200～300元的商品、女性滑盖手机等分类。

（1）虚拟分类的方法

①按适合人群类型分类。

②按价格区间分类。

③按商品折扣与价格专区分类。

（2）虚拟分类的作用

虚拟分类其实是把搜索结果当成分类名称的功能，虚拟分类是基于商品品牌、属性、分类、价格、关键词和标签等搜索出来的结果形成的分类，仅用于前台。

虚拟分类适用于手机商品有较多属性，顾客习惯用各种不同的检索方式去找商品的商家。

比如卖手机的商店，在原有商品分类基础上还想实现这样的分类：女士手机、男士手机、商务手机、1 000～1 999元手机、2 000～2 999元手机等，此时用虚拟分类就可以很方便的实现；再比如店主想建立"10元专区"栏目，把商店全部10元内的商品都放"10元专区"栏目，如何来操作呢？其实使用虚拟分类，就变的相当简单了：

先建一个虚拟分类名为"10元专区"，在栏目属性里设置价格区间为1～10元。那么这个虚拟分类就只显示10元以内的商品了，是不是很简单呢？

2. 使用虚拟分类实现"百元促销"专区

（1）使用"0至100元"专区栏目的作用

①可以精准在价格之间，更好地为不同层次的顾客设置价格区间导航。

②无需新建商品分类就能实现，同时也方便后续管理。

（2）在后台建立虚拟分类名称并设置过滤条件

Step1：依次点击"商品—添加虚拟分类"，如图3－102所示。

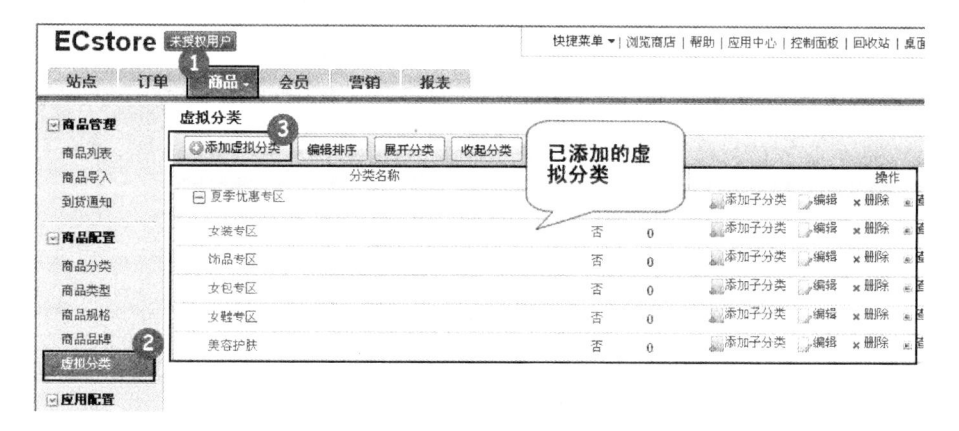

图3－102 添加虚拟分类

Step2：设置过滤条件，如图3－103所示。

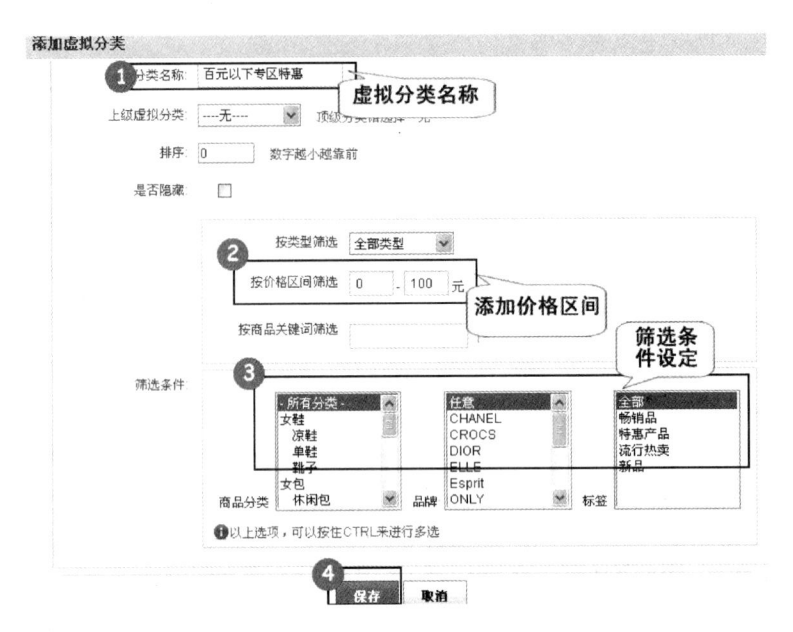

图 3—103　设置过滤条件

(3) 前台添加虚拟分类版块

Step1：依次点击"页面管理—模板列表—编辑模板—可视化编辑"页，如图 3—104 所示。

图 3—104　可视化编辑页

Step2：添加版块，如图 3—105 所示。

图 3—105　添加版块

项目三　商品的上架与管理　131

Step3：选择虚拟分类版块，如图3—106所示。

图3—106　选择商品虚拟分类

Step4：选择合适的区域，如图3—107所示。

图3—107　添加版块

Step5：设定虚拟分类的内容，如图3—108所示。

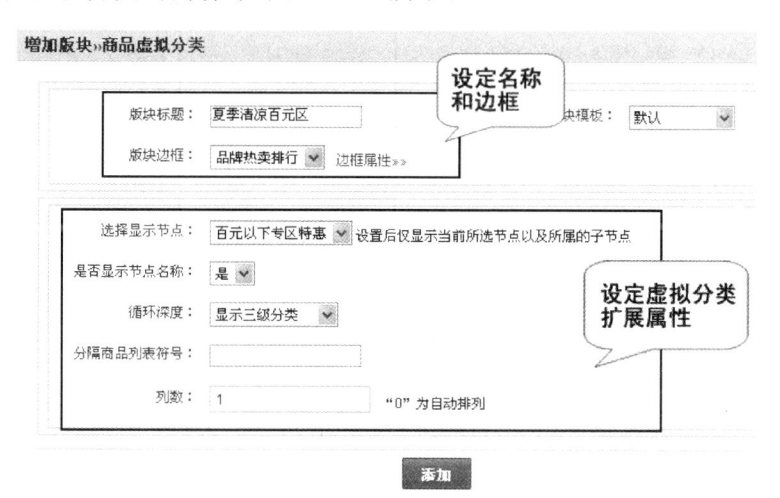

图3—108　设定虚拟分类的内容

Step6：添加完成，如图3—109所示。

图 3—109 添加完成

Step7：保存后浏览前台显示正常，并可浏览其中商品，如图 3—110 所示。

图 3—110 前台显示

项目四　商品促销

【场景介绍】

经过一段时间的运作,东东的店铺经营渐渐走上了正轨。东东每天都在关心着自己的宝贝店铺,可是生意却没有想象中那么好。他认真地总结了一下,发现每到冬春、春夏换季时,产品销量就大大减少。而周围顾客的生活习惯及自己产品的推销方式等则是造成生意下滑的主要因素。在困难面前,小王没有气馁。他请教了朋友李小刚,对店铺进行了一系列的调整……

【技能列表】

序　号	技　能	重要性
1	能够设置赠品和礼品	★★★★☆
2	能够组合捆绑销售的商品	★★★☆☆
3	能够设置限时优惠活动	★★★★★
4	能够发起团购优惠活动	★★★☆☆
5	能够配置积分规则	★★★☆☆

【知识准备】

网络营销(Cyber-Marketing)。"cyber"一词在字典中的解释为"控制复杂系统的科学",在实际应用中,其含义演化为电脑和通信实现交汇的无形"空间",主要指网络营销是在虚拟的计算机空间进行运作。还有 Internet Marketing 指在互联网上开展的营销活动;Network Marketing 指在网络上开展的营销活动,同时这里的网络不仅仅是互联网,还可以是其他一些类型的网络,如增值网络 VAN。目前,习惯上采用的翻译方法是 e-Marketing,e 表示电子化、信息化和网络化,既简单又直观明了,而且与电子商务(e-Business)、电子虚拟市场(e-Market)等对应。

● 在互联网 web1.0 时代,常用的网络营销有:搜索引擎营销、电子邮件营销、即时通讯营销、BBS 营销、病毒式营销等。

● web2.0 时代,网络应用服务不断增多,网络营销方式也越来越丰富,主要包括:博客营销、播客营销、RSS 营销、SN 营销、创意广告营销、口碑营销、体验营销、趣味营销、知识营销、整合营销、事件营销等。

1.网络品牌策略

(1)优化策略

中小企业可以选择比较有优势的地址建立自己的网站,建立后应有专人进行维护,并注意宣传,这一点上节省了原来传统市场营销的很多广告费用,而且搜索引擎的大量使用会增强搜索率,对于中小企业者来说有时比广告效果要好。

(2)产品 UI(User Interface)策略

在网络营销中,产品的整体概念可分为5个层次,相应地有不同的策略:

①核心利益或服务层次。企业在设计和开发产品核心利益时要从顾客的角度出发,要根据上次营销效果来制定本次产品设计开发。要注意的是网络营销的全球性,企业在提供核心利益和服务时要针对全球性市场提供,如医疗服务可以借助网络实现网络远程医疗。

②有形产品层次。对于物质产品来说,必须保障品质、注重产品的品牌、注意产品的包装。在式样和特征方面要根据不同地区的文化来进行针对性加工。

③期望产品层次。在网络营销中,顾客处主导地位,消费呈现出个性化的特征,不同的消费者可能对产品的要求不一样,因此,产品的设计和开发必须满足顾客这种个性化的消费需求。

④延伸产品层次。在网络营销中,对于物质产品来说,延伸产品层次要注意提供满意的售后服务、送货、质量保证等。

⑤潜在产品层次。在延伸产品层之外,由企业提供能满足顾客潜在需求的产品。

2. 网络营销的基本特点

网络营销作为一种全新的营销方式,与传统营销方式相比有明显的优势。由于互联网络技术发展的成熟以及联网成本的低廉,互联网络如同一种"万能胶",将企业、团体、组织以及个人跨时空联结在一起,使得相互之间信息的交换变得"唾手可得"。市场营销中最重要也最本质的是组织和个人之间进行信息传播和交换,如果没有信息交换,交易也就是无本之源。正因为如此,互联网络具有营销所要求的某些特性,使得网络营销呈现出以下特点:

(1)跨时空。营销的最终目的是占有市场份额,互联网络具有的跨越时间约束和空间限制进行信息交换的特点,使得脱离时空限制达成交易成为可能,企业能有更多的时间和更大的空间进行营销,可每周7天、每天24小时随时随地提供全球性营销服务。

(2)多媒体。互联网络被设计成可以传输多种媒体的信息,如文字、声音、图像等信息,使得为达成交易进行的信息交换可以多种形式进行,可以充分发挥营销人员的创造性和能动性。

(3)交互式。互联网络可以展示商品目录,联结资料库,提供有关商品信息的查询,可以和顾客做互动双向沟通,可以收集市场情报,可以进行产品测试与消费者满意调查等,是产品设计、商品信息提供以及服务的最佳工具。

(4)拟人化。互联网络上的促销是一对一的、理性的、消费者主导的、非强迫性的、循序渐进式的,而且是一种低成本与人性化的促销,避免推销员强势推销的干扰,并通过信息提供与交互式交谈,与消费者建立良好的关系。

(5)成长性。互联网络使用者数量快速成长并遍及全球,使用者大多属于中产阶级,具有高教育水准,由于这部分群体购买力强而且具有很强的市场影响力,因此是一个极具开发潜力的市场。

(6)整合性。互联网上的营销是一种全程的营销渠道。企业可以借助互联网络将不同的营销活动进行统一规划和协调实施,以统一的传播资讯向消费者传达信息,避免不同传播渠道中的不一致性产生的消极影响。

(7)超前性。互联网是一种功能最强大的营销工具,它同时兼具渠道、促销、电子交易、互动顾客服务以及市场信息分析与提供等多种功能。它所具备的一对一营销能力,恰好符合定制营销与直复营销的未来趋势。

(8)高效性。电脑可储存大量的信息供消费者查询,可传递的信息数量与精确度远远超过其他媒体,并能顺应市场需求,及时更新产品或调整价格,因此能及时有效了解并满足顾客的需求。

(9)经济性。通过互联网进行信息交换,代替以前的实物交换,一方面可以减少印刷与邮递成本,可以无店面销售,免交租金,节约水电与人工成本;另一方面可以减少由于迂回多次交换带来的损耗。

(10)技术性。网络营销是建立在高技术作为支撑的互联网络基础上的,企业实施网络营销必须有一定的技术投入和技术支持,改变传统的组织形态,提升信息管理部门的功能,引进懂营销与电脑技术的复合型人才,在未来才能具备市场优势。

3.竞争原则分析

在网络营销中,企业必须顺应环境的变化,采用新的竞争原则,才能在激烈的竞争中取胜。

(1)个人市场原则:在网络营销中,可以借助于计算机和网络,适应个人的需要,有针对性地提供低成本、高质量的产品或服务。

(2)适应性原则:由于互联性的存在,市场竞争在全球范围内进行,市场瞬息万变。公司产品能适应消费者不断变化的个人需要,公司行为要适应市场的急剧变化,企业组织要富于弹性,能适应市场的变化而伸缩自如。

(3)价值链原则:一种产品的生产经营会有多个环节,每个环节都有可能增值。我们将其整体称作价值链。公司不应只着眼于价值链某个分支的增值,而应着眼于价值链的整合,着眼于整个价值链增值。

(4)特定化原则:首先找出具有代表性的个人习惯、偏好和品位,据此生产出符合个人需要的产品。然后,公司找出同类型的大量潜在客户,把他们视作一个独立的群体,向他们出售产品。

(5)主流化原则:为了赢得市场最大份额而赠送第一代产品的做法被称为主流化原则。尽管企业最初建立数字产品和基础设施的费用很大,但继续扩张的成本却很小,由此产生了新的规模经济。

4.网络营销策略

新型网络营销,促销策略有以下几种方式:

(1)网上折价促销

折价又称打折、折扣,是目前网上最常用的一种促销方式。因为目前网民在网上购物的热情远低于商场超市等传统购物场所,因此网上商品的价格一般都要比传统方式销售时要低,以吸引人们购买。由于网上销售商品不能给人全面、直观的印象以及不可试用、触摸等原因,再加上配送成本和付款方式的复杂性,造成网上购物和订货的积极性下降。而幅度比较大的折扣可以促使消费者进行网上购物的尝试并做出购买决定。目前大部分网上销售商品都有不同程度的价格折扣。

(2)网上赠品促销

赠品促销目前在网上的应用不算太多,一般情况下,在新产品推出试用、产品更新、对抗竞争品牌、开辟新市场情况下利用赠品促销可以达到比较好的促销效果。

赠品促销的优点:可以提升品牌和网站的知名度;鼓励人们经常访问网站以获得更多的优惠信息;能根据消费者索取赠品的热情程度分析营销效果。

(3)网上抽奖促销

抽奖促销是网上应用较广泛的促销形式之一,是大部分网站乐意采用的促销方式。抽奖促销是以一个人或数人获得超出参加活动成本的奖品为手段进行商品或服务的促销,网上抽奖活动主要附加于调查、产品销售、扩大用户群、庆典、推广某项活动等。消费者或访问者通过填写问卷、注册、购买产品或参加网上活动等方式获得抽奖机会。

(4)积分促销

积分促销在网络上的应用比起传统营销方式要简单和易操作。网上积分活动很容易通过编程和数据库等来实现,其结果可信度很高,操作较为简便。积分促销一般设置价值较高的奖品,消费者通过多次购买或多次参加某项活动来增加积分以获得奖品。积分促销可以增加上网者访问网站和参加某项活动的次数;可以增加上网者对网站的忠诚度;可以提高活动的知名度等。

(5)搜索引擎营销

中国互联网络信息中心(CNNIC)的《2011年中国搜索引擎市场研究报告》显示,截至2011年第三季度,搜索引擎用户规模达到3.96亿。

随着中国网民的日益成熟,网民在仍旧是综合搜索引擎用户的同时,更多细分化的需求开始通过垂直搜索引擎满足,2011年这一趋势更为明显。在争夺垂直产品搜索用户上,三股力量在角力:综合搜索引擎、垂直搜索引擎、提供产品服务的网站站内搜索。目前综合搜索引擎的用户量非常大,但另外垂直搜索引擎以及网络应用站内搜索用户量增长迅速。

从产品搜索看,各有15%左右的用户使用专业垂直搜索引擎和使用购物网站站内搜索;从视频搜索看,则是视频网站站内搜索较强,比例达到23.2%,使用专业垂直搜索引擎和视频网站站内搜索的比例分别为9.9%和23.2%;音乐搜索也是如此,在音乐网站站内搜索的比例达到28.3%,已超过通过综合搜索引擎提供的音乐搜索功能搜索的21.7%。

5.正确的营销思路

(1)促销的几大误区

①把促销做成常态。把促销做成常态是指店铺一年到头每天都在做促销,每天都在搞活动。为什么呢?因为店家认为,客流量就应该是促销时这样,不做促销的低客流量他接受不了。可是,促销不应该是每天都做的。如果促销成了常态,那就相当于没有促销。

②别人搞什么我搞什么。现在打开电子商务网站,大家会发现很有趣,所有的店都在做秒杀,所有的店都会说多少元包邮。

③除了打折还是打折。这个世界上不是只有打折一种促销方式,更不是不打折就活不下去。主要问题集中在以下几个方面:不知道凭什么做促销;不知道促销用什么方案;无法控制和引导促销带来的一切;碰到问题,没有处理方案;不知道怎么评估促销的效果。

(2)促销,找准时机

掌握正确的促销时机非常重要。如图4-1所示,一个销售、一个店铺、一个产品都有一个生命周期,它的自然生命线,随时间变化的是下面的粗线。我们希望变成上面细线的样子。所以,我们说促销的价值,是阴影部分;而且,在箭头所指的几个地方做促销,效果会更好。

上市阶段,我们需要通过一些手段提升销量,增加一些占有率。当我们发现产品销售出现"瓶颈"或者达到一个相对比较高且稳定的阶段时,就要马上介入新的促销,可能以增加客单价

做促销的时机

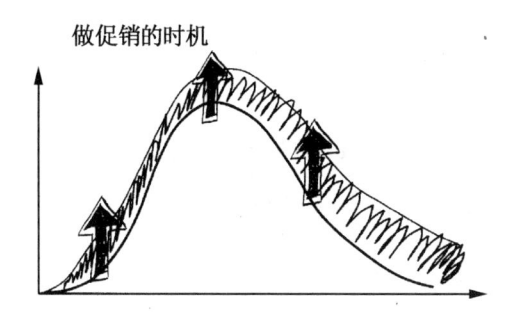

图4-1 促销的时机

为主要目标,把销售提到一个新的高度。最后,进入一个相对衰落的时期,我们要想办法延长和抬高生命曲线,所以可以做一些降价增加销量的方式,保持销售额的平缓下滑。

每个阶段带有不同的目标,所以采用的方式都会不同。

我们生活中的很多产品都符合这样的曲线,比如手机。一款新手机上市之前,厂商都会在媒体造势,引起关注,甚至和很多地方合作,增加曝光率,然后开卖时有媒体投放,这个时候会不会降价? 不会,但是会有一些小赠品之类的东西以促成购买。当手机已经很热销时,厂商经常会推出一些小改款,换个颜色、出个纪念版什么的,为的是不降价,增加销量和关注。当手机开始走下坡路时,往往是新款上市时,厂商开始降价促销,保持一定的销量。

(3) 促销,合理的借口

促销一定要有个借口,这就是"凭什么做促销"。随便找一个理由,再傻的促销也会变得名正言顺。而且,这种借口的强弱,会直接影响到消费者对你这次促销力度的强弱的判断。

可以找什么借口? 比如店庆、时令性的节日、情人节、圣诞节、感恩节、中秋节;比如某个大事件:拆迁、装修、清仓、新货上架……把自己想成消费者,任何一个他们能看得懂的借口都没问题。

找促销的借口还有一层意思,就是给消费者一个花钱的理由。没有任何借口时,消费者会跟自己说怎么又败家了;但是一旦有了借口,他们就会跟自己说"人家正好有活动"、"买给爸妈的"、"不买就亏了"、"我也该换身行头了"……要知道,挖掘出他们的这种潜力,想让他们不花钱都难了。

(4) 挑一个恰当的玩法,促销最简公式

想想我们能见到的促销方式:

满××送/减××　　　积分换购

满××返××　　　　发折扣券

团购　　　　　　　　抽奖

加××送××　　　　秒杀

全场××折　　　　　原价××现价××还送××

买××送××　　　　……

这也是消费者最熟悉的促销方式。有一个原则,就是千万不要使用线下渠道没有做过的促销策略,消费者会弄不懂。其实所有地方都一样,尝试新的促销方法,机会成本可能会很高。因为消费者更熟悉线下,碰到新事物总会拿更熟悉的去做类比,找不到可比的一般会选择不接受。

还有一个简单的公式,就是填空"只要_____,就能_____,还能_____"。这也是消费者最能理解的促销手段。比如"只要买满200元,就可以获得一部剃须刀,还能参加抽奖哦",如表4—1所示。

表4—1　　　　　　　　　　　　　　最直接的促销公式

最直接的促销公式	
只要	商家利益/条件
就能	消费者利益
（还能）	附加价值(可选)

比如我们前面提到的例子,都可以很简单地套用这个公式。只要买满99元,就能用2元钱换3双袜子;只要买2件,就是特价……

我们还会发现,"只要"、"就能"和"还能"之间,侧重点有很大不同。

"只要……",说的是商家的利益,是我们想获得的东西,在消费者看来,这个是条件,也就是商家的促销目的,如果是增加客单价,那就是买满××,而且是最直接的和消费者相关的条件。这个条件,需要略高于消费者现在能达到的状态,不能太高。太高,消费者不会做多的努力,因为达不到,这个条件属于消费者"跳一跳能够着"的那种。比如商品单价是150元,如果满180元就能如何,消费者会觉得多花不了太多钱,也就会努力凑够30元;但是如果说满500元就如何,消费者就会离开。

"就能……",这是消费者的利益,是商家需要付出的条件。但是,消费者一般会先看到这个,消费者的阅读顺序是"就能"—"只要"。这个利益很重要,决定了消费者会不会为之努力。下面每一种促销方式我们都会用这个格式来讲。

"还能……",是一个附加条件,可以没有。通常在"就能……"部分不够强大时可以用到,可以理解成对促销的促销。简单的促销大都没有这么复杂。通常,"还能……"部分也有相应的条件,用于区分一些客户。比如"只要买满100元就能返回20元,如果是金卡会员,还能再返10元。"

说到这里,有没有发现,对消费者的"促销",其实就可以理解成"用某种条件,要求消费者做更多事,最终达到促进销售的结果的过程。"

而这里说的"只要"、"就能"、"还能",就是我们的促销策略。

在选择主要的策略之前,先确定一下要将东西卖给谁。举个例子,卖药的就不能实行买一赠一吧,卖给小孩的东西,赠品可以是小孩用的,也可以是大人用的,而且后者效果会好,因为是大人买东西。一个卖家卖牛肉干,拿到了品牌工厂的赠品,500个很漂亮的杯子,打出促销"买牛肉干满30元送杯子",看上去不错吧？结果一个月下来,杯子基本没送掉,因为经常出现加了杯子、包裹就超重,买家往往就说不要赠品了,或者买家提出来,拿赠品换牛肉干。这就是买家对你的促销不敏感。

因此,了解每种促销方式的特点和精要很重要。

(5) 几种常用的促销方式

①满就送/满就减/满就返

曾有一个卖家做了一个促销活动。说快到年底冬装旺季了,店铺做了一个满就送的活动,挺不错。满148元就能送一副保暖手套,销量增长涨了40%左右。原来这个卖家在10～11

月的平均客单价是156元,然后这两个月店铺商品的平均单价是147元,更有趣的是,11月下卖家上的冬季款,平均价格已经升到了190元以上。

其实这次促销从销售角度讲是失败的。虽然销量增长了很多。可是满148元就送,本来就要花那么多钱,现在还白送一副手套,人家当然会买。这就是"来就送"或者叫"白送",不是"满就送"。

这其实就是"满就送"这类促销的本质。

▷ 只要:买满了××元

满××元是经过精确计算的数字,是整个促销的精髓。买满的条件,不是顾客随便可以达到的,而是需要顾客为之做一点努力才能达到的,也就是"跳一跳就可以够得到"的类型。关于这个××元的算法,很有讲究。

▷ 就能:送、减、返的是顾客的利益

换句话说,这就是"诱之以利"的"诱饵"。这必定是一个顾客知道和喜欢的东西,顾客愿意得到的东西,他才会为之做出更多努力。也就是说,顾客会因为这个东西,而去做"满××元"的努力。

▷ 满××元的差值,是促销的收益

如果原先的单价是 y 元,那(××-y)的差值,才是促销的收益部分。

满就送、满就减、满就返是提高客单价的促销。

我们看到,顾客为了诱饵,而做了"满××元"的事情,客单价因此上升。所以这是提升客单价的促销方式。

当然,会有因为促销而增加销售量的效果,但从本质上说,如果主要效果是增加销量,那就是促销方法用错了。

②抽奖

抽奖,实际售卖的是一个机会,一个获得某个高价值东西的机会,往往怀有侥幸心理的顾客更加容易参与。从形式上说,抽奖有两种形式:

▷ 别人抽奖。顾客留下某种信息,或者主办方获得一个可以抽奖的名单,然后从中通过一些程序实现抽取,再通过一些形式通知中奖顾客。

▷ 自己抽奖。顾客自己全程参与其中,往往有一个抽奖的程序、转盘之类的,然后用户自己触发抽奖动作,用户和主办方同时得到结果。

这两种方式都很常见,各有利弊。第一种方式顾客参与感不强,对销售的拉动作用效果往往一般,被认为猫腻很多;第二种方式虽然不能解决猫腻问题,但一般认为更真实一些,客户也更容易做更多事,但实现成本较高,投诉风险也会大。

奖品选择的几个原则:

奖品要有一个大的。那个大的就是拿出去说事儿的,而且大家的传播价值一定更高,是我们拿在手里招揽客人的东西。大奖选择时,"高端品牌低端货"比较好用。"高端品牌",要选"大众都熟知且认为还不错的品牌"。

中奖面要广。话说回来,谁都知道自己没那么好运气拿大奖,拿个小奖也不错,所以小奖真的是随便,安慰就行。

尽量避免尺码、性别、禁忌、偏好的问题。

③积分换购

每年年底时,我们都会看到别人换了什么东西,然后问是从哪里换的,都说是什么移动积分信用卡积分换的。于是我们也都会兴冲冲地上人家的网站,看看自己有多少积分,看看能换些啥。

这是移动、银行这样的单位屡试不爽的促销手段。现在很多卖家也在用,有用得效果好的,也有用得效果不好的。

积分换购,首先是针对"老用户"玩的。其次,积分是要"存"的,一次就够了的,那不叫积分,叫满就送。所以积分的根本目的是,用"积分能换东西"或者"积分有价值"这件事来"套住"用户。

积分换购,本身是一种促销手段。但同时,有效的积分换购,是在积分换购的规则上做文章和做促销时才发挥作用的。

比如,一段时间"双倍积分",就会对那些知道并认可积分价值的人产生推动作用,相当于"买就送"。再比如,某一段时间积分可以换购比平常价值高很多的东西,平常需要1 000个积分换的电熨斗,现在限时300个积分就可以换了。这就会提升和强调积分的价值,同时对购买有间接性的刺激。

需要说明的是,利用积分做促销工具的基础是,解释清楚"积分能干啥"。客户最想知道的等式是:100个积分=×元。但这个一般给不了,那就要有一个大致的标准,要很好理解,简单的做法就是,积分换购时,给一个大众都熟知的东西,然后有一个固定的积分数量,这样客户就有一个汇率的概念了。其他的东西可以浮动汇率。积分这东西,不怕兑换汇率低,就怕没标准。

④折扣券/储值卡/代金券

各种卡券是一个很有用的促销工具。

一般而言,需要重复消费的店铺可以考虑使用这种形式。一方面可以先把钱收上来,另一方面可以获得稳定的顾客访问,包括稳定的数量和稳定的频度。当然,也不是说一锤子买卖的店铺就不能用这种形式,有些店铺完全可以通过这种形式做预售,先买多少钱的东西,等到上市时,可以相当于多少钱或者省下多少钱,完全可以帮助做一些市场的预判。

淡季是发行卡券首选的好时机。这时候用一些低折扣的卡券,售卖给老客户,作为对他们的回馈,鼓励他们在淡季产生消费。旺季可以做吗?可以,不过这时候低折扣的卡券在消费,对本来要购买的客户会有比较明显的负面影响。比如我本来要买一双鞋,100元,我正好打算买了,看到有人用了店铺发行的优惠卡,70元就买走了,这时候我会很想也有一张卡,或者开始跟店家讲价。这样原本可以到手的单子可能就被耽搁了。换言之,卡和券这类东西,发的时候希望知道的人越多越好;用的时候,则是知道的人越少越好。

卡券大致有三种形式。

▷ 钱=物

就是用多少钱,可以换到一个具体的东西。可以理解成一种预售的概念,有一些网店已经开始玩这种形式了。客户先花多少钱,或者买别的东西加多少钱,就可以过几天换一个什么东西。更多的使用还是在线下,现在的美食团购,就是"钱=一个套餐"。

好处是,"物"标记的价值,往往可以高一些。

这种形式的成功关键,是对"物"的包装,以及物"看上去的价值"和钱之间的差距。差距越大,越容易吸引人;当然,差距太大,真实感没有了,就会适得其反。

▷ 钱=钱

这其实是应该很被推荐的形式。比如在店铺花60元,就可以当成100元花。客户也会很喜欢这种形式,只要让他认为"反正我要花的",就很容易让他购买这样的所谓"现金券"。这样做可以让以后的交易额往前推,对淡季、旺季明显的行业会特别有用。

这种往往被叫做"现金券"或者"抵用券",对客户来说,只会记住××元=××元,而不大会注意具体的条款,而这些条款往往成为纠纷的主要来源。

缺点是这种现金券,如果过量发行,会极大降低本身产品和服务的价值,甚至养成客户无券不欢的"坏毛病"。

有一家卖办公用品和家居用品的店,冬天时就会卖一些现金券,每张卖5元,价值10元,每次最多用5张,很多人会买不少。等到开学或者春天时,这些人就会来用。店家在自己的客户系统里记录谁买了几张,用了几张,还会通过旺旺和短信通知客户上新货了,接着在店铺举办满68元包邮的活动,很多有券的客户,在用了券之后,为了凑包邮,多买了东西。算下来,商家还是赚了。

➤ 钱=机会

简单地说,就是售卖自己家的特权机会,比如小也香水,本店铺的VIP会员身份,30元一份,一样卖掉数千份,对那些需要经常购买的客户来说,能有折扣真是太好了。更有趣的是,我们发现这群人会帮人代购,跟别人说"你们要买小也家的东西找我啊,我有卡",进一步提升了交易额。

不仅是这种机会可以卖,很多东西都可以玩,就看大家是否愿意对客户进行分门别类地营销,让个别客户有不一样的东西了。

⑤真正的团购

团购就是团体购物,指认识或不认识的消费者联合起来,加大与商家的谈判能力,以求得最优价格的一种购物方式。根据薄利多销的原理,商家可以给出低于零售价格的团购折扣和单独购买得不到的优质服务。团购作为一种新兴的电子商务模式,通过消费者自行组团、专业团购网站、商家组织团购等形式,提升用户与商家的议价能力,并极大程度地获得商品让利,引起消费者及业内厂商、甚至是资本市场关注。流量提升团购网站流量就是提升搜索引擎关键字权重。提升团购网站流量就是团购排名提升。

团购的关键点和价值:

团购是一种获得销售增量的促销手段。销售增量来自"拉人",让本来不想买的人购买,形成新的销售和新的客户;团购必须有成团人数。成团后可以获得相应优惠;"拉人来买"是消费者最有成就感的地方;有人与人关系存在时,成团会更加容易,也就是增量更容易达成。也就是说,弱关系网站做团购比较难;团购省下来的营销成本也是利润的增长点;团购价格应该有阶梯,阶梯能够增强团购乐趣,并在一定程度上帮助成团;团购不一定会获得更多利润。

什么东西适合做团购?

第一步,鉴别此商品是否适合团购。

经常看到某些团购号召乏人问津,某些很有价格优势的团购最终由于参加人数不足而导致流产,这往往是没有进行是否适合团购鉴别这一重要环节。我们可从以下几个标准来辨别是否适合进行团购。

➤ 是否此商品有大量的消费需求。
➤ 商品的品质、价格是否适合爱家论坛的网友群体。
➤ 参与团购花费的成本是否低于得到的优惠。

如果以上三点都回答是的话,就可以进行第二步行动了。

第二步,筛选和确定品牌,初步建立团购意向。

这个阶段往往需要组织者花费大量的时间和精力,对所需要的产品进行品牌筛选和价格认定,可以根据自己的购买需求,对某品牌进行较为详细的市场调研,在关注价格的同时,更要关注品质和口碑。操作时需要注意以下几点:

➢ 详细了解该品牌的产地、特点、性价比、服务内容等,尽量选择市场知名度高、品牌形象好的厂商,选择品牌的优先度应该为:市场占有率、服务口碑和性能价格比。

➢ 确定品牌后,可在互联网上寻找该品牌的厂家或者本地总代理机构,进行初步咨询并要求其进行经销商推荐。

➢ 在多方比较后,选定经销商电话或上门初步谈判,如其愿意进行团购,应将经销商要求的团购金额及提供的优惠折扣进行确定。

辛苦地谈判以后,就可以进行下一步工作。

第三步,上网发布团购意向。

➢ 可在团购网的论坛中发起团购征集。

➢ 团购征集贴应明示要团购品牌的团购折扣和团购流程。公开名称产地、看样地址、零售价格、参加办法、报名格式、日期地点等信息并亲自接受报名,提供力所能及的咨询。

第四步,交易。

这是组织者最有成就感的一刻。

➢ 将所有网友的订单搜集整理后,与经销商签订团购协议,如有可能,进一步再次砍价或要求更多服务。

➢ 约定确切时间,并通知网友前往交易。

➢ 督促经销商落实团购协议条款并做好售后工作。至此,一次成功的团购就初步完成了,在团购的过程中,网友们齐心协力为了共同的利益形成同盟,最终获取了比单个购买更有优势的价格和服务。

同时,由于消费观念类似,往往我们也能认识许多背景和爱好都接近的同龄人,从一起团购到长期交往,由一起参加团购到成为知心好友的例子很多。

第五步,维护和转接。

➢ 每次团购都会遭遇一些售后问题,由于组织者与经销商多次谈判,对于协调售后纠纷的能力较强,所以还应该帮助参加团购的网友进行售后协调,维护消费者权益。

➢ 一次成功的团购往往会吸引大量的网友继续跟进,我们也可进行第二次和第三次的团购组织,有了第一次的经验,后续组织会相对简单很多。

➢ 在组织团购三个月后,我们可以联系团购网,请专业的团购网站接收该项目继续为网友服务。当然,也可以在后续需要购买的网友中挑选有服务热情人士,将该品牌的团购渠道进行交接。

网络营销的方式及各自特点如表4-2所示。

表 4-2　　　　　　　　　　　　　网络营销的方式及特点

促销方式	消费者理解	主要作用	适用时机	适用范围	优缺点	注意点
满就送/满就减/满就返	只要满××额度,就能送/减/返。	增加客单价。	旺季	①已经有购买意向的客户为主;②客单数可以提升的店铺;③单件耐用商品不合适。	①好理解,即时效果好;②操作复杂,容易被认为是忽悠,礼品和折扣对效果影响明显。	①诱饵安排;②满的金额计算;③送、减、返的时机和算法。
抽奖	只要购买,就能参加抽奖,获得某个奖品。	增加购买人数。	旺季来临	①所有客户;②重复购买率高的店铺。	①好理解,拉人的效果明显;②使用泛滥导致效果打折。	①参与感;②奖池的设计。
秒杀	只要在××时间抢购,就可以得到特价的东西。	①增加人气;②运营好的话可以增加交易额。	①淡季②旺季	①需要短期聚集大量人气的店铺;②秒杀商品是店铺主营范围;③客单数可以提高的店铺。	①操作简单;②容易亏本,吃力不讨好;③泛滥。	①关联交易路径设定;②诱饵的选择和设计。
加价购	只要加很少的钱,就可以得到价值高的东西。	①增加客单价;②开拓新细分市场。	旺季	①新品上市;利润率降低;②避免价格战。	①可以找到新的细分市场,谋求高利润;②卖点不好找。	①找差异找卖点;②创造卖点。
积分换购	只要凑够积分,就可以换某些东西。	①增加客单价;②增加客户黏度。	常态	①重复购买率高的店铺;②希望建立客户管理系统的店铺。	①好理解,操作简单;②长期效果好;③见效慢,风险大。	①创造积分价值;②老客户关系维护。
折扣券/储值卡/代金券	只要先付××钱,就可以享受×××的待遇。	①促成提前消费;②增加客单价。	淡季	①重复购买率高的店铺;②短期内增加客单价和销售额;③做新品测试。	①好理解;②有助于维持客户关系;③周期长,有风险。	①卡券设计;②限制条件和规则设计。
团购	只要在某个时间等着,就可以跟别人一起买到特价的东西。	增加购买人数。	①淡季②旺季	①重复购买率高的店铺;②需要快速提高客户量的店铺。	①简单;②客户忠诚度不高。	①避免"一锤子买卖";②关联营销提高销售;③创造新玩法。

☆相关链接

网络营销与传统营销

网络营销区别于传统营销的根本原因是网络本身的特性和消费者需求的个性化。

- 传统营销的 4P's 组合理论

　　——Product、Price、Promotion、Place:产品、价格、促销、分销渠道

- 网络营销以顾客为中心的 4C's 组合理论

　　——Consumer、Cost、Convenience、Communication:顾客、成本、方便、沟通

4C整合营销

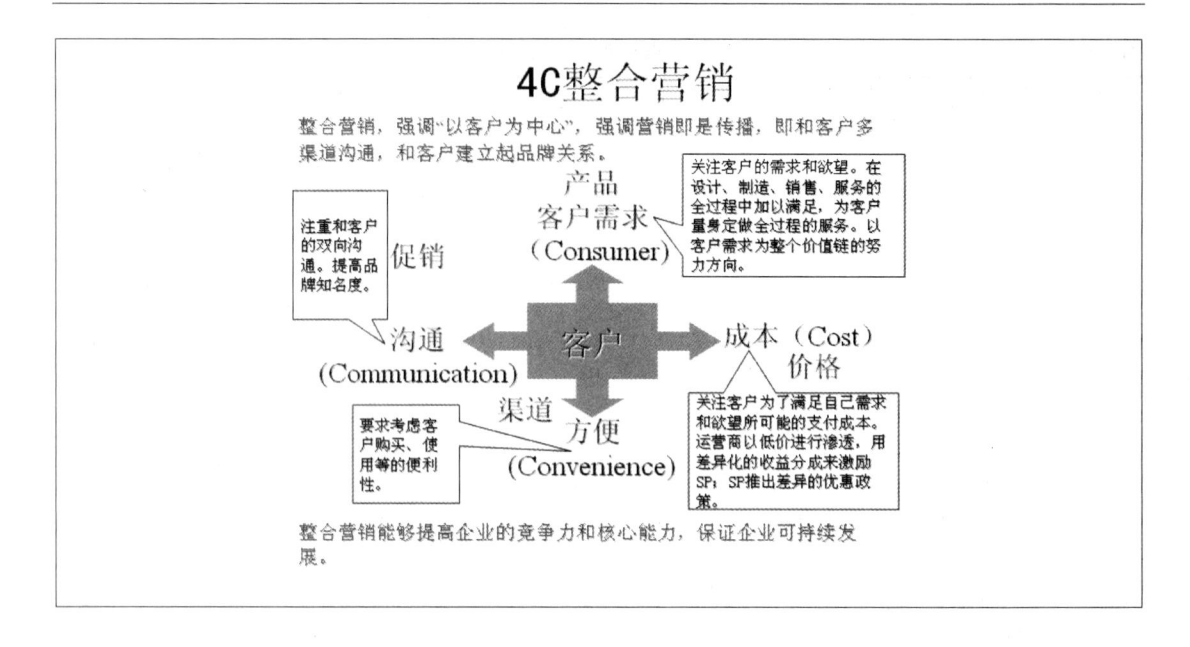

整合营销,强调"以客户为中心",强调营销即是传播,即和客户多渠道沟通,和客户建立起品牌关系。

- 产品 客户需求(Consumer):关注客户的需求和欲望。在设计、制造、销售、服务的全过程中加以满足,为客户量身定做全过程的服务。以客户需求为整个价值链的努力方向。
- 促销 沟通(Communication):注重和客户的双向沟通。提高品牌知名度。
- 成本(Cost)价格:关注客户为了满足自己需求和欲望所可能的支付成本。运营商以低价进行渗透,用差异化的收益分成来激励SP;SP推出差异的优惠政策。
- 渠道 方便(Convenience):要求考虑客户购买、使用等的便利性。

整合营销能够提高企业的竞争力和核心能力,保证企业可持续发展。

【项目规划】

经过系统的学习,王东东有了很大的提高。要想提高销售额就必须了解顾客的心理,针对不同的产品和季节做好价格调整。现在已到了春季,网店经营经历了寒冬一定会更加成熟。于是小王写了份计划书,准备对自己的商品价格做适当的调整……

任务计划书

➤ 任务一　促销
➤ 任务二　优惠券
➤ 任务三　赠品
➤ 任务四　推广链接

【项目执行】

任务一:促销

1. 优惠条件、优惠方案与促销规则

EcStore中促销分为订单促销和商品促销。订单促销为基于订单的促销方案,即对于某一笔订单生效的促销活动。商品促销是对于某一件商品所实施的促销方案,只对某一件商品或一部分商品生效。

(1)促销规则

促销规则一般是某些条件与动作的集合,当某个特定的条件激活时,就会有相应的运作产生。

EcStore中的规则有两种,分别是基于订单与商品。订单与商品的条件与运作各不相同。

①订单促销规则,如图4-2所示。
②商品促销规则,如图4-3所示。

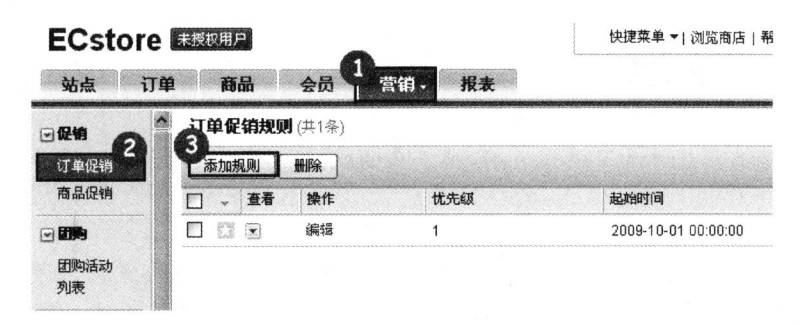

图 4—2　订单促销规则

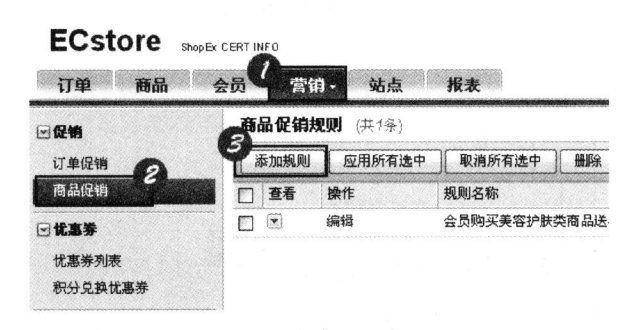

图 4—3　商品促销规则

订单促销规则与商品促销规则的前面部分是完成一样的,包括名称、状态栏、生效周期、适用会员等级(包括非会员),所不同的是激活的条件与相应的运作,如图 4-4 所示。

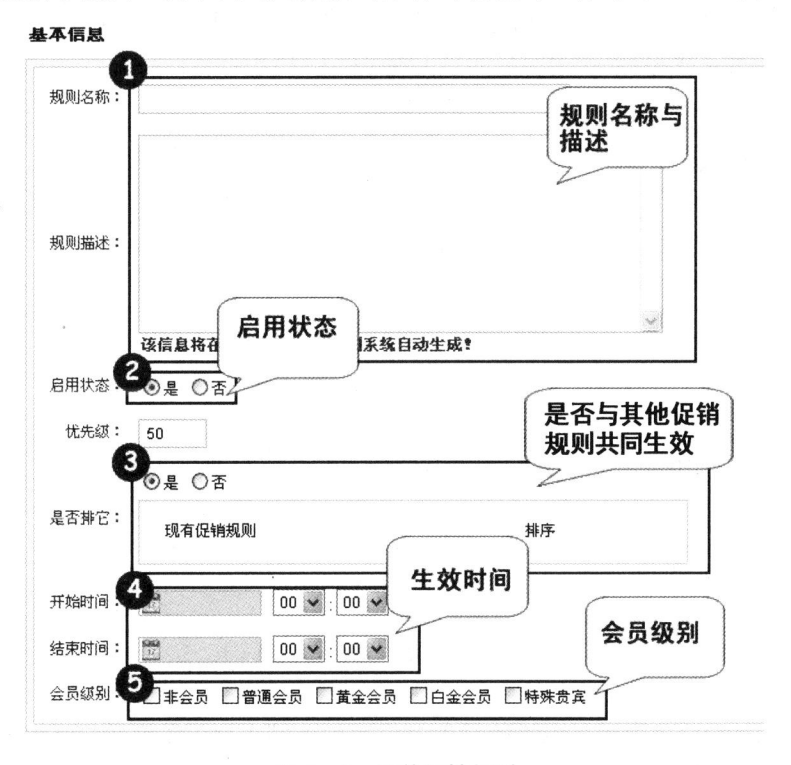

图 4—4　订单促销规则

> 注意：
> 　　以上只是为商店添加了促销规则，接下来的就是相应的激活条件与动作了。

(2) 优惠条件

促销规则设定完后就要对促销活动的条件进行设定，这里商品促销与订单促销有所不同。商品促销的条件要求针对一张订单而言，同理，商品促销的条件设置是针对一件或一部分商品。

订单促销的优惠条件，对于订单内的整体情况设定一些要求达到的条件，从而给予优惠方案。例如图 4－5 所示中选择为"当订单商品数量满×，给予优惠"。

图 4－5　优惠条件

不同的优惠条件都会对应不同的优惠方案，这里不一一说明，在后面的文章中将举例详细介绍。商品促销的优惠条件，主要是针对商品种类、品牌、类型所区分。如图 4－6 中选择为商品分类。

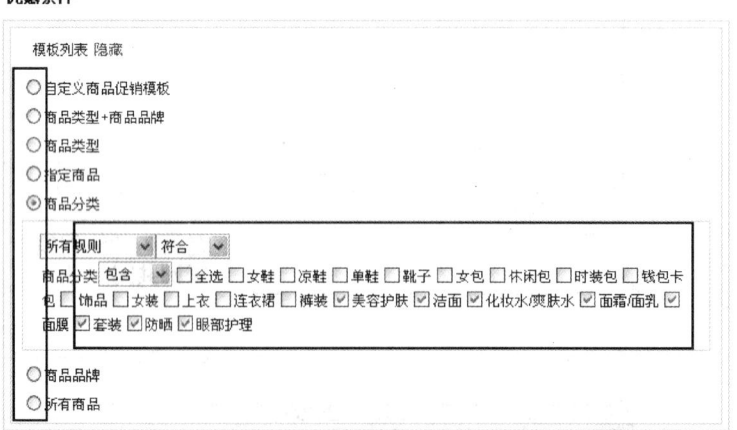

图 4－6　选择为商品分类

(3) 优惠方案

设定完优惠条件后，当顾客购买的订单或者商品达到了所设定的条件，则会出现一些预先设定好的优惠结果，这便是优惠方案。

在上例中的订单促销选择了"当商品数量满×,给予优惠",则出现以下方案,如图4-7所示。

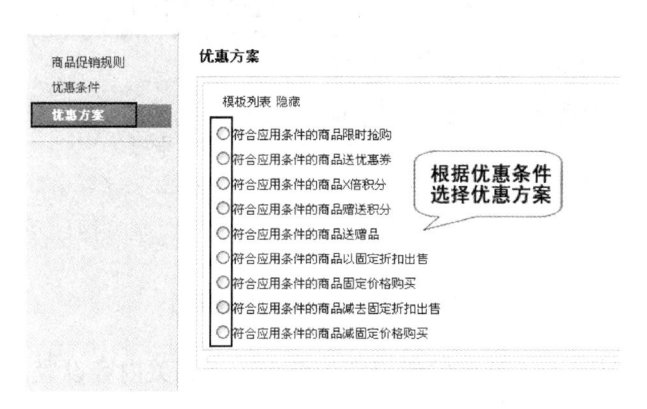

图4-7 根据优惠条件选择优惠方案

而在商品促销条件中设定后,出现的优惠方案如图4-8所示。

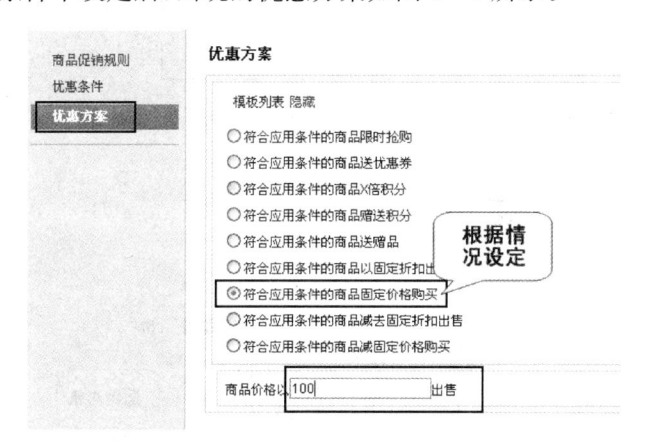

图4-8 设定商品价格优惠

以上为促销设定中的一些基本功能介绍,在实际运营中可根据促销需求,制定出灵活多变的促销方案。

2.订单促销

订单促销,是对达到预设条件的订单给予优惠方案的行为。在EcStore中,用户可以自定义去设置这些促销方案,用来提升店铺销售额。本节将叙述订单促销方案的相关设定流程,帮助用户更好地了解促销的方式。

[例] 对订单进行促销,要求单笔订单满200减50。

(1)设定具体的订单促销方案

Step1:营销—订单促销,可以看到店铺当前已设定过的促销规则。如若还未设定,则点击"添加规则",如图4-9所示。

148　电子商务管理

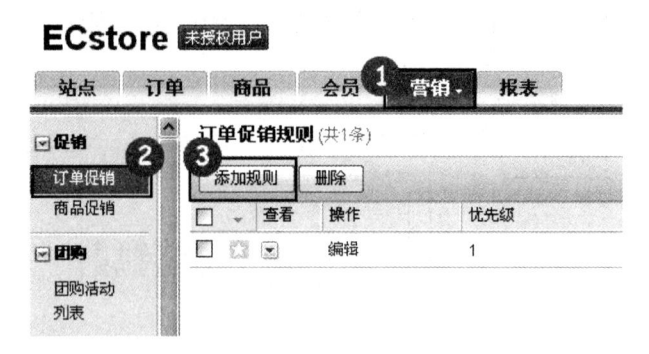

图4-9　添加订单促销规则

Step2：点击添加后，进入订单促销规则的编辑。把相关内容设置为活动需要的要求，包括生效时间，以及会员等级要求，如图4-10所示。

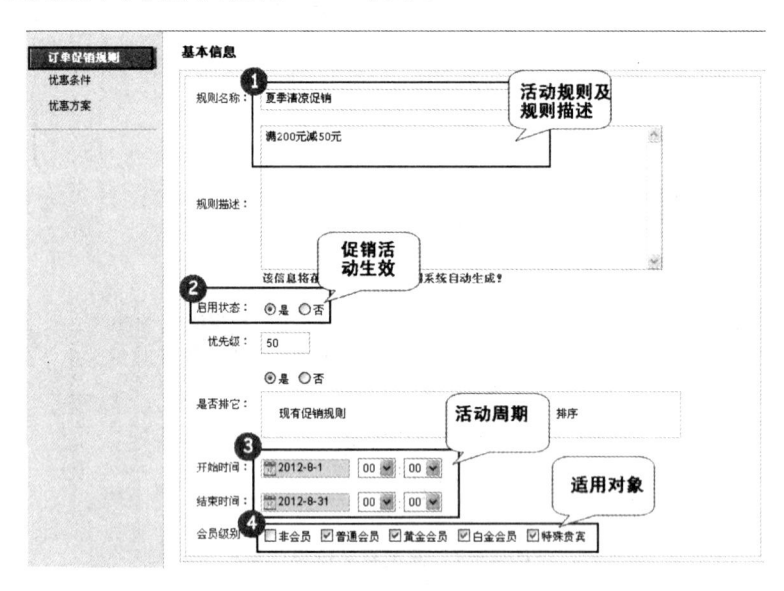

图4-10　订单促销规则的编辑

Step3：设定活动的优惠条件，活动是满200减50。选择与活动要适应的优惠条件，如图4-11所示。

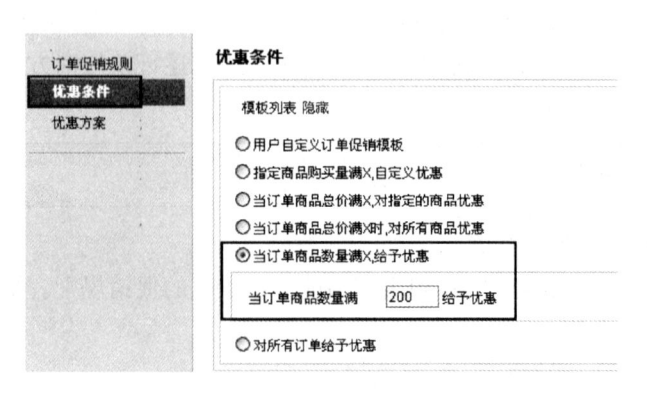

图4-11　选择与活动要适应的优惠条件

Step4：根据已设定好的优惠条件选择相对应的优惠方案，如图 4－12 所示。

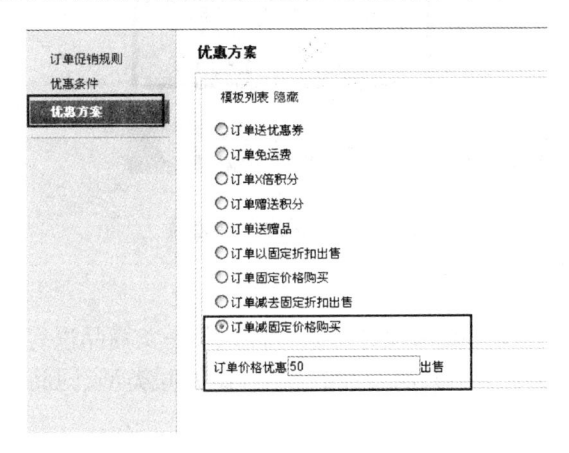

图 4－12　选择相对应的优惠方案

Step5：设定完成后点击保存，便可在后台的订单促销规则中看到刚才添加的促销活动了，如图 4－13 所示。

图 4－13　后台的订单促销规则中看到的促销活动

（2）在购物中满足条件，得到促销中的优惠

设定好了促销活动规则后，我们在前台购买时当订单价格高于 500 元后，促销规则就会自动生效，使订单总价格优惠 150 元，在购物车中便会显示出来，如图 4－14 所示。

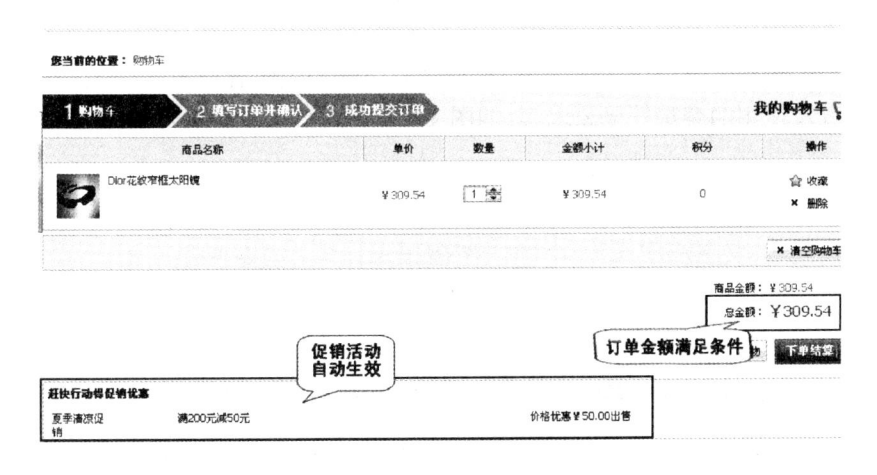

图 4－14　在购物车中显示的促销优惠

此时订单的需支付的金额将会是优惠后的金额，如图 4－15 所示。

如此，订单促销规则便设定成功了。

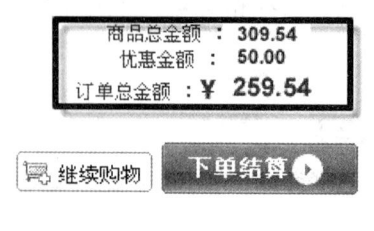

图 4-15　优惠后的金额

3. 商品促销

商品促销模块在 EcStore 中是可以针对某一件或某一类商品进行优惠的促销规则。当顾客购买某一件商品时,或是某一类共同特性的商品,比如同类型、同品牌、同分类下的商品,系统将给予顾客优惠。

[例]　店铺进行购买任意护肤产品赠送小礼品的活动。

(1)设定具体的商品促销方案

Step1:点击"营销—商品促销",可以看到店铺当前已设定过的商品促销规则。如若还未设定,则点击"添加规则",如图 4-16 所示。

图 4-16　添加商品促销规则

Step2:点击添加后,进入商品促销规则的编辑。把相关内容设置为活动需要的要求,包括生效时间,以及适用的会员等级要求等,如图 4-17 所示。

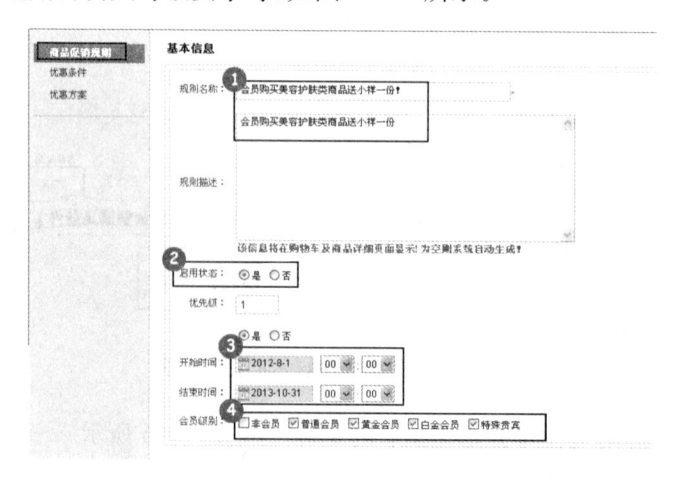

图 4-17　编辑商品促销规则

Step3：接着设定活动的优惠条件，活动要求是购买任意护肤产品。选择与活动要适应的优惠条件，在商品分类中选择所有与护肤相关的分类，如图 4-18 所示。

图 4-18　在商品分类中选择所有与护肤相关的分类

也可以通过品牌、类型等，或指定某一个商品规定优惠条件，流程基本一致，这里不再一一详述。

设定优惠条件后，接着选择相应的优惠方案，本例中为购买护肤产品赠送小礼品。此时礼品可以在已添加过的赠品中选择，若没有赠品，可以去赠品管理中添加赠品。步骤详见赠品管理模块，如图 4-19 所示。

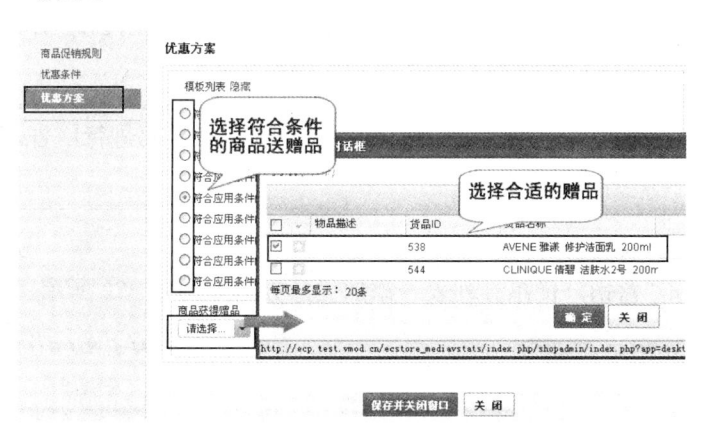

图 4-19　根据促销活动自行选择

设定完成后点击保存，便可在后台的商品促销规则中看到刚才添加的促销活动了。点击"应用"，则促销活动应用到相应的商品中，如图 4-20 所示。

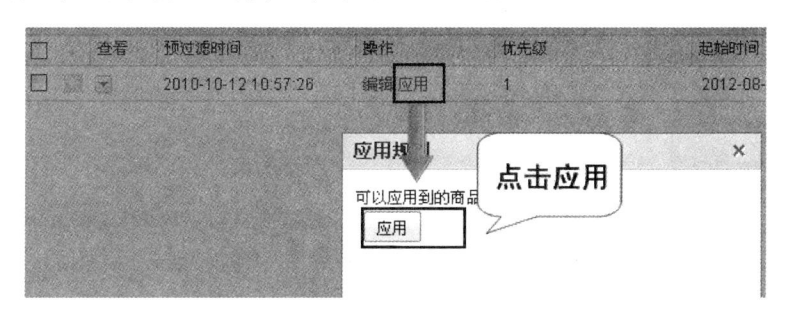

图 4-20　点击"应用"按钮

(2)在购物中满足条件,得到促销中的优惠

设定好了促销活动规则后,我们在前台购买时选择了护肤产品,商品促销规则就会自动生效,就会赠送已设定好的赠品,在购物车中便会显示出来,如图4-21所示。

图4-21 促销中的优惠

任务二:优惠券

1. 添加 A 类优惠券

优惠券就是在用户进行消费时可以用来代替部分现金的一种货币表现形式,也叫代金券。通过使用优惠券,可以让用户消费时少支付一定数额的款项,从而刺激用户进行消费。对用户来说,优惠券表现的形式一般是"一串字母+数字"的组合。

一般情况下,此类优惠券成本比较少,可以吸引顾客第一次购物时就可以立即使用。下面,会根据一个实例来带领大家完整的添加一个此类型优惠券。

[例] 夏季促销,为吸引用户来消费,提供一个优惠券号码进行广告,在一定期限内,任何注册会员均可使用此优惠券,购物满100元立减10元。

(1)确定优惠券要求,选择类型

Step1:依次点击"营销—优惠券列表—添加优惠券",如图4-22所示。

图4-22 添加优惠券

Step2:点击添加后出现新的窗口,如图4-23所示。

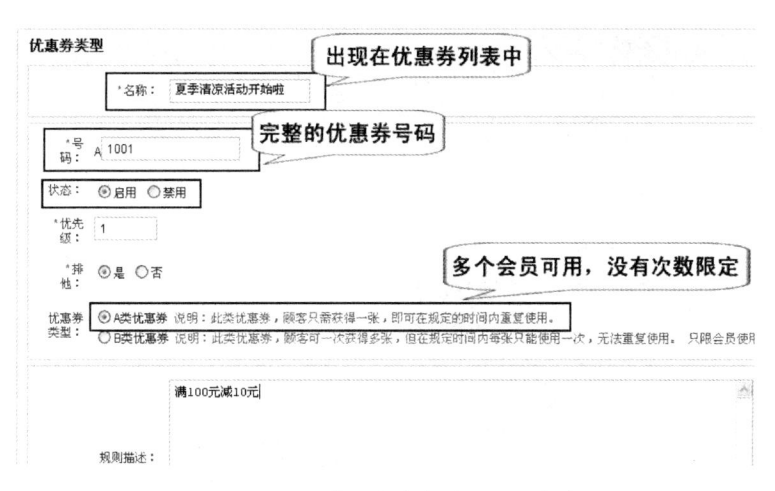

图 4-23　输入优惠券的相关信息

(2) 设置优惠券的产生条件、会员级别、有效日期、优惠内容、商品范围

① 设置生效周期与适用的会员等级（非会员也可以使用），如图 4-24 所示。

图 4-24　设置生效周期与适用的会员等级

② 设置优惠券的条件，如图 4-25 所示。

图 4-25　设置优惠券的条件

③ 设定优惠券的优惠方案，如图 4-26 所示。

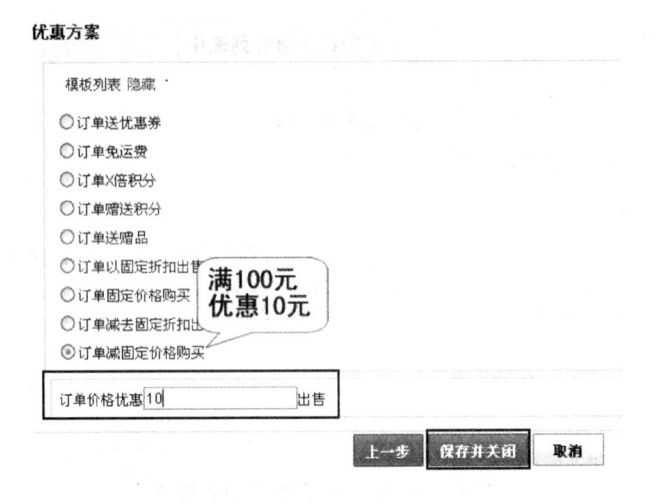

图 4—26　设定优惠券的优惠方案

保存后出现在优惠券列表中,如图 4—27 所示。

图 4—27　保存后出现在优惠券列表中

至此,优惠券添加完成。列表中的优惠券,可以编辑,可以删除,可以搜索。

(3)优惠券的使用

复制产生的这唯一号码,发给会员,或放在网站明显位置,或进行其他宣传,任何看到的会员或非会员(以设置的会员级别为准)都可以使用。

在前台会员购物,当商品总金额符合条件时,就可以输入优惠券号码,如图 4—28 所示。

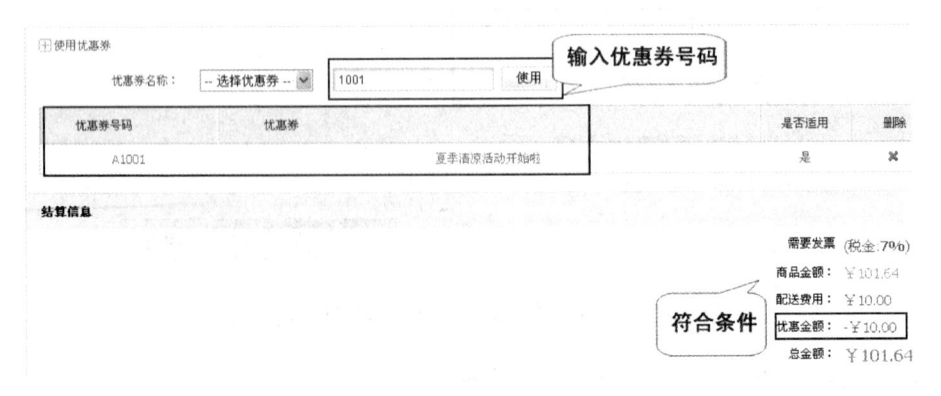

图 4—28　输入优惠券号码

点击"确定",可以看到有效状态,如图4—form所示。

图4—29　点击"确定",可以看到有效状态

如果当前环境不符合优惠券要求,则输入号码后会报错,如图4—30所示。

图4—30　输入号码后报错

2. 添加B类优惠券

一般而言,B类优惠券是有一定成本的,因此必须是顾客购物达到某个条件后,才会得到,并在下次购物时享受优惠。

> ［例］　情人节期间商品大促销,所有用户购物满1 000元,可得一张8折优惠券,再次购物时凭此券可享受8折优惠。

(1)确定优惠券要求,选择类型

Step1:依次点击"营销—优惠券列表—添加优惠券",如图4—31所示。

图4—31　添加优惠券

Step2:点击添加,如图4—32所示。

156　电子商务管理

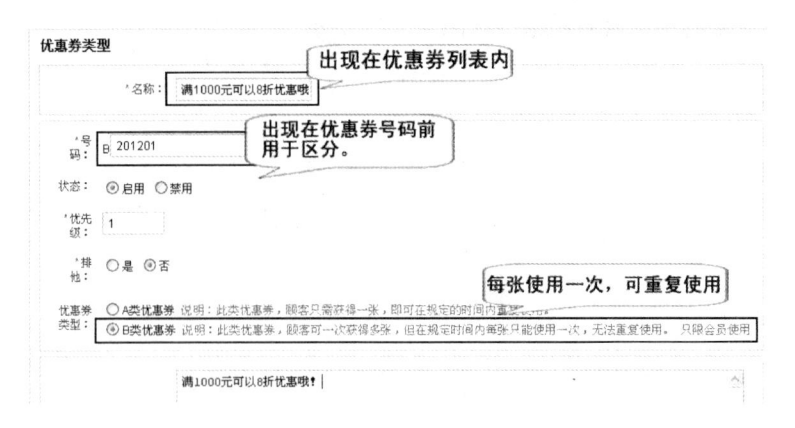

图 4—32　设定优惠券信息

(2)设置优惠券的产生条件、会员级别、有效日期、优惠内容、商品范围

①设置生效周期与适用的会员等级(非会员也可以使用),如图 4—33 所示。

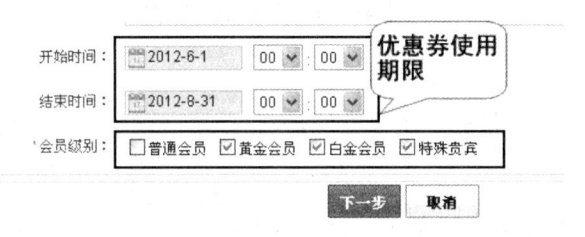

图 4—33　设置生效周期与适用的会员等级

②设置优惠券的条件,如图 4—34 所示。

图 4—34　选择符合要求的规则

③设定优惠券的优惠方案,如图 4—35 所示。

图 4-35 设定优惠券的优惠方案

保存后出现在优惠券列表中,如图 4-36 所示。

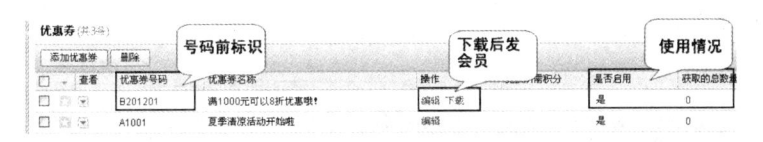

图 4-36 保存后出现在优惠券列表中

至此,优惠券添加完成。列表中的优惠券,可以编辑,可以删除,可以搜索。

(3)优惠券的使用

下载使用:要印刷为卡发给会员时,可下载得到具体卡号;或有特殊需要时手动发给指定会员。在优惠券列表点击"下载",如图 4-37 所示。

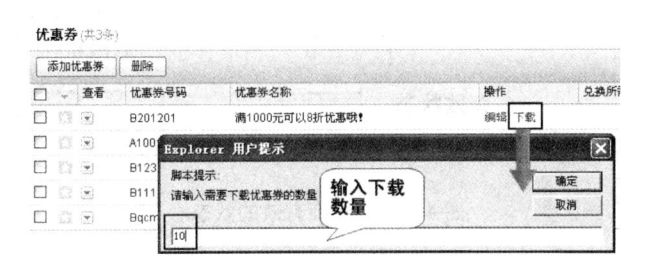

图 4-37 在优惠券列表点击"下载"

下载后,可用 EXCEL 打开,查看详细信息,如图 4-38 所示。

图 4-38 查看详细信息

顾客得到优惠券后再次在前台购物时,当商品总金额符合条件时(本例中是大于1 000元),就可以输入优惠券号码,如图4—39所示。

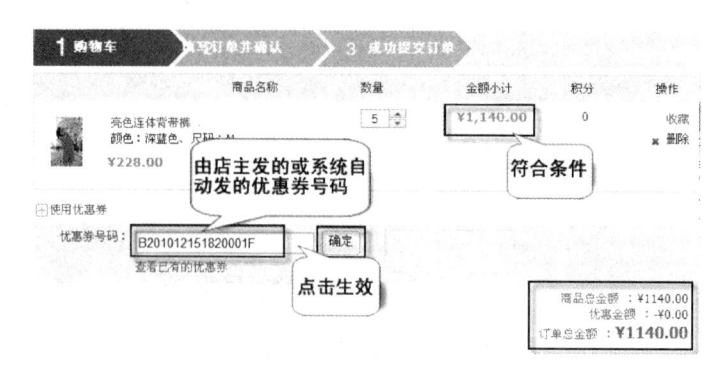

图4—39　输入优惠券号码

然后可以看到有效的状态,如图4—40所示。

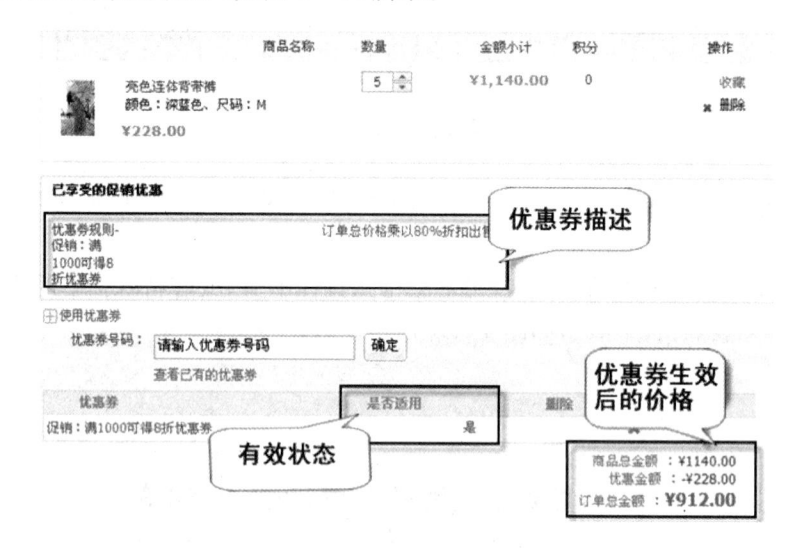

图4—40　看到有效的状态

如果当前环境不符合优惠券要求,则会显示优惠券不适用,如图4—41所示。

图4—41　显示优惠券不适用

3.用户获得优惠券的方式

在优惠券已经设置了的前提下,优惠券一般通过两种方式可以得到:

(1)店主下载CSV文件或复制优惠券号码,通过其邮件或即时通信工具等方式直接发给会员,或直接放在商店前台,让浏览者直接得到,然后使用。具体设置方式不再说明。

(2)用购物获得的积分兑换优惠券,顾客通过购买商品或店主直接给会员增加积分,会员有一定积分后,可用来兑换优惠券。

积分兑换优惠券:

①设置积分兑换规则。
②设置优惠券的产生条件、会员级别、有效日期、优惠内容、商品范围。
Step1:后台依次点击"营销—积分兑换优惠券—添加兑换规则",如图4-42所示。

图 4-42　添加兑换规则

Step2:如果有多种B类优惠券,则可在"优惠券名称"处选择,如图4-43所示。

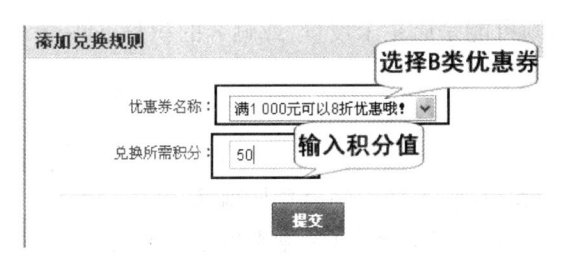

图 4-43　设定兑换规则

Step3:设置允许积分值后,提交后即可。
③会员兑换与操作。
查看自己的积分
Step1:前台会员登录会员中心,可以看到自己的积分,如图4-44所示。

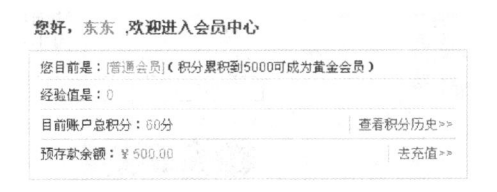

图 4-44　会员看到自己的积分

▶ 进行兑换
Step1:点击"积分兑换优惠券",如果有适合自己的,兑换即可,如图4-45所示。

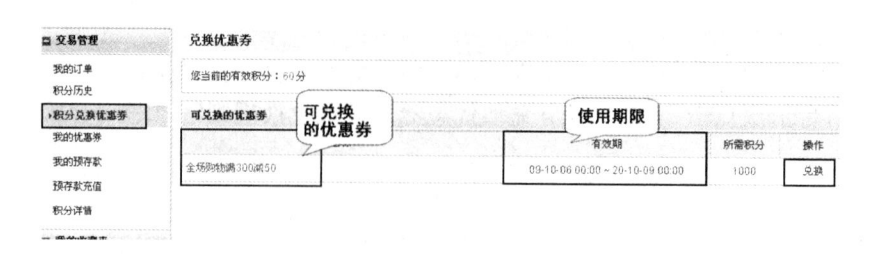

图 4—45　积分兑换优惠券

Step2：兑换后再点击"我的优惠券"，就可以看到已经兑换好的优惠券，再购物时就可以使用了，如图 4—46 所示。

图 4—46　再购物时就可以使用

如果看不到优惠券，则可能是店主未设置，或顾客的积分不够。

任务三：赠品

（1）赠品的作用
①当会员累积到一定积分时，可使用积分兑换赠品。
②当会员购买指定商品后可获得赠品（请参考促销方面文章）。
我们在前台商品详细页中可以看到赠品赠送，如图 4—47 所示。

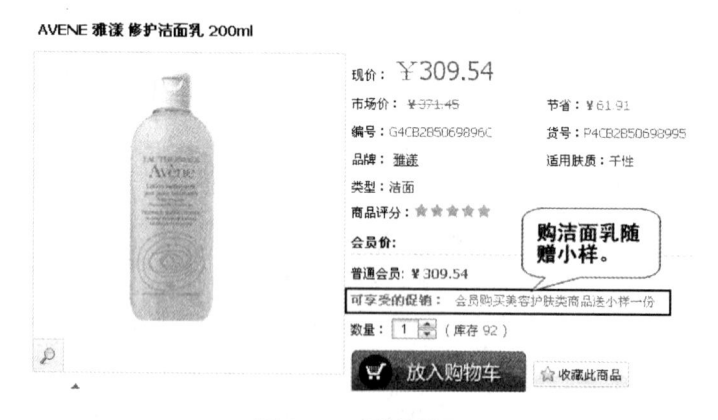

图 4—47　赠品显示

（2）添加赠品
赠品与商品一样，也是通过分类进行管理。
Step1：赠品分类添加如图 4—48 所示。

图 4-48 添加赠品分类

Step2：赠品添加如图 4-49 所示。

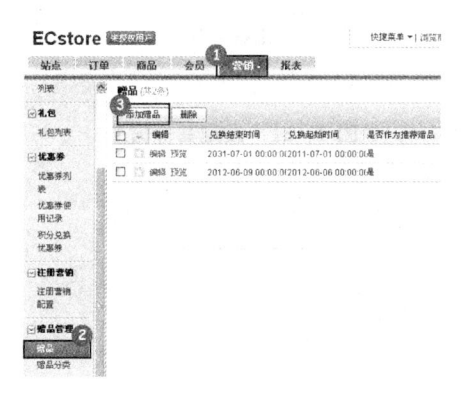

图 4-49 添加赠品

Step3：赠品的详细设置，如图 4-50 所示。

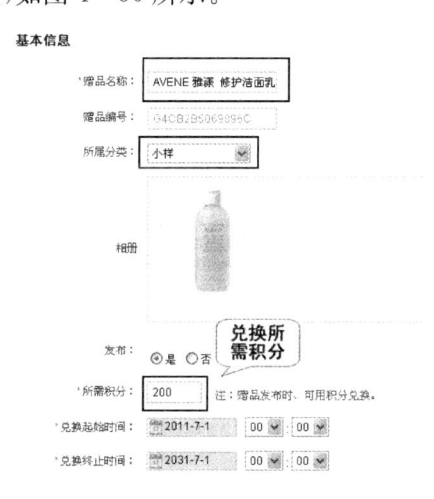

图 4-50 赠品的详细设置

> **小贴士**
>
> 注意：
> a. 时间区间很关键，直接决定赠品是否在前台显示。
> b. 积分的设置很关键，请慎重。

Step4：设定赠品的有效时间等其他信息，如图 4－51 所示。

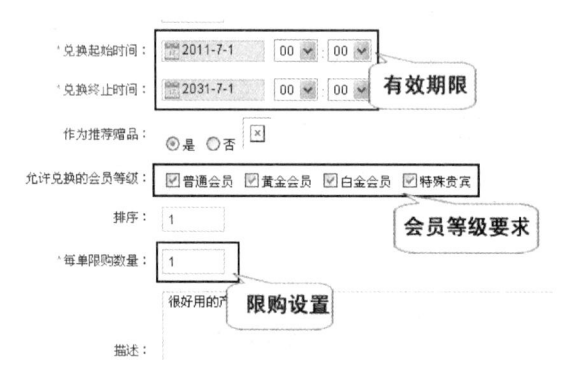

图 4－51　设定其他信息

Step5：接着设定商品的一些参数，如图 4－52 所示。

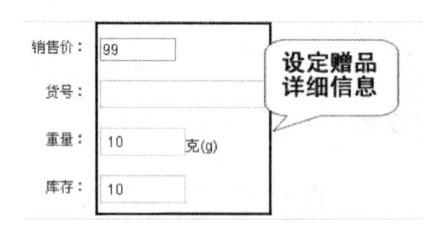

图 4－52　赠品的相关参数

Step6：可以将已有的商品作为赠品，如图 4－53 所示。

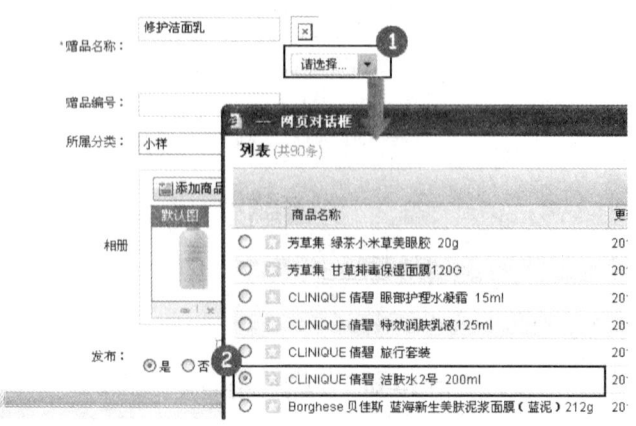

图 4－53　将已有的商品作为赠品

任务四:推广链接

使用推广链接,可以把自己的商店生成的链接发布在其他网站上,如果有顾客通过这些链接在网站上成单,就可以分析推广效果明显的网站,便于分配自己的推广力度。

1. 推广链接的作用

在商店推广中,很多时候不知道怎样来评估推广效果,使用推广链接就可以解决这个问题。在商店后台生成一个"来源 ID"的推广链接,然后将这个链接发布到推广的网站中;如果有通过推广链接进来注册的会员或是下的订单,商店后台将会记录来源 ID,同时也会记录来源网址,方便你统计及评估。

例如:要到"新浪"和"搜狐"推广,就可以生成"新浪"和"搜狐"的来源 ID,然后将这两个推广链接分别放至相应网店广告中,这样根据点击情况来进行广告效果评估。

2. 设置与使用推广链接

Step1:商店后台,依次点击"营销—推广链接列表—创建链接",如图 4-54 所示。

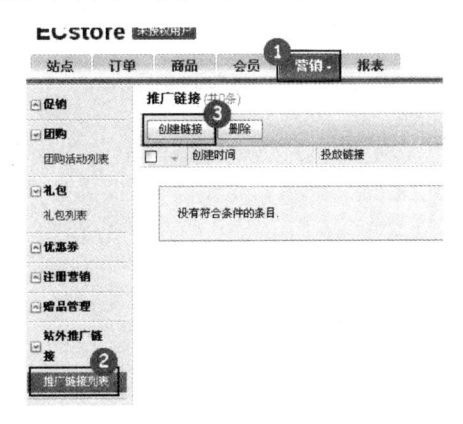

图 4-54 创建链接

Step2:开始设置,填写相关信息,如图 4-55 所示。

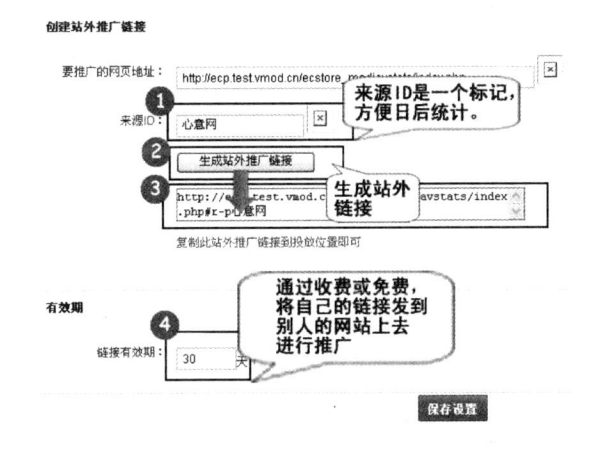

图 4-55 填写相关信息

提示:在会员及订单中均可查看到来源 ID。

会员列表,如图4—56所示。

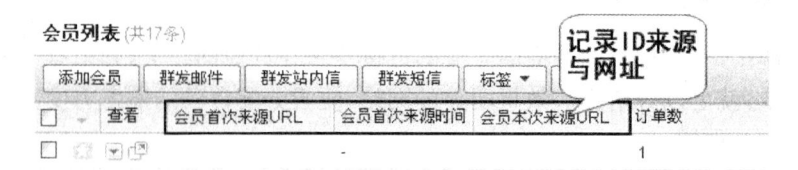

图4—56 会员列表显示

订单列表,如图4—57所示。

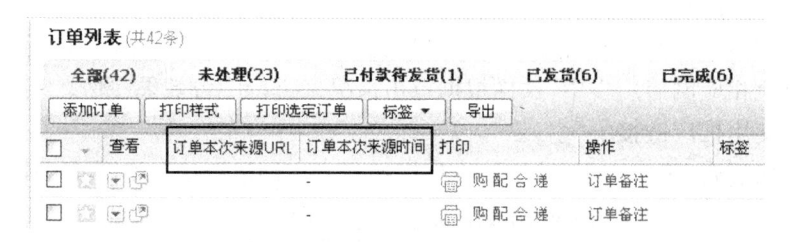

图4—57 订单列表显示

项目五　会员管理

【场景介绍】

经过两个多月的经营,"心意网"的生意有了较大起色,已有二十多个固定客户。在经营中小王有了更深的认识:将上帝放在首位,不断提高客户满意度才能迎来更多的顾客。我们的网店虽然已渐渐走向成熟,可是还是有很多不完善的地方,例如网店的自主服务和后台对客户的维护等内容需要改善。于是小王又踏上了新的征程……

【技能列表】

序　号	技　　能	重要性
1	能够按照要求群发电子邮件	★★★★☆
2	能够按照要求群发短信	★★★★★
3	能够进行客户数据的基本处理	★★★★★
4	能够处理客户投诉反馈	★★★☆☆
5	能够进行异常订单(退换货等)的处理	★★★☆☆
6	能够整理客户常见问题解答	★★★☆☆
7	能够对客户服务信息数据进行统计整理	★★★★☆

【知识准备】

1. 消费心理学概述

消费是人类社会经济活动的重要行为和过程,是社会进步、生产发展的基本前提。消费的主体是人,人有七情六欲,有思想意识,会生老病死,需衣食住行,且生活在复杂多变的社会环境中。因此,研究消费不能脱离对消费活动中人的研究。对人类消费活动中的心理规律和行为表现的研究,构成了消费心理学研究的基本内容。消费的含义是什么? 消费心理学研究的对象和内容是什么? 消费心理学从何时掀开了自己的史册? 它的发展情况及学习它的意义是什么? 本章将从这几方面进行讨论,以期解答人们学习这门学科时最先提出的问题。

(1)影响消费者心理和行为的内部因素

①消费者的心理活动过程。任何心理活动都有它产生、发展和完成的过程,这些过程包括认识过程、情感过程和意志过程。同样,消费者从进入商店之前到把商品买去使用的这整个过程,一般来说也存在着对商品的认识过程、情感过程和意志过程。消费心理学通过研究每一过

程的发生、发展和表现形式等的规律性以及三个过程之间的联系,可以发现消费者行为中包含的心理现象的共性。

②消费者的个性心理特征。人们在兴趣、能力、气质、性格等方面反映出来的个人特点和相互差异,是形成消费者不同购买动机、购买方式、购买习惯的重要心理基础。通过研究消费者的个性心理特征,可以进一步了解产生不同消费行为的内部原因,掌握消费者购买行为和心理活动规律,了解社会消费现象,预测消费趋向,为制订生产、经营战略和策略服务。

③消费者的需要和动机。心理学研究认为:人的行为是由动机决定的,而动机又是由需要引起的。因此企业的生产、经营活动必须从了解消费者的需要和动机入手,并且把满足消费者的需要和动机作为企业生产、经营的目标与宗旨。

④消费者的生理因素。消费者由于年龄、性别、健康状况、机体构造方面的特点和差异,会导致消费行为的各种类型,这也是生产、经营企业在生产和经营中必定要考虑的问题。

(2)消费者购买商品的心理过程

①消费者对商品的具体情绪过程

➢ 悬念阶段。有购买的需要,但是不够强烈,有很大的不安。有很多客户都是抱着看一看的心理来店里的,打消客户的不安,确定客户的需要是前期的主要任务。

➢ 定向阶段。决定客户对于产品和服务认知是初步的,决定喜欢不喜欢、满意不满意。导购人员可以用封闭性的问题来影响客户的情绪走向。

➢ 强化阶段。客户购买欲望的快速形成,有些消费者在购买欲望的冲击之下会快速完成购物,有些则进入下一阶段。

➢ 冲突阶段。消费者对产品的性能、风格、社会价值、公司服务的全面权衡,由于没有十全十美的商品,客户会在很多时候趋于一种喜欢,但是又不是太满意的情绪。在销售人员的引导下,积极的情绪逐渐占领上风,最后促成交易。

➢ 选定阶段。消费者作出自己的最终评估,形成购买行为。

②影响消费者情绪的因素

➢ 个人心境。是兴奋还是抑郁,对于消费者的整体情绪有很大的影响。

➢ 审美情趣。消费者情绪很大程度上受审美情趣是否得到满足、商品的设置是否内外统一所影响。比如,家具的风格与配色,展厅的摆场与装修,导购人员的外貌和服饰。

➢ 购买环境。购买环境也在很大程度上影响着购物者的情绪,展厅的照明、气味、温度,导购的服务,顾客的数量以及购买热情,都会影响购物者的情绪。尤其是购物的气氛,平时本来就门可罗雀的展厅,导购也不够热情,会使消费者购物情绪明显低落。

➢ 商品因素。商场商品的品质是否符合相关资料或者是导购人员的描述,商品是否有多种选择的空间。

③情绪在消费行为中的作用

情绪和情感促使人们对未来幸福生活的向往,促使人们去进行劳动、斗争。情感生活是人们一刻也不能缺少的。消费者购买商品活动也是如此,都要有情绪的加入。一般说来,可分为两个阶段:

➢ 一般感受阶段。消费者对商品、商店等客观事物在认识的基础上初步形成好或坏的印象,流露出喜欢或不喜欢、满意或不满意的倾向性。

➢ 情绪激化阶段。消费者若对商品或某商店产生良好印象,可以激起强烈的购买欲望和购买热情。若受到周围环境的感染或自身情感的促动,可以迅速地发展到采取购买行为;反之,若受到不良感受而触发强烈的消极情感,就会中止购买行动。在经营活动中为消费者创造良好的气氛,使商店的商品、服务和设施有利于激发消费者积极的购买情绪,消除烦躁、厌恶的消极情绪,推动购买活动顺利发展。

☆**相关链接**

掌握消费心理的认识过程

消费心理的认识过程是消费者心理活动过程的初始阶段,它是指通过消费者的感觉、知觉、记忆、思维和想象等心理活动对商品的特性以及各方面联系的综合反映过程。

1. 感觉的含义

感觉是人的大脑对当前直接作用于人的感受器官的客观事物的特性的反映。

2. 知觉的含义

知觉是指人的大脑对直接作用于人的感觉器官的客观事物的整体的反映。

3. 记忆的含义

记忆是指过去的经历在人的大脑中保持相当长的一段时间,以后在一定条件的影响下可重新得到恢复。

4. 想象的含义

想象是指用过去感知过的材料进行加工改造而形成新形象的心理过程。

5. 思维的含义

思维是人的大脑对客观事物的本质属性、内在联系和发展规律的心理过程,是对客观现实间接、概括的反映。

---

2. 有效地管理我们的会员

(1) 流量只解决了三分之一的问题

对于大部分的网店卖家,有一个公式都不陌生,就是这个网店运营公式:

$$销售额 = 客流量 \times 购买转化率 \times 客单价$$

要想提升销售量,自然地要提升客流量,也要提升转化率。大部分卖家如此关心流量,自然深谙其中的道理。但是现在,我们发现,关于流量,能做的事情越来越有限:卖家越来越多,网上的各种信息也越来越泛滥,而免费资源越来越少;交易平台的防作弊措施日渐升级,取巧赚流量的日子一去不复返;竞争越来越激烈,广告资源的价格以三级跳的势头上涨着。

引流量不好做,那为什么不多考虑提升购买转化率和客单价呢? 真正开始考虑购买转化率和客单价的提升时,我们发现,可以做的事情实在太多了。现在暂时不打算谈如何获取客流量,我们只看在既定的流量下,可以有哪些思路和方法。

①能提高购买转化率,有效地留下尽可能多的顾客。

②让你的顾客买得更多。

③让现有的客户量,越滚越大。

(2) 重要的是转化率

在网络营销的过程中,我们的目标是:来一个,成交一个! 怎么做到呢? 我们通过下面的小案例来说明:

案例分析

孙女士经常在网上买东西，是某网店的钻石买家。一天，她无意中逛到一家卖鞋的小店，该店信用"心级"不高，似乎是开张没多久的。与大部分买家一样，孙女士仔细看了商品的描述信息，货比三家后，又跟店主聊了更多想知道的信息。最后，她觉得无论是商品还是店主都还算靠谱，于是打算下单买一双。一般来说，这只是一笔再正常不过的交易，后面的事情，无非就是买家付钱、卖家发货、买家收货、确认交易成功并评价。

孙女士付完钱，店主发现收货地址是在同城，不算远，于是提出亲自送货上门。孙女士没有拒绝。但是等到货送到家时，门口的场景着实让孙女士大感意外：店主除了送来孙女士要的那双鞋外，还额外多带了一摞其他码数的鞋子。

"我怕您定的那个码数不合脚，所以多带了几双，还有其他款式的，让您都试试看。"小伙子淡淡地解释了一句。

这一举动让孙女士大为感动。结果孙女士除了买原先定的那双鞋之外，又多买了一双；之后她又介绍身边的亲友或者帮别人代买了好几双。孙女士成了这个小店的忠实买家，小伙子也经常回访孙女士对鞋的感受，并顺便告诉她新品上架信息。此后，这家小店直接或间接经由孙女士成交的鞋子不下十双！因为孙女士觉得，这家小店，货品靠谱，老板靠谱，老板的服务也很靠谱。

发现了吗？在这个故事里，卖家除了做好基础工作外，还把送货做成了自己独有的特别服务，并借此让买家对他产生了彻底的信任，最后甚至主动向别人推荐该店，给他带来了更多的新顾客。我们来分析一下这个销售过程与一般销售过程的相同点与不同点。

相同点：

①产品：找到货源、确保品质、定价格……

②上货：给商品拍照、写描述、发布商品……

③推广：可能做了，也可能没做，总之他的商品有了必要的曝光流量，被买家看到了。

④销售：回答顾客疑问，做好咨询服务，并努力促成销售。

不同点：

①服务：亲自送货，并且通过这次直接接触客户的机会，让客户对自己产生了充分的信任。

②售后：回访顾客的使用感受，通过客户关怀再次巩固买家对店铺的忠诚度，产生重复购买。

③客户关系营销：小伙子似乎并没有刻意做这方面的事情。但是他之前的行为，已经让孙女士非常主动地帮他介绍新顾客了。

通过这个案例，我们明白了：抛开进货、上货这些基础工作外，网店运营工作要做得好，除了流量、转化率外还有服务，即通过服务建立起来的用户满意度。因为服务，就是能帮助你形成良好的用户体验，建立品牌忠诚度的关键环节。

(3)基本客户分层思路

我们在网店运营时，公司有个部门叫会员营销部，专门针对网店上的各种用户群体，分类进行研究分析，并针对性地做一些动作，目的是提升网店整体会员对网站的忠诚度。大体的思路如表5-1所示。

表 5—1　　　　　　　　　　　　　　基本客户分层思路

客户群体	客户特征	客户可能会碰到的问题	网站可以做的事情
新会员	刚注册为网店的会员,刚刚开始熟悉网站的规则和操作。	(1)不会操作:对交易流程不了解,会碰到包括购买、支付等困难。 (2)不会买:不知道如何在众多商品中挑选到合适的商品。	(1)交易流程简化,在网站操作交互过程中提供足够的提示。 (2)商品和卖家推荐:帮助会员筛选出一些值得信赖的商品。
初级会员	尝试着买过两三次的会员,对网站有一些基本操作能力,但信心不够。比如网店上购买信用在 10 以下的会员。	(1)因为购买频次不高,经验不足,可能有失败的购买体验。 (2)只敢买某一类商品,对更多的商品品类的购买技巧还不是很熟练。	(1)提供一些经筛选的优质商品作为选择,鼓励其尽快地购买多笔。 (2)提供一些购买经验与筛选技巧,帮助买家快速完成购买。 (3)对遭遇到的不良用户体验,快速帮助其解决,巩固购买信心。
成熟会员	已经能熟练自主地进行频繁、快速地购买。比如网店上购买信用在"2 心"、"3 心"以上的会员。	在网站操作及筛选商品的能力上越来越熟练,不会有太多问题;一般来讲,有过大约 10 笔成功交易以上的会员,即很容易成为成熟会员。	提供更多的分享交流机会,让成熟会员之间产生更多的互动,增强其黏性。
忠诚会员	非常热衷于频繁地在网上购物,几乎所有的商品和服务都希望在网站上买到,具备丰富的购买经验和技巧。	他们在网站上投入的时间非常多,有相对固定的购买圈子和老店家,所以如何强化这些忠诚会员的荣誉感,让他们能更好地成为其他新会员、初级会员的榜样,是最需要考虑的。	(1)制订老客户回馈计划,让他们享受到更加独特和专属的利益。 (2)在网站上体现其"老买家"的身份,从心理上提高其荣誉感和忠诚度。
流失会员	可能在网站上有过一些购买经历,但是遭遇了不满意的体验,甚至因此对网上交易产生怀疑,不再继续购买,或不再访问网站。	(1)不满意的购买体验无法得到有效解决。 (2)对网站的信心不够,尤其在如何挑选到合适满意的卖家及商品上。	分析流失原因,创造再次与这个客户群体沟通的机会,推荐能打消其顾虑的卖家,或者是其他买家有良好口碑的商品,鼓励其再次尝试,并重新开始持续购买。

这样对会员进行分类,为的是针对不同阶段、特征的会员群体,根据他们所碰到的问题,进行相应的运营工作。目的当然是为了满足不同层次会员的需求,提升其满意度。会员满意了,就会继续留在网站,持续不断地进行购买、购买、购买!对于网店经营而言,这才是最健康、良性且可持续的发展。

在这样的会员分层中,有哪个层次的会员是特别重要的,有哪个层次的会员是相对不重要的吗?没有。每一个会员都很重要,每个阶段的会员体验都很重要。是他们构成了网站的整个会员群体的现状。一个网站的会员分层运营是这样的,一个网店的会员分层运营,也是同样的道理!而事实上,对于一个有过亿会员的大型网站,其会员分层运营其实是一件很难的事情。因为数量太大,很难把会员分得足够细,那么会员的用户体验,自然就难以很细致地全部得到满足,无法面面俱到。相对来说,网店的会员运营则容易得多。因为,一方面,网店的客户数量相对较小;另一方面,网店所涉及的品类不像淘宝网涵盖的范围那么大,所以更便于根据商品品类特性及客户需求进行精细化的运营。

那么,网店客户分层运营的思路是什么样的呢?与网站的会员运营有什么差别吗?大同小异。网站的会员分层运营,到了网店,我们具体地叫它客户分层运营。根据其在网店所处的阶段,我们把网店的客户分为5类。

①潜在客户。顾名思义,他们还没有成为你网店的客户,但是有潜力。通常指的是有机会或曾经访问过网店,但还没有产生实质交易的客户。

对于这类客户,最重要的事情,是让他们与你产生第一笔交易,成为你的新客户。

②新客户。他们是刚与你产生第一笔交易的客户,是你的网店成长的新生力量。

对于这类客户,最重要的事情,是让他们尽快产生第二笔、第三笔交易,成为你的老客户。

③老客户。他们是在你的网店已经购买过多次,比较了解你的网店的商品情况、交易规则。因为有过多次成功的交易经历,所以他们对你的网店的信任感在逐渐巩固中,也可以称他们为成熟客户。

影响成熟客户是否能继续购买下去的因素有很多。这些客户手头也掌握着很多不错的店铺,他们的选择比较多。所以对于他们,要从产品品质、服务质量等各方面提升其满意度,让他们彻底地留下来,成为你的忠诚客户。

④忠诚客户。他们几乎了解你的网店的每一个动向,很清楚网店上新货的时间,与你或你的客服人员非常熟,有的甚至已经成了朋友,经常聊天交流。他们在你的网店一直持续不断地花钱,并且花得很开心。

既然大家都是朋友了,所以你对待他们,与对待其他客户相比,就一定有不一样的地方,否则怎么能叫朋友呢?有很多维系老客户关系以及提高忠诚度的事情是可以做的,这在后面会提到。

⑤沉睡客户。沉睡的客户,要么是对你的网店已经失去了信心,彻底地睡了过去,不会再回来,也叫流失用户;要么是因为各种各样的原因,临时性地沉默了,就是不再在你的网店里产生活跃信息了。你能做的,就是尽可能地创造各种机会,让临时沉睡的客户尽快地醒过来;否则,他们就真的要流失了。

简单地说,一个网店的客户结构,从类型和各自的数量来看,通常是这样的:陷在"流量"怪圈中的卖家,常常会忽视对老客户进行运营的工作。而这一块恰恰是真正健康流量的来源和店铺发展的长久之计。图5—1为客户分布状况。

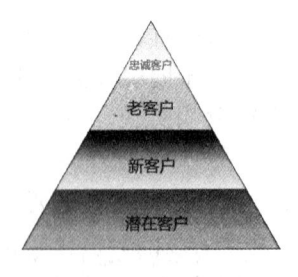

图5—1 客户分布状况

(4)你有多少客户是满意的

东东在淘宝网做类目运营时,也常上淘宝买东西。刚开始时是漫无目的地搜寻店铺,哪个看着不错,就选哪个试试看。这样逛了三四年之后,他发现,自己只是在某一两家店里买东西了。

> **案例分析**
>
> 东东常去的一家店是这样的——
>
> 主营产品:服装及配件。
>
> 产品特色:价格水平并不低,但产品品质较好,有不错的工厂渠道,但没有自己独立的产品品牌。
>
> 店铺运营方式:每周一、三、五上新货。每次上的新货种类和数量都有限。
>
> 目前的经营状况:淘宝信用级别为1皇冠,顾客好评率为100%。
>
> 顾客构成:大部分是这家店的老顾客、回头客。这些顾客以淘宝网的成熟买家为主,买家信用级别平均在1钻石级。

如前所述,这家店的顾客好评率是100%。网店好评率是体现顾客满意度的一个非常重要的指标,由此可见,该店的客户满意度还是很高的。

横向比较来说,皇冠信誉店铺很多,但有100%好评的就不多;100%好评的店铺也不少,但能把100%好评保持到皇冠的店,就很难得。

(5)满意度初建成

满意度的建立,与第一次的购买经历有很大的关系。那么,什么叫满意度?

➤ 满意,就是意愿得到满足,符合心愿。

➤ 满意度,那就是意愿得到满足的程度,符合心愿的程度。

➤ 要让客户满意,就得明白客户的意愿或心愿是什么,然后就去做什么事情,最终让客户满意。

客户的意愿是什么呢?

一是,很多时候,看似提供了很好的服务态度,但这可能并不是最能让顾客满意的。

二是,顾客最希望被满足的意愿,也是最基础的意愿,就是你能有一说一、不夸大、不敷衍、不欺骗,也就是以诚相待。你让顾客感受到了诚信,顾客就会愿意相信你。有了信任的基础,很多的矛盾和问题就可以得以妥善解决,顾客的满意度才会高。

说到诚信,有人可能会觉得这是做生意最基本、最简单的道理,这还需要讲吗?做生意要诚信。道理谁都明白,道理也很简单。但现状却是,说起来容易做起来难,并且很多人都难以做到。

然而现实情况就是这样:无数卖家的店里,还是充斥着各种不实的信息,或者是不充分的信息。不明就里的买家,买了这些卖家的东西,实物拿到手后却发现大相径庭,于是不满意、差评甚至投诉。

3.售前咨询与导购

网店运营的基本思路框架分为三个阶段:

(1)市场推广阶段

这个阶段,主要的工作是通过广告传播,增加产品的曝光,增加能接触到产品的消费者的数量,提高产品的知名度。足够多的消费者知道并记住了这个产品,任务就算完成了。

在传统行业的产品市场营销行为中,所能看到的就是铺天盖地的硬性或软性广告传播,方式五花八门;而成功的传播推广的结果,就是你记住了这个产品,比如脑白金。

对于网店而言,在这个阶段关注最多的是店铺的流量。无论是通过花钱的广告投放还是免费的流量引入,只要把足够多的人带进店铺就行了。流量越大,来的人越多,成交的机会就越大。

(2) 销售阶段

这个阶段,主要的工作是通过卖场的促销活动和销售人员的说服,加速消费者在面对商品时的购买决策,提高购买的成功率。这个环节的工作是至关重要的,因为即使你在第一阶段花了再多的钱打广告,知名度再高,但如果消费者来到店里、看到商品时,并没有决定掏钱买下来,那前面的所有工作都是白费。

在传统行业的产品营销工作中,你能看到各种眼花缭乱的促销活动,还有很多不依不饶的销售人员。他们的目的只有一个,就是你既然已经来了,就买下来吧,千万别再改主意了。有时候我们并不觉得某些促销活动多么实用,或对某些销售人员的行为很无奈甚至反感,但通常的结果是,我们真的掏钱买了。比如超市里买牙膏送杯子的促销,再比如汽车4S店里销售顾问的循循善诱。

对于网店而言,这个阶段最关键的是成交率。无论是店面装修设计给人的信任感、商品图片及文字描述信息给人的专业感,还是客服人员应答咨询的热情亲切感,都可能提高店铺的购买成交率。成交率越高,在市场推广阶段所做的工作才不会浪费。

(3) 服务阶段

这个阶段,主要的工作是在客户已经掏钱买了产品之后,保证产品被安全地拿到手,顺利地使用,并留下良好的感受体验。商品销售出去并没有结束,消费者对产品和服务的体验,会决定他们是不是还愿意继续购买,甚至向他人推荐你的产品。在这个环节,最低要求是千万不要出现意外,导致退货、投诉之类的负面状况。好一点的是顾客用了表示满意——当然,几乎大部分人即使满意也不会直接告诉你。所以最高境界是,顾客买了你的产品,使用得不错,还向别人推荐你的产品,那你就成功了。

在传统行业的营销工作中,消费者能感受到的服务似乎并不是很多,通常是出了问题产生纠纷时,才会出现服务部门的声音。当然随着消费者服务意识的提高,企业和品牌也在逐步加强服务优化。比如4S店的客服回访电话、汽车保养信息的反馈、家电的售后安装等。

而在电子商务中,因为网络销售的买卖双方的信息不对称,服务问题似乎更突出。拿到手的商品与网上的描述是否相符,产品包装的质量、物流送货的及时与否,都构成了顾客对这次交易环节满意与否的重要因素。通过服务,提升客户的满意度。客户越满意,对店铺的忠诚度就越高,就会经常进行重复购买,甚至帮你口碑相传,带来更多新顾客。显然,服务也是能帮你带来更多客流量的。

简单地说,网店运营可以分为三个阶段,如图5—2所示。

图5—2 网店运营分为三个阶段

为什么不先讲接客,再说留客?因为我们认为,对于网店运营而言,越往后的环节,越是决定网店能否长久持续发展的关键;同时,这也是在现阶段,网店店主们最容易忽略的部分。这很重要,所以要先说。而关于如何提高接客能力,这些事情恰是聪明地经营网店的基础工作。这些基础工作,你可以像现在这样,粗放地做;也可以选择我们所建议的,精细地做。但这些事情是整个网店的基石,应该先做,并且从一开始就做扎实。

怎么留客?用什么留住顾客?

这自然是我们要谈的最关键的话题。先要让顾客觉得你"好",才能留得住顾客!

让顾客觉得你"好",就是你的产品、店铺,让顾客有一个很不错的印象或体验。这个印象或体验可能难以说得很清楚,因为它来自很多方面。比如店面装修设计漂亮、有品位;比如产品质量过硬、有效果;比如包装看上去很精致、整洁;比如客服销售人员的语气、态度令人非常舒服……

虽然消费者很难描述清楚这个"好"的含义,但对于你——网店的一家之主而言,这已经是很不错的认可了。你所要做的事情,无非是要搞清楚这个"好"的具体范畴,能不能很清晰地分解界定出来。因为只有把它分解清楚了,才能知道今后怎样才能做得更"好"。顾客心目中的"好",来自你的店铺呈现给他的印象和体验。而这个印象和体验,就是你的店铺的品牌。

从整合营销传播理论的角度看,品牌的概念无非就是大同小异的几个说法。我们在搜索到的品牌的定义是这样的:品牌是给拥有者带来溢价、产生增值的一种无形的资产,它的载体是用以和其他竞争者的产品或劳务相区分的名称、术语、象征、记号或者设计及其组合,增值的源泉来自于消费者心中形成的关于其载体的印象。

但我们更愿意用简单的词句来定义网店的品牌。因为电子商务的特性,消费者对于网店的品牌印象,来源于消费者在网店中的用户体验。要做好网店的品牌,就要提升消费者在网店购物过程中每个环节的用户体验。所以,网店运营,做品牌就是做用户体验。好的用户体验,才能形成好的品牌印象,才能留得住顾客。

4. 网络营销方式

(1)网络导引类营销方式

①网络硬广告

概述。硬广告也称硬广,是指直接介绍商品、服务内容的传统形式的广告,通过刊登报刊、设置广告牌、电台和电视台播出等进行宣传。媒体刊登或广播的那些看起来像新闻而又不是新闻、广告不像广告的有偿形象稿件,以及企业各类活动赞助被业界称为"软广告"。国际上最早出现的网络硬广告是1994年10月14日由Wired杂志推出的网络版,其在http://www.hotwired.com首次使用,广告形式为Banner(728×90)。在国内最早出现的硬广告的时间是1997年3月,在www.chinabyte.com上出现了Intel、IBM的广告,广告形式为468×60像素的动画旗帜广告。

硬广告的具体实现形式为品牌图形广告。主要有横幅广告(Banner)、通栏广告、按钮广告(Button)、摩天大楼广告/对联广告、"画中画"广告、焦点幻灯图片广告/图片轮换广告、巨幅广告、全屏广告、导航条广告、浮动广告、弹出式广告及插件/工具条安装广告等。

②富媒体广告

兼具声音、图像和文字等多种媒体组合的技术设计的广告形式,主要种类有:矢量为基础技术制作的广告(Flash、VRML、HotMedia及OnFlow等)、以编程为基础技术实现的广告(如JavaScript、HTML、CGI、DHTML及Java小程序实现的广告)、以流媒体为基础技术制作的广告(观看时可能要加插件和Java,如Real Player、WMP及Quick Time等)、富媒体邮件广告

(广告可能在邮件正文、附件中)、微型站点、插播广告及鼠标指针广告等,这类广告的优势是表现力丰富、可以互动、精准,并可以具有数据收集处理及在线交易等功能。

③其他类型硬广告

其他还有分类信息广告、电子邮件广告及文字链接广告等,以及充分利用鼠标、键盘、麦克风及视频等输入设备设计富有创意的硬广告。

(2)搜索引擎营销

搜索引擎营销(SEM,Search Engine Marketing)就是基于搜索引擎平台的网络营销,利用人们对搜索引擎的依赖和使用习惯,在人们检索信息的时候尽可能将营销信息传递给目标客户。搜索引擎营销分为四个层次的目标:①收录层:获得被搜索引擎收录的机会;②排名层:尽可能地获得好的排名;③访问层:通过搜索结果点击率的增加到达提高访问量的目的;④转化层:通过访问量的增加转化为企业的最终收益的提高。

在这四个层次中,前三个可以理解为搜索引擎营销的过程,而只有将浏览者转化为顾客才是最终目的。在一般的搜索引擎优化中,通过设计网页标题、META 标签中的描述标签、关键词标签等,通常可以实现前两个初级目标。实现高层次的目标,还需要进一步对搜索引擎进行优化设计,或者说,设计从整体上对搜索引擎友好的网站。

(3)分类信息网站营销

目前,普遍认为最早的网络分类信息网站是美国的 Craigslist,它是 Craig Newmark 于 1995 年在美国加利福尼亚州的旧金山创立的。2004 年,中国开始出现分类信息网站平台,目前较典型的是赶集网、百姓网及 58 同城等。这些网站具有信息齐全、分类明确、方便查找、更新迅速的特色,正成为百姓精明生活中不可或缺的一部分。通常,分类信息网站其实是一个免费的信息发布平台。在这些网站上只要申请一个账号就可以发布企业广告信息,并便于用户进行分类查找。

分类信息网站营销特点:

①本地化:分类信息网站通常都会按地区(或城市)进行分类,这样不同地区的人都可以找到离自己最近的消费信息。

②自主且免费:通常由使用分类信息网站的人自己上传信息,并且通常是免费的。

③真实高效:相对而言,由于用户注册时管理较严,分类信息网站上信息的真实性更高。当然,由于可以实时发布,效率也比较高。

④信息条理性更好:这是这类网站为何叫"分类信息网络"的原因,它们通常覆盖生活的各个领域,例如提供房屋租售、招聘求职、商家黄页、二手买卖、汽车租售、宠物、票务、旅游交友、餐饮娱乐等多种生活信息。

分类信息网站营销实施与策略:

①选择发布的网站。国内分类信息网站众多,那么企业应该合理选择,来分配好人力和时间等相关资源。在资源有限的情况下,有限发布权重较高的分类信息网站。目前,权重较高的分类网站如百姓网、58 同城及赶集网等。

②信息发布的内容。在分类信息网站发布信息除了真实及突出亮点之外,还要注意内容不要太短,尽量减少直白广告成分。

③控制信息发布频率。一般情况下一天只要选择一篇信息在各个分类信息网站发布一次即可,这样就可以做到外链每天稳定地增加,不会让搜索引擎认为是作弊。

(4)Widget 营销

Widget 是 Web 2.0 时代出现的一种小插件产品,也称挂件。它可以是图片、文字、Flash、小工具。对于网站而言,许多网站都提供挂件代码以便将其服务输出到许多博客、论坛上,通过这种方式实现了病毒式传播的效果。Widget 既可以是商家自己设计并上传的,也可以是由消费者自己上传到网站(个人网站或博客)。

Widget 营销的特点:

①精准的人群。Widget 的实现是用户主动接受的行为表现,因此喜爱或兴趣是实现 Widget 添加的主要驱动,因此可以判断用户的喜好,而同类 Widget 的用户非常有可能是同一类人。

②病毒传播能力。Widget 的扩张是以点带面,好友分享,圈子传播。较典型的例子是 Facebook 上的热门 Application 的传播,以 iLike 用一周的速度在 Facebook 获得 100 万用户,可见其病毒传播的能力。

③数据挖掘能力。当用户无意识表露他的行为时,这样的数据是相对客观的,正如 Slide 创始人所说的那段话也正是如此,数据挖掘也代表着 Widget 商业价值的方向。

④形式小巧玲珑。Widget 体积小,运行快,制作简单,使用较为方便。

⑤形式多样化。Widget 可以有幻灯、视频、地图、新闻及小游戏等多种形式。

⑥可利用大平台优势。Widget 利用小的应用程序与消费者进行互动营销,通过 Widget 嫁接到其他平台上,且其开放的接口使营销渠道更广阔。

Widget 营销实现通常包括创意、策划、设计、发布及病毒传播等方面,其设计必须有相关的标准接口。主要策略体现在其创意的吸引人,进而促使人们会不由自主地进行传播。

UNIQLO 曾经根据自己的品牌制作了的一个名叫 UNICLOCK 的功能性 Widget,把少女、音乐、舞蹈融合到时钟这么一个工具上,以时钟为舞台展示品牌,从而建立起受众与品牌之间的链接通道。该时钟每跳 5 秒,便进入一段随机出现的 5 秒影片,这段影片是可爱的少女们翩翩起舞,她们穿着 UNIQLO 当季主打的服装,5 秒影片过后,再度进入下一个 10 秒周期。这既有趣又令人印象深刻,再配上好听的音乐、独特的画面,让观众印象极为深刻。

5. 网络推广的特点

互联网具有营销所要求的某些特性,使得网络营销呈现出一些特点。目前对于网络营销的特点,学术上有几种比较主流的观点,事实上都大同小异。

(1)时域性

营销的最终目的是占有市场份额,由于互联网能够超越时间约束和空间限制进行信息交换,使得营销脱离时空限制进行交易变成可能,企业有了更多时间和更大的空间进行营销,可每周 7 天、每天 24 小时随时随地提供全球性营销服务。

(2)多媒体

互联网被设计成可以传输多种媒体的信息,如文字、声音、图像等信息,使得为达成交易进行的信息交换能以多种形式存在和交换,可以允分发挥营销人员的创造性和能动性。

(3)交互式

互联网通过展示商品图像、商品信息资料库提供有关的查询,来实现供需互动与双向沟通,还可以进行产品测试与消费者满意调查等活动。互联网为产品联合设计、商品信息发布以及各项技术服务提供最佳工具。

(4)个性化

互联网上的促销是一对一的、理性的、消费者主导的、非强迫性的、循序渐进式的,而且是一种低成本与人性化的促销，避免推销员强势推销的干扰，并通过信息提供与交互式交谈，与消费者建立长期良好的关系。

（5）成长性

互联网使用者数量快速成长并遍及全球，使用者多属年轻、中产阶级、高教育水准，由于这部分群体购买力强而且具有很强市场影响力，因此是一项极具开发潜力的市场渠道。

（6）整合性

互联网上的营销可由商品信息至收款、售后服务一气呵成，因此也是一种全程的营销渠道。建议企业可以借助互联网将不同的传播营销活动进行统一设计规划和协调实施，以统一的传播咨讯向消费者传达信息，避免不同传播中不一致性产生的消极影响。

（7）超前性

互联网是一种功能最强大的营销工具，它同时兼具渠道、促销、电子交易、互动顾客服务以及市场信息分析与提供的多种功能。它所具备的一对一营销能力，正是符合定制营销与直复营销的未来趋势。

（8）高效性

计算机可储存大量的信息，代消费者查询，可传送的信息数量与精确度，远超过其他媒体，并能因市场需求，及时更新产品或调整价格，因此能及时有效了解并满足顾客的需求。

（9）经济性

通过互联网进行信息交换，代替以前的实物交换，一方面可以减少印刷与邮递成本，可以无店面销售，免交租金，节约水电与人工成本，另一方面可以减少由于迂回多次交换带来的损耗。

（10）技术性

网络营销大部分是通过网上工作者，通过他们的一系列宣传、推广，这其中的技术含量相对较低，对于客户来说是小成本大产出的经营活动。

【项目规划】

为了能够和顾客成为知心朋友，王东东动了许多脑筋。其实要想使"上帝"喜欢你的网店，最简单的方法就是一切从他们的角度出发，创建个性化的商务服务。并且常常听取顾客的建议，不断更新服务。东东写了一份任务计划书，开始了新的征程……

任务计划书

➤ 任务一　会员列表
➤ 任务二　咨询评论

【项目执行】

任务一：会员列表

1. 会员功能使用说明

EcStore的会员管理系统将会员的基本信息、订单、积分、预存款、咨询、评论等紧密结合在一起,操作简单方便;可以随时查询会员消费情况、反馈情况并据此做出相应调整,良好的会员管理将带来极大方便。

顾客在商店注册为会员后,店主可以用会员管理系统查询会员的消费情况及反馈信息,并可随时与会员进行沟通,接下来说一下常用的会员功能。

(1)会员群发信息

给会员群发信息可通过三种渠道:①给会员的邮箱群发送邮件信息;②给会员群发送站内消息;③给会员的手机群发短消息。

发邮件与短信之前,需要先配置好商店的邮件与短信功能,并且会员的注册信息中手机号码与邮箱是正确的。

Step1:先在会员列表中选择需要群发的会员,如图5-3所示。

图5-3　选择需要群发的会员

Step2:然后可以点击"发邮件、发消息、发短信"来进行相应发送,比如群发邮件。如图5-4所示。

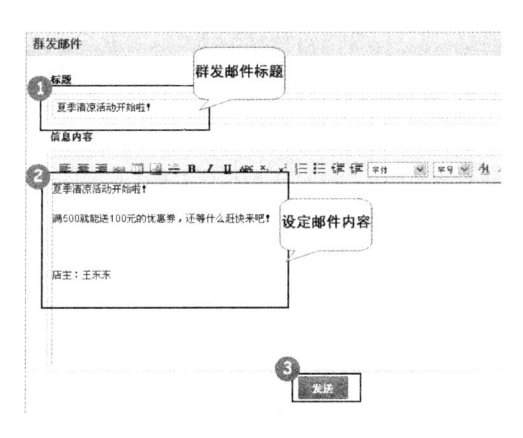

图5-4　群发邮件

Step3:输入内容后,发送即可。

(2)会员标签

会员标签是一种分组标识,店主可以利用会员标签来自定义会员分组。

[例]　给部分会员打上一个标签,标签为"心意网忠实上帝"。

Step1:选中要添加标签的会员,如图5-5所示。

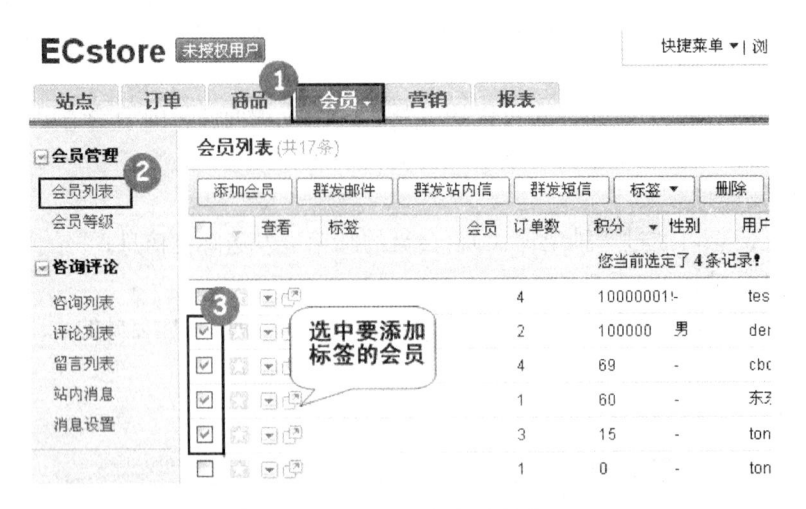

图 5-5 选中要添加标签的会员

Step2：然后点击标签，则出现添加标签名称，如图 5-6 所示。

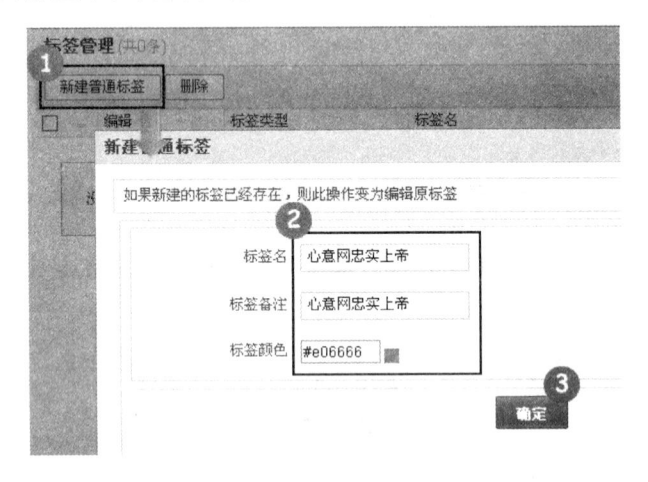

图 5-6 添加标签名称

Step3：设置之后显示，如图 5-7 所示。

图 5-7 标签的显示

这样，我们就为部分会员添加了一个标签。当然，还可以为每个会员添加多个标签。通过标签可以对会员进行自定义分组，方便后续管理。

(3)会员订单

如果某会员在商店购买过多次,店主可以在会员信息中看到该会员的所有订单记录,便于店主分析会员。例如,某会员的订单记录如图5-8所示。

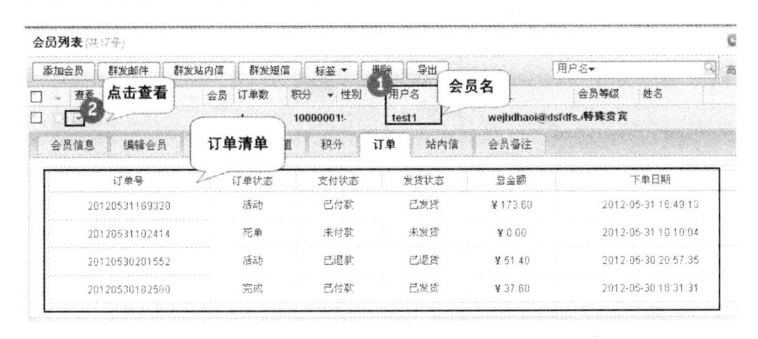

图5-8 会员订单

(4)会员积分、预存款查看与操作

通过会员管理,可以为会员加减积分或预存款额。例如,为某会员增加积分,输入积分值,然后点击"编辑"按钮,即可增加积分,如图5-9所示。

图5-9 会员管理

(5)会员搜索

会员搜索分为简单搜索和高级筛选。

简单搜索:使用简单搜索时,可以选择用户名、姓名、备注、E-mail、手机等进行搜索,输入关键字后,点击搜索按钮即可,如图5-10所示。

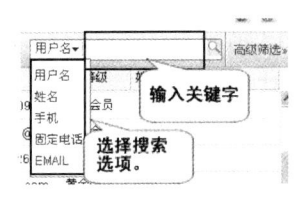

图5-10 简单搜索

高级会员搜索:高级会员搜索是一种更为精准的搜索,店主可以根据会员的所有条件来进行筛选。对于有着大量会员的店主来说,可以更加方便、快捷地找到想要的会员,如图5-11所示。

图 5—11　高级会员搜索

完成搜索条件的筛选之后,点击下面的"搜索"按钮,即可搜索到想要的会员信息。

(6)添加会员

Step1:商店的会员主要来源于前台注册;如果有的用户不方便注册会员,或店主事先生成一批会员,直接让用户登录,此时就需要店主在后台手动添加会员,如图 5—12 所示。

图 5—12　添加会员

Step2:输入会员信息,如图 5—13 所示。

图 5—13　输入会员信息

Step3：添加后，会员自动出现在会员列表中，如图5-14所示。

图5-14　会员自动出现在会员列表中

如果想完善这个会员，可对此会员继续进行编辑，添加某些内容。

2.会员等级

一般情况下，商店中会有多个会员等级，不同等级的会员可以享受不同的折扣价格，这样可以吸引会员持续消费。同时可以根据积分设置会员升级的标准，积分越多会员等级越高，享受的折扣越低。

(1)会员等级说明

对会员来说，可以用积分来划分不同的会员等级，例如积分0～4 999分为普通会员，积分5 000～7 999分为黄金会员，积分8 000以上的为特殊来宾会员，每个等级折扣不同。如图5-15所示。

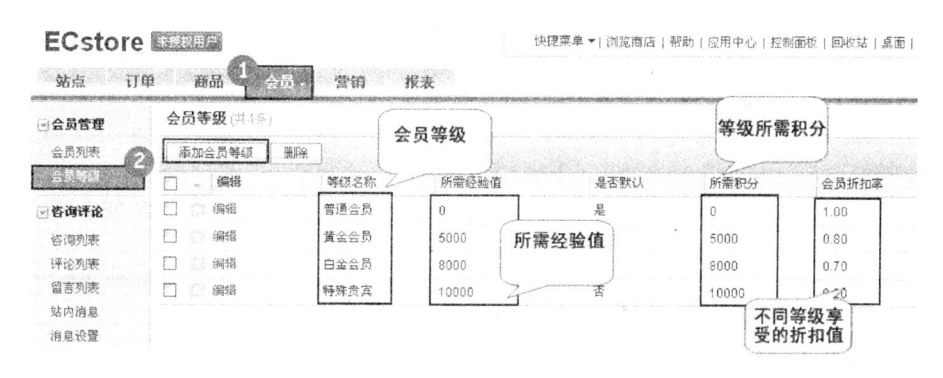

图5-15　会员等级说明

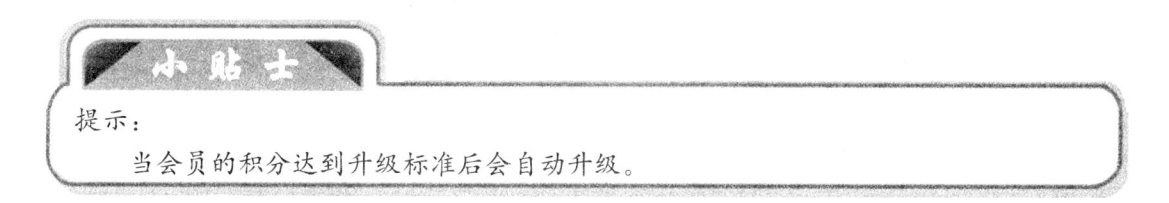

小贴士

提示：

当会员的积分达到升级标准后会自动升级。

(2)编辑与添加会员等级

［例］　添加一个零售会员等级"超级会员"。

Step1：商店后台，依次点击"会员—会员等级"，添加等级，如图5-16所示。

Step2：分别填写会员等级名称、优惠百分比、会员等级类型、达到此会员等级所需要的积分，保存即可，如图5-17所示。

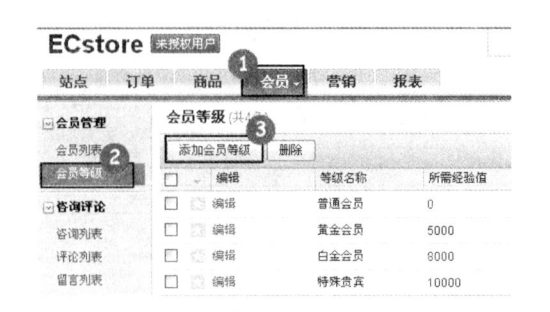

图 5－16　添加会员等级

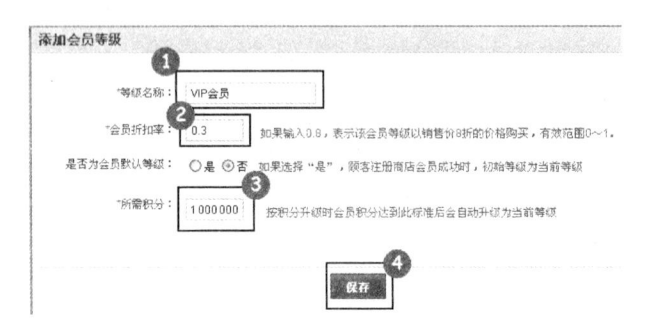

图 5－17　分别填写会员等级信息

小贴士

注意：
　　如果某会员等级设置为默认会员等级，则新会员注册后直接成为此等级会员，每个商店必须有且只有一个默认的会员等级。

(3)会员等级在会员中心的表现

在前台会员中心，会员登录后会显示该会员所属的会员级别，如图 5－18 所示：

图 5－18　会员等级在会员中心的表现

(4)商品页会员价格的显示

①会员在商店未登录时，点击某个商品时，看到的商品价格为商店销售价的全部，没有优惠，如图 5－19 所示。

图5-19 会员未登录时商品价格的显示

②会员登录后,再点击此商品,显示的销售价是根据会员等级折扣后的会员价格,如图5-20所示。

图5-20 会员登录后商品价格的显示

③也可以在基本设置处,把所有的会员等级价格显示出来,如图5-21所示。

图5-21 所有的会员等级价格显示出来

任务二：咨询评论

1. 消息设置（咨询、评论、留言）

这里的消息主要是指店主与顾客的沟通渠道或方式，主要包括：咨询、评论、站内短消息及留言。积极有效的沟通可以活跃商店气氛，对商品的持续销售会有极大的帮助。

（1）基本设置

商店后台，依次点击"会员—消息设置"，如图5-22所示。

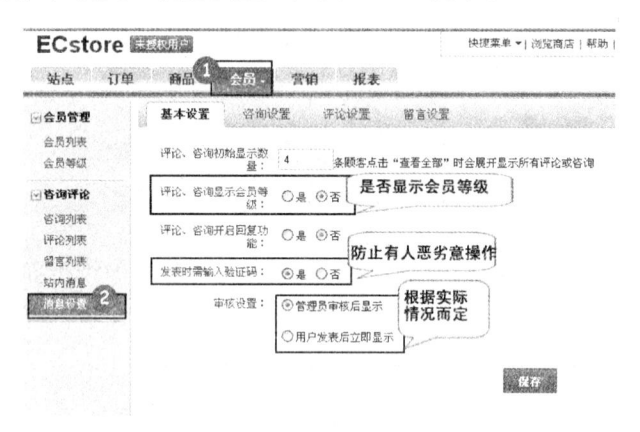

图5-22　会员评论及咨询设定

显示的数量可据实际情况操作。

会员等级会更有说服力。

验证码与审核是为了防止某些人的恶意操作。

（2）咨询设置

在上面界面中点击"咨询设置"，如图5-23所示。可以根据实际情况来设置咨询的权限与显示文字。

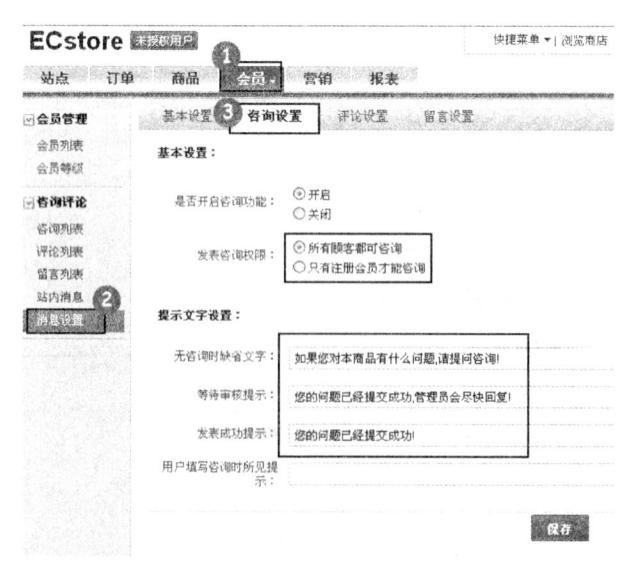

图5-23　咨询设置

(3)评论设置

图 5-24 中点击"评论设置"。可以根据实际情况来设置评论的权限与显示文字。

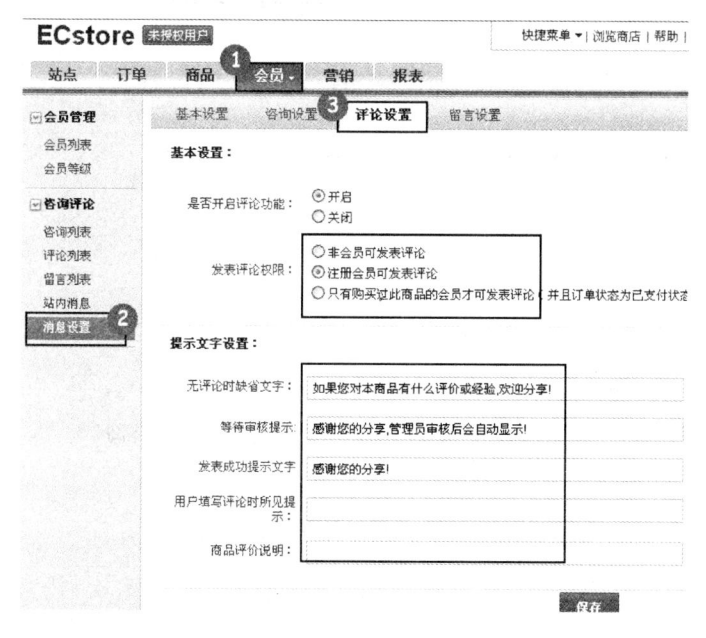

图 5-24 评论设置

(4)留言设置

图 5-25 中点击"留言设置",如图 5-25 所示。可以根据实际情况来设置留言的相关权限。

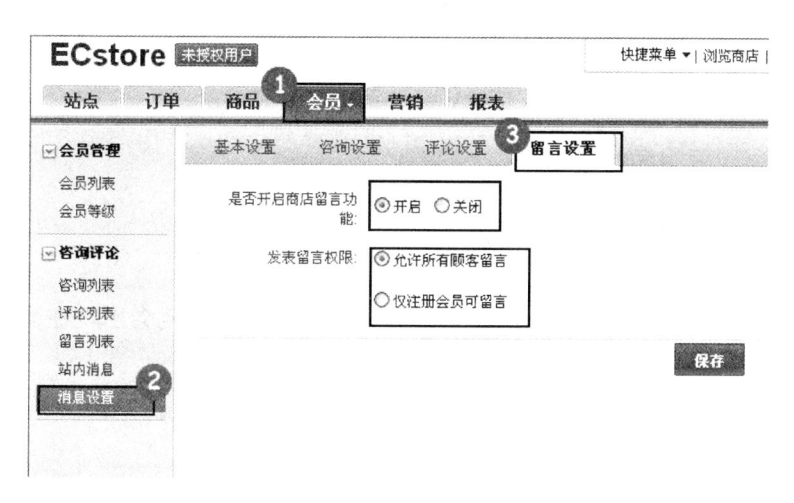

图 5-25 留言设置

2. 咨询、评论、留言、站内消息管理

(1)咨询的发表与管理

Step1:点击前台某一个商品,在商品下方可以看到发表过的咨询,如图 5-26 所示。

Step2:点击右上方或下方的我要咨询,就会进入咨询页面,如图 5-27 所示。

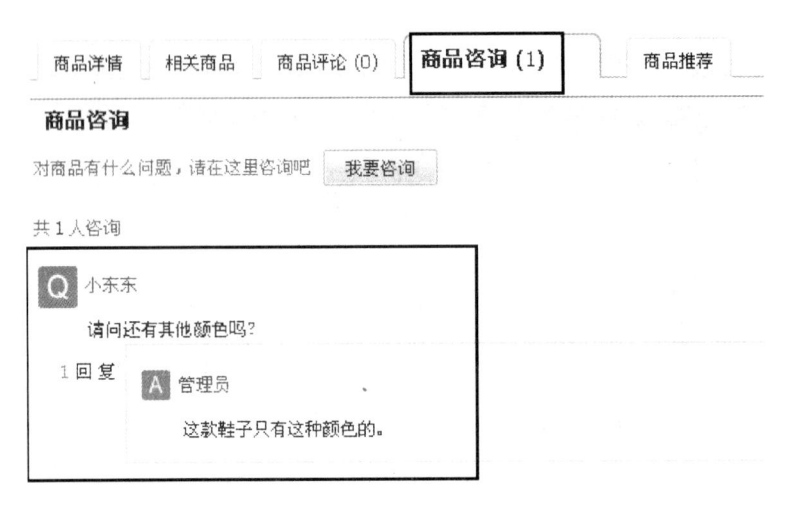

图 5-26　商品下方可以看到已经发表过的咨询

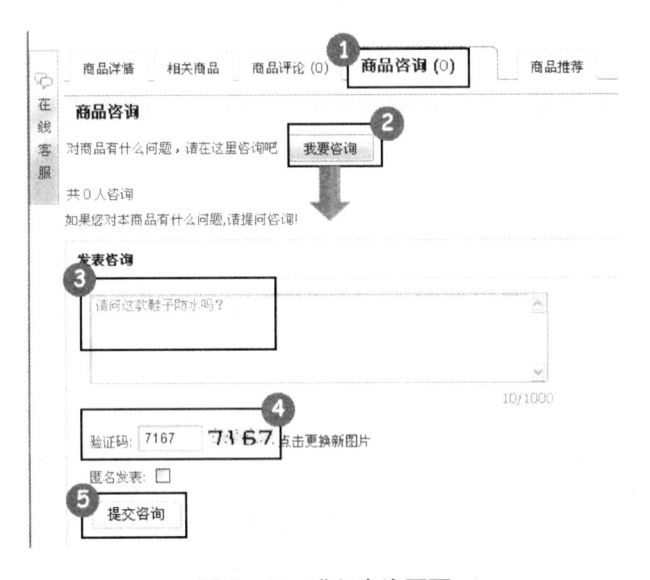

图 5-27　进入咨询页面

Step3：界面中的某些信息，可以在后台修改。咨询提交后，就会出现在商店后台咨询列表中，如图 5-28 所示。

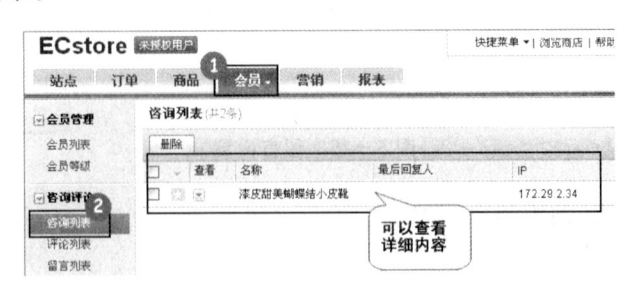

图 5-28　商店后台咨询列表显示

Step4：可点击"小三角"查看详细内容与回复，如图 5-29 所示。

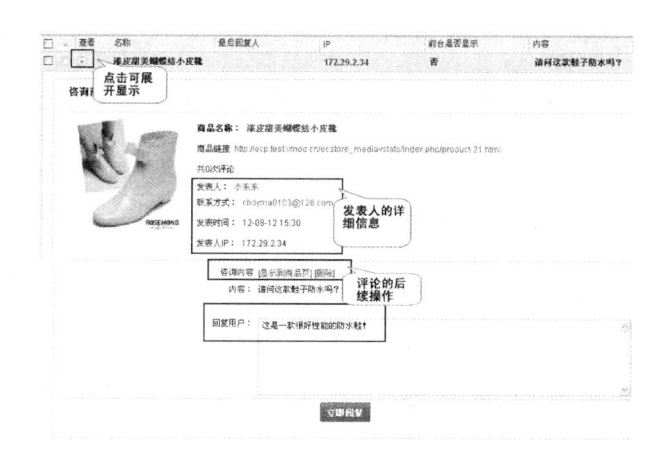

图 5-29　查看详细内容与回复

(2)评论的发表与管理

Step1：点击前台某个商品，可以在下方看到关于此商品的评论，如图 5-30 所示。

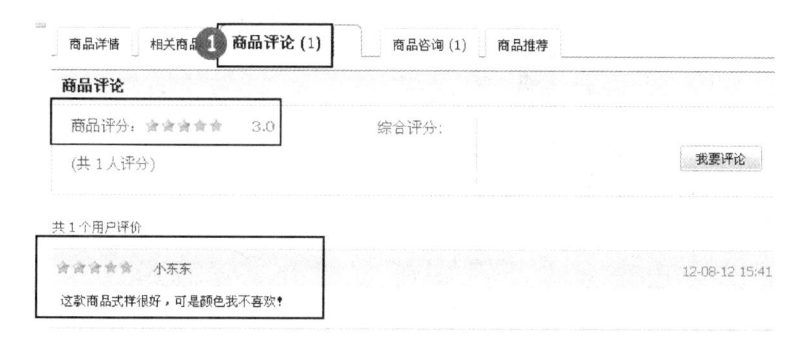

图 5-30　显示此商品的评论

Step2：点击上方或下方的"我要评论"，就可以发表相关评论了，如图 5-31 所示。

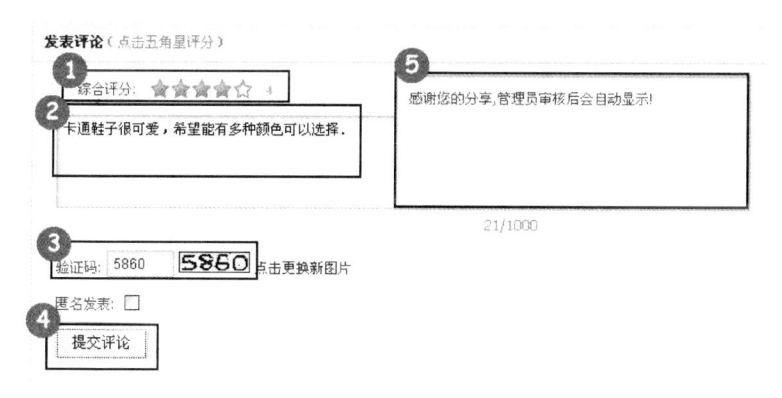

图 5-31　发表相关评论

Step3：界面中的某些信息，可以在后台修改。咨询提交后，就会出现在商店后台评论列表中，如图 5-32 所示。

图 5-32　商店后台评论列表显示

Step4：可点击"小三角"查看详细内容，如图 5-33 所示。

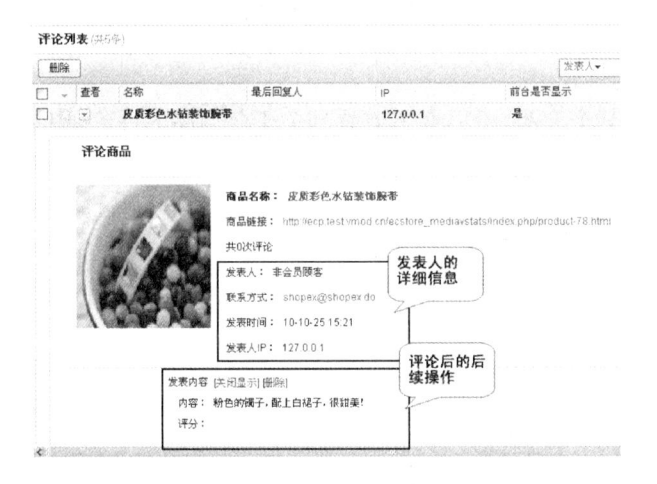

图 5-33　查看详细内容

(3) 留言的发表与管理

Step1：点击"前台留言栏"（前提是在导航栏中已经配置显示），可查看当前的留言内容，如图 5-34 所示。

图 5-34　查看当前的留言内容

Step2：留言列表，如图 5-35 所示。

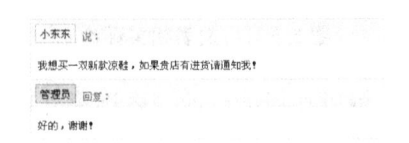

图 5-35　留言列表

Step3：在下方的留言界面，输入相关内容就可以进行留言了，如图5-36所示。

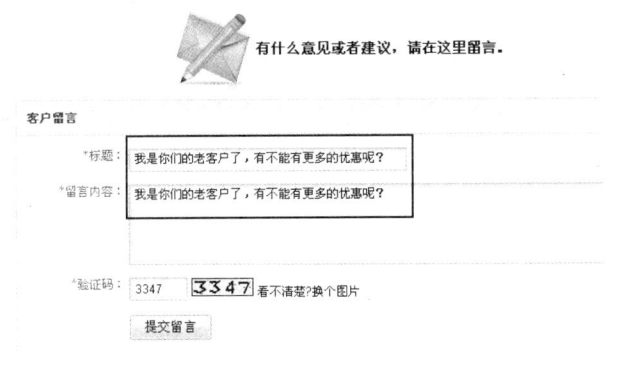

图5-36　输入相关内容

Step4：留言提交后，就会出现在后台的留言列表中，如图5-37所示。

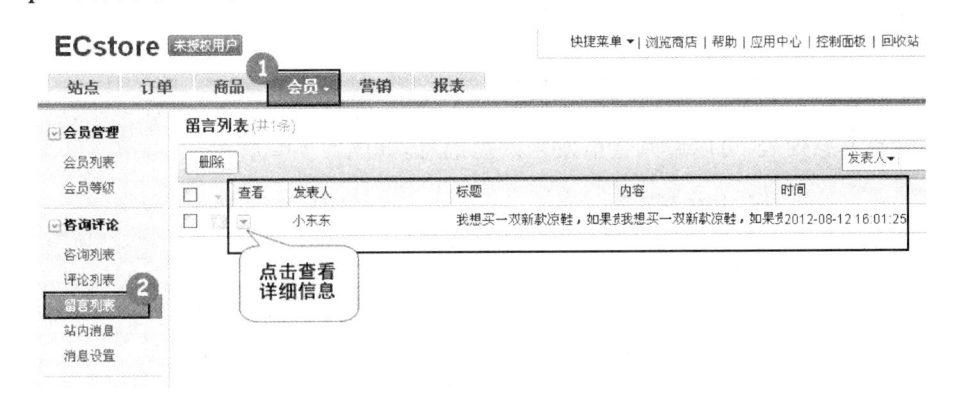

图5-37　后台的留言列表显示

Step5：点击"小三角"后，可查看详细内容，如图5-38所示。

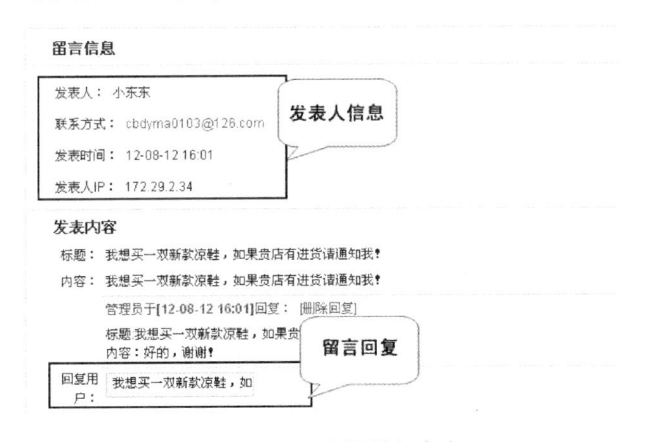

图5-38　可查看详细内容

(4)站内消息的发表与管理

站内消息只限于会员与店主、会员与会员之间，登录会员中心，可点击右上方消息查看，具体操作如图5-39所示。

190   电子商务管理

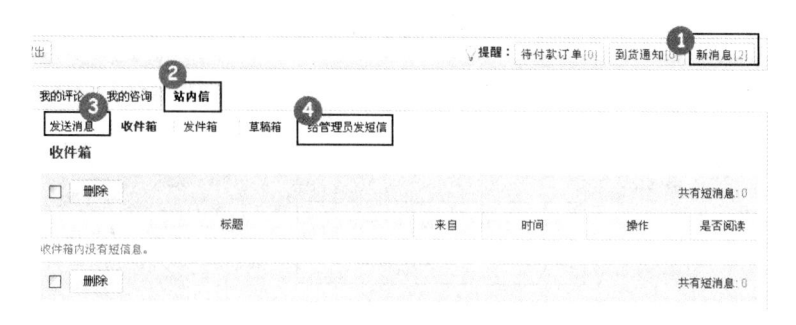

图 5-39　给管理员发短消息

小贴士

注意：
　　只有给管理员发的短消息才会显示在后台消息列表中，会员之间发的短消息不会显示在后台列表中。

点击后台消息列表，可以看到会员发来的短消息，如图 5-40 所示。

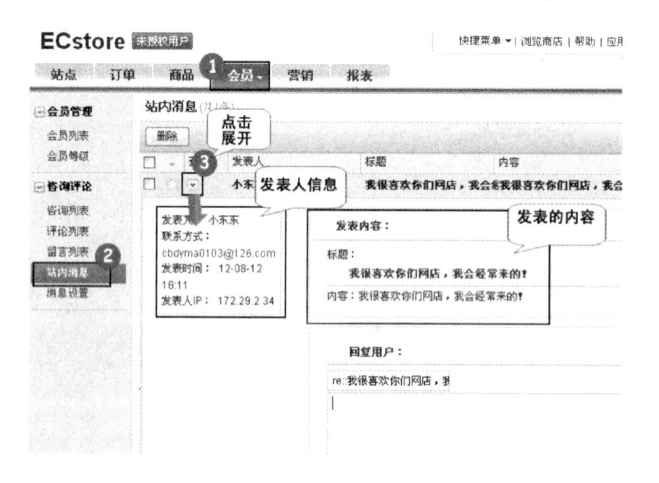

图 5-40　会员发来的短消息

项目六　店铺整修

【场景介绍】

有句话叫"酒香不怕巷子深",现在这句话改了,叫"酒香也怕巷子深"。东东深谙此道。这年头,不怕你做,就怕你做了别人不知道。那么,辛辛苦苦做好的商店如何让更多的客户来访问呢?细细研究一下 EcStore 的营销推广功能,东东已经有了答案……

【技能列表】

序　号	技　能	重要性
1	能够按照要求撰写简单的软文	★★★★★
2	能够在论坛、博客和 SNS 等上发布、管理软文	★★★☆☆
3	能够及时回复访客留言	★★★★★
4	能够在网上收集商品信息	★★★☆☆
5	能够在网上发布商品采购信息	★★★★★
6	能够对采购信息进行分类处理	★★★☆☆
7	能够编制网上采购合同的主要条款	★★★★☆

【知识准备】

1. 网络营销推广

(1) 网络营销推广的定义

网络营销推广是以互联网为手段的一种推广方式。网络营销推广就是在网上把自己的产品利用各种手段、各种媒介推出去使自己的企业能获得更多更大的利益。

(2) 常用的网络营销推广方法

① 搜索引擎优化(SEO)

搜索引擎优化主要目的是增加特定关键词的曝光率以增加网站的能见度,进而增加销售的机会。搜索引擎优化是中小企业最常见的一种推广方式之一。

② 网站广告

在网站上做 Banner、Flash 广告推广,是一种传统的网络推广方式。此类广告,宣传目标人群面比较广,不像搜索竞价那样能锁定潜在目标客户群。目前,网站广告是国内新浪、搜狐、网易等门户网站主要盈利的网络营销方式之一。

③搜索竞价

搜索竞价是目前广泛使用的推广方式,备受中小企业青睐。通过把词义与目标客户群的距离拉得更近,搜索引擎服务商常爱向广告主吹嘘,他们是做精准营销的,但到底精确与否,最后还得靠自己去判断。搜索竞价的网络营销方法,初期的推广费用不是很高,大多企业都能够买得起账,而且具有一定的精准程度可言。这也是为什么谷歌、百度等搜索引擎服务商能大把赚到钞票的原因。

④PPC(Pay Per Click 点击付费广告)

点击付费广告对于现在的企业来说很大一部分采用了这种按照实际点击来付费的广告形式,最主要的目的是得到最核心客户的点击,常规网站比较常见的有百度、谷歌、搜狐、腾讯、雅虎等。

⑤电子邮件营销

电子邮件营销(E-mail Direct Marketing,EDM)是在用户事先许可的前提下,通过电子邮件的方式向目标用户传递价值信息的一种网络营销手段。E-mail 营销有三个基本因素:用户许可、电子邮件传递信息、信息对用户有价值。三个因素缺少一个,都不能称为有效的 E-mail 营销。电子邮件营销是利用电子邮件与受众客户进行商业交流的一种直销方式。同时也广泛地应用于网络营销领域。

⑥新闻软文营销

新闻营销指通过新闻的形式和手法,多角度、多层面地诠释企业文化、品牌内涵、产品机理、利益承诺,传播行业资讯,引领消费时尚,指导购买决策。这种模式非常有利于引导市场消费,在较短时间内快速提升产品的知名度,塑造品牌的美誉度和公信力。

软文营销指通过特定的概念诉求、以摆事实讲道理的方式使消费者走进企业设定的"思维圈",以强有力的针对性心理攻击迅速实现产品销售的文字模式和口头传播。软文营销的形式有:新闻,第三方评论,访谈,采访,口碑。因此,此处将新闻及软文营销放在一起讨论。

软文营销是基于特定产品的概念诉求与问题分析,对消费者进行针对性心理引导的一种文字模式,从本质上来说,它是企业软性渗透的商业策略在广告形式上的实现,通常借助文字表达与舆论传播使消费者认同某种概念、观点和分析思路,从而达到企业品牌宣传、产品销售的目的。

⑦QQ 群推广

QQ 作为现在中国使用群体最多的即时通交流工具,在很大程度上对推广工作起到了很大的帮助,特别是现在的 QQ 群,在推广上更是添加了几分色彩,主要的方式是 QQ 群邮箱,QQ 群信息发布。QQ 群需要掌握一定技巧,建立起口碑营销。

⑧电子杂志营销

电子杂志营销是利用电子杂志为载体的一种营销方式,电子杂志是一种非常好的媒体表现形式,它兼具了平面与互联网的特点,融入了图像、文字、声音等相互动态结合来呈现给读者,是很享受的一种阅读方式。

⑨RSS 营销

RSS 营销是指利用 RSS 这一互联网工具传递营销信息的网络营销模式,RSS 营销的特点决定了其比其他邮件列表营销具有更多的优势,是对邮件列表的替代和补充,RSS 营销的送达率几乎为 100%,完全杜绝未经许可发送垃圾邮件。

⑩搜索引擎营销(SEM)

搜索引擎营销(Search Engine Marketing,SEM)是根据用户使用搜索引擎的方式,利用用户检索信息的机会尽可能将营销信息传递给目标用户。简单地说,搜索引擎营销就是基于搜索引擎平台的网络营销,利用人们对搜索引擎的依赖和使用习惯,在人们检索信息的时候尽可能将营销信息传递给目标客户。搜索引擎营销主要分为两类:一是有价的,称为竞价排名,二是无价的,称为SEO(搜索引擎优化)。

2. 软文推广营销

(1) 狭义软文的定义

指企业/门户花钱在报纸或杂志等宣传载体上刊登的纯文字性的广告。这种定义是早期的一种定义,也就是所谓的付费文字广告。

(2) 广义的软文定义

指企业通过策划在报纸、杂志、DM、网络、手机短信等宣传载体上刊登的宣传性、阐释性文章,用以提升企业品牌形象和知名度、促进企业销售。文章包括特定的新闻报道、深度文章、付费短文广告、案例分析等。一些报刊、杂志会提供登一块广告,附送一大块软文版面,有的电视节目以访谈、座谈方式对企业进行宣传,这都属于软文。因此,软文的形式是多样的。

成功的软文就是把广告写得不像广告。软文是相对于硬性广告而言,由企业的市场策划人员或广告公司的文案人员来负责撰写的"文字广告"。与硬广告相比,软文的精妙之处就在于一个"软"字,绵里藏针、收而不露、克敌于无形。等到你发现这是一篇软文的时候,你已经冷不丁地掉入了被精心设计过的"软文广告"陷阱。它追求的是一种春风化雨、润物无声的传播效果。

(3) 软文推广的目的

软文推广是指以软文的形式把企业的产品、服务、技术、文化、事迹等表述出来,通过媒体(报刊、广播、电视、网络、手机等)广告,让更多的消费者和组织机构了解、接受,从而达到宣传的效果。

从广告心理学来看,软文推广的目的就在于唤起消费者的注意和启发消费者的联想,最终目的在于说服消费者去行动,促进产品的销售。

(4) 软文构成要素

软文主要由以下五个要素构成:谁、说什么、如何说、何地说、何时说。

①谁。软文推广实际上就是要把需要表达的信息传达给目标受众,在相应的用户群体中进行企业或者网站的推广、树立品牌形象,因此首先要确定企业的产品、理念,然后锁定企业的服务对象属于哪些特定群体,分析群体的不同利益点和需求。

②说什么(推广什么)。就是把要表达的信息准确地说出来。比如说,假设一家家装公司做软文推广,公司的目标消费群体就是正在进行家装或准备家装的人。针对这些消费者的需求,软文内容就可以是家装信息,比如装修宝典、货比三家等;也可以用消费者的身份,以装修日记的方式来记录如何完成家装过程,并达到了什么样的效果。

③如何说(怎么推广)。就是通过何种表达方式将信息有效地传递给目标受众,让其在潜移默化中接受引导。"如何说"是五大要素中最重要的一个环节,直接关系到软文质量的优劣并影响到最终的推广效果。无论是对哪一类用户群体的软文,写软文的时候都应将所推广产品或者内容的主要卖点针对性的表述出来。要保证内容对目标受众有帮助,这样才容易被接受。题材要选取目标受众所关注的或者时下业界比较热门的话题,通过话题把所要表达的信息引出来并传达给目标受众,但切记所要表达的信息和话题之间一定要有关联性。

④何地说(在哪推广)。就是选择在什么样的信息载体上投放广告。每一种信息载体都有各自不同的优势,有不同的定位和特定受众群体。需要分析目标受众使用媒体的习惯,将软文有针对性地投放到合适的媒体上,才能"拳头打在点儿上",得到最佳的推广效果。

⑤何时说(什么时候推广)。即选择什么时候投放软文。虽然投放软文是一项长期不断的宣传策略,但事实上在投放时段上也有一定的技巧性。例如,网站新产品上线之前的软文,可对网站用户群体起到"预告"的作用,能制造一定的悬念和神秘感,为网站新产品正式上线起到良好的铺垫作用。在网站新产品上线一段时间后的软文,则能强化消费者的记忆并促进其产生长期使用的欲望,增强他们对网站的黏度。但是,在网站新产品半生半熟的时候千万不能到处推广,对一个不够成熟、没有足够信心的网站产品不要去做盲目的推广,否则可能会产生一些负面效果,宣传越到位,带来的流量越多,损失则可能越大。

其实无论是针对哪一方面的用户群体,软文推广的目的只围绕一个核心:即为推广企业产品和传播企业品牌形象而服务。

(5)软文写作技巧

①以行业趋势为切入点,宣传本企业产品的先进性。

这种宣传不仅提高了企业和产品的市场地位,可以吸引到顾客的关注,还能引起经销商或同行的注意,甚至效仿,在行业内造成口碑。需要注意的是,除了抛出概念外,还应该从非常专业的角度诠释概念的技术支持,使得产品更有说服力,这就需要软文操作者花工夫收集全球有关此专业技术的文章,多方参考,多方引证,并征求技术人员的意见,使之既合理又具有相当价值。

②从消费者生活出发,以故事性引导打动读者阅读下去。

这种模式操作最成功的莫过于索芙特香皂,当时价格达9元之贵的索芙特木瓜香皂就是以它生动的故事描述、神奇的木瓜白肤传说吸引了大批年轻的女性消费者,在香皂市场独树一帜。其实木瓜白肤的功效并不见得真有那么神奇,但索芙特抓住了一般女性对去斑白肤的强烈欲望,并以特有的木瓜香赋予产品神秘的女性味,不仅使它的软文让人欲罢不能,也有效地促进了购买。我们更应该看到,索芙特的软文虽然夸张得有些不可信,但实际上它的内容都来源于真实。比如讲到日本雀斑小明星,有人会以为是个虚假故事,但又不会跑到日本去验证,然而这个小明星却真的是索芙特在日本推广的代言人,索芙特非常巧妙地利用她脸上的雀斑(因为代表了她的形象所以不能去除的理由),推介说如果你有一颗明星标志般的雀斑,最好在用索肤特木瓜白肤香皂时要小心谨慎。其实大家都知道雀斑是很难去掉的,更不用说天天用香皂就可以去斑白肤了,但索芙特如此宣传着实让人们记住了它的产品。从这个故事中我们可以看到,善于巧妙地运用某些客观现象,换个角度提炼产品的利益,组织一些生动的故事并不是想象中那么简单,更不是无的放矢,而是深入思考、富有创意的表现。

③当确立了目标后,软文的发布一定要遵循连续性、计划性的原则。

还是索芙特,它几乎在以后的一两年里都把软文作为最主要的手段,全国各个城市的报纸上都陆续看见它的宣传,故事一个接一个,不重复,却有相当的联系,具体到产品描述时更是完全一样,目的就是反复讲述一个概念。基本上,不少产品在操作软文时都至少以半年作为一个阶段,半年内每周至少见报一次,唯有这样努力的投入才能收到成效。所以软文虽然费用低,但总的投入还是有一定分量的,企业一定要下得了这个决心。

④适当的夸张,在找到支持点后一定要对产品利益作某些夸张描述,不可停留在一般性记述上,语言尤其要口语化。

这种夸张绝不是无中生有、空穴来风,而是在搜罗、分析所有的信息基础上,有根据地作适当的夸大,并以幽默的口吻打动顾客的心。这也可以称为产品宣传上的包装,比如海尔氧吧抗菌空调,如果对空调的技术比较熟悉,就明白它的氧吧就是一个负离子发生器,抗菌光就是一个紫外线光管,但海尔很聪明地把一些大众化词语借用过来,对产品的功效进行适当的比喻夸大,成为业内知名度最高的健康空调品牌。还有除螨,科学调查表明,真正受螨虫困扰的只有少数人,但除螨产品把螨虫说得到处都有、人人都有,于是这个市场又被打开了。因为上述产品并没有做虚假广告,它的说词都是有一定道理的,仅仅是宣传的原因作了适当的夸大,在心理上击中了人们对健康的追求,所以这种操作手法有它的成功之处。不过需要注意恰到好处,千万不能言过其词,做虚假广告。特别在讲到功效时,不可跨越产品本身的局限,说得天花乱坠,否则难免受到查处,给企业带来不必要的损失。

⑤与专业版面合作,选取具新闻价值的切入内容,让软文成为真正的有偿新闻。

这种操作多运用在某个阶段,比如新产品上市、某项公关活动进行时。比较成功的案例有酷儿饮料,它在上市之初配合电视广告、线下活动,刊发一系列具有经典意义的软文,让广告业内人士都大为叹服。可口可乐本身就是一个新闻报道对象,它的动作总是让记者们主动抢着发布,所以酷儿上市时就考虑到利用可口可乐企业品牌,软文的标题极具新闻眼,比如:可口可乐掷1亿打造酷儿饮料品牌(1亿足以吸引关注)、角色行销进入中国(一个对新闻界来说全新的名词)、广告总监谈角色行销(以广告公司人员而非企业人员身份,没有自我推销之嫌)。这些文章虽然出现在新闻、专刊版面,但短期间内发布频繁,无疑是企业操作所为,它能够突破有偿新闻的检查限制,在标题中大胆亮出企业和产品的名号,说明标题本身具有强烈的新闻性质,也证明为酷儿操作这组软文的广告公司极具创意。而这些内容都是通过努力挖掘出来的,非凭空想象。

(6)软文的三种基本形式

①针对媒体

针对媒体,是指专门在媒体上进行推送的新闻或是公关稿。通常这种方式是在有重大事件、活动时进行新闻炒作。比如网站上线、新产品发布等。

这种文章的表现形式基本上是以传统的新闻形式为主。在写作上,注意深入挖掘事件本身的新闻价值,内容上尽量与一些热点事件或是有影响力的平台联系。比如新的产品概念、新的网站模式、某某名人参与了投资等。

在媒体选择方面,主要是以各种新闻媒体为主,特别是行业新闻媒体。

②针对行业

所谓的针对行业,就是针对行业内用户人群。比如说IT类网站,就是针对IT领域的人群,如果是行业类网站,就是针对所在行业圈的人。一般这种文章主要是为了扩大业内影响力,奠定品牌地位。与第一条比,这条的表现形式就要多一些了,写作重点也不一样。五条最常见的主题类型为经验分享、观点交流、权威资料、第三方评论和人物访谈。

③针对用户

这条最常用了,就是指直接面对最终用户的文章。这类文章的主要作用是赢得用户好感,增加用户信任度,甚至引导用户消费行为。这类文章的表现形式多样,但基本原则只有一条,就是以用户需求为主,要有一定的阅读性。常见的主题类型有应用型、娱乐型、争议型、图片型、报料型和综合型等。

(7)软文的案例分析

案例分析

①根据素材撰写软文

商品信息:联想 U150-STW

价格:3 350 元

性能参数:11.6 英寸(1366×768 分辨率)显示屏,硬件配备了 Intel 赛扬双核 SU2300 处理器,1GB DDR3 内存,250GB 硬盘,集成 Intel GMA X4500 显示芯片,不带光驱,机身总重约 1.35Kg。接口方面:联想 U150-STW 提供 3 个 USB2.0 接口,5 合 1 读卡器,VGA,HDMI,RJ45(网络接口),耳机输出接口,麦克风输入接口,电源接口,e-SATA 接口。网络方面:联想 U150-STW 内置无线网卡,1000Mbps 以太网卡,内置蓝牙。机身尺寸:290×191.5×13.5～24.4mm。其他方面:联想 U150-STW 出厂带正版 Windows 7 Home Basic 操作系统,3 芯锂电池,集成 130 万像素高清摄像头,杜比认证音效,立体声扬声器,整机保修两年。

性能特点:APS 硬盘防护系统,Multi-touch 多点触控板,杜比音效认证,智能人脸识别,一键拯救系统,闪联任意通

适用场合:出行、移动办公

②软文参考答案

休闲娱乐,外出旅行,自然少不了上网、视频、音乐、游戏。今天,为大家介绍一款上网本,以便大家出行携带,给您的休闲生活带来更丰富的视觉、听觉享受。让我们一起来看一下吧。

它就是联想 U150-STW,极致轻薄,上市以来得到用户喜爱,红星空纹亮丽面板,白色星空键盘及掌托,具有 APS 硬盘防护系统,Multi-touch 多点触控板,杜比音效认证,智能人脸识别,一键拯救系统,闪联任意通等特点。

联想 U150-STW 采用 11.6 英寸(1366×768 分辨率)显示屏,硬件配备了 Intel 赛扬双核 SU2300 处理器,1GB DDR3 内存,250GB 硬盘,集成 Intel GMA X4500 显示芯片,不带光驱,机身总重约 1.35Kg。

接口方面:联想 U150-STW 提供 3 个 USB2.0 接口,5 合 1 读卡器,VGA,HDMI,RJ45(网络接口),耳机输出接口,麦克风输入接口,电源接口,e-SATA 接口。

网络方面:联想 U150-STW 内置无线网卡,1000Mbps 以太网卡,内置蓝牙。机身尺寸:290×191.5×13.5～24.4mm。

其他方面:联想 U150-STW 出厂带正版 Windows 7 Home Basic 操作系统,3 芯锂电池,集成 130 万像素高清摄像头,杜比认证音效,立体声扬声器,整机保修两年。

联想 U150-STW 拥有超轻薄的机身,方便出行、移动办公,并配备英特尔双核处理器,性能方面可以满足普通家用、商务办公、影音视频等需求,目前售价仅为 3 350 元,性价比超高,感兴趣的朋友不妨关注。

【项目规划】

经过系统的学习,王东东对营销推广的基础知识有了更深入的了解。作为一名自己开网店的创业者,面对全新的商务平台,他想做以下尝试……

任务计划书

> ➤ 任务一　模板管理
> ➤ 任务二　站点管理
> ➤ 任务三　页面管理
> ➤ 任务四　友情链接

【项目执行】

任务一:模板管理

1. 模板介绍

网页模板就是已经做好的网页框架,使用网页编辑软件输入自己需要的内容,再发布到自己的网站。置换模板可以改变网页所有的内容布局、颜色、风格等。

打开任意一个 EcStore 网站,看到的即为模板的前台表现形式。模板可随时在后台进行切换、编辑。

后台依次点击"站点—模板管理—模板列表",可以看到当前使用的模板与已经上传的模板,如图 6-1 所示。

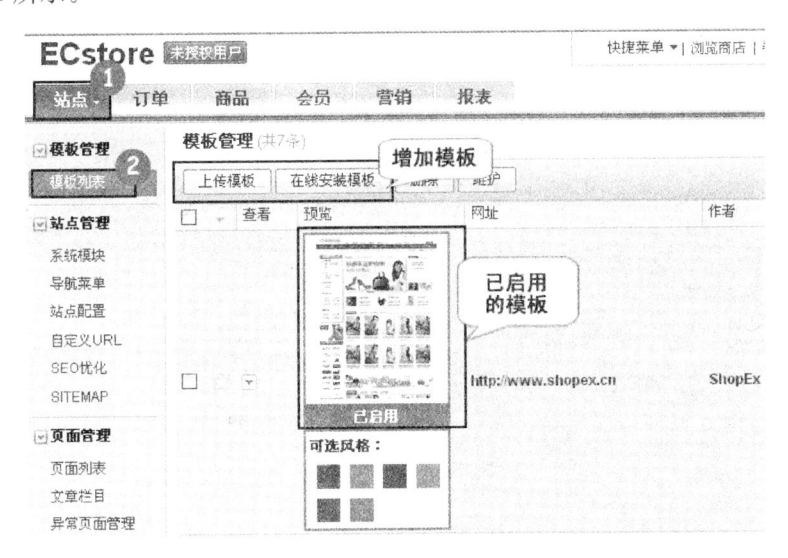

图 6-1　当前使用的模板

(1)更换模板

安装 EcStore 后,里面有内置模板,同时也可以安装新的模板。

Step1:后台,依次点击"站点—模板列表—在线安装模板",系统会弹出如图 6-2 所示的

对话框。

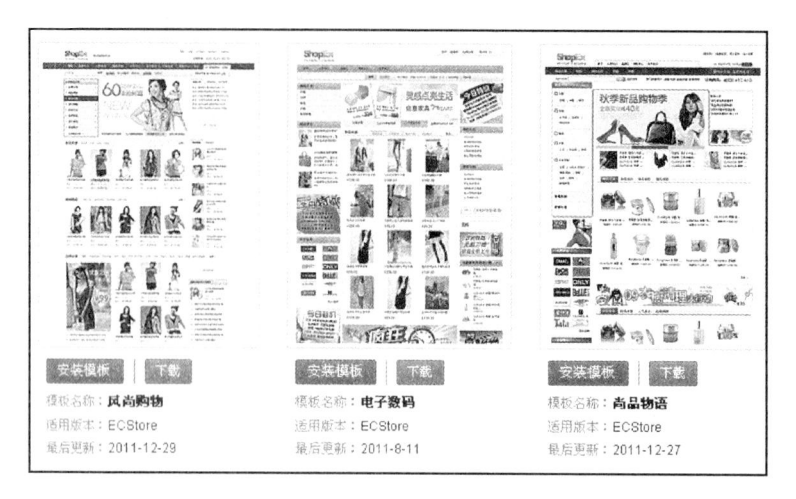

图 6—2 在线安装模板

Step2：在线安装则直接在 EcStore 系统内添加新的模板，下载则会在本地生成新的模板文件。格式为.tgz，如图 6—3 所示。

图 6—3 本地生成新的模板文件

（2）上传模板

新的模板下载后，先解压，然后再上传就可以使用了。

Step1：点击"上传模板"，如图 6—4 所示。

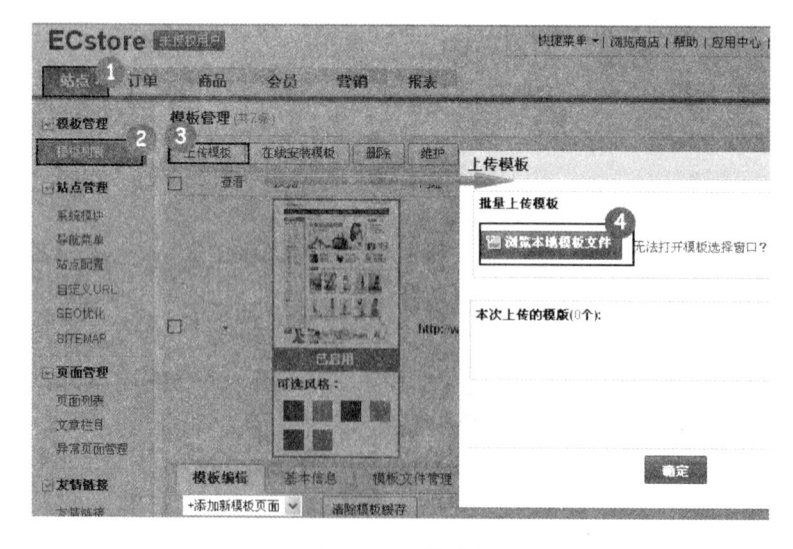

图 6—4 上传模板

Step2：浏览刚才下载的模板包，如图 6—5 所示。

图 6-5 浏览刚才下载的模板包

Step3：上传成功后会出现在模板列表中，如图 6-6 所示。

图 6-6 上传成功后会出现在模板列表的模板

(3) 编辑模板页面

Step1：如果要修改当前模板页面中内容，或重新调整版块，就需要对模板进行编辑。如图 6-7 所示。

图 6-7 对模板进行编辑

Step2：点击"上面"按钮，进入模板编辑页面，如图 6-8 所示。

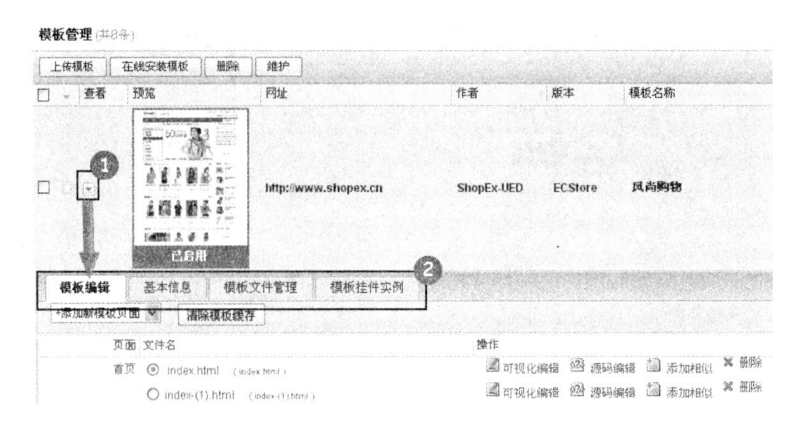

图 6－8　编辑模板

①模板文件：可以对前台各个页面进行管理，可视化编辑以及源码的编辑，如图 6－9 所示。

图 6－9　可视化编辑以及源码的编辑

可视化编辑，为直接在前台页面上进行修改，较为直观，适合多数使用者。源码编辑为通过代码编辑页面，适合专业人员使用，如图 6－10 所示。

图 6－10　源码编辑

添加相似：可以为当前栏目增加相似页面，并对其进行编辑。

删除：删除按钮就会永久删除此页面，用户在删除页面之前最好先做一下备份，以免删除之后带来的不便。

②基本信息：当前模板的一些基本信息，包括名称、对应版本、作者等。

③模板文件管理：管理模板中的 css 样式表。

④备份与还原：可对当前模板的设定与编辑进行备份，以后可直接还原为备份前的设定。

⑤下载模板：可把当前已安装的模板，下载为本地文件，这样可以与他人共享自己的模板。

⑥模板缓存:清楚当前模板缓存,当模板发生异常时,可手动进行清空。

2.更换首页轮播广告

首页轮播广告是指放置在网站首页可以让图片轮流显示的广告,可以让客户进入网站时第一时间被广告吸引,从而达到非常好的广告效果。在 EcStore 系统中,是用 flash 组件来实现此功能。

打开 EcStore 的网页,一般均会在顶部看到轮播广告。

(1)编辑版块

Step1:依次点击"站点—模板列表—编辑按钮—选择首页可视化编辑",如图 6-11 所示。

图 6-11　首页可视化编辑

Step2:编辑轮播图片版块,如图 6-12 所示。

图 6-12　编辑轮播模块

Step3:在此界面中可修改轮播图片的所有信息。设置轮播图片的尺寸、上传图片、修改图片对应的链接,如图 6-13 所示。

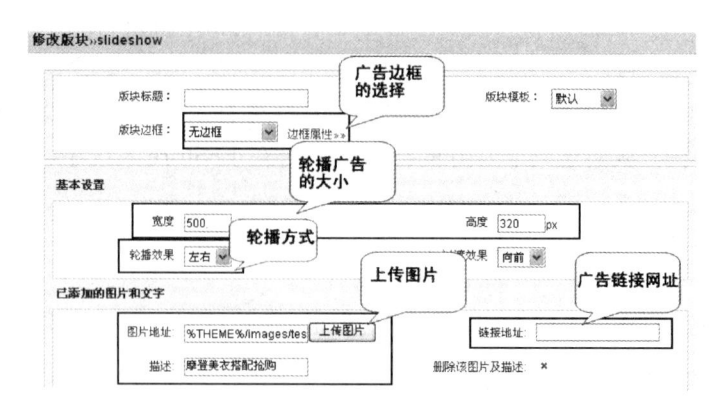

图 6—13 设定轮播广告信息

(2)替换图片

上传图片:页面有三种图片插入方式。

①从本地选择图片

Step1:选择本地图片进行上传,如图 6—14 所示。

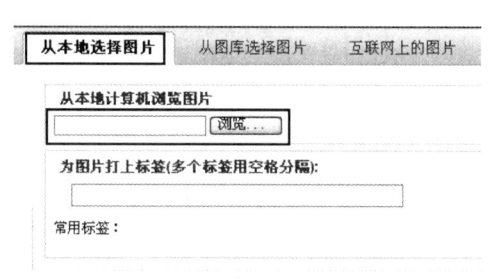

图 6—14 从本地选择图片

Step2:选择本地的适合图片,如图 6—15 所示。

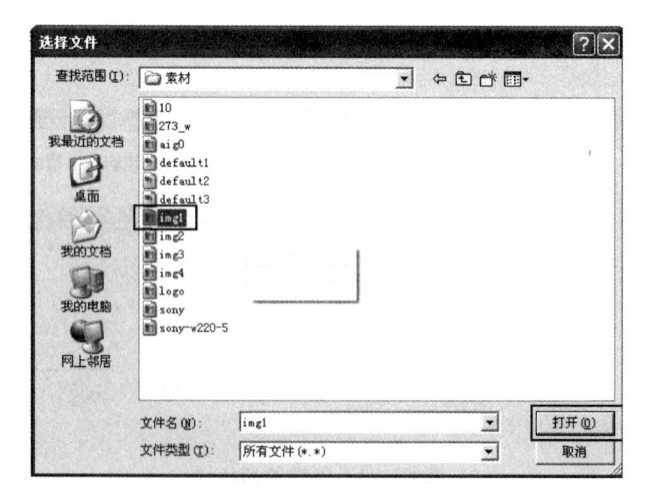

图 6—15 选择本地的图片

Step3:上传图片,如图 6—16 所示。

图 6—16　上传图片

Step4：上传后可增加链接，如图 6—17 所示。

图 6—17　增加链接

Step5：最后在页面下方保存修改。
②网络图片地址：输入图片的网络链接地址，如图 6—18 所示。

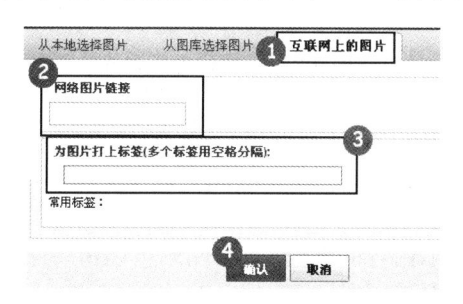

图 6—18　输入图片的网络链接地址

例如，我们在淘宝网上看到一张精美的广告图片，想把这张图片放在网站上，用鼠标在图片上右击点属性，把图片的 URL 地址复制并输入，保存后就会出现这张图片，如图 6—19 所示。

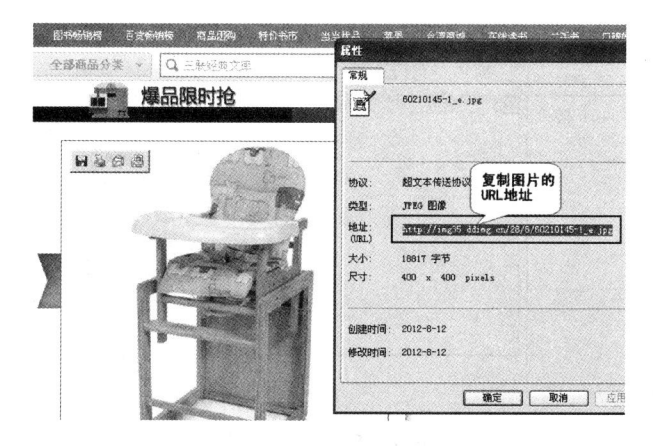

图 6—19　复制图片的 URL 地址

把刚才的 URL 地址复制在下面，如图 6—20 所示。

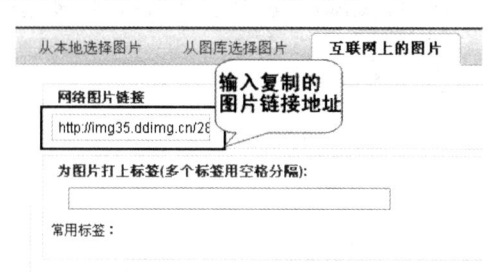

图 6—20　复制 URL 地址

③使用图库：就是从已经上传到商店中的所有图片中选择，如图 6—21 所示。

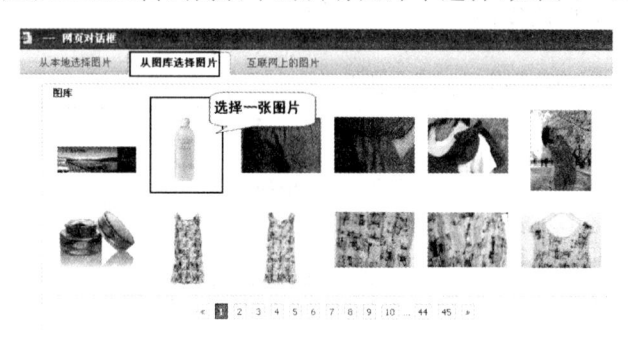

图 6—21　选择一张图片

确定并为图片增加链接地址，保存后即可，可以根据实际情况来选择图片添加方式，让轮播图片更精彩。

3. 添加版块

版块是指网站中栏目显示内容的部分，一个网站可以由多个版块组成，店主可以根据自己的需求来编辑网站中的版块布局。

模板编辑状态下，页面版块如图 6—22 所示。

图 6—22　编辑版块

[例] 添加一个最新订单的版块,可以让顾客在前台看到商店中的最新订单。

(1)版块选择

Step1:依次点击"站点—模板列表—编辑模板",如图6-23所示。

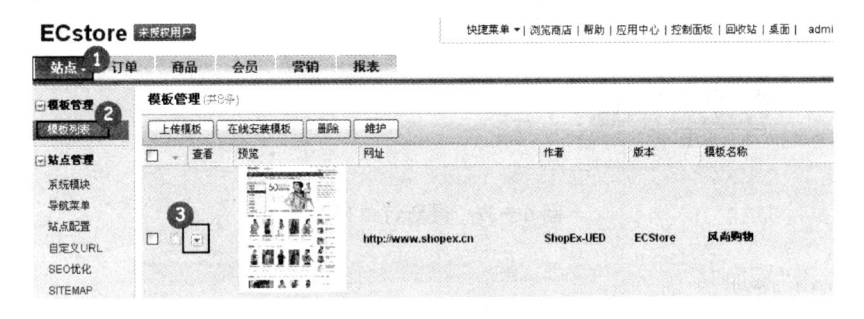

图6-23 编辑模板

Step2:点击"可视编辑",如图6-24所示。

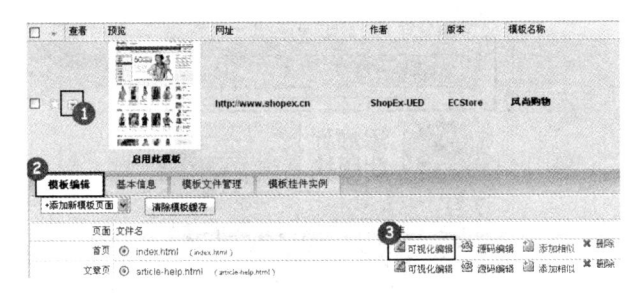

图6-24 可视编辑

Step3:然后点击"添加"版块,如图6-25所示。

图6-25 添加版块

Step4:选择需要添加的版块类型,本例是添加订单方面版块。先选择详细版块,如图6-26所示。

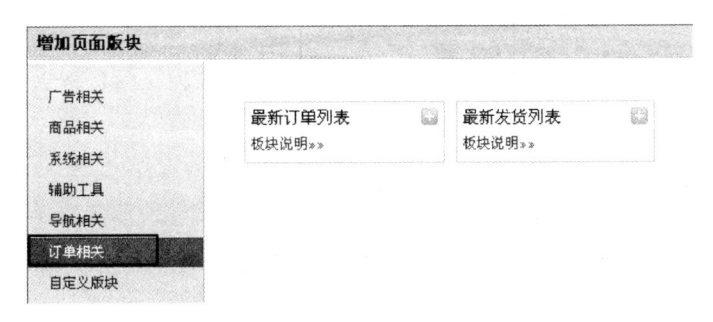

图6-26 添加订单版块

Step5：点击"添加"最新订单列表，如图 6－27 所示。

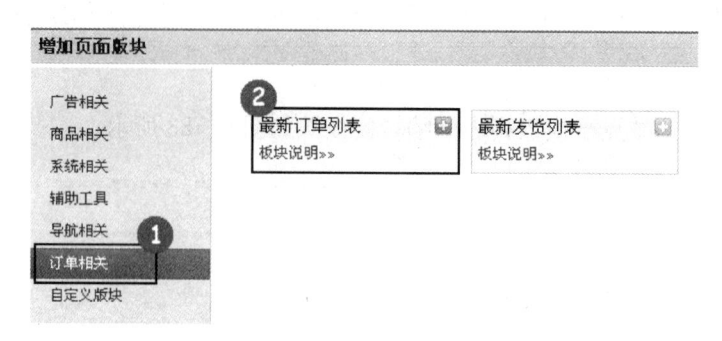

图 6－27　最新订单列表

Step6：点击"添加"。

（2）选择要添加区域

任何蓝色的区域都可以添加版块，如图 6－28 所示。

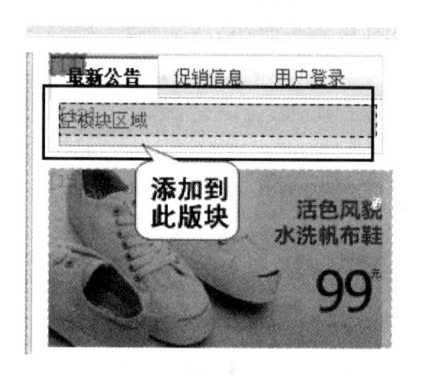

图 6－28　选择要添加区域

（3）编辑版块

Step1：版块的内容根据自己的需求编辑就可以了，如图 6－29 所示。

图 6－29　编辑版块

Step2:点击"添加",如图 6-30 所示。

图 6-30 点击"添加"

Step3:保存修改,如图 6-31 所示。

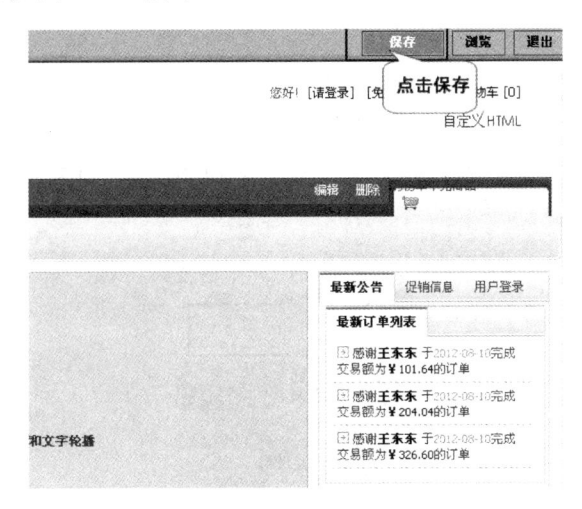

图 6-31 保存修改

4. 添加在线客服

在线客服是指显示在网页上的即时通信工具,如 QQ、MSN、各种网页在线客服等。在线客服可以使顾客在浏览网站时与店主直接进行沟通,从而会更好的提高网站产品的销量。

(1)添加在线客服版块

Step1:依次点击"站点—模板列表—编辑",然后选择首页可视化编辑,如图 6-32 所示。

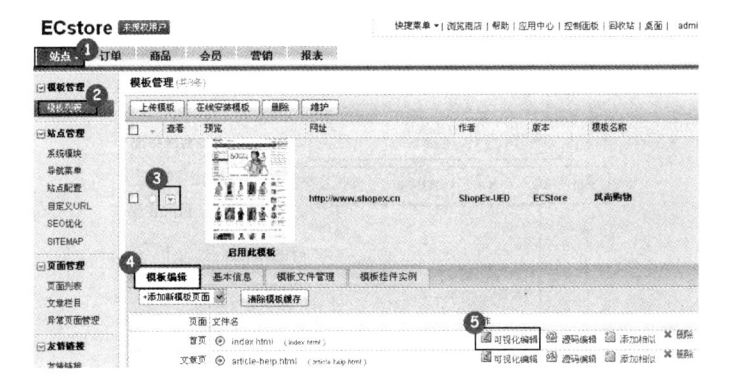

图 6-32 可视化编辑

208　电子商务管理

Step2：点击"添加"版块，如图 6－33 所示。

图 6－33　添加版块

Step3：选择"辅助工具—即时通讯"，如图 6－34 所示。

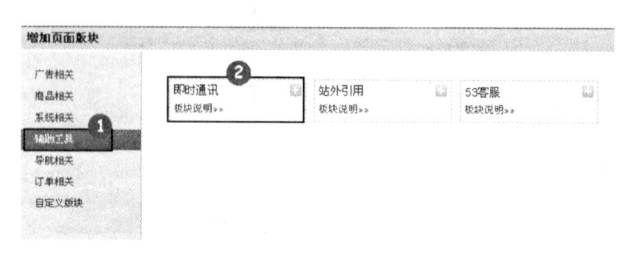

图 6－34　选择辅助工具—即时通讯

Step4：点击"添加"版块到页面，选择版块要添加到的区域，如图 6－35 所示，选择版块要添加到的区域。

图 6－35　添加到区域

（2）编辑版块

Step1：在新版块页面分别输入 QQ 号码、MSN 账号、阿里旺旺账号及相应的文字说明，如图 6－36 所示。

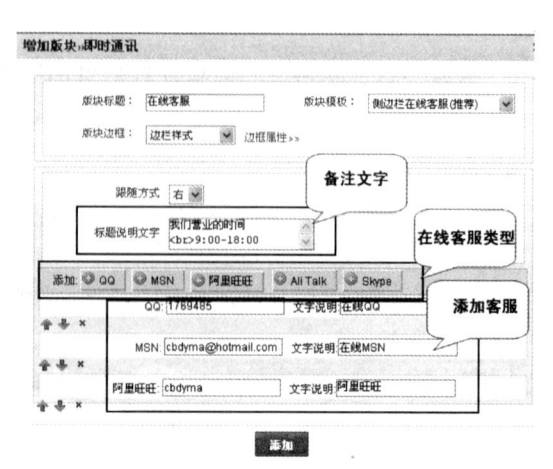

图 6－36　输入相关的信息

Step2：保存修改，如图 6－37 所示。

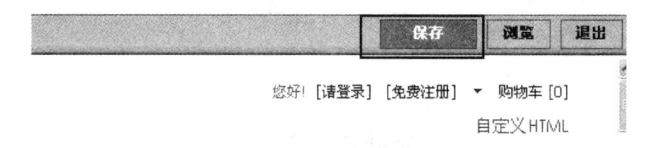

图 6－37　保存修改

Step3：浏览商店，刚才添加的即时通讯版块会在相应位置出现，如图 6－38 所示。

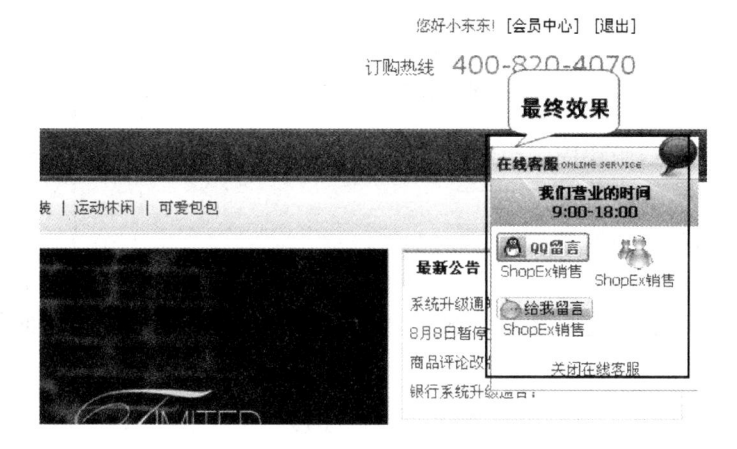

图 6－38　前台显示效果

5.模板中的版块说明

我们知道，在"拼图"游戏中，一个拼图是由很多拼块组成的，拼块来回移动就可以组成一幅完整的拼图了。那么在 EcStore 模板页面中也是这样，一个页面就是一幅拼图，而拼块就是版块。一个页面就是由多个版块组成，这些版块可以在页面中随意移动，从而组成不同的页面。

（1）版块常识

设计师在完成一个模板后，通常其中已经包括了商店日常能用到的基本功能。上传模板后，直接启用就可以了，不需要再做特别的修改。在模板的每一个页面中，都是由若干个版块组成的，如图 6－39 所示。

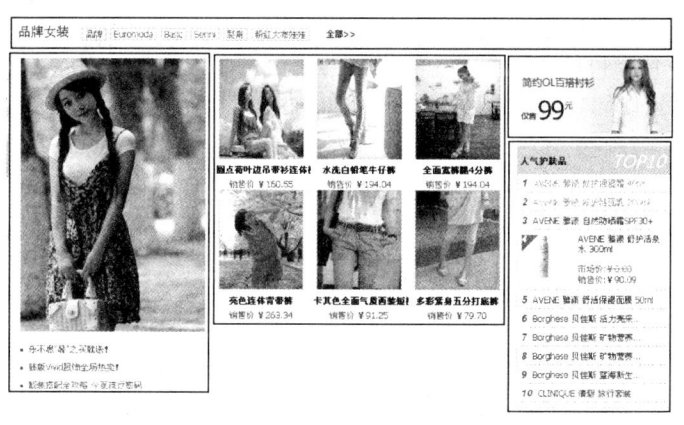

图 6－39　版块介绍

其中的框中区域就是一个个的版块,任何一个版块均可以编辑、删除、移动。把鼠标放在版块的"深蓝色"边缘,按住左键,拖动鼠标,就可以移动这个版块。如图 6—40 所示。

图 6—40　拖动时显示橙色区域线

如果有适合的地方,版块周围也同样会有橙色区域线,此时,松开鼠标,就完成了版块的移动。

(2) 模板中内置的版块种类

模板中按前台表现形式对版块进行了分类,主要是辅助工具、广告相关、商品相关、系统相关、导航相关、订单相关、自定义版块。每一分类包括了多种表现形式不同的具体版块,如图 6—41 所示。

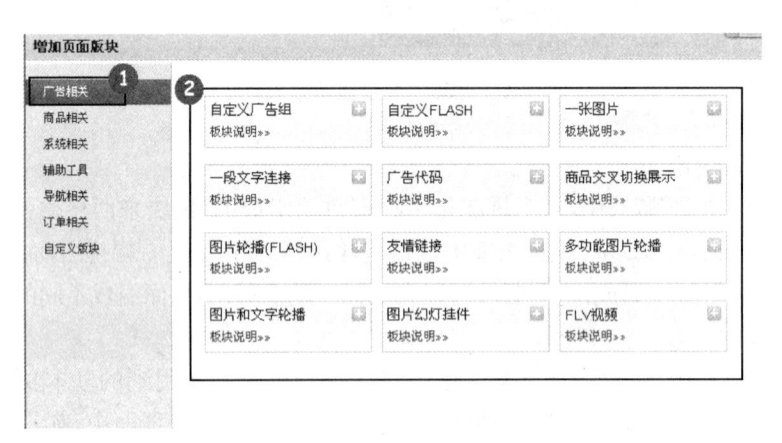

图 6—41　模板中内置的版块种类

每一分类下都有各自的具体版块,在此不一一举例。要添加某个版块时,先决定功能,再选择版块分类,然后选择具体版块就可以了,就如同在多个商品分类中选择商品一样。

(3) 版块的添加与删除

当模板中原有版块已经不能满足需要时,可以添加相应的版块。比如,添加另一个商品广告版块,步骤如下:

Step1:编辑模板首页,添加版块,如图 6—42 所示。

图 6—42　添加版块

Step2：在可视化编辑中点击添加版块，如图 6－43 所示。

图 6－43　添加版块

Step3：依次点击"广告相关—商品交叉切换展示"，如图 6－44 所示。

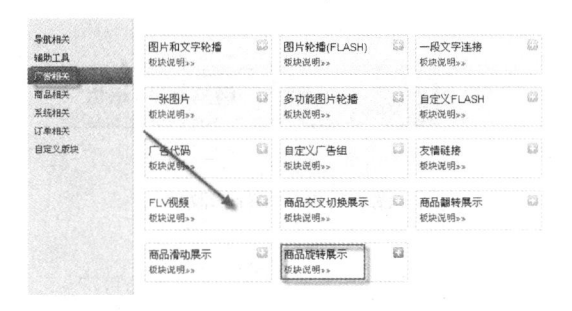

图 6－44　添加商品交叉切换展示版块

Step4：在模板中添加时，只能往蓝色区域中添加，一般会在这些区域的下方，如图 6－45 所示。

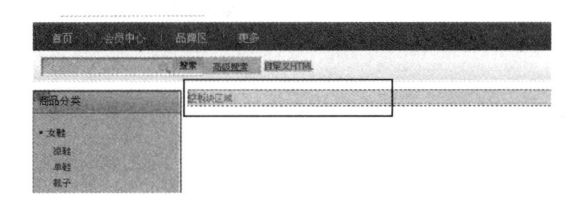

图 6－45　点击蓝色新区域

Step5：点击后，会显示版块的具体内容，如图 6－46 所示。

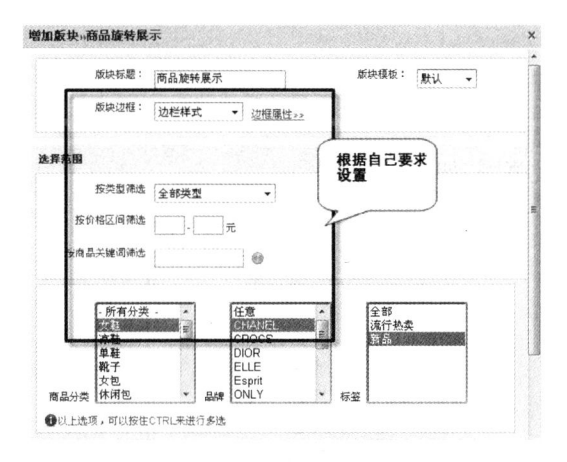

图 6－46　显示版块的具体内容

Step6：如果对某个版块不满意，可以点击版块上的"删除"按钮，模板就会删除此版块，如图 6—47 所示。

图 6—47　删除版块

对版块进行添加或删除后，需要对模板进行保存，才会有效，点击上方的保存按钮即可，如图 6—48 所示。

图 6—48　保存修改

（4）版块编辑

版块添加完成后，可以立即对版块内容进行设置，也可在运行后的任何时间对此版块内容进行编辑。

Step1：以刚才添加好的广告版块为例，点击编辑，如图 6—49 所示。

图 6—49　编辑版块

Step2：系统会显示版块功能区，修改版块边框，可以选择内置的边框，如图 6—50 所示。

图 6—50　显示版块功能区

Step3：选择商品类型范围，如图 6—51 所示。

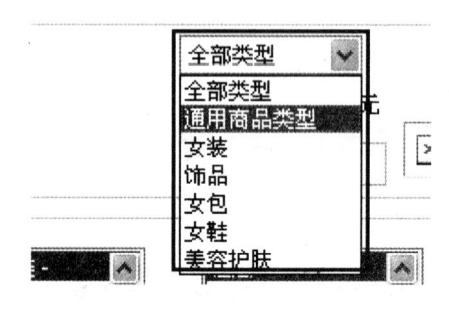

图 6—51　选择商品类型范围

Step4：商品分类、商品类型等具体内容均可单独设置，如图 6—52 所示。

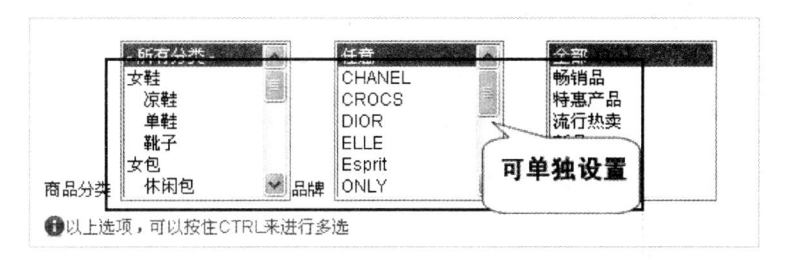

图 6—52　具体内容均可单独设置

（5）修改后的模板备份

如果对某个模板进行了大量的修改，则修改结束后，请对此模板进行备份，点击模板中的下载模板，保存在本地就可以了，如图 6—53 所示。

图 6—53　修改后的模块备份

至此，模板版块说明完毕，具体操作可根据实际情况灵活使用。

任务二：站点管理

在 EcStore 中，许多功能可以用 APP 方式实现，或者理解为功能模块。每个模块都可以单独调教，对二次开发人员来说，也可以模块的说明进行相应的修改或调整。

1. 站点模块

（1）模块界面介绍

Step1：后台，依次点击"站点—站点管理—站点模块"，如图 6—54 所示。

图 6—54　站点模块

此界面中显示的是系统安装时内置的一些基本的模块。依次说明这些模块存在的位置、名称及生效范围。这些基本模块，默认全部开启。

Step2：点击左边"小三角"，可以查看此模块一些描述信息，如图6-55所示。

图6-55　查看此模块一些描述信息

（2）关闭模块的前台表现

如果关闭某个模块，则在前台的调用位置即显示错误。比如关闭会员中心模块，如图6-56所示。

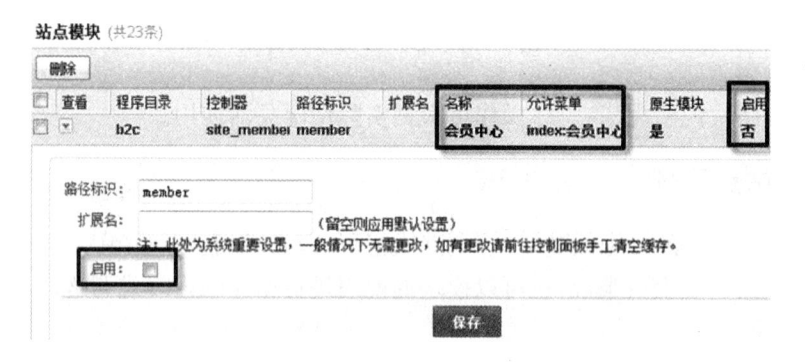

图6-56　关闭会员中心模块

此时在前台注册或会员登录，跳转到会员中心时则会提示错误。

2. 导航菜单

导航菜单主要是控制前台导航的内容与排列顺序，也可以设置是否显示，是否新开窗口。打开一个EcStore网站，顶部菜单即导航栏目，如图6-57所示。

图6-57　导航菜单

(1)导航菜单界面说明

后台,依次点击"站点—站点管理—导航菜单",如图6-58所示。

图6-58 导航菜单

窗口中内容为当前的导航菜单内容。可编辑、可查看、可调整顺序、可隐藏。其中的排序并不是在后台的顺序,而是在前台的显示顺序,小的显示在前。

(2)编辑导航菜单

Step1:编辑菜单,点击界面中的"编辑",即可弹出编辑界面,如图6-59所示。

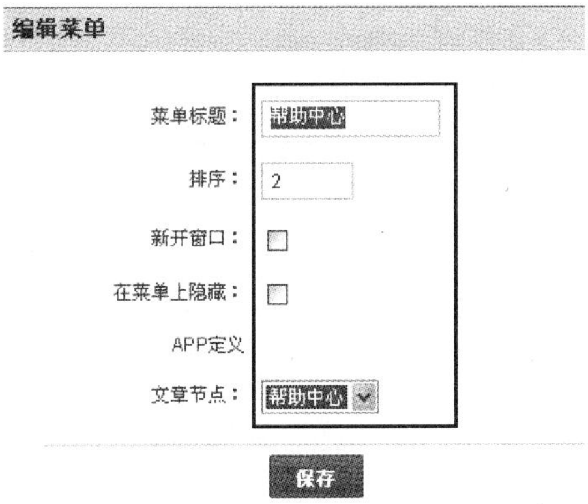

图6-59 添加菜单

Step2:调整后,保存即可。

(3)添加导航菜单

Step1:点击界面中添加菜单,如图6-60所示。

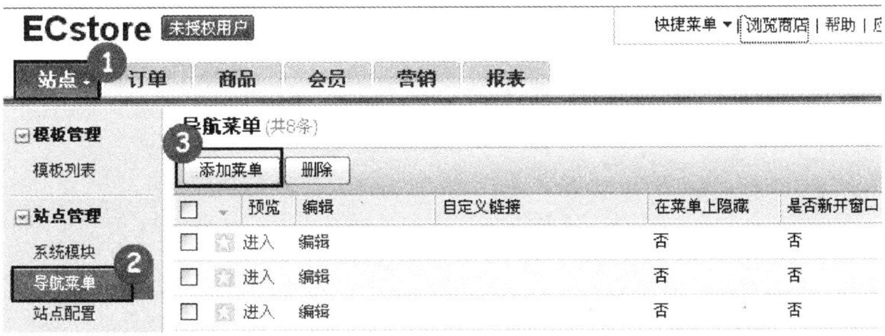

图6-60 添加菜单

Step2：弹出添加界面，如图 6－61 所示。

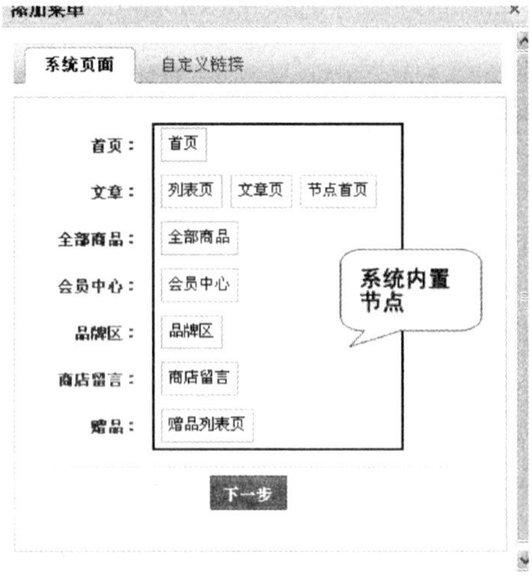

图 6－61 系统内置节点

Step3：其中 APP 模块即系统默认的节点，可以直接选择操作选择后，下一步会跳转到编辑界面，如图 6－62 所示

图 6－62 跳转到编辑界面

Step4：保存后即可。自定义链接则是其他内容，比如论坛的链接，如图 6－63 所示。

图 6－63 自定义链接

Step5：保存后即可。

3. 站点配置

EcStore 中站点配置模块，可以对站点名称和页面底部的信息进行修改，以及一些站点上的高级设置。本节中会对这些加以叙述。

前台显示，如图 6-64 所示。

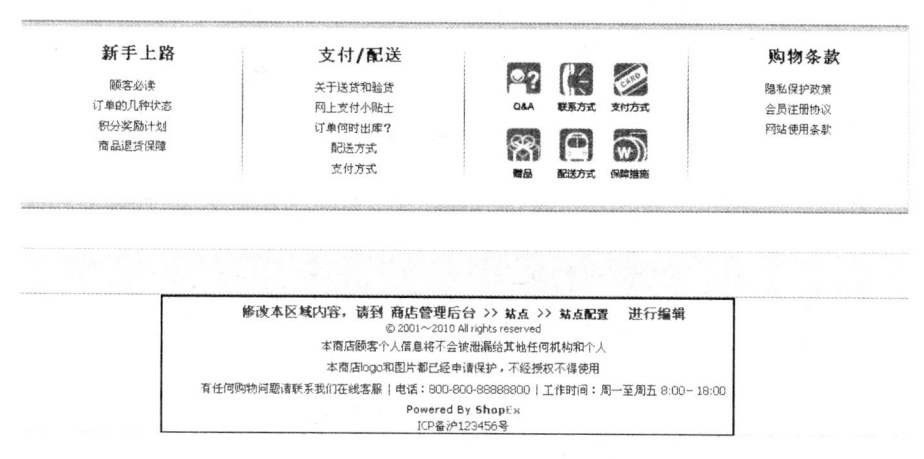

图 6-64　前台显示

（1）修改底部信息

Step1：在网店管理后台，依次点击"站点—站点配置—基本信息"，如图 6-65 所示。

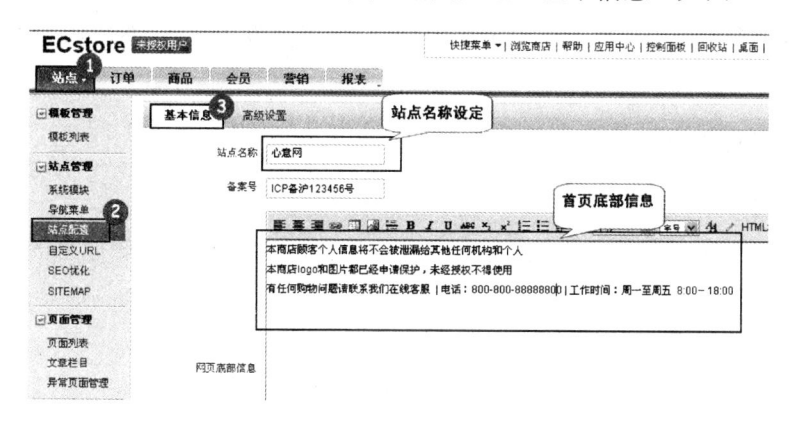

图 6-65　基本信息设定

Step2：进行编辑，点击"确定"，如图 6-66 所示。保存后，到前台便可显示修改后的效果。

图 6-66　点击"确定"

（2）配置站点的高级设置

Step1：依次点击"站点—站点配置—高级设置"，如图 6-67 所示。

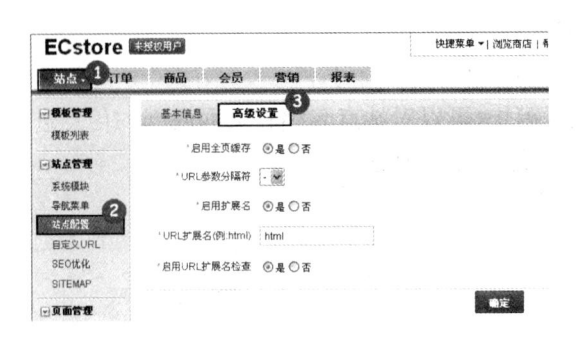

图 6-67　高级设置

Step2：接着按情况配置，包括全页缓存、页面分隔符、页面扩展名等，如图 6-68 所示。

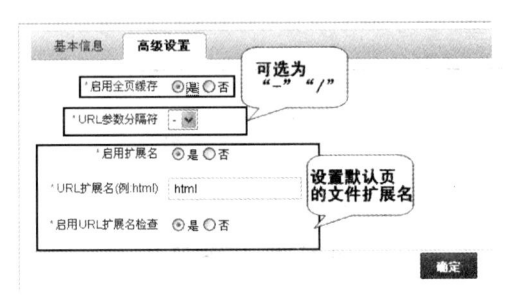

图 6-68　所示配置信息

这些内容对搜索引擎的收录会有极大的帮助，可以多设置一下，观察收录情况，找到最佳设置。

任务三：页面管理

1. 页面列表

页面列表中的内容为商店中所有的文章及单独页，在这里可以编辑原来的文章与页面，也可以添加新的文章与页面。

（1）列表功能说明

后台，依次点击"站点—页面管理—页面列表"，如图 6-69 所示。

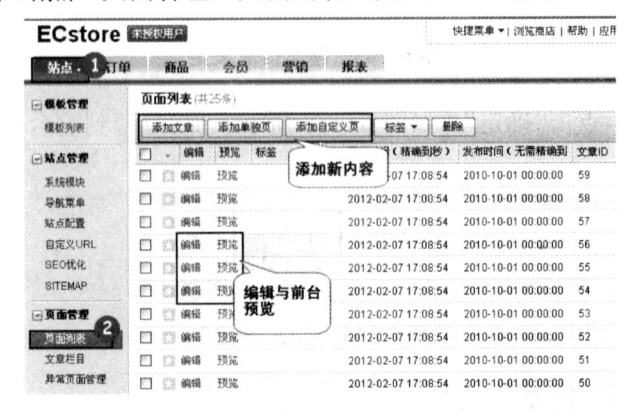

图 6-69　页面列表

(2) 添加文章

Step1：在添加文章前需要准备好文章的内容，并设置好文章所属的栏目，如图 6－70 所示。

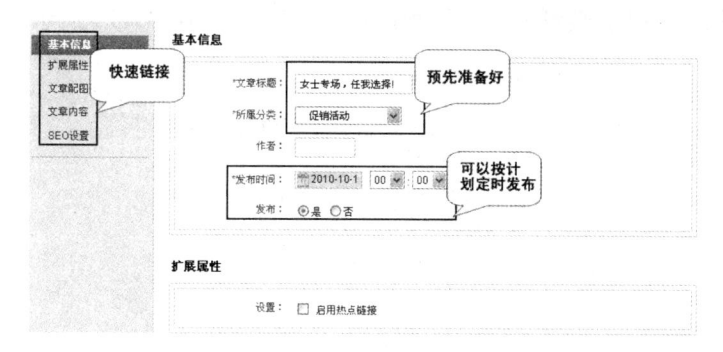

图 6－70　设定相关信息

Step2：内容与 SEO 可以用准备好的材料快速录入，如图 6－71 所示。

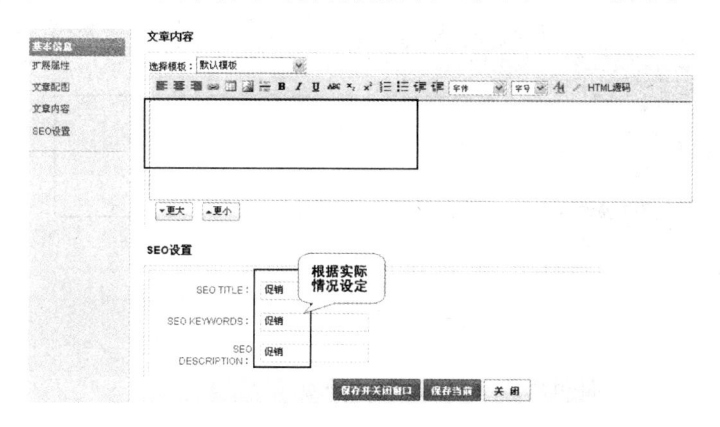

图 6－71　设定 SEO 设置

Step3：保存后即会显示在列表中，如图 6－72 所示。

图 6－72　页面列表显示

Step4：前台预览，如图 6－73 所示。

图 6－73　前台预览

(3)添加单独页

添加单独页前需要准备好单独页的内容与单独页所属栏目,点击"添加"单独页,显示的界面与添加文章时大多相同,只是多了个模板的选择与编辑,如图6-74所示。

图6-74 添加单独页

编辑模板前需要先保存当前页,选择模板后,可以编辑,如图6-75所示。

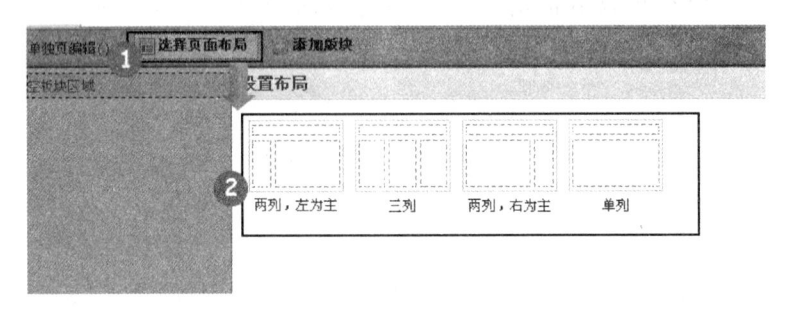

图6-75 保存页面

此页面中可以选择页面布局,也可以添加版块。

(4)添加自定义页

添加自定义页前需要准备好自定义页的内容与自定义页所属栏目,点击"添加",显示的界面与文章页、单独页基本相同,所不同的是内容页完全自定义,如图6-76所示。

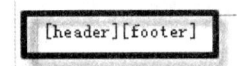

图6-76 自定义内容

2.文章栏目

文章栏目主要描述整个商店总的文章架构及单独页的所属分类,良好的文章架构会给用户非常好的阅读享受。

(1)界面介绍

Step1:后台,依次点击"站点—页面管理—文章栏目",如图6-77所示。

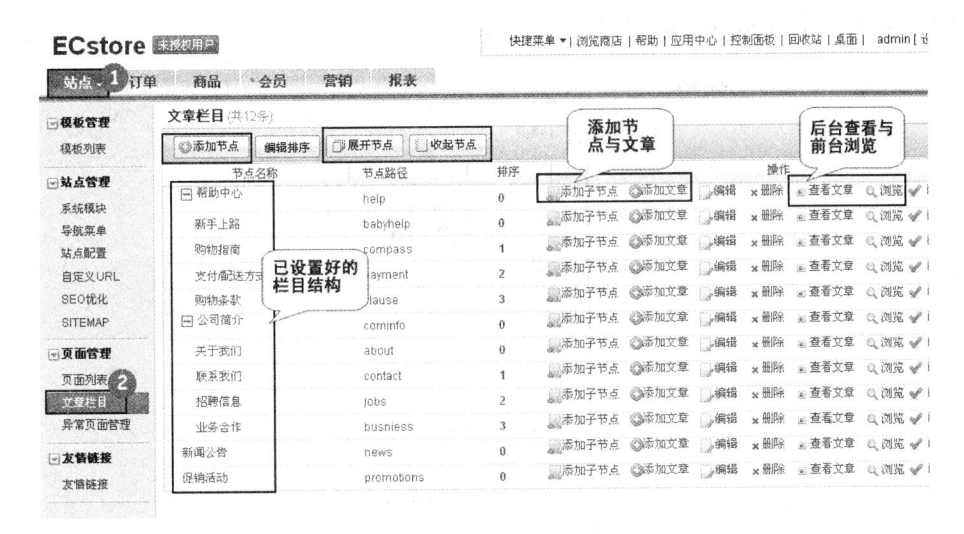

图 6-77　文章栏目

这里的节点相当于商品分类,可以有多级分类。文章相当于单个商品,可以编辑与添加。

查看文章:在后台查看此节点下的所有文章。

浏览:在前台查看此节点下的所有文章。

展开节点:将所有节点及节点下的子节点全部展开,此页面默认是展开状态。

收起节点:只显示顶级节点,如图 6-78 所示。

编辑排序:可在列表状态下编辑所有节点的显示顺序。

图 6-78　收起节点

(2)编辑节点

Step1:点击某个要编辑的"节点",如图 6-79 所示。

图 6-79　点击某个要编辑的"节点"

Step2：点击后会显示具体内容，如图 6-80 所示。

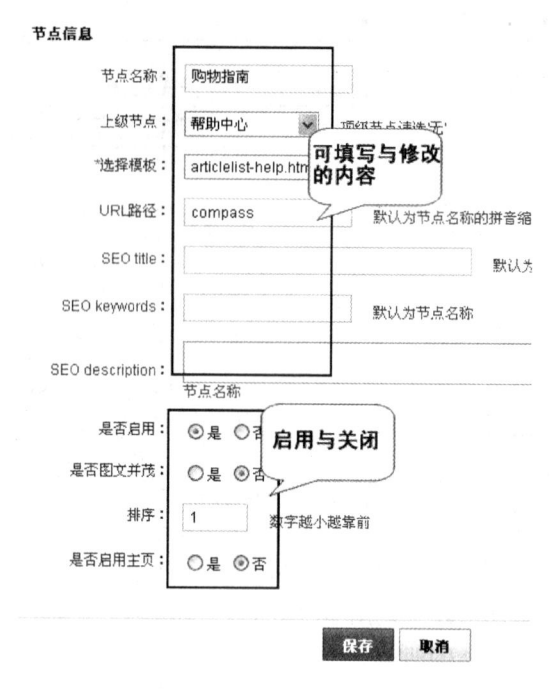

图 6-80　显示具体内容

Step3：是否启用主页：默认是不开启的，是自己单独一个页面。如果想使用默认的页面，可点击"是"，此时会显示，如图 6-81 所示。

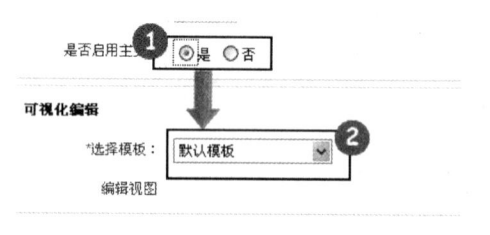

图 6-81　启用主页

Step4：编辑的时候就会跳转到模板的编辑页面，此页面可以选择版面，也可以添加版块，如图 6-82 所示。

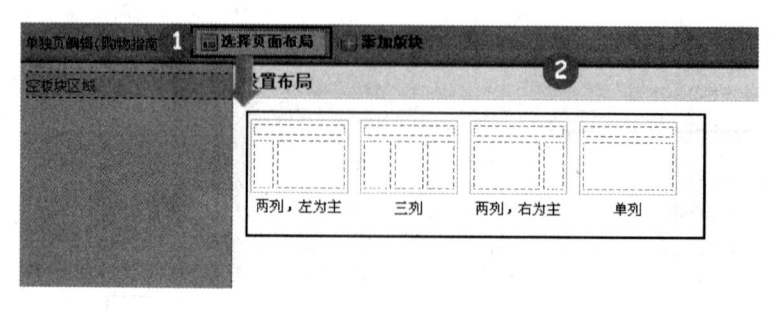

图 6-82　选择页面布局

(3)添加新节点

可以添加顶级节点,也可以在已经存在的节点上添加一个子节点,如图6-83所示。

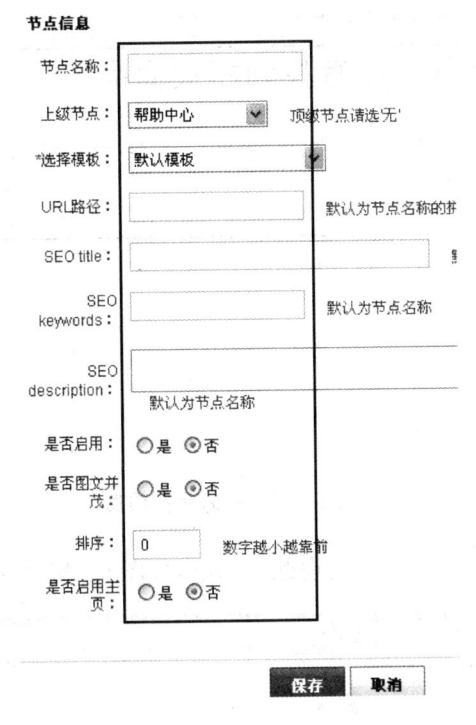

图6-83 添加新节点

3. 提示信息

提示信息一般是指在某些特殊情况下出现的提示信息,让用户知道当前状况,并进而提供接下来可以进行的其他动作。

(1)搜索空时的提示信息

Step1:后台,依次点击"站点—页面管理—提示信息",如图6-84所示。

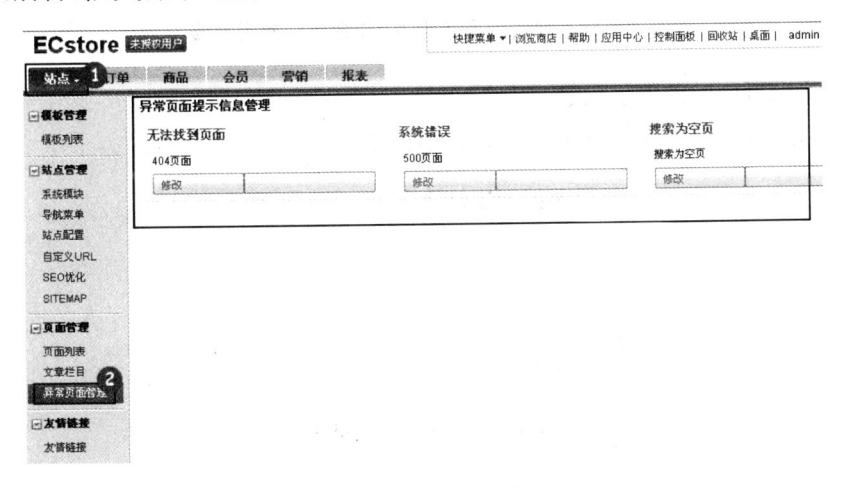

图6-84 提示信息

Step2：修改其中的提示信息，如图 6-85 所示。

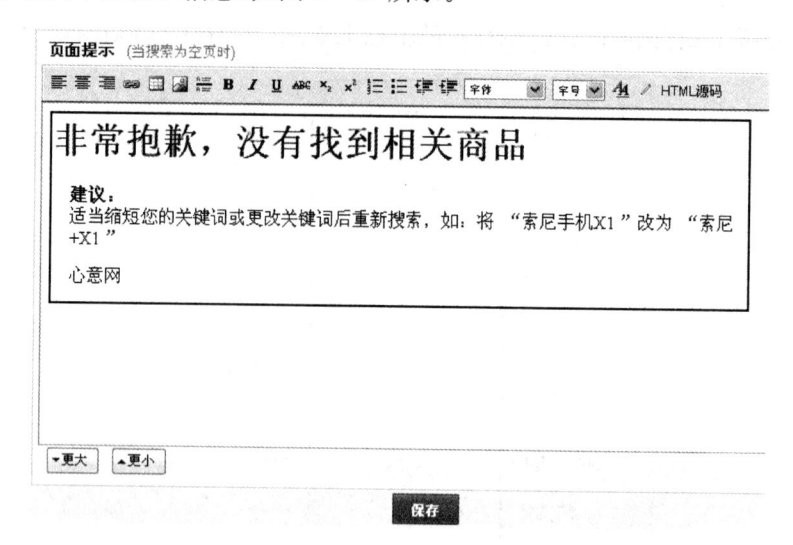

图 6-85　输入相关信息

Step3：当前台搜索为空时，即会出现此提示语，如图 6-86 所示。

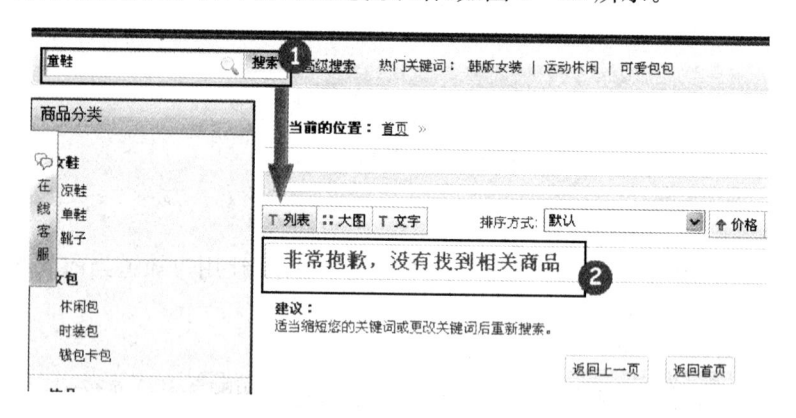

图 6-86　前台搜索为空时，即会出现此提示语

(2)无法找到页面时的提示信息

①提示信息中，修改无法找到页面时的提示信息，如图 6-87 所示。

图 6-87　无法找到页面

②与前面相同，同样支持 html 代码，如图 6-88 所示。

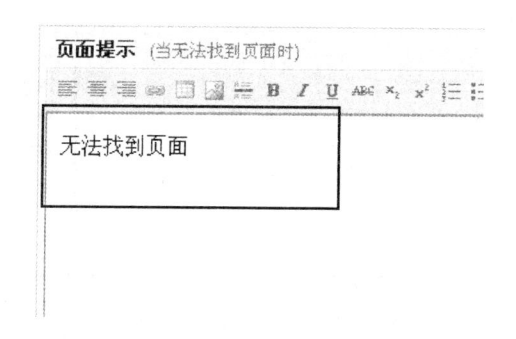

图 6-88 输入相关信息

③此页面一般用于点击某个页面,而这个页面不存在时的提示。

(3)系统错误时的提示信息

①提示信息中,修改系统错误时的提示信息,如图 6-89 所示。

图 6-89 修改系统错误时的提示信息

②与前相同,同样支持 html 代码,如图 6-90 所示。

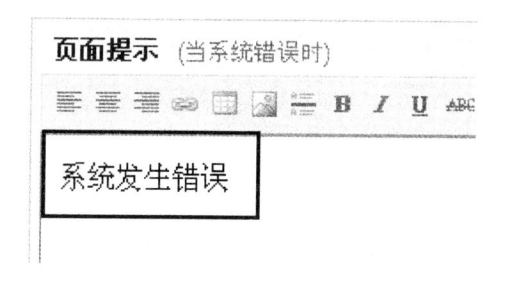

图 6-90 输入相关信息

③此页面一般适用于系统级的错误提示,并且当服务器本身没有配置时才会调用。

任务四:友情链接

友情链接是具有一定资源互补优势的网站之间的简单合作形式,分别在自己的网站上放置对方网站的 LOGO 图片或网站的文字链接,使得顾客可以从合作网站中发现自己的网站,从而达到互相推广的目的。

打开一个 EcStore 网页,一般均会在底部看到友情链接,如图 6-91 所示。

图 6-91 底部看到友情链接

本操作的前提是已经有合作网站的一些相关信息,如 logo、网店名、域名等。
(1)添加友情链接内容
Step1:依次点击"站点—友情链接",点击"添加友情链接",如图 6-92 所示。

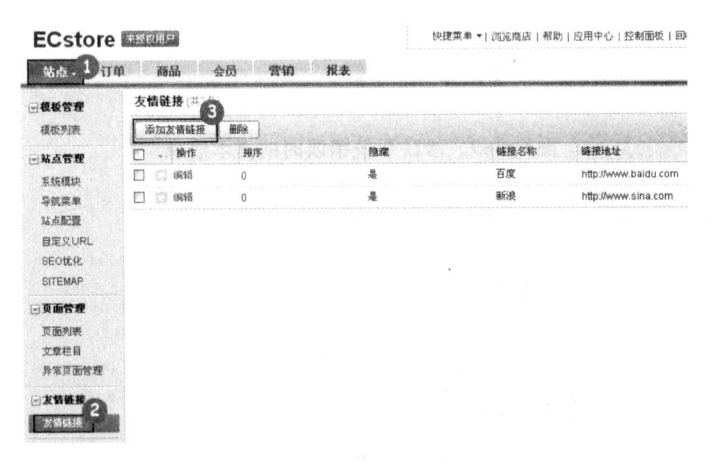

图 6-92 添加"友情链接"

Step2:设置友情链接的名称与链接地址。
排序是用来设置友情链接的显示次序,数字越小排序越靠前,如图 6-93 所示。

图 6-93 设置友情链接的名称与链接地址

Step3：添加友情链接图片，如图 6-94 所示。

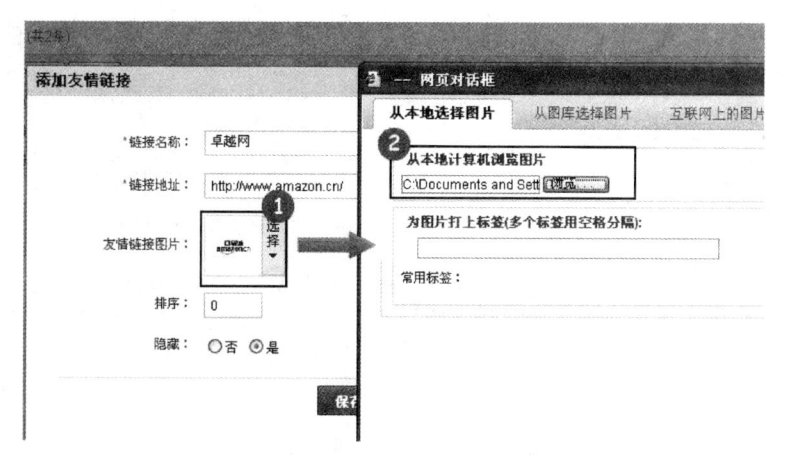

图 6-94 添加友情链接图片

Step4：选择本地适合的 logo 图片并保存，如图 6-95 所示。

图 6-95 保存结果

(2) 修改友情链接版块

Step1：依次点击"站点—模板列表—编辑模板"，选择首页可视化编辑，如图 6-96 所示。

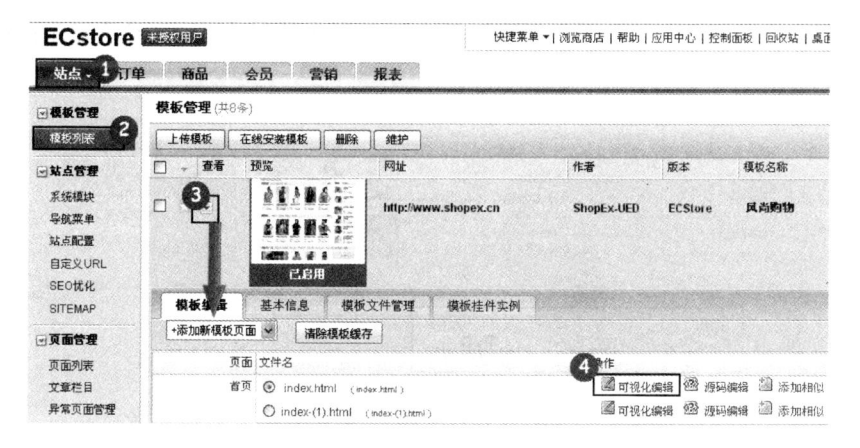

图 6-96 首页可视化编辑

Step2：添加友情链接版块，如图 6－97 所示。

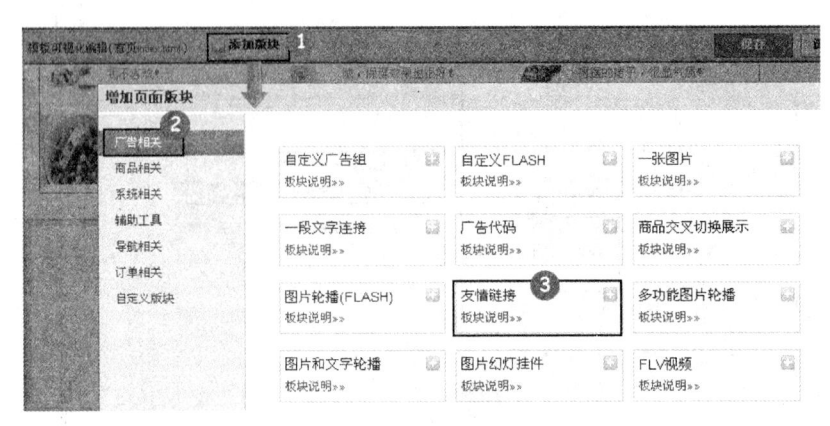

图 6－97　友情链接版块编辑

Step3：编辑页面，显示内容根据具体情况进行选择，如图 6－98 所示。

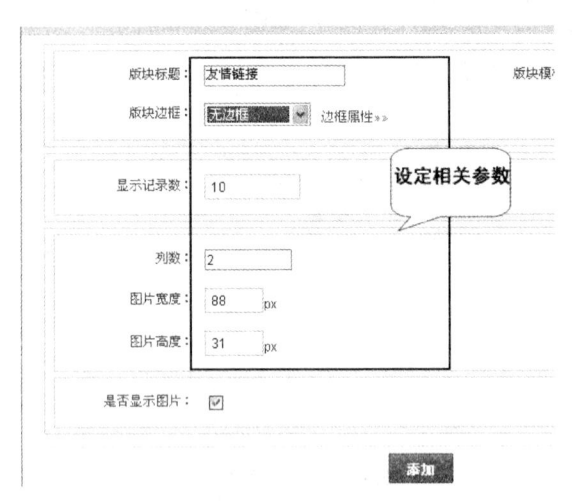

图 6－98　编辑页面

Step4：保存修改。

至此，友情链接添加结束，可以根据自己的实际情况来添加多个，并设置显示的样式，如图 6－99 所示。

图 6－99　显示的样式

项目七　订单管理

【场景介绍】

经过长期的努力,东东的网店生意越来越兴旺了,每天都会有几十条订单生成。东东从早忙到晚,除了应对客户投诉就是填快递单、发货、售后服务。现在只有几十条订单就忙成这样,要是以后心意网生意达到每天百条订单该怎么办呢？对了,我们来看看EcStore有没有更好的解决方法吧……

【技能列表】

序　号	技　能	重要性
1	能够按照电子合同操作流程进行操作	★★★☆☆
2	能够进行电子合同的身份认证和电子签名的操作	★★★★★
3	能够选择网上支付工具	★★★☆☆
4	能够进行网上支付	★★★★★

【知识准备】

1.订单处理

(1)订单处理的定义

订单处理是物流配送的重要流程,其主要工作是改善订单处理过程,缩短订单处理周期,提高订单满足率与供货正确率,提高客服水平的同时降低物流总成本,确保企业竞争优势。

(2)订单处理的基本程序

①订单接受

接受订货的第一步是接收订单,接收订单的方式包括传统与电子订货两种。

②订单确认

➤ 确认所需货品、数量、交期。

➤ 确认客户信用:核查客户的财务状况,一般是核查客户应收账款是否超过信用额度。

➤ 确认订单形态:一般交易、现金交易、间接交易、合约式交易、寄库存式交易。

➤ 确认订货价格:不同客户、不同数量,可能有不同的货物价格,在输入价格时应审查,若输入价格不符(输入错误或业务员降价强接单),应予以锁定,以便主管审核。

➤ 确认包装方式:客户所订货品是否有特殊包装、分包装及贴标签要求,是否有易腐、易湿物品在其中。

③建立客户档案

客户档案应包括：

客户名称、编号、等级；客户信用额度。

开发负责此客户的业务员资料。

客户的配送区域。

客户的收货地址。

客户配送路径的顺序。

客户所在地区适合的运输方式、车辆形态。

客户点卸货特点。

客户配送要求。

延迟订单处理方式。

客户付款及折扣率条件。

④存货查询与订单分配

输入客户所订商品的名称、代码后，系统开始查对存货档的资料，看此商品有无缺货，如有缺货应提供其他商品资料看有无替代品，并查看缺货有无已采购但尚未入库的信息；订单输入确认无误后，要将订单汇总、分类、调拨库存，订单分配方式可以单一订单分配或批次分配。

计算订单拣取时间：订单处理人员要事先计算每个订单或每批订单的可能拣取时间，以便有计划地安排出货先后顺序。

计算拣取每一个（一千克、一个纸箱、一件）货物的标准时间，且将它设计于电脑记录标准拣取时间档，将此标准时间记录下来，这样能方便地推算出整个货物的拣取时间。

有了拣取标准时间后，可依每个品种的订购数量（所耗时间）再配品项的寻找时间，计算出每个种类的拣取时间。

根据每一订单或每批订单的种类及考虑批订单的标准拣取时间算出。

依订单排定出货时间与拣货顺序。

⑤订单分配后存货不足处理

若公司存货不足，客户又不接受替代品，则按客户的要求与公司规定有如下几种方法处理：

a. 重新调拨

若客户不允许过期交货，公司又不愿失去订单，则有必要重新调拨分配订单。

b. 补送

若客户允许不足部分可以等有货时再过期交货时，公司政策也允许，则采用补送处理。

若客户允许不足订单额的部分或整张订单留待下一次订货时配送的，则采用补送处理。

c. 删除不足额订单

若客户不接受部分出货，或公司政策不希望分批出货，则删除订单；若客户不接受过期出货，公司也无法再重新调拨时，则删除订单。

d. 延迟交货

延迟交货分两种：一是有时限延迟交货，客户允许在一段时间内过期交货，且希望所有订单一起送达；二是无限延迟交货，客户允许不论延迟多久交货，希望所有订单一起送达，则等所有订货到后再一起配送，对延迟订单需要有记录存档或单独列项。

⑥取消订单

若客户希望所有订单一起到达，且不允许延期交货，公司也无法再重新调拨，则取消订单。

⑦订单资料输出

需要打印出的资料包括:拣货单(或拣货单条码)、缺货资料。

以上为订单处理所涉及的方方面面,物流在订单执行过程中扮演及时、安全、足额配送的关键角色,并直面门店和终端客户,这也是了解客户需求与服务反馈的一个重要信息源。

通过学习,我们来小结一下一个成熟的电子商务网站的订单管理流程全过程,如图7-1所示。

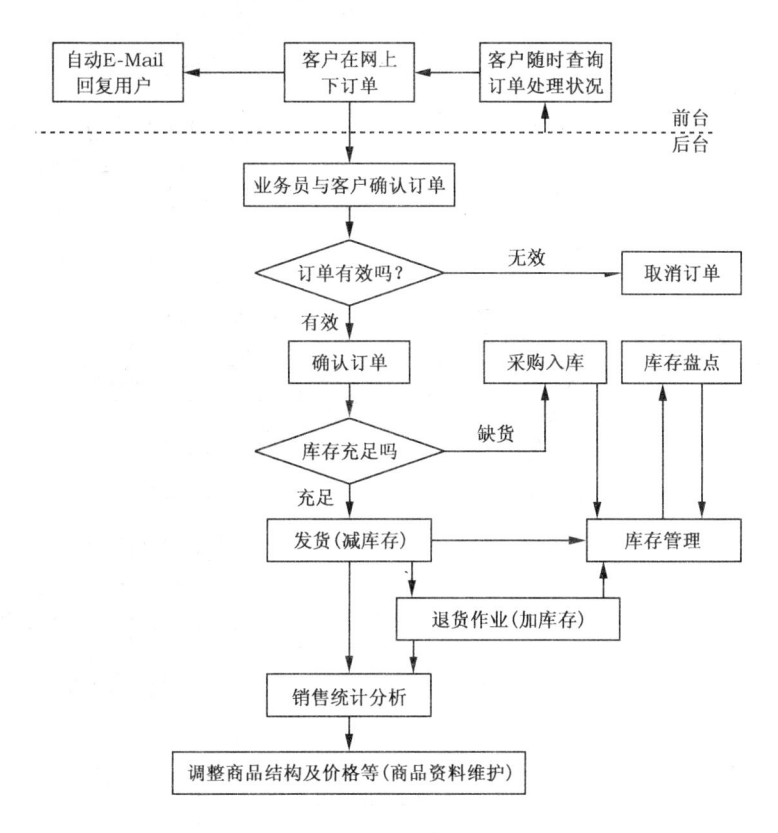

图7-1 订单管理流程

2. 提高电子商务订单转化率

(1)订单转化率的定义

简单地说,就是当访客访问网站时,把访客转化成网站的常驻用户进而再提升成网站的消费用户,而由此产生的消费率就是订单转化率。转化率越高,说明网站运营水平越高,是网站运营的主要考核指标。

(2)提高电子商务订单转化率

在互联网时代的当下,人们每天利用互联网来营销,面对成千上万的访问量,人们却不知如何将其转化为销售量,而让他们成了匆匆过客。企业发送垃圾邮件、购买弹窗广告、进行插件/病毒推广、疯狂购买网络广告等网络营销方式成为商业网站烧钱的无底洞,却不曾见到效果。我们用图7-2来说明影响B2C订单转化率的主要因素。

企业该如何改变现状,提高网络营销转化率呢?

①通过营销型网站的建设,提高网络营销转化率

这是一个老生常谈的话题,但并没有得到充分的认识。特别是企业网站,相当多仍然停留

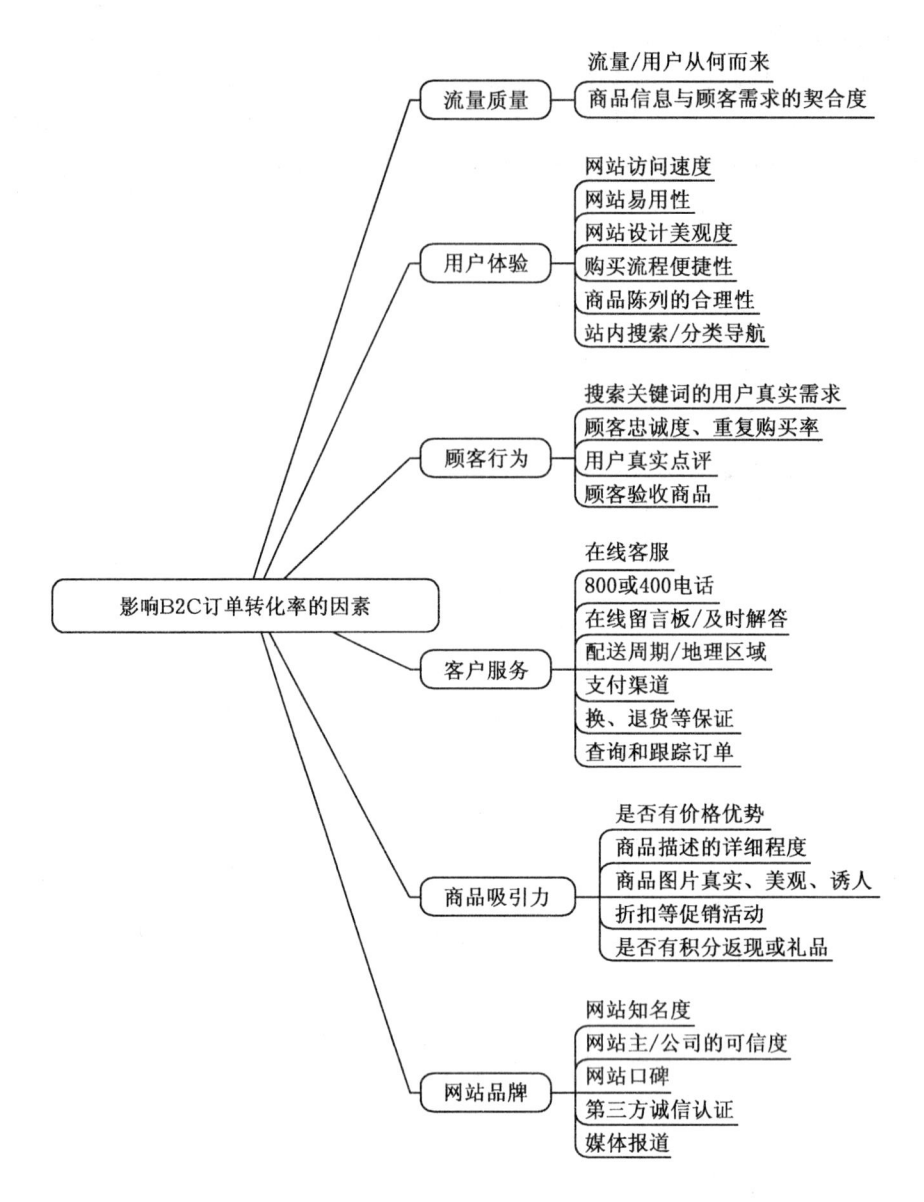

影响B2C订单转化率的因素
- 流量质量
  - 流量/用户从何而来
  - 商品信息与顾客需求的契合度
- 用户体验
  - 网站访问速度
  - 网站易用性
  - 网站设计美观度
  - 购买流程便捷性
  - 商品陈列的合理性
  - 站内搜索/分类导航
- 顾客行为
  - 搜索关键词的用户真实需求
  - 顾客忠诚度、重复购买率
  - 用户真实点评
  - 顾客验收商品
- 客户服务
  - 在线客服
  - 800或400电话
  - 在线留言板/及时解答
  - 配送周期/地理区域
  - 支付渠道
  - 换、退货等保证
  - 查询和跟踪订单
- 商品吸引力
  - 是否有价格优势
  - 商品描述的详细程度
  - 商品图片真实、美观、诱人
  - 折扣等促销活动
  - 是否有积分返现或礼品
- 网站品牌
  - 网站知名度
  - 网站主/公司的可信度
  - 网站口碑
  - 第三方诚信认证
  - 媒体报道

图 7—2　影响 B2C 订单转化率的主要因素

在"公司介绍、产品展示、在线订单、联系我们"这一多年不变的套路上。以用户为中心并不是一句口号,而是要通过用户的视角来审视,看如何才能第一时间把网站的最重要内容体现出来,并且通过产品或服务的特色去吸引用户深入了解。

②通过优化流程,提高网络营销转化率

用户的转化流程主要体现在浏览过程、购买流程、注册流程、互动流程等。我们千万不能去考验用户的耐心,而应该尽量让用户心情愉悦地进行每一步操作,并快速得到他想要的结果。简化流程是一项细活,需要反复地测试和揣摩。

③通过提供丰富的产品/服务介绍信息,提高网络营销转化率

多数网站在对产品/服务的介绍信息上没有下足文章,从而导致用户的兴趣全无。就好像来到一个装饰华丽的表演舞台,观众最期待的还是表演。表演不好看,舞台再漂亮观众也不买账。

有调查表明，在网上零售商为提升顾客转化率采用的各种措施中，其提供丰富商品介绍信息明显有利于提升网上商店顾客转化率。对于企业网站也是如此，产品的特点介绍越详细，产品展示图片越清晰，用户的兴趣越高。随着视频技术的发展，对产品进行视频展示已经成为一种时尚。淘宝网的一家内衣店的女店主目前已经用自己做模特来展示店内出售的内衣商品，反响很好——要是再来几段视频展示的话，销售量更要飙升了。

④通过安全的网络平台和服务资质展示，提高网络营销转化率

调查表明，网站备案信息、经营资质展示、完整的联系方式、权威的网络安全认证标志等信息，能够增强用户的认可程度。只有用户在感到安全的前提下，才会进一步产生业务联系、在线购买等行为。

⑤通过设计合理的促销与限购，提高网络营销转化率

小区内有一家新开的羊毛衫店，一开张就表明"只卖7天，低价促销"。7天后改说法了，"接厂家通知，再卖5天，降价促销"；5天后的说法是"最后3天，买一送二"；3天后的说法是"延期3天，一件不留"；再过3天的说法是"明天下午6点走，半卖半送"；2天后的说法是"厂车未到，见钱就卖，随到随走"——之后过了几天，羊毛衫全卖完了，他们真的走了，不过并没有走远，而是到另一个小区重新上演。一个月的时间里，这家羊毛衫店接连掀起5次销售高潮，在小区里创造了比商业街上同类店铺还要好的销售业绩。

现在有不少网站也在模仿这种"促销与限购"相结合的方式，有效地提高了用户转化率，取得了骄人的成绩。

⑥通过电子邮件营销的应用，提高网络营销转化率

电子邮件营销除了在开拓新客户上有其作用之外，更大的作用在于对潜在客户的跟踪关怀上。我们通过自身平台的电子杂志订阅用户、注册会员邮箱、有奖活动参与者邮箱以及合作伙伴提供的相关电子邮箱等多种形式获取潜在客户的邮件列表，使用电子期刊、促销活动介绍、网站精华内容推荐、免费资源提供等多种邮件形式，吸引潜在客户继续关注我们的网络平台和产品（服务），最终实现潜在客户的转化。

⑦通过在线客服工具的合理利用，提高网络营销转化率

在线客服工具是一个双向的交流沟通工具。用户可以主动同网站客服进行交流，网站客服也可以对用户的访问行为进行关注，并主动发出交谈邀请，帮助用户解决难题。

有数据表明，如果不能进行及时的互动沟通和线上交流，超过98.5%的潜在用户将会流失。如果只是被动等待访客电话和上门，企业只能抓住1.5%的访问者。由此可见，在线客服工具是提高网络营销转化率的有效工具。

⑧通过精准的搜索引擎关键词广告，提高网络营销转化率

搜索引擎竞价广告是提高用户转化率的一种有效的网络营销方式。在对用户检索行为分析并在此基础上选择最有效的关键词组合，优化广告着陆页面内容的相关性，能有效提高转化率。

搜索引擎竞价的效果由多方面的因素组成，每日的消耗预算、关键词上词数量和报告分析等维护工作的好坏直接影响了搜索引擎竞价产品的效果。由于搜索引擎关键词广告具有一定的专业性，通过选择有实力的服务商进行广告维护，可以进一步提升网络营销效果。

⑨通过具有说服力的客户见证，提高网络营销转化率

客户见证是有效的营销技巧，但很多网站并没有在网络营销中充分利用客户见证。在产品/服务展示的同时，展示该产品/服务客户的服务评价、使用体验，能增强产品/服务的说服力，增加用户购买的兴趣和信心。

在这方面,阿里巴巴做得比较到位。在对其诚信通产品的营销推广中,阿里巴巴大量使用了客户见证技巧,既有正面的使用体验,也有反面的没有使用用户的受骗经历展示。两者的巨大反差使用户从心理上快速接受了诚信通产品。

⑩通过引导老客户进行转介绍,提高网络营销转化率

利用网络营销来引导老客户进行转介绍比传统营销方法还具有优势。通常情况下,对于已成交客户,我们可以通过积分、折扣、礼品等形式来促进老客户再次消费;同时,对于老客户介绍来的新客户,除了新客户能够得到比较优惠的价格,老客户也将得到积分或礼品等多种形式的回报。

【项目规划】

劳动节快到了,东东的网店生意也越来越红火。每天都有很多订单需要处理。为了能更高效地完成订单处理任务,他制订了一份订单处理清单。

任务计划书

> 任务一 订单管理
> 任务二 售后服务管理
> 任务三 快递单打印

【项目执行】

任务一:订单管理

1. 订单流程及使用

订单是顾客在商店购买商品后的表现。订单生成后,店主通过处理订单来完成款项的转移与货物的配送。订单的处理是商店中非常重要的一个环节。

接下来,我们从一个订单的生成到完成来说明订单的处理流程。

(1)前台生成订单

Step1:顾客在前台购选择物品,加入购物车,然后生成订单如图7—3所示。

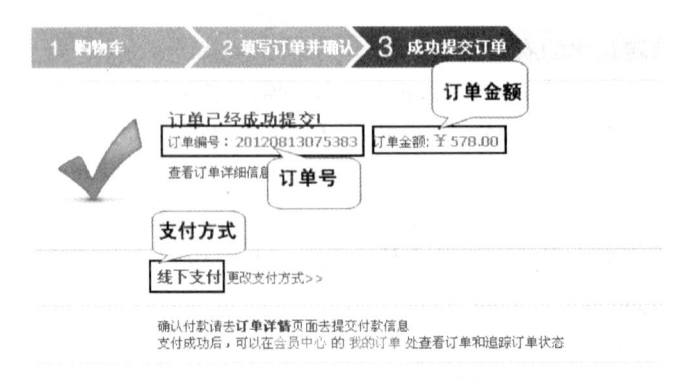

图7—3 生成订单

Step2：如果顾客注册会员后购买，则登录会员中心也可看到订单信息，如图 7－4 所示。

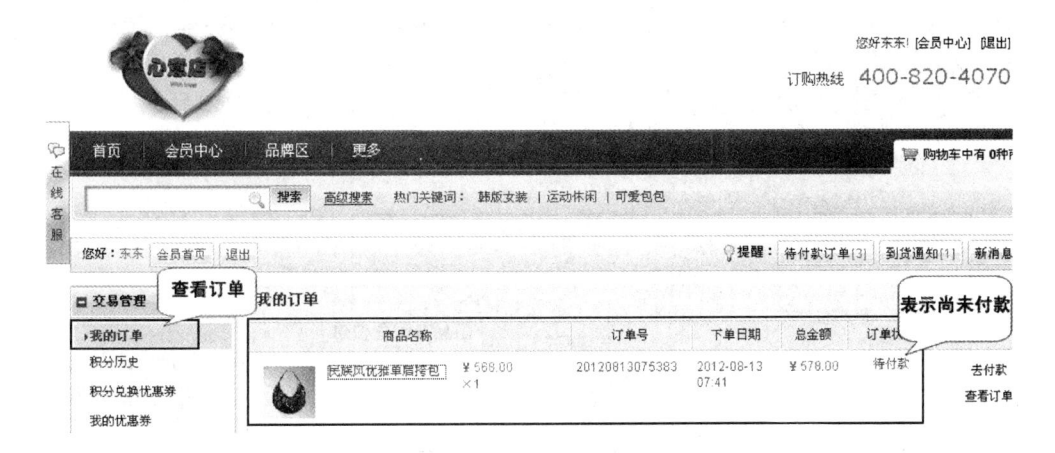

图 7－4　登录会员中心也可看到订单信息

（2）订单界面说明

Step1：后台依次点击"订单—订单列表"，可以看到订单界面，如图 7－5 所示。

图 7－5　订单界面

Step2：其中列出的是常用到的功能按钮。在订单的后面部分还有配货单、购物清单的打印按钮，如图 7－6 所示。

图 7－6　打印订单标签

Step3：可以打印订单中商品的清单，有给顾客的购物清单、店主配货时的配货单及快递单信息。点击某个"订单"，会看到这个订单的详细信息，如图 7－7 所示，订单状态可通过对订

单进行处理来改变。

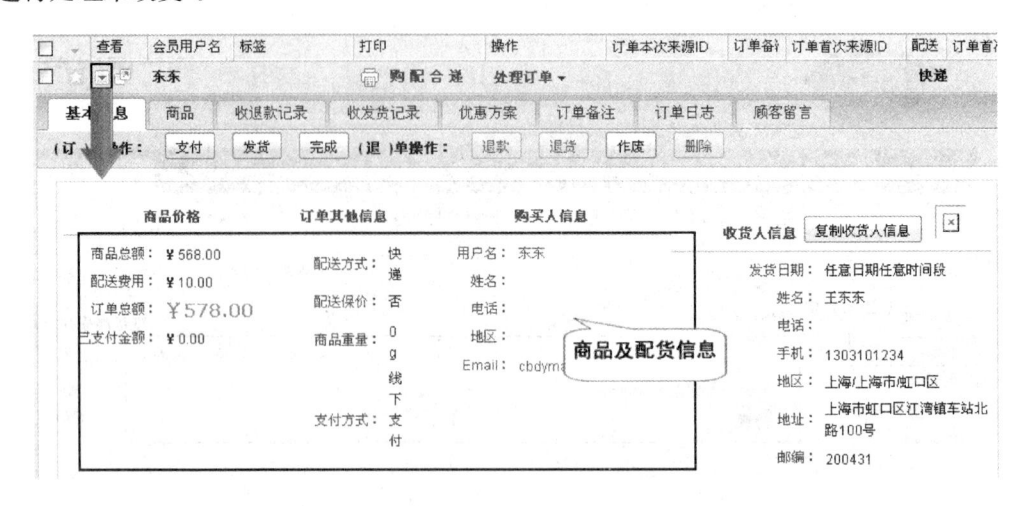

图 7-7　点击查看订单信息

(3) 订单处理流程说明

一般情况下,店主处理订单的流程为:支付→发货→完成。退款、退货、作废在特殊情况下使用。

支付:如果顾客在订单生成后选择在线付款,则订单中"支付"会变为灰色,无法点击;如果顾客是选择的线下付款,则店主需要确认款项到账后点击支付。

发货:店主在确认顾客款项已经到账的前提下,可以对货物进行"发货"处理,然后点击此按钮改变状态。

完成:当订单支付完成、发货完成,则店主可以选择把此订单设置为"完成"状态,设置此状态后,不能再对此订单有任何操作(删除除外)。

提示:前台会员中心,订单的状态会随后台订单状态的改变而变化,会员可以即时看到订单处理情况。

(4) 后台添加订单

多数情况下,订单是在前台由会员购物生成。如果顾客是通过其他方式下单,比如电话方式,则店主也可在商店后台手动添加订单。

Step1:在商店后台,依次点击"订单—订单列表",点击"添加"。如图 7-8 所示。

图 7-8　添加订单

Step2：然后输入会员名称，如图 7-9 所示。

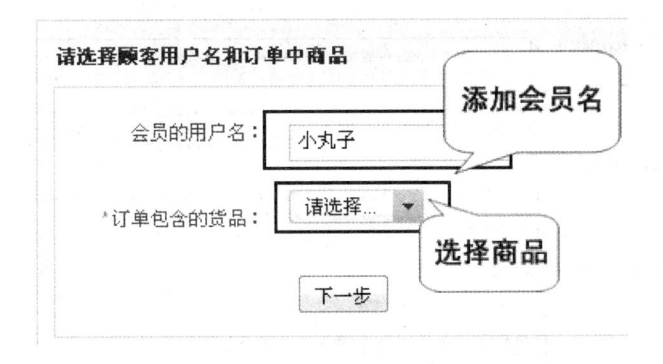

图 7-9　输入会员名称

Step3：选择商品，如图 7-10 所示。

图 7-10　选择商品

Step4：添加商品完成，如图 7-11 所示。

图 7-11　添加商品完成

Step5：点击下一步后依次选择配送方式、支付方式，如图7－12所示。

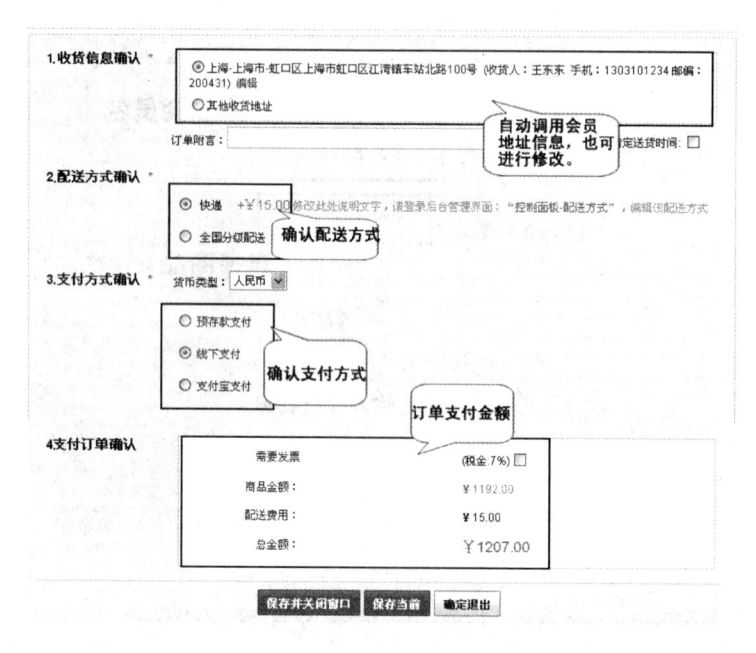

图7－12　选择配送方式、支付方式

Step6：确认后，新订单出现在订单列表中，如图7－13所示。

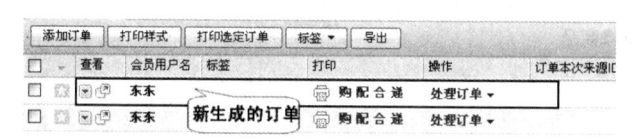

图7－13　新订单出现在订单列表中

(5)订单标签使用说明

订单标签是一种分组标识，店主可以用标签来对订单进行自定义分组管理，如图7－14所示。

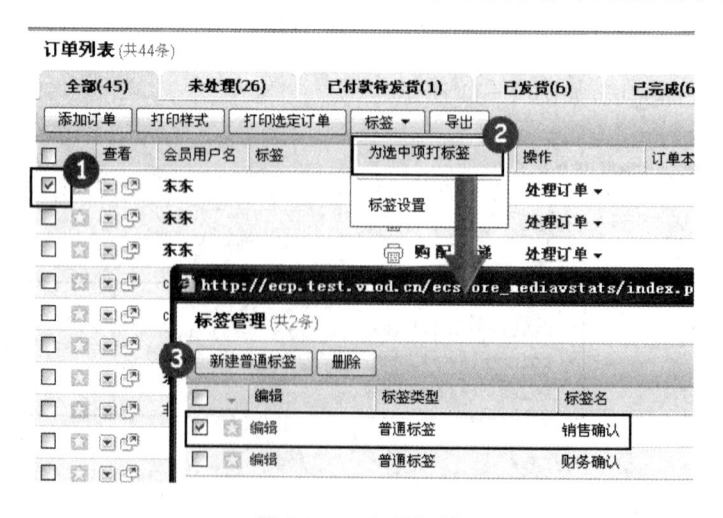

图7－14　订单标签

已经添加好的标签可删除,可重命名,可设置标签颜色和字体颜色,如图 7-15 所示。

图 7-15　修改标签

设置标签的最终效果,如图 7-16 所示。

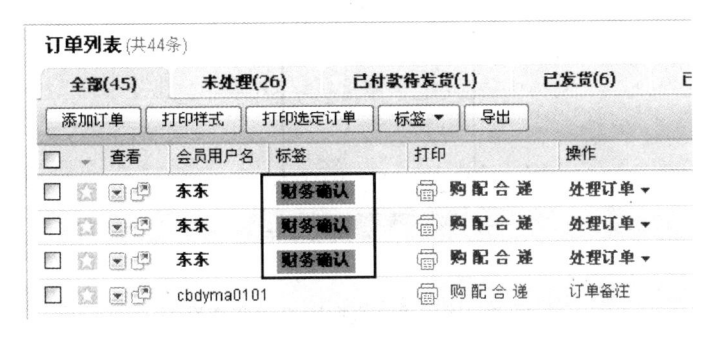

图 7-16　标签的最终效果

(6)订单搜索说明

在对订单搜索时,可以根据多个条件进行查询,如图 7-17 所示。

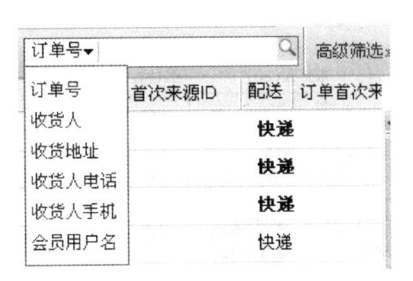

图 7-17　根据多个条件进行查询

也可以用高级搜索来动态查询,如图 7-18 所示。

图 7—18　用高级搜索来动态查询

(7)订单打印说明

如果想用纸张的形式来表现订单,也可打印订单。

选择订单,然后打印,如图 7—19 所示。

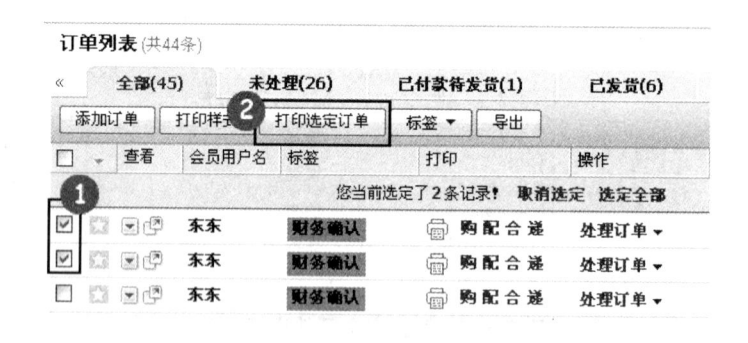

图 7—19　打印订单

2.修改订单信息

订单生成后,有时要对此订单进行编辑,比如修改自动计算的运费,修改商品数量,然后顾客再付款。订单编辑是订单处理中很重要的一部分。

［例］　订单中商品的数量全部加倍,运费优惠减半,更改送货地址。

Step1:查看订单列表,选择要编辑的订单,如图 7—20 所示。

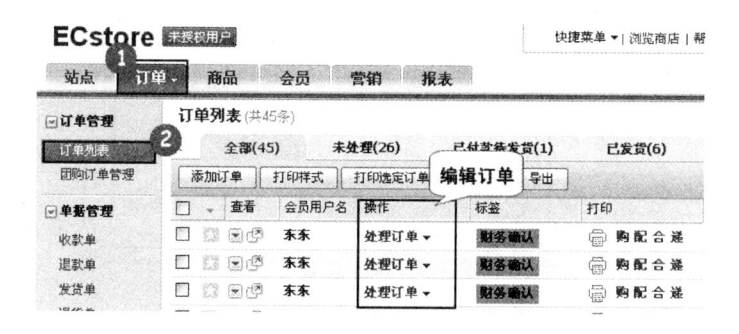

图 7-20　选择要编辑的订单

小贴士

注意：
　　订单中有编辑按钮的才可以进行编辑操作，如果没有则说明此订单已经付款、完成或作废，不能再编辑。

Step2：编辑订单中商品信息，如图 7-21 所示。

图 7-21　编辑订单中商品信息

Step3：编辑订单综合信息，如图 7-22 所示。

图 7-22　编辑订单综合信息

Step4：编辑收货人信息，如图7-23所示。

图7-23 编辑收货人信息

提交后即可完成对订单的编辑。然后就可以要求顾客继续付款了。通过编辑订单，可以灵活的控制订单信息，为商店持续运营提供帮助。

3．处理订单与单据管理

订单生成后，需要及时对订单进行处理，或付款、或发货，并反馈给顾客。

> **小贴士**
>
> 注意：
> 一般情况下，订单处理包括编辑（非必须）、支付（非必须）、发货、完成；如果有异常，还会有退款、退货操作。

（1）编辑订单

订单生成后，如果需要对订单进行其他附加操作，如修改商品数量及费用，则需要对订单进行编辑。可以编辑的订单，会在订单最前显示"编辑"按钮，并且本订单会高亮显示，如图7-24所示。

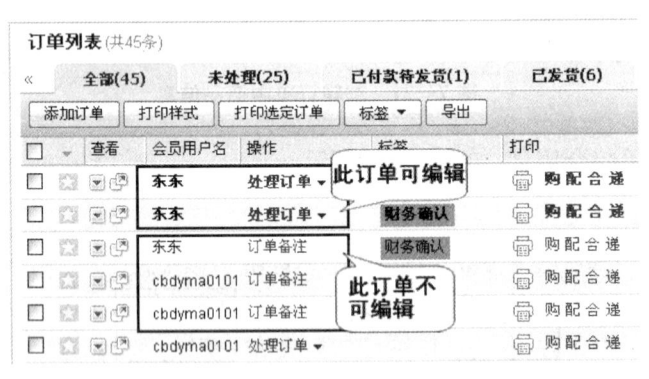

图7-24 编辑订单

> **小贴士**
>
> 注意：
> 如果顾客在订单生成后立即付款，则此订单不能编辑。

（2）收款：生成收款单（退款：生成退款单）

Step1：点击某个订单，可看到订单状态及操作界面，如图7－25所示。

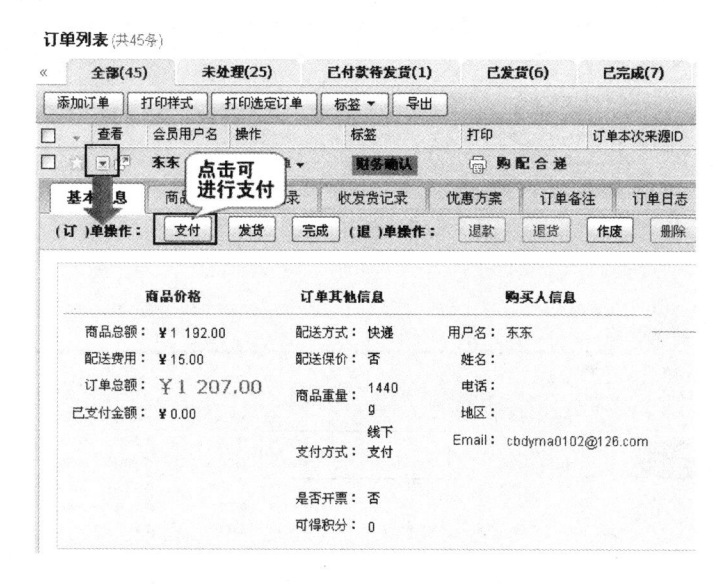

图7－25 订单状态及操作界面

支付按钮为可点击，付款状态为未支付，这种情况有两种可能：一种是此订单需要修改，顾客会在修改后付款；另一种是此订单款项是由会员通过线下付款方式进行支付，需要店主在确认款到后再点击，让订单付款状态为已付款。

Step2：假设线下付款已经到账，点击"支付"，会弹出付款单，如图7－26所示。

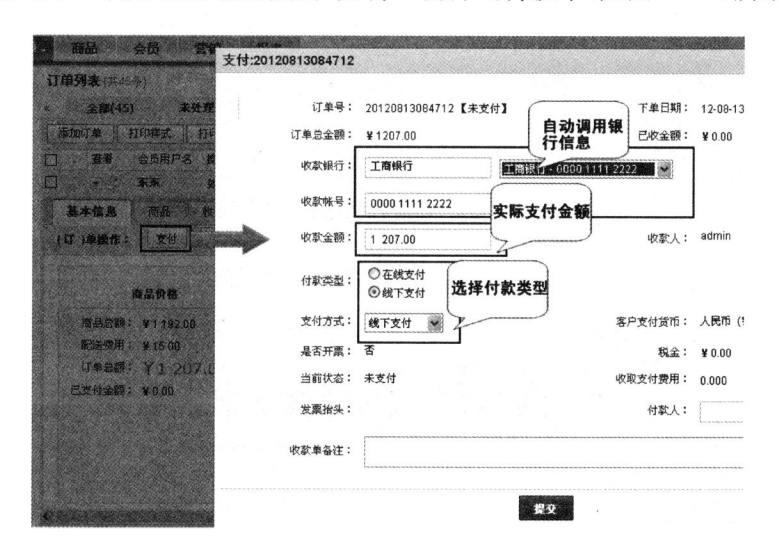

图7－26 订单付款

Step3：付款单中信息自动调用订单内容，若有变化或记录，可在此单中操作，完成后提交。当收款金额如果少于订单金额，则订单中付款状态会显示"部分付款"，可点击"继续支付"，如图7－27所示。

Step4：收款单会在付款结束后自动生成，可点击查看"详细收款信息"，供查看处理状态，如图7－28所示。

图 7—27　点击"继续支付"

图 7—28　查看详细收款信息

Step5：收款单对收款过程进行了记录，如图 7—29 所示。

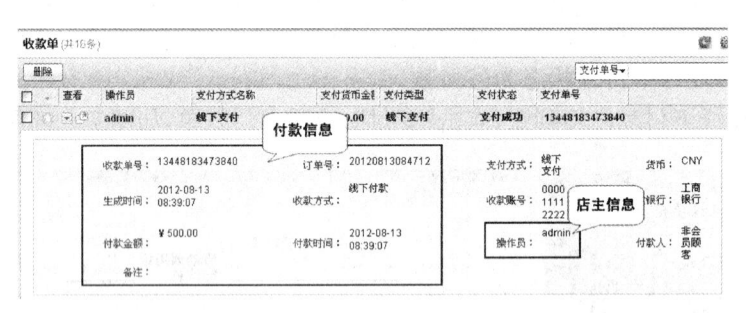

图 7—29　收款单对收款过程进行了记录

Step6：如果此单需要退款，可在订单中点击"退款"，会弹出退款单，如图 7—30 所示。

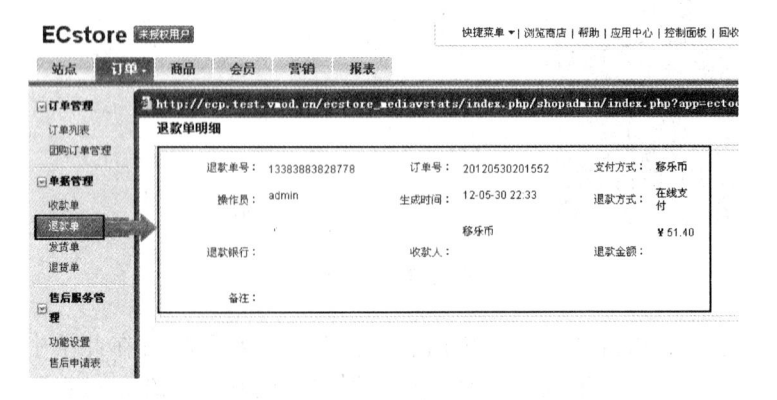

图 7—30　弹出退款单

Step6：提交后，可在退款单处查看，如图 7—31 所示。

项目七 订单管理　245

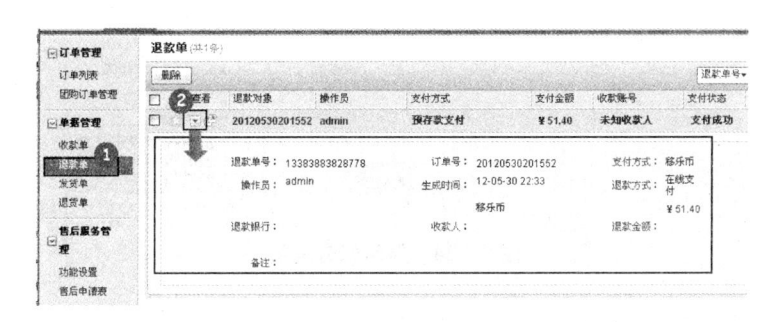

图 7-31　在退款单处查看

这样，对款项的任何操作，均可在后台查看到详细信息。
(3)发货：生成发货单(退货：生成退货单)
Step1：支付结束后，接下来就是发货，点击"订单"，可看到发货按钮，如图 7-32 所示。

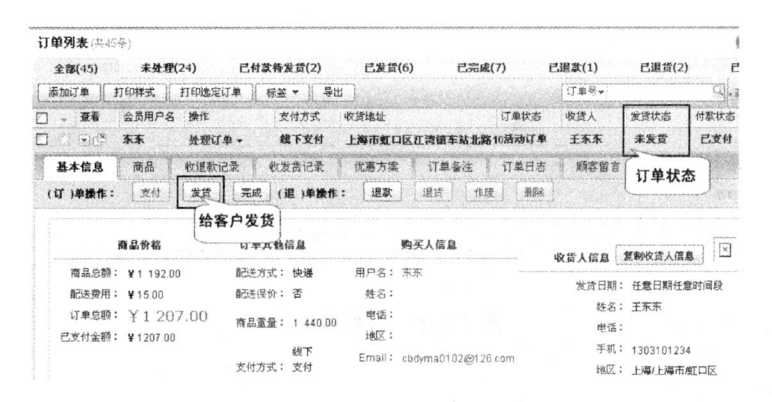

图 7-32　发货

Step2：点击后，弹出发货单，如图 7-33 所示。

图 7-33　弹出发货单

Step3：实际发货时也可少于订单上商品数量，此时就会显示部分发货，如图 7-34 所示。

图 7—34　显示部分发货

Step4：同样，发货单生成后，可在发货单处查看，如图 7—35 所示。

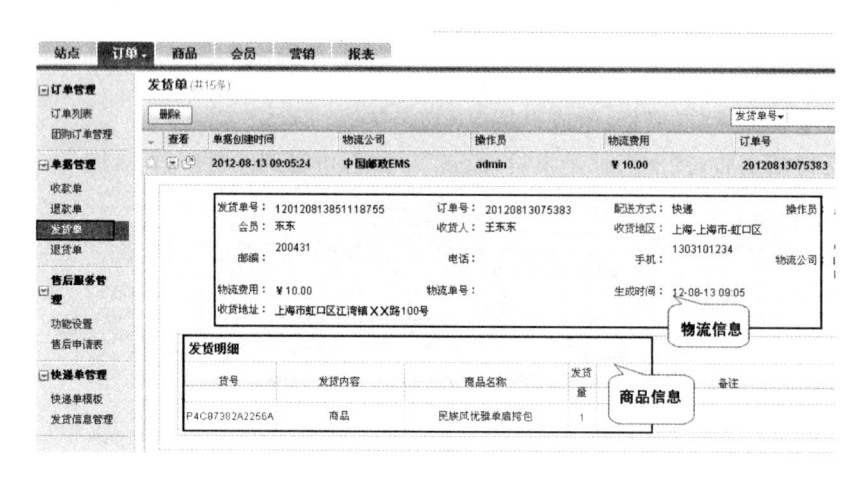

图 7—35　查看发货单

Step5：如果顾客对商品不满，要求更换，或直接结束此单，则需要退货操作，点击退货后出现退货框，如图 7—36 所示。

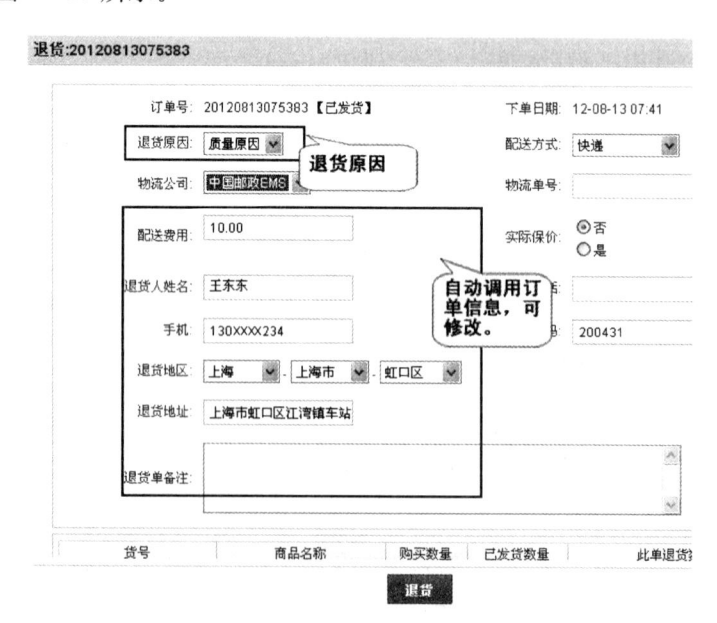

图 7—36　订单退货

Step6：可在退货单处查看详细信息，如图7－37所示。

图7－37　查看退货信息

(4)订单的完成/作废

发货结束后，此订单已经完成，此时，可以在订单状态中点击"完成"来结束，如图7－38所示。

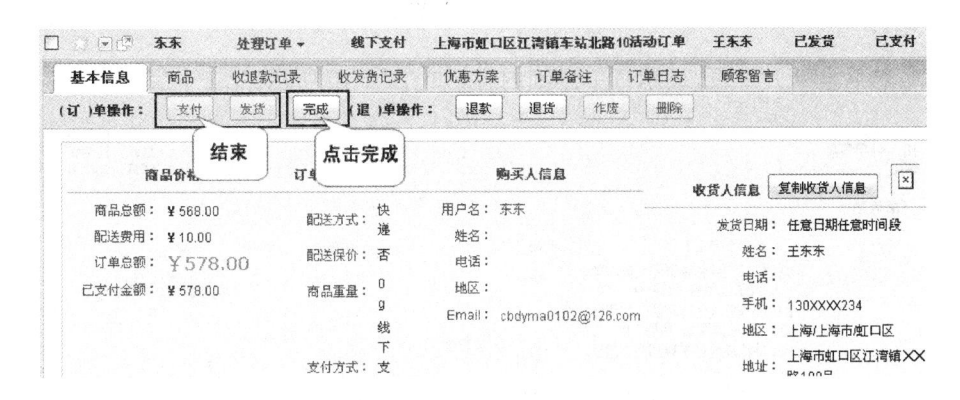

图7－38　订单完成

完成后，该订单归档并且不允许再做任何操作(删除除外)。如果想重新生成订单，也可把此订单作废处理。

(5)订单打印

订单结束后，如果想用纸张形式表现，可以选择打印，把订单详细内容全部打印进行记录。

4.打印订单、购物清单、配货单

订单生成后，有时需要纸张形式；到仓库中配货时，需要配货单；发给顾客的物品，需要购物清单。通过单据打印可自动调用这些信息并进行打印。

小贴士

注意：
　　多数情况下，订单不需要打印，在商店后台查看即可，或者把订单导出CSV文件查看。但有时，需要用纸张的形式把订单内容表现出来，此时就需要订单打印；购物清单一般是必需的，发给用户；配货单需要在内部部门单使用。接下来会详细说明一下如何打印这些单据。

(1)打印订单

打印订单最基本的前提是需要准备打印机，并且可以正常使用，在订单列表选择需要打印的订单。

Step1：在订单菜单选择订单列表，点击"打印选定订单"按钮，如图 7－39 所示。

图 7－39　打印订单

Step2：然后会新开一页，显示订单详细内容，如图 7－40 所示。

图 7－40　显示订单详细内容

Step3：点击"打印"。

（2）打印购物清单、配货单、联合打印

当给顾客发货时，如果有一张购物清单，可以方便顾客查看。公司内部有时需要配货单进行配货，这些均可打印。

Step1：在订单上有一个打印机的小图标，后面有四个按钮，如图7－41所示。

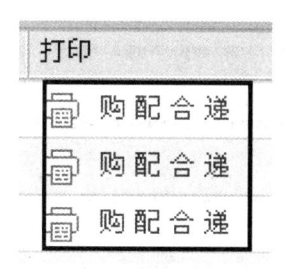

图7－41　打印标签的四个按钮

购：打印购物清单；配：打印配货单；合：一起打印购物清单与配货单；递：打印快递单。

Step2：点击"购"，可显示，如图7－42所示。

图7－42　点击"购"

Step3：点击"配"，可打印配货，供仓储管理人员快速配货。如图7－43所示。

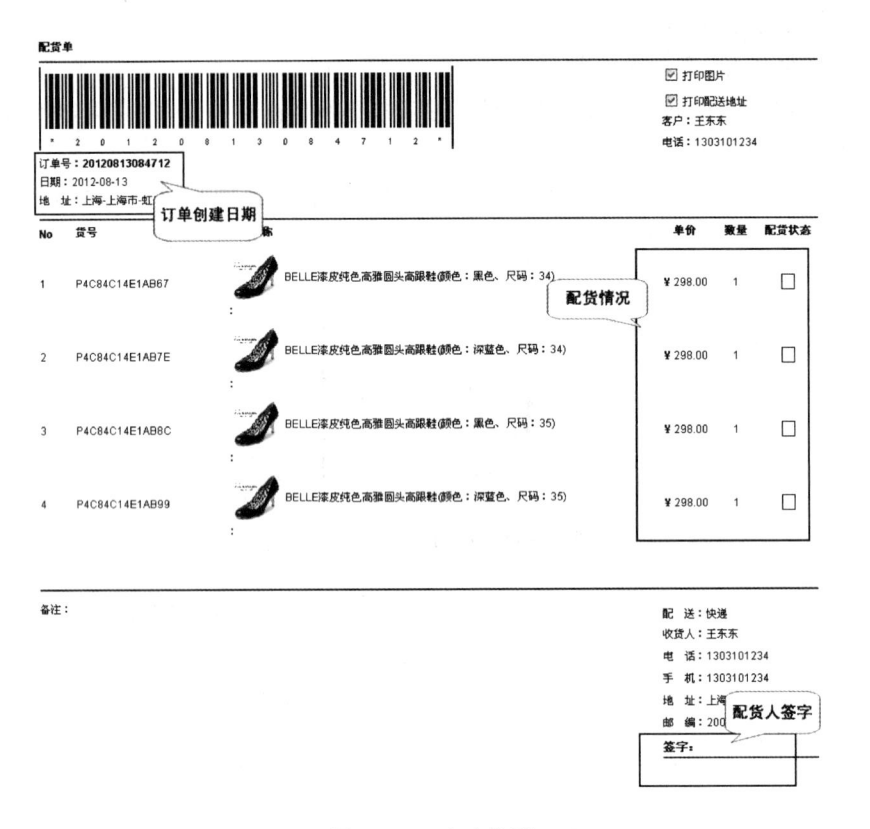

图 7-43 点击"配"

Step4：点击"合"，以上两个单据会显示在一起进行打印。

（3）编辑打印样式

一般情况下，订单、购物清单、配货单打印时会按默认的内容与格式进行打印；如果想调整内容与格式，可编辑打印样式。

Step1：点击"打印样式"，如图 7-44 所示。

图 7-44 打印样式

Step2：显示详细内容，如图 7-45 所示。

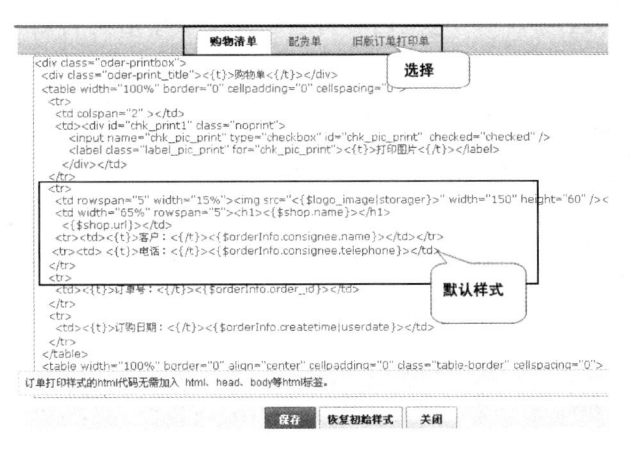

图 7-45 显示详细内容

Step3:可对其中内容进行修改。因其中内容与数据库关联比较大,建议修改时一定要小心,尽量请专业人士修改。如果修改出错,可点击右上角"恢复初始样式"恢复默认内容,如图7-46 所示。

图 7-46 恢复初始样式

任务二:售后服务管理

售后服务主要是顾客收到货物后的反馈,比如某个商品有问题,需要退或换,此时可在会员中心申请售后服务。

1. 售后服务的开启

Step1:依次点击"订单—售后服务管理—开启",如图 7-47 所示。

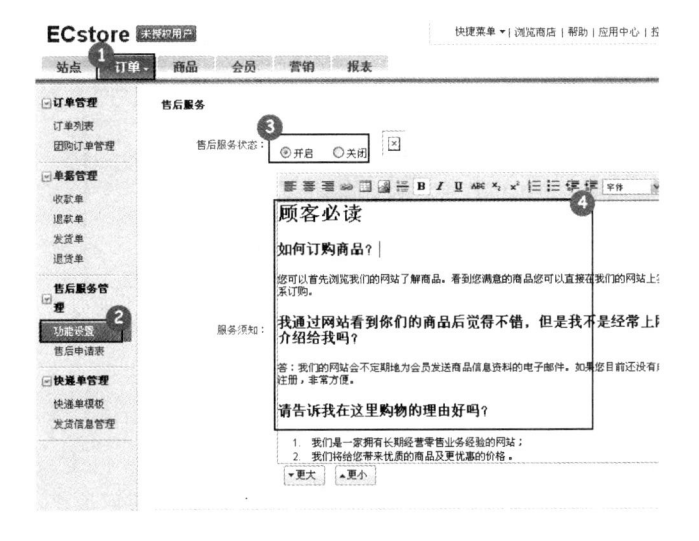

图 7-47 开启售后服务

Step2：然后输入内容并保存，这些内容将显示在会员中心的售后服务处，譬如某会员登录后，如图7－48所示。

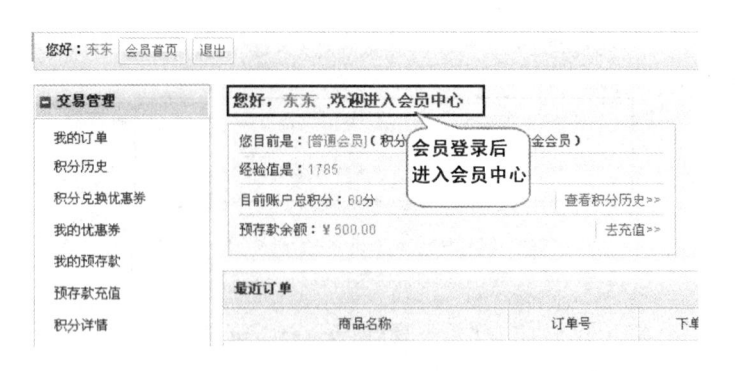

图7－48　显示在会员中心的售后服务处

Step3：点击下方的售后服务，如图7－49所示。

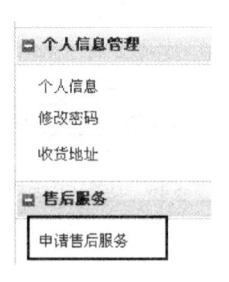

图7－49　申请售后服务

Step4：可看到服务须知，如图7－50所示。

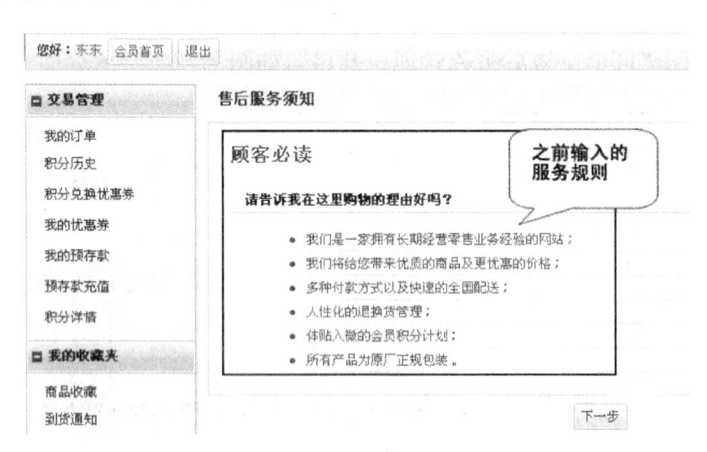

图7－50　售后服务须知输入

2．会员使用售后服务

如果顾客收到的商品有问题，或退货、或更换时就可以使用售后服务。

(1)登录会员中心。

(2)申请售后服务。

Step1：在申请售后服务处点击"下一步"，然后申请，如图 7－51 所示。

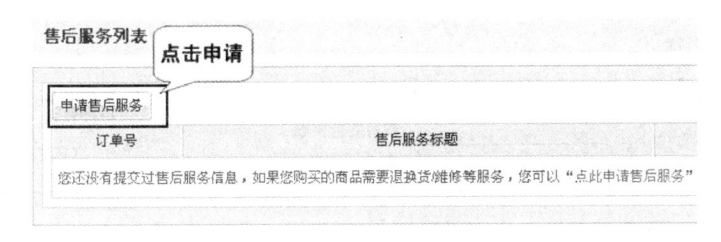

图 7－51　申请售后服务

Step2：申请后会显示符合条件的订单，如图 7－52 所示。

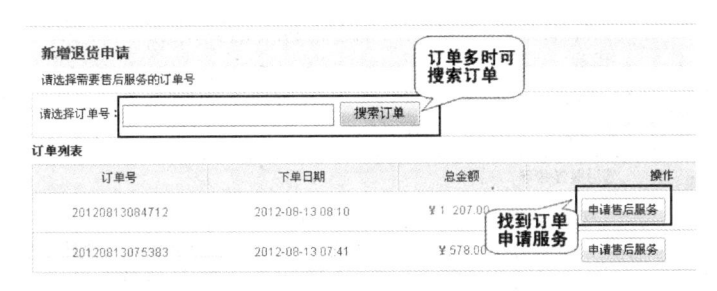

图 7－52　显示符合条件的订单

小贴士

注意：
　　订单中只有已经付款并且是发货状态的才可以申请售后服务。

Step3：点击"申请"，如图 7－53 所示。

图 7－53　点击"申请"

Step4：详细信息写完后，提交即可，如图7—54所示。

图7—54 提交信息

(3) 处理售后服务

Step1：在商店后台，售后服务列表，可看到提交的申请，如图7—55所示。

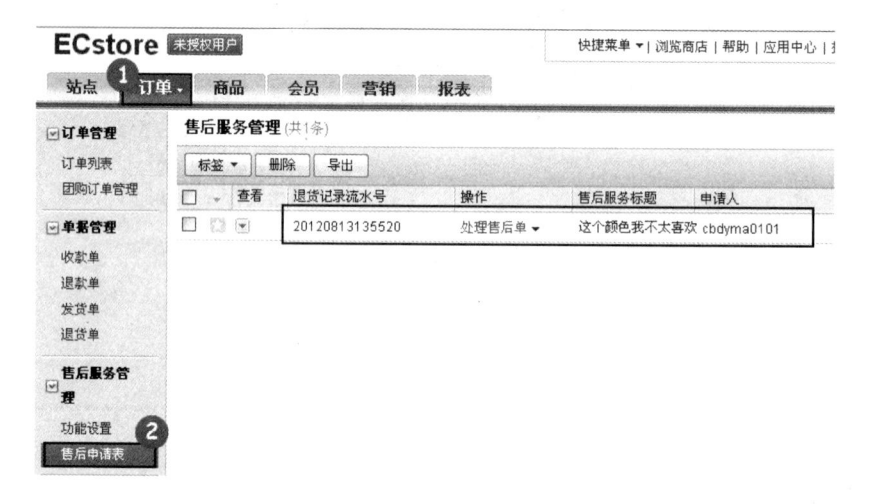

图7—55 看到提交的申请

Step2：点击可显示详细"信息"，如图7—56所示。

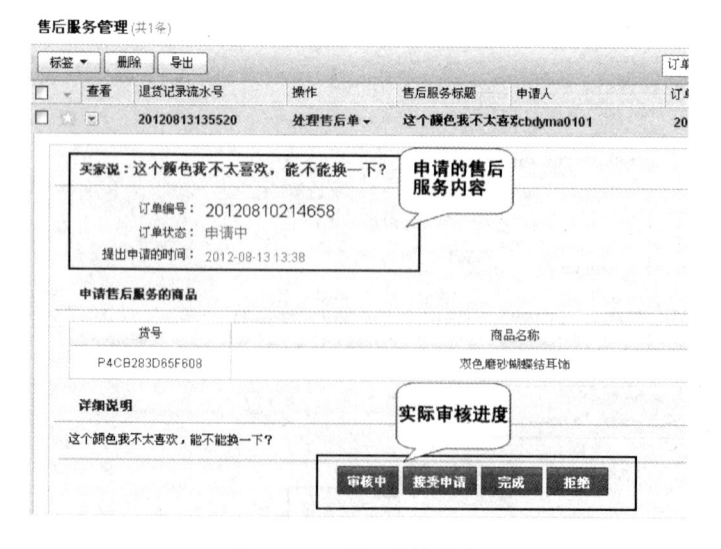

图7—56 实际审核进度

Step3：点击"审核中"，前台会员中心处会看到状态改变，如图 7-57 所示。

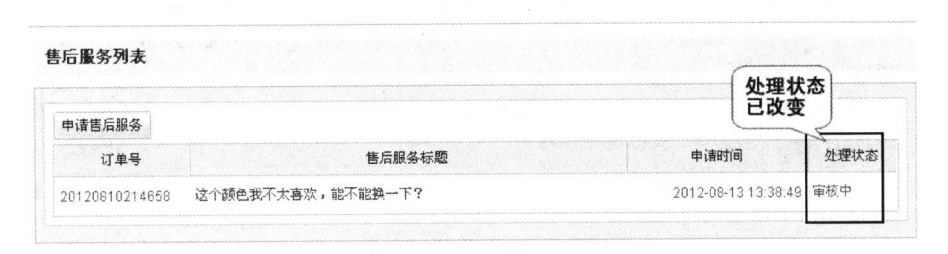

图 7-57 处理状态已改变

Step4：点击"接受申请"。

图 7-58 点击"接受申请"

Step5：然后可以给会员留言，如图 7-59 所示。

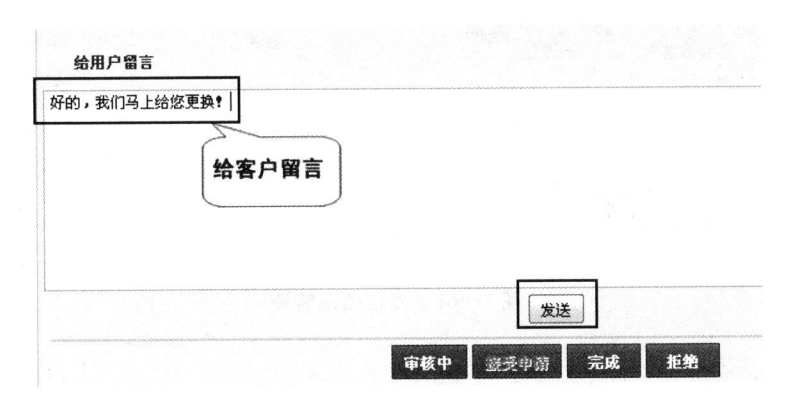

图 7-59 给会员留言

此时，会员中心会显示"通过审核"。如果点击—"拒绝"，则会员中心会显示"审核未通过"，如图 7-60 所示。

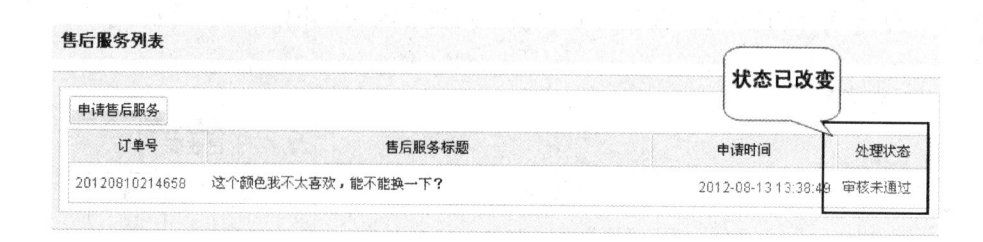

图 7-60　此状态变化

通过这个通道,可以方便店主与顾客的快速反馈。

任务三:快递单打印

快递单打印,可以提高处理订单的效率,尤其是发货量比较大时,快递单打印更能显示出色性能。

顾客在前台下订单后,店主要发货,要选择物流公司,需要填写物流单据,而打印快递单就可以自动调用相关信息,由系统打印完成,对店主处理订单带来很大的方便。

(1)设置发货信息管理

打印快递单时,会自动调用系统内置的发货信息出现在快递单中,因此发货信息需要预先设置。

Step1:依次点击"订单—快递单管理—发货信息管理",如图 7-61 所示。

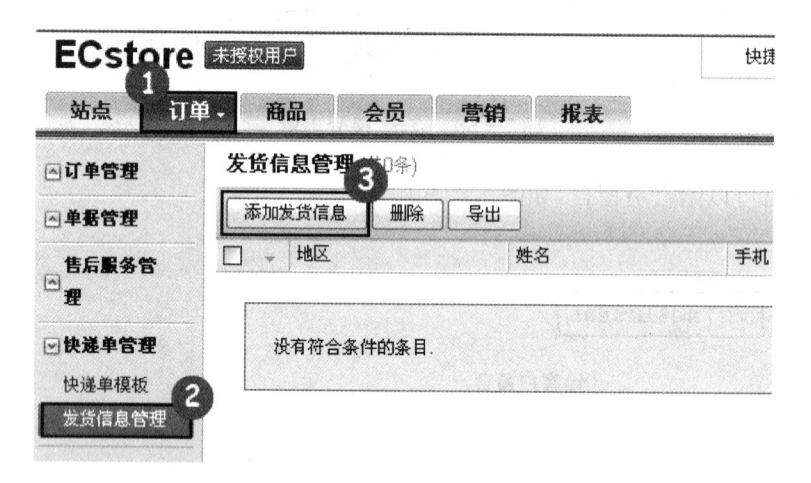

图 7-61　发货信息管理

Step2:点击"添加",如图 7-62 所示。

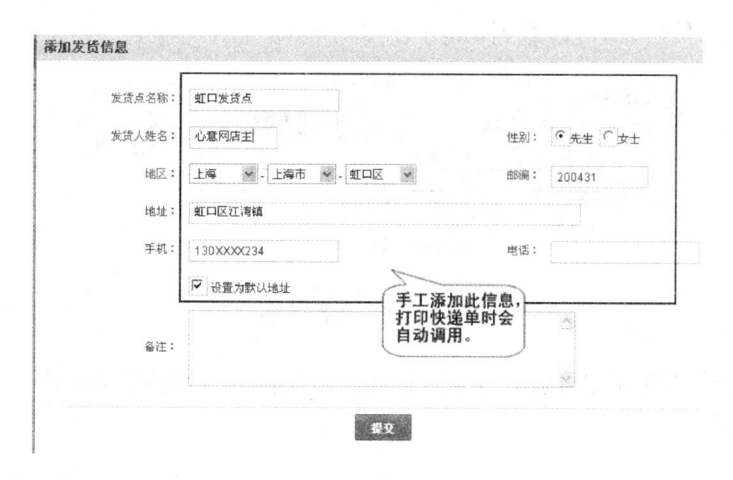

图 7-62 点击"添加"

Step3：添加的所有信息会自动在快递单中调用。

(2)启用内置快递单模板

Step1：先在后台导入新的快递单模板(或自动加载安装包中内置的快递单模板)，如图 7-63 所示。

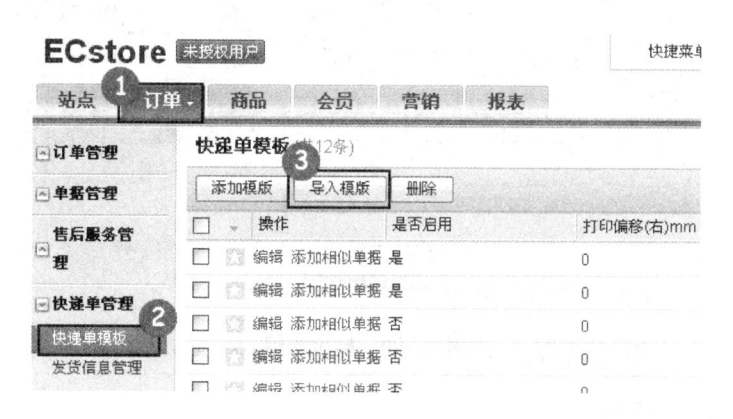

图 7-63 导入模板

Step2：上传本地模板，如图 7-64 所示。

图 7-64 上传本地模板

Step3：浏览上传后，即可以看到，如图7－65所示。

图7－65　查看模板

Step4：启用此模板，点击"编辑"，会显示此快递模板的全部内容，可根据实际情况进行修改，如图7－66所示。

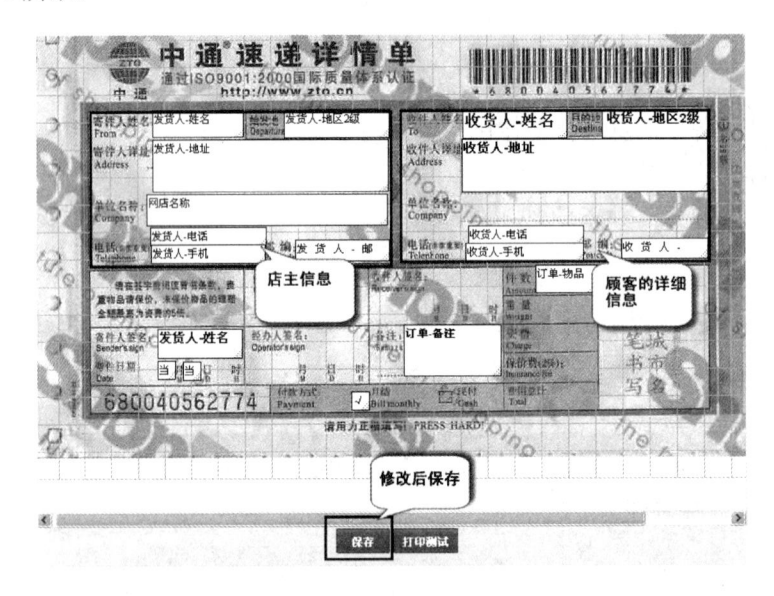

图7－66　启用模板

> **小贴士**
>
> 注意：
>   打印快递单时，只会调用启用的模板。

（3）打印快递单

Step1：在订单列表中，选择某个订单，点击上面的"递"，如图7－67所示。

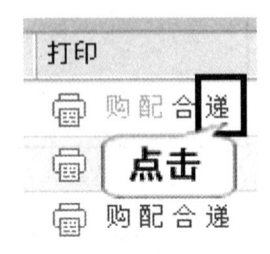

图7－67　点击按钮"递"

Step2：点击后，打开新页面，此处为订单内容及快递单模板，如图 7-68 所示。

图 7-68　打开新页面

Step3：快递单模板只有是启用状态的，才会在这里显示。然后根据自己的单据点击相应的物流公司，比如选择 EMS，点击此页面的确认，则会调用保存的信息，并出现快递单页面，如图 7-69 所示。

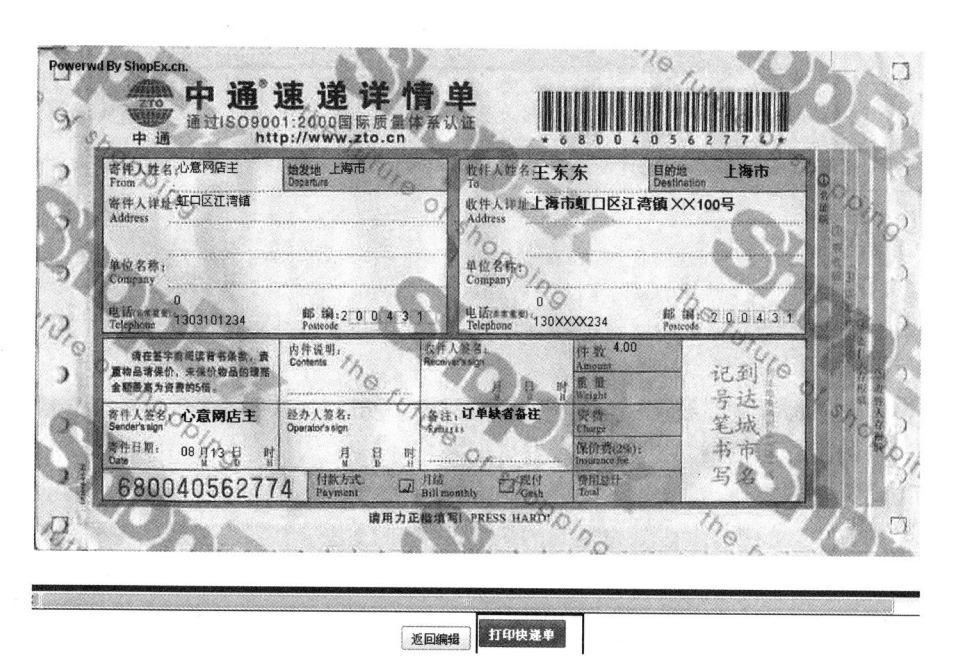

图 7-69　出现快递单页面

Step4：打印。

项目八 网上调查、统计和报表

【场景介绍】

要想在竞争激烈的网络营销中脱颖而出,必须拥有自己的经营法宝。王东东在实践和学习中有了很大的进步。现在他的每月纯利润已经超过万元,这让他感到非常自豪。他通过后台的报表分析和管理对网店经营作了小结,同时所有的营销细节也清晰地显现出来……

【技能列表】

序 号	技 能	重要性
1	能够制作、发布、回收网络调研问卷	★★★☆☆
2	能够对回收问卷进行统计整理	★★★★☆
3	能够在目标网站、网站联盟上发布网络广告	★★★★★
4	能够进行交换链接	★★★☆☆
5	能够将网站或商品信息登录到搜索引擎上	★★★★★
6	能够跟踪和统计网络推广给网站带来的流量和销量	★★★★☆

【知识准备】

1.在线调查问卷的设计

伴随着网络技术的发展,在线调查以其周期短、效率高、费用低、区域广等优点作为一种新兴调查手段逐渐应用于社会调查。

在许多网站上都设有在线调查问卷用以收集用户反馈信息,但是很多在线问卷只是简单地把传统调查的问卷照搬到网上,并没有发挥网络电子媒体的优越性。由于在线调查缺乏训练有素的访问人员的指导,如果问卷设计得不好,被调查人将会误答、中途放弃甚至拒绝参与调查。在线调查中,问卷设计是至关重要的一环。下面介绍一个构建在线问卷的完整的框架。

(1)问卷的组织

不考虑在线问卷的长度和细节。一般情况下它采用的组织结构如图8—1所示。

①欢迎。欢迎词可以用单独的屏幕来显示,也可以出现在短问卷第一页的上方。欢迎词中要体现被调查人意见的重要性,公开调查单位、调查目的、调查方案、完成调查所需的时间及调查结果的使用,奖励措施等信息,引起被调查者的重视和兴趣,取得支持与合作。同时强调保密、尊重隐私。欢迎词页面还应该包括可以提供帮助的电子邮箱或电话号码,以便那些希望

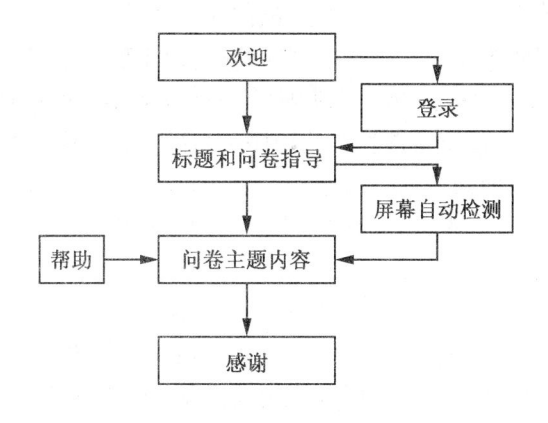

图8-1 问卷的组织

就调查的问题提问或回答有困难的被调查人与之联系。

②登录。如果对调查的样本有所限制，就需要对参与在线调查的人进行身份认证。因此当我们想调查某个感兴趣的群体时，可以给每个被调查人指定一个个人识别码（PIN）。在上网接受问卷调查前，他们必须首先输入这一识别码。识别码可附在邀请信中，也可以作为扩展名植入在一个电子邮件指定的信息位置（URL）的扩展部分。在后一种情况中，被调查人只要在网上点击信息位置，互联网的网站就会自动识别，无需被调查人从键盘输入身份识别码，从而避免可能的输入误差。此外，个人识别码还可以防止重复回答。

③标题和问卷指导。有关如何完成填写在线问卷的指导说明显示在问卷第一个问题的上方。

④问卷主题内容。问题的设计是问卷设计的主要内容，问题的表述必须准确、简洁、易懂、中立。所列答案必须互斥、全面。由于互联网的信息丰富，访问者不可能长时间关注某一个网页。因此在问卷中要设置合理数量的问题和控制填写问卷的时间，以20题为佳，以不超过15分钟为宜。在设计问题时可以运用以下技巧：

第一，设计过滤性问题。现在上网的人越来越多，可能有许多人闲着没事填写网上问卷，而这些人并不是问卷所针对的目标人群。有鉴于此，网上问卷应在开始时设置几个过滤性问题。筛选出问卷针对的确定对象。例如。想调查现有IP电话卡使用者的人口特征，可以在问卷开始提问"您使用过IP电话卡吗？"，及时过滤不合格者。

第二，选择能引起高度兴趣的话题。因为在线调查是网民主动参与的，如果调查题目与网民的生活密切相关，或是网民关注的热点话题，或者是比较新鲜的话题，往往会引起被访问者极大的兴趣，从而调动他们答题的积极性。那么问卷的应答率就会高。

第三，合理地安排问题顺序。如果问题的顺序不合理，那么被调查者会毫无兴趣，容易放弃作答。具体而言可分为：第一，先易后难，先非敏感性后敏感性问题。先以简单的问题吸引被调查者，使其产生兴趣，放下戒备心。而在后面才设计复杂的、敏感性的问题以及测量被调查者的态度或特征的问题，或是人口基本状况、经济状况等。第二，先总括性后特定性问题。第三，先封闭式后开放式问题。因为开放式问题需要录入，被调查者容易放弃。

第四，敏感性问题。有关个人隐私、棘手或者费脑子的问题最好放在问卷的中间或者三分之二处的位置。这时候的被调查人情绪高涨并且已经花费了许多时间和精力去完成问卷，因此极有可能会回答敏感性问题。即使被调查人在这时候放弃回答问题，我们也已经得到了许多调查信息。此外，敏感性问题还可以采用随机化问答技术。

第五，备选答案顺序随机化。对于某些多项选择，由于项目较多，就可能出现一种"先入为主"的倾向。某些被调查人可能主观上认为某个备选答案排在前面或排在后面，会暗示其重要性。网上调查问卷可以设计将备选答案的顺序进行随机化调整。答案的位置对被调查人的暗示作用会得到减弱，有效地减少回答误差。

⑤屏幕自动检测。在被调查人答题过程中，自动检查前后的逻辑性和完成情况。若有漏答或错答，将给予一定的提示。

⑥帮助。由于在线调查没有调查员可以对含混不清的词义、复杂的指示或问题作出解释。如果调查比较复杂，帮助信息是必不可少的。可以在问卷标题的右下方设置一个帮助链接，提供问卷中各种类型问题的帮助信息；还可以运用动态解释。当被调查者对某一概念不够理解时，只要将鼠标置于该概念上，就会出现一个提示窗口。

⑦感谢。感谢词显示在最后一屏或者在线问卷的最后一部分。感谢调查对象抽出时间填写问卷，再次说明问卷收集的信息将作何种用途。若打算进行其他的问卷调查，也可在这里略作宣传。其他信息例如调查组织者的地址和电话、被调查人的 E-mail、访问时间及访问编号等也可以显示在这一页，以便被调查人可以了解到有关调查结果的信息。

(2)问卷的版面设计

同传统调查问卷一样，在线问卷应美观大方、简单易读。问题与问题之间留有空间。避免过于拥挤。问题与答案尽量不要分离。不要要求被调查人在回答下一个问题之前必须先回答前面的每一个问题，否则那些遇到了不愿回答的问题，或无法理解和回答的问题的被调查人就很可能因此而退出调查，从而导致无回答率的上升。

问卷采用单页滚动式还是多页非滚动式要视问卷长度而定。通常短问卷采用单页滚动式而长问卷采用多页非滚动式设计。如果问卷包含问题的逻辑跳转，则必须采用多页显示。逻辑跳转可以在受访者选择了前一个问题的答案后，再依据预先设置好的逻辑顺序调出下一个问题，受访者不会感到丝毫的不便或受到任何无关因素的影响。

在线问卷可以包含比较复杂的逻辑跳转。但无论整个问卷回答过程中出现多少次逻辑跳转，由于跳转的指令已经编进问卷，可以自动执行，调查过程的连续性和完整性均不会被减弱。图 8-2 是一份有关健康教育的在线问卷所用的多次逻辑。

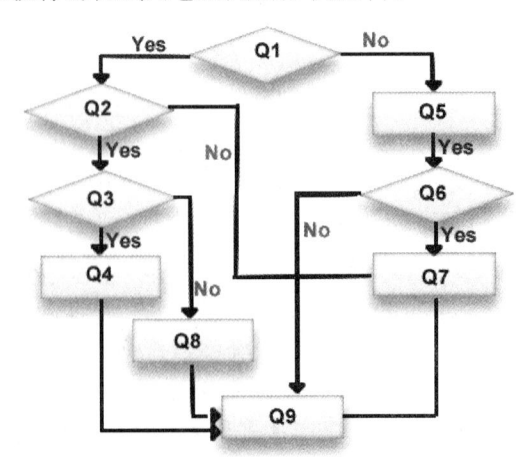

图 8-2 健康教育的在线问卷所用的多次逻辑

逻辑跳转的问题可以单独出现在一个屏幕上,也可以紧跟着上面的问题出现在同一个屏幕上。

(3)格式设计

为了调动人们参与调查的积极性,可以借用网络强大的表现力,设计出声形兼备、别具风采的问卷。

①文本。在线问卷的字体应该令人熟悉并且在屏幕上容易阅读。12号字适合一般的调查群体,而14号字对于残疾人或老年人较为适宜,也可以设置屏幕放大器来调试字体。对于问卷中着重强调的内容尽量用粗体而不是斜体显示,因为斜体在屏幕上阅读较为困难。

②色彩。色彩在在线问卷中具有相当大的影响力,它们可以影响被调查人回答问卷的情绪。色彩的设计应该使被调查人心情愉悦。过分花哨会使人烦躁。色彩对比鲜明的问卷可读性较强。非彩色的背景如白底黑字是较安全的选择。问卷的色彩应避免使人浮想联翩,还要避免增加色盲群体的阅读困难。

③图片。要避免过多地使用图片。图片会减慢在线问卷下载的速度,降低问卷的可接受性。但一张较大的图片放在一个很小的网页上不会减慢图片的下载速度,如图片的大小为5kb,网页的尺寸限制到20kb。如果抽样群体可以通过高速链接参与在线调查,在线问卷可以采用较多与调查有关的图片、音频和视频。同时,要设置ALT标签来对网页上的图片进行描述,避免被调查人因视觉上的差别而引起回答误差。

④动画。由于动画演示需要某种版本的浏览器或插件程序。很可能在某些被调查人的电脑上无法实现,因此在线问卷不适宜使用动画设计。若采用动画设计,可同时再提供一份静态的问卷供被调查人选择。

(4)回答方式设计

对于回答方式的设计是针对封闭式问题而言的。通常运用四种方式:单选按钮、复选框、下拉菜单和矩阵式/表格式等。

(5)试调查

在问卷初步设计完成之后,最好测试调查问卷,以确保调查中的问题描述、帮助信息或逻辑跳转正确无误、问卷完成时间是否易被接受等。应该设置相似的环境,小范围试调查,并对结果反馈及时进行修改,形成最终的正式问卷。

总之,在线问卷设计在发挥网络电子媒体优越性的同时,还必须使不同文化程度和计算机使用能力,使用不同的计算机软、硬件及不同上网途径的被调查人能进入并理解。在线问卷设计的优劣直接影响调查结果的可信度,设计出一份专业合理的在线调查问卷,是取得高质量在线调查的基础。

2. 统计基础

概括地说,统计就是"用数字表述事实"。由此可以看出,"统计"一词在社会生产、生活中经常遇到并与我们的日常生活有着密切关系。

(1)统计学的研究对象和特点

①统计学的研究对象

统计学的研究对象是社会经济现象总体的数量方面,包括总体的数量表现、总体变化的数量关系以及总体变化的数量界限。

②统计学研究对象的特点

统计学以社会经济现象的数量方面作为自己的研究对象,具有自己的特点,归纳起来可概

括为以下几点:

第一,数量性。统计研究的是社会经济现象的数量方面,通过数量的研究来揭示社会经济现象的发展变化规律。这里所说的数量应当是经济现象的规模、水平、现象之间的数量关系以及决定现象质量的数量界限。通过对数量方面的研究,来揭示事物发展的变化规律。

统计研究社会经济现象的数量方面,与其他专业的数量研究不同,它是在事物质的规定下研究事物量的方面,也就是首先对研究对象的范畴加以明确的规定,才能准确统计事物的量。

第二,总体性。统计学研究的是客观事物总体的数量方面,而不是个别现象的量。统计在于研究某种相同性质的个别事物组成的全部事物的数量特征。这样,统计就要对总体中各单位普遍存在的事实进行大量观察和综合分析,得出反映现象总体的数量特征。

第三,具体性。统计研究的数量是具体的数量,而不是抽象的数量。这是统计学和数学的重要区别。这里所说的具体性是指社会统计所研究的量是社会经济现象在具体时间、地点条件下表现出来的客观的数量。统计研究现象总体的数量特征,可以反映社会经济现象的规律性在具体时间、地点条件下的表现,有助于我们对客观现象性质的认识。

第四,社会性。统计研究的数量总是反映人们社会生产生活的条件、过程和结果,是人类有意识的社会活动的产物。因此,统计的社会性表现在两个方面:一方面是统计研究对象具有社会性。所有的统计数字总是与人们的利益有关,反映着人们之间的相互关系。社会经济统计研究就是通过数量特征和数量关系反映物质资料的占有关系、分配关系和交换关系,以及其他社会关系的特点和实质。例如从生产发展中看国家、集体和个人的关系,从收入分配中看职工与农民的关系,从商品流通中看产、供、销的关系等。另一方面,从认识主体看,也有社会性。统计是一种社会认识活动,必然要受到一定的社会、经济观点的影响。

(2)统计调查

统计调查就是根据统计研究的目的,采用一定的方式方法,有计划、有组织地向调查单位搜集原始资料的工作过程。统计调查是认识客观事物的基础,也是整个统计工作的基础环节。

①统计调查的种类

社会经济现象是错综复杂的,根据具体的调查目的和调查对象,确定与之相适应的调查方法是统计调查的一个重要环节。统计调查方法有多种,按划分标准不同主要有以下几种分类:

第一,按调查对象包括范围的不同,统计调查分为全面调查和非全面调查。

全面调查就是对调查对象所包括的所有调查单位都进行调查。全面调查主要包括统计报表和普查。与全面调查相反,只对部分调查单位进行调查即为非全面调查。如抽样调查、重点调查、典型调查等。

第二,按调查登记的时间是否带有连续性,统计调查分为经常性调查和一次性调查。

调查登记的连续性,取决于现象的特性,一种是时期现象,它随着时间的变化而不断地发生变化。另一种是时点现象,表现为一定时点上的状态。

经常性调查,是对时期现象进行的调查,是指对调查对象(时期现象)随时间变化的情况进行连续不断的登记。在进行这种调查时,被研究对象在变化过程中量上的变化都被记录下来。因此,经常性调查所取得的资料体现了现象的发展过程和在一段时间内现象发展变化的总量。一次性调查,是对时点现象进行的调查,是指间隔一定的时间(往往间隔相当长)对调查对象进行的调查。它可以定期进行,也可以不定期进行。

第三,按调查的组织形式不同,统计调查分为统计报表和专门调查。

统计报表是国家统计系统和各业务部门为了定期取得系统的、全面的基本统计资料而采取的一种搜集资料的方式。

专门调查是指为了研究某一特定情况或问题而专门组织的调查,包括普查、重点调查、典型调查和抽样调查。统计报表和专门调查都是统计工作中搜集信息的重要方法。

第四,按搜集资料的方法不同,统计调查分为直接观察法、报告法、采访法等。

直接观察法就是由调查人员亲自到调查单位对调查的事物直接观测、计数、称量、登记、取得原始资料。

报告法是由基层单位根据统计、会计或业务核算的原始记录,按照一定的表格形式和要求,向上级有关部门提供统计资料的方法。对于所有执行统计报表制度的企业、事业单位及机关团体等都是用报告法取得统计资料。

采访法是指通过被调查者对调查项目的回答来搜集资料的方法,它包括询问法和自填法两种。

询问法是由调查人员按照调查项目向被调查者逐一提问,然后根据被调查者的回答进行记录、汇总得出结果的调查方法。这种方法可以对实际情况进行深入细致的了解,保证材料的可靠性,但是需要有更多的调查人员和调查时间。

自填法是由调查人员将调查表提供给被调查者,由被调查者按照正确的方法和要求自己填写,然后由调查人员或调查机关统一收回表格的一种调查方法。这种方法与询问法相比能节省人力和时间,但在实际应用中,要注意调查表回收的及时性,以保证整个统计工作顺利进行。

最后值得一提的是,统计调查的方式方法是多种多样的,绝不止上面我们提到的这些,比如还包括邮寄调查、电话调查、计算机辅助调查、互联网调查、实验室实验调查和空间遥感调查等。

②统计调查的组织方式

统计调查按组织形式的不同,分为统计报表和专门调查。专门调查又分为普查、重点调查、典型调查和抽样调查。这些都是适合我国国情、行之有效的搜集统计资料的方法。

a. 统计报表制度

统计报表制度是我国定期搜集基本统计资料的一种重要组织方式。各级统计部门每年发表的统计公报中所列举的各项统计指标,反映整个国民经济和社会发展情况的大量数字资料,主要是通过统计报表取得的。

b. 普查

普查是为了特定的目的而专门组织的一次性全面调查,主要用于搜集某些定期、全面统计报表不能够或不适合获得的资料。

c. 重点调查

重点调查是一种非全面调查。它是从被研究现象的总体中,选择若干个重点单位进行调查。所谓重点单位,是指在被研究总体中举足轻重的那些单位,它们的单位数不多,在总体中所占比重不大,但这些单位被调查的标志数值在总体的总计数中却占有很大比重。所以,通过重点调查搜集的统计资料就可大致掌握总体的基本情况。

d. 典型调查

典型调查是指在调查对象中有意识地选取若干具有典型意义的或有代表性的单位进行的一种非全面调查。

e. 抽样调查

抽样调查也是一种非全面调查。它是按照随机原则,从被研究现象总体中抽取一部分单位作为样本进行调查,然后用样本的调查资料去推算总体的数量特征。

（3）统计指标

统计指标是统计的基本要素之一。从统计工作来讲，统计活动的各个环节，不论是统计设计、统计调查、统计整理还是统计推断、统计分析，都要围绕或通过统计指标来进行，统计的认识与服务的作用，也要依托各种统计指标来实现。统计只有通过统计指标才能反映客观现象总体的实际情况，才便于研究和认识现象发展变化的规律以及现象间的数量关系。因此，统计指标也就必然成为统计学研究的主要内容。

统计指标简称指标，其含义有两种理解与使用方法：一种理解是，指标是反映总体现象数量特征的概念（或名称）；另一种理解是，指标是说明总体数量特征的名称和具体数值。

对指标含义的两种理解都可以成立。前一种理解适用于统计理论和统计设计，是从统计指标的设计形态定义的；后一种理解适用于实际统计工作，是从统计指标的完成形态定义的（即作为统计工作成果的一项指标应包括指标名称和指标数值）。

统计指标就其完成形态而言，由以下要素构成：

①定性范围。包括指标名称和指标含义。指标含义要明确总体现象的质的规定性，包括时间标准和空间标准。例如，年末全国人口总数这个指标，其指标含义是在规定的时点，具有中华人民共和国国籍并在我国境内常住的人口总和。指标含义比较复杂，指标名称是它的表现形式。

②定量方法。包括计量单位和计量方法，是指标含义的量化规范。

③指标数值。根据定性规范和定量方法，经过实际调查和数据处理所取得的具体时间、空间的统计数值。从统计指标的完成形态看，一个统计指标应当包括：指标名称、时间范围、空间范围、指标数值、计量单位、计算方法六个方面，其中指标名称和指标数值是构成统计指标的基本要素，体现了事物质的规定性和量的规定性两个方面的特征。

统计指标的设计形态只包括定性范围和定量方法两个要素，不包括指标数值。

（4）统计指标的特点

指标具有以下三个特点：

①可量性。没有质的规定性不能成为统计指标，有了质的规定性而不能用数量来表示也不能成为统计指标，即任何统计指标都可以用数值表示，没有不用数值表示的统计指标。

②综合性。综合相对于单一、专门而言。由于指标是说明总体数量特征的，即指标的主体是总体而非个体，因而任何指标都具有综合性。

③具体性。具体相对于抽象，即任何指标数值都是反映所研究现象在具体时间、地点、条件下的规模、水平。

（5）统计综合指标

①总量指标

总量指标是反映在一定时间、地点、条件下的某种社会经济现象的总规模或总水平的统计指标，是各种社会经济现象总量的表现。由于它以绝对数形式表现，故又被称为绝对指标或绝对数。例如，一个国家或地区的人口数、国内生产总值、进出口贸易总额、社会商品零售总额等，都是总量指标。

总量指标最基本的特点：总量指标的大小受总体范围的制约，数值大小一般随总体范围的大小而增减变化；只有对有限总体才能计算总量指标。

总量指标可以从不同的角度进行分类。按其说明的总体内容不同，分为总体单位总量和总体标志总量；按其反映的时间状况不同，分为时期指标和时点指标。

②相对指标

相对指标又称相对数,它是由两个有联系的指标数值对比计算得出的统计指标,也称相对数指标。用以反映现象的发展程度、结构、强度、普遍程度或比例关系。

相对指标可分为有名数和无名数两种表现形式。

有名数就是相对指标中分子与分母指标数值的双重计量单位来表示的,主要用来表现强度相对指标的数值。如人均国内生产总值用"元/人"表示,人口密度用"人/平方公里"表示,人均粮食产量用"千克/人"表示等。

无名数是一种抽象化的数值,多以系数、倍数、成数、百分数、千分数、百分点和翻番数等表示,相对指标大多是以无名数表示。

由于研究的目的和任务不同,选择的对比基数不同,相对指标一般可以分为:结构相对指标、比例相对指标、比较相对指标、强度相对指标、计划完成相对指标、动态相对指标。

③平均指标

社会经济现象的同质总体中,同一标志在各单位的数量表现不尽相同,标志值大小各异,这就需要利用平均指标来代表总体的一般水平。总体各单位的同质性和某种标志值在各单位的差异性,是计算平均数的前提条件。

平均指标又称平均数,是同类社会经济现象总体内的各单位以某种数量标志在一定时间、地点和条件下数量差异抽象化的代表性水平指标,是反映总体单位一般水平的综合指标,反映总体单位一般水平的数量特征。

④标志变异指标

标志变异指标又称标志变动度或变异指标,是反映总体各单位标志值差异程度的综合指标。

标志变异指标与平均指标密切相关。平均指标表现为总体各单位标志值的一般水平,反映总体各单位标志值的集中趋势,却把它们之间的差异性抽象化了。而标志变异指标则表现为总体各单位标志值的变异程度,反映总体各单位标志值的离中趋势,正好弥补了平均指标的不足。所以,在统计研究中,经常将两者结合起来应用,才能更加全面、深入地认识所研究现象总体的特征。

3.电子商务网站核心数据分析

电子商务相对于传统零售业来说,最大的特点是一切都可以通过数据化来监控和改进。通过数据可以看到用户从哪里来、如何组织产品可以实现很好的转化率、投放广告的效率如何等问题。基于数据分析的每一点点改变,就是一点点提升你赚钱的能力,所以,电子商务网站的数据分析是很重要的一门功课。

一般来说,数据分析包括流量来源分析、流量效率分析和用户特征分析三个部分。

(1)流量来源分析

电子商务就是贩卖流量的生意,低成本的流量来源是保证企业盈利的重要条件。流量来源分析主要是要明白用户都是从哪些网站来的,哪些网站能带来更多的订单、哪些网站的流量是真实的、哪些是虚假等。

流量分析一般分析以下内容:

①网站流量来源排名:哪些网站贡献的流量多,哪些贡献的少。

②搜索引擎关键词分析:根据关键词的来源分析来查看网站产品分布和产品组合。如果关键词查询多的产品却不是网站的主推品,可以进行适当调整。

③网站流量趋势分析:网站的流量是否均衡稳定,是不是有大幅度波动。一般来说,流量

突然增加的网站,如非发生突发事件,购买的广告位作弊的嫌疑比较大。

④网站流量核对:查看是否有莫名流量来源,流量来源大不大。如果莫名来源流量很大的话,有可能是购买的 CPC 或者其他资源被注水了,将广告链接分包给了点击联盟。

(2)流量效率分析

流量效率是指流量到达了网站是不是真实流量,主要分析指标如下:

①到达率:到达率是指广告从点击到网站的比例。一般来说,到达率能达到 80% 以上是比较理想的流量。

②PV/IP 比:PV(page view),即页面浏览量,或点击量,通常是衡量一个网络新闻频道或网站甚至一条网络新闻的主要指标。一般来说,有效的流量,网站内容比较好的话,一个独立 IP 大概能有 3 个以上的 PV。如果 PV/IP 比能达到 3 以上,说明流量比较真实,网站内容也不错。当然,如果低于 3,也并不代表流量不真实,有可能是网站本身的问题。如果 PV/IP 过高,也可能有问题,比如人力重复刷新等,要谨慎对待。

③订单转化率:这个是最最核心的数据了,没有订单转化率,其他一切都免谈。站内数据流分析,主要用来分析购物流程是否顺畅和产品分布是否合理。

④页面流量排名:主要查看产品详情页的流量,特别是首页陈列的产品详情页。参照最终的销售比例,优胜劣汰,用以调整销售结构。

⑤场景转化分析:从首页—列表页—详情页—购物车—订单提交页—订单成功页,的数据流分析。比如,首页到达了 10 000 用户,此后的数据分别是 8 000—5 000—1 000—50—5,购物车到订单提交页的相差比较大,大概就能看出来是购物车出了问题,需要改进。

⑥频道流量排名:各个频道流量的排名,主要用来考虑产品组织的问题。

⑦站内搜索分析:这个反映的是用户关心的产品有哪些,是产品调整的最直接数据。

⑧用户离开页面分析:用户在哪些页面离开最多?是首页还是频道页?是购物车还是订单提交页?突然的大比例的离开网站,往往预示着问题的存在。

(3)用户特征分析

新老用户比例:老用户比例越高,证明用户忠诚度不错。但是还要考虑绝对量,不能用新用户越来越少来衬托老用户比例越来越高。

用户地域分析:用户地域与订单地域分布基本一致,基本上就是用过互联网用户的分布比例以及经济发达程度等。这个对于提升区域配送及服务比较有帮助。

【项目规划】

通过系统的学习,王东东对电子商务网店的管理有了深入认识。马上就要开动布置自己的网店了,小王踌躇满志。他写了份规划书,对网店布局管理及细节做了部署。

任务计划书

➢ 任务一　营销统计
➢ 任务二　经营概况
➢ 任务三　销售收入统计与预存款统计
➢ 任务四　销售统计
➢ 任务五　会员统计

【项目执行】

任务一：营销统计

EcStore 营销统计工具——生意经，帮助电商从时段分析、页面类型分析、热门页面、来源分析、付费流量分析、关键词分析、搜索引擎、访客、出入站分析等多维度对营销活动进行数字化测量并据此不断优化、提升营销效果。

1. 统计概况

Step1：用户进入后台，点击报表按钮—生意经统计，如图 8-3 所示。

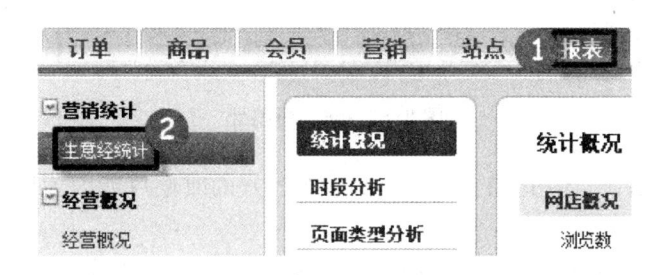

图 8-3 生意经统计

Step2：进入报表页面，如图 8-4 所示。

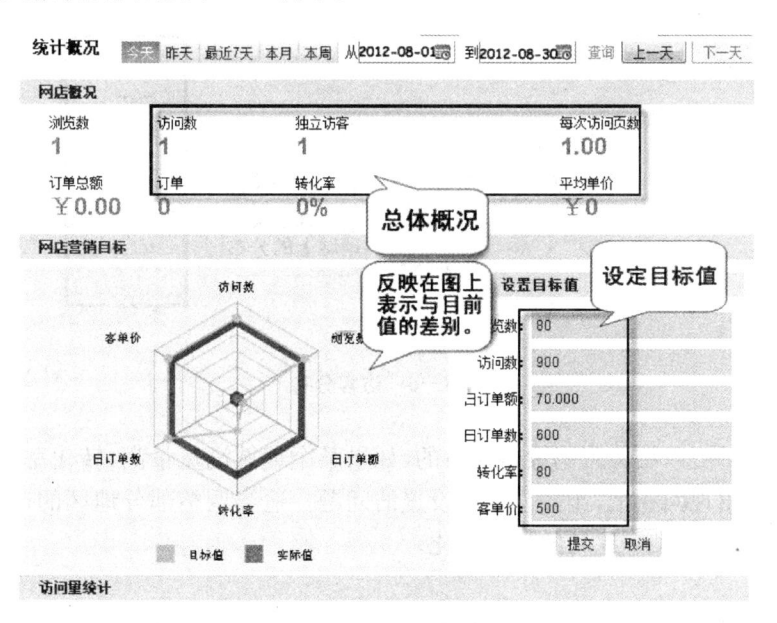

图 8-4 进入报表页面

这个数据是告诉网店经营的大体情况，包括浏览数、访问数、独立访客、每次访问页数、订单总额、订单数、转化率和平均单价等内容。同时，你可以根据既有的概况，设定一个营销活动的总体目标，而一个好的总体目标的标准之一，在于能够最大限度地降低营销活动决策中的主观因素。

Step3：访问量统计

其中的访问量统计也可以通过图形直观显示,可以看出网站经营是否稳定,是把访问量控制在一定水平还是波动非常大,如图 8-5 所示。

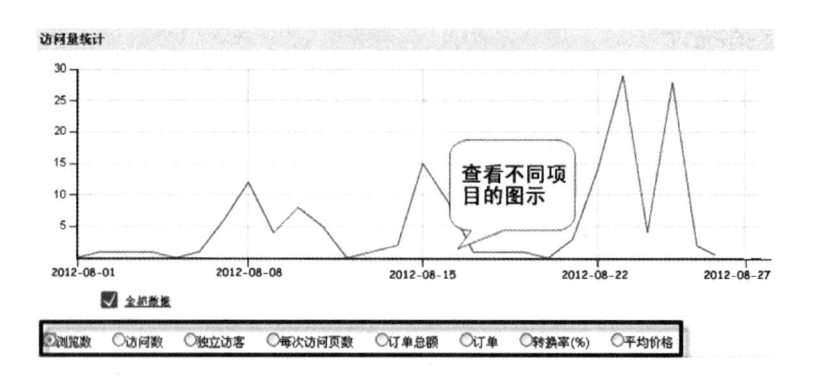

图 8-5 访问量统计

从图 8-5 可以看出,此网店的访问波动非常大,好的时候可能因为广告效应,但不持久,所以经营还是有问题。

Step4:统计概况中包括访客地理分布,统计概况中还包括地域分布,主要看客户分布的地域,如图 8-6 所示。

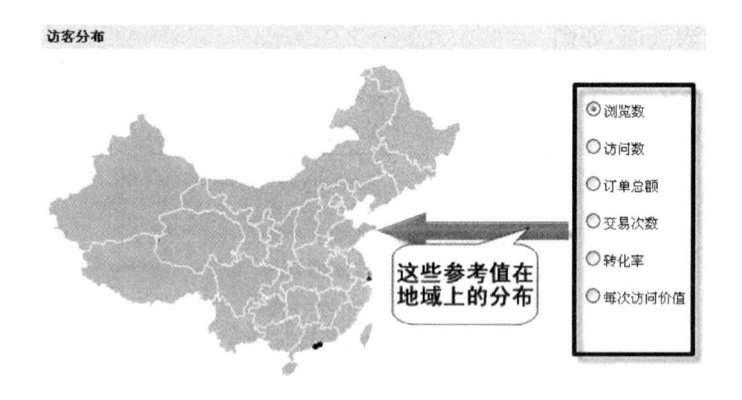

图 8-6 访客分布

参考值的图示可以结合营销策略来看的,如果某个地域浏览量高、转化率低,有可能是提示用户某些方面出现问题了,比如说邮费设置的问题。适当调整部分地区的运费或者结合一些捆绑销售,可以提高某个地域的销售转化。

2. 时段分析

监测每个时段的流量和销售的转化情况(时段分析),能够帮助了解网店的销售高峰时间,还能帮助网店安排运营人员的工作时间,提高工作效率。如图 8-7 所示。

3. 页面类型分析

能够帮助运营部门在新的运营工作中做重点引导,推荐消费者最关注的品牌、促销最关注的商品等。

4. 热门页面

将热门页面从页面内容中提出,这部分内容单独进行分析,用来指导运营工作,配合基础

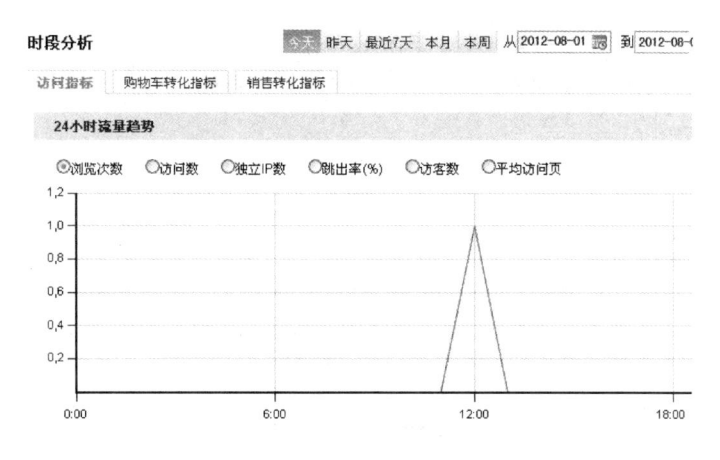

图 8-7 时段分析

的指标,如浏览数、访问数、转化率可以分析出消费者最关注什么,什么产品、分类、品牌点击最高。

5. 来源分析

网店的流量从何来,不同的来源能为网店带来多少收益,销售转化如何? 这些问题都关系到网店运营中核心的指标,需要对网店流量的来源进行分析,对比不同来源带来流量的质量。

进行网店流量来源分析时更关注来源的域名,将进入网店前的访问地址做统计,配合重要的运营指标,例如销售转化率、订单量、订单额可以看出具体哪个域名的网站能为网店带来真正的顾客。如果来源域名带来的流量非常高,但是却没有销售转化,或者转化率非常低,说明此类来源的质量比较差。出现这种情况的原因有多种,可能是访问来源网站的访客并不是网店的目标客户人群等问题。具体的情况还需要作进一步分析,可以通过来源 URL 过滤出通过这类域名进入网站的 URL。

6. 付费流量分析

将付费流量单独做流量分析更有利于对不同推广渠道做跟踪和效果分析。

对付费推广获得流量,除了监控以外,我们还需要对比不同投放渠道的效果,哪个渠道能给网店带来更多的目标客户,哪些渠道的转化情况比较差,在关注不同渠道带来的流量大小外,加入销售转化更有意义。

7. 关键词分析

关键词分析不仅能看到潜在消费者通过哪些关键词进入到你的网站,还能分别查看从不同的搜索引擎得到的流量情况。

8. 访客分析

访客分析分为消费分析和访客分布。

消费分析主要看访客的消费行为指标趋势,同时参考浏览页面数,查看购物车次数以及生成订单数就可以看出引进消费者与本网站定位是否符合。如图 8-8 所示。

9. 出入站分析

出入站分析分为入口页面和出口页面。

(1) 入口页面

潜在消费者通常看到网站的第一个页面是哪个页面? 这些页面是否能继续发生深度的访

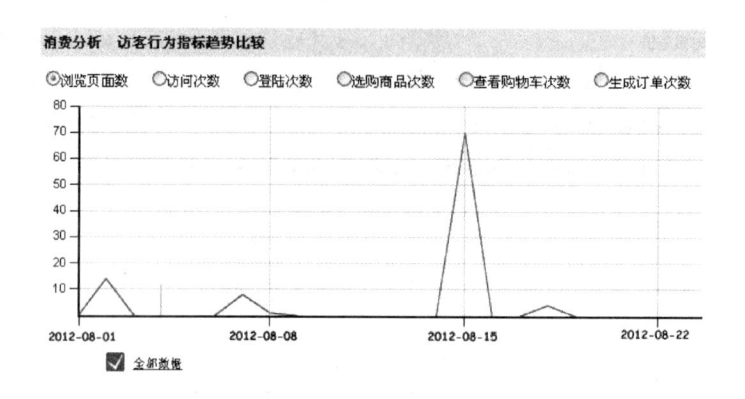

图 8—8　访客分析

问进而发生转化？入口页面的优化到底有没有效果？

这些问题都可以在入口页面分析中用数据来清楚地解答。

(2)出口页面

用户是否在完成了转化后在合适的页面结束了访问？还是说在看到商品的时候就做出了结束访问的选择？潜在顾客会用"脚"告诉我们网站需要优化的地方。

任务二：经营概况

经营概况主要是介绍商店里订单情况及会员情况，对商店的总体情况可以一目了然。

Step1：后台，依次点击"报表—经营概况"，如图 8—9 所示。

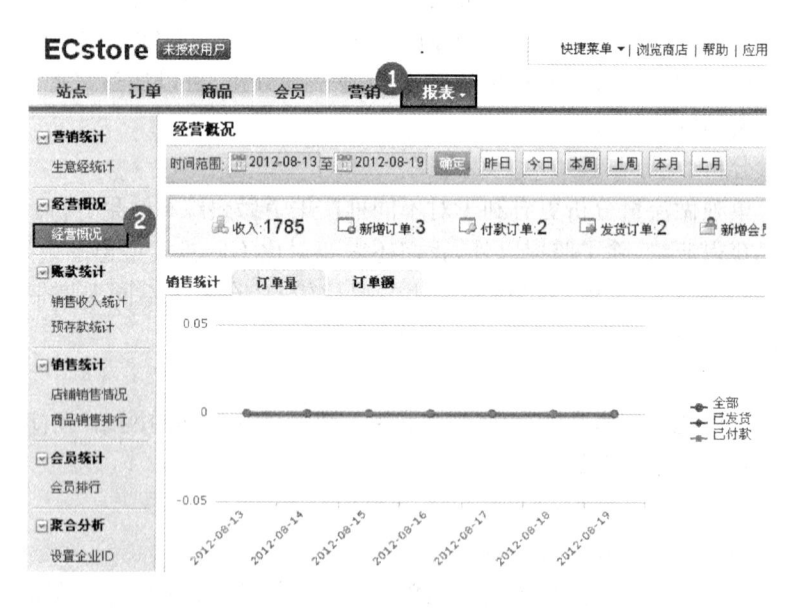

图 8—9　经营概况

Step2：界面最上方是商店运营总体情况，如图 8—10 所示。

下方是订单相关情况，主要是订单的数量与订单的金额。统计数据可以分别按昨日、今日、本周、本月、上月情况进行统计，也可指定日期对数据进行筛选。

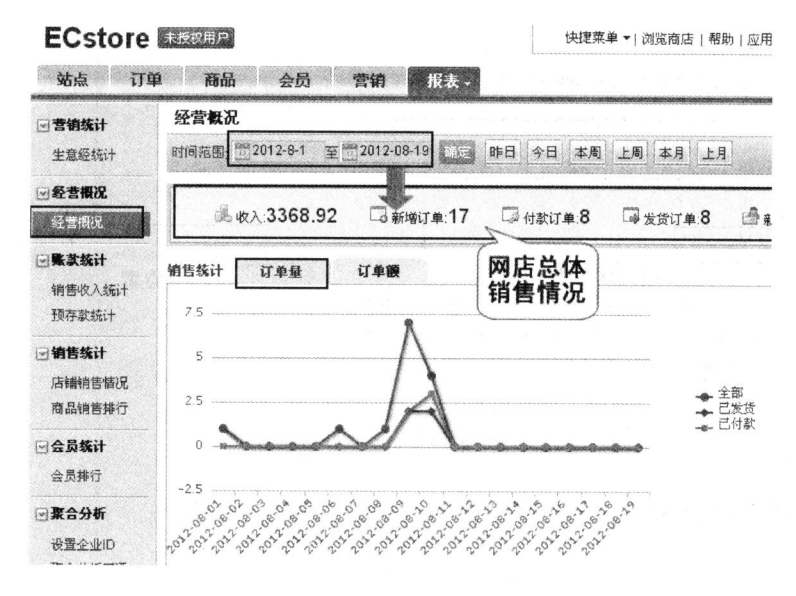

图 8-10 查看当前经营概况

任务三：销售收入统计与预存款统计

销售收入统计主要是对已经完成付款的订单，以及退款的订单进行一个简单的统计，可以根据日期进行筛选；预存款统计则是对会员中有预存款消费的情况进行一个简单统计。

（1）销售收入统计

Step1：后台依次点击"报表—销售收入统计"，如图 8-11 所示。

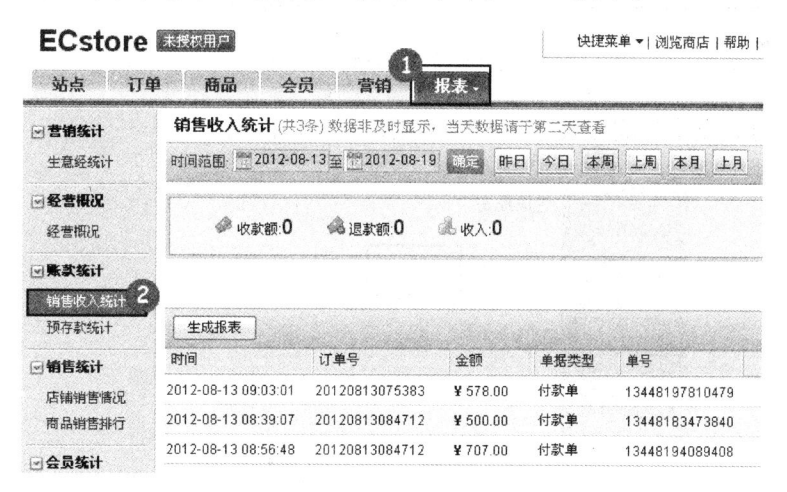

图 8-11 销售收入统计

Step2：点击后，显示的通用的筛选界面，如图 8-12 所示。

图 8—12 筛选界面

Step3：可以自定义日期进行筛选订单情况，如图 8—13 所示。

图 8—13 筛选订单情况

Step4：也可以点击生成报表导出 CSV，如图 8—14 所示。

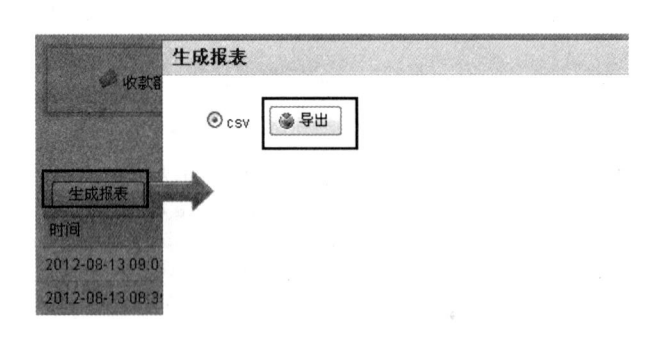

图 8—14 生成报表

(2)预存款统计

Step4：后台，依次点击"报表—预存款统计"，如图 8—15 所示。

图 8-15　预存款统计

Step2：点击后，显示的就是通用的筛选界面，如图 8-16 所示。

图 8-16　预存款统计

Step3：也可以自定义日期进行筛选，如图 8-17 所示。

图 8-17　自定义日期进行筛选

Step4：相应地，也可以将筛选出来的数据导出 CSV 格式，如图 8-18 所示。

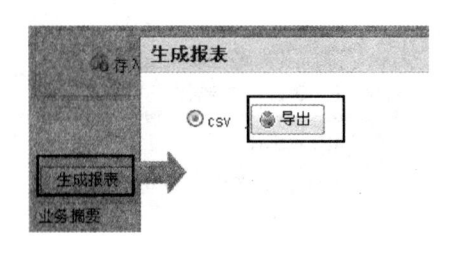

图 8—18 生成报表

Step5：导出的数据，如图 8—19 所示。

图 8—19 导出数据

通过这两个小型统计，可以提供最基本的数据。

任务四：销售统计

与销售收入统计相比，店铺销售统计主要是统计商店的订单的量及金额，还涉及退换货的一些情况，相对细致；商品销售排行则主要是统计商店中销售的排行，以方便商家进行相应的调整。

(1)店铺销售情况

Step1：后台，依次点击"报表—店铺销售情况"，如图 8—20 所示。

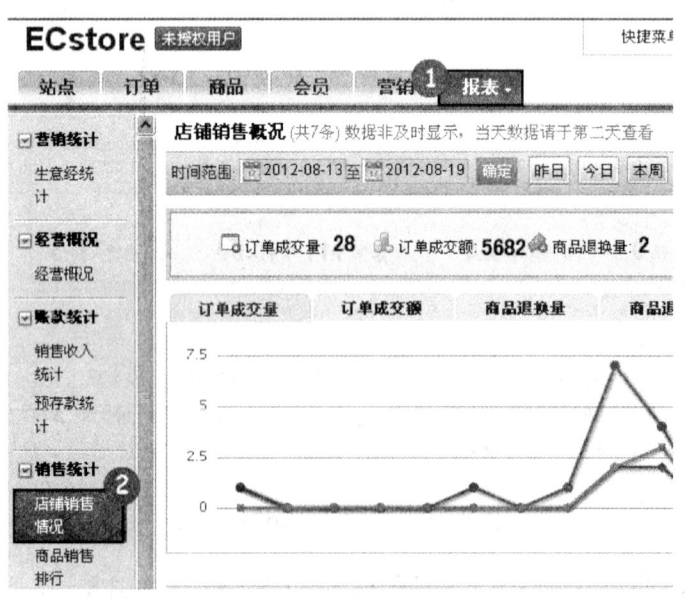

图 8—20 店铺销售情况

Step2:点击后,显示的就是通用的筛选界面,如图8-21所示。

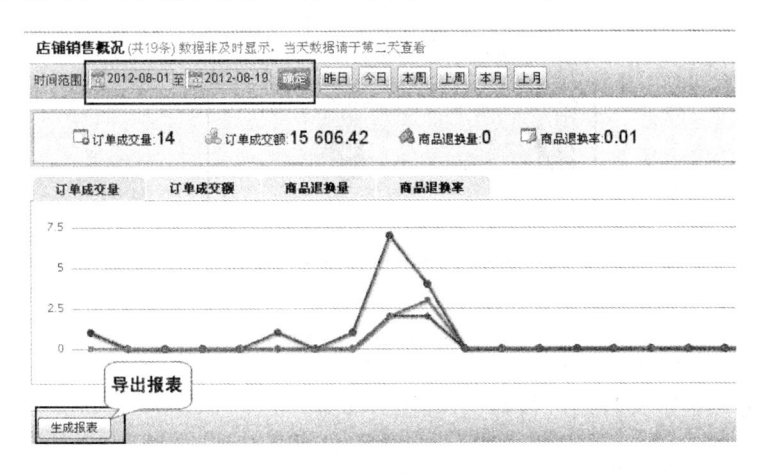

图 8-21　店铺销售概况

其中,订单成交量、订单成交额、商品退换量、商品退换率都可以分别统计,如图8-22所示。

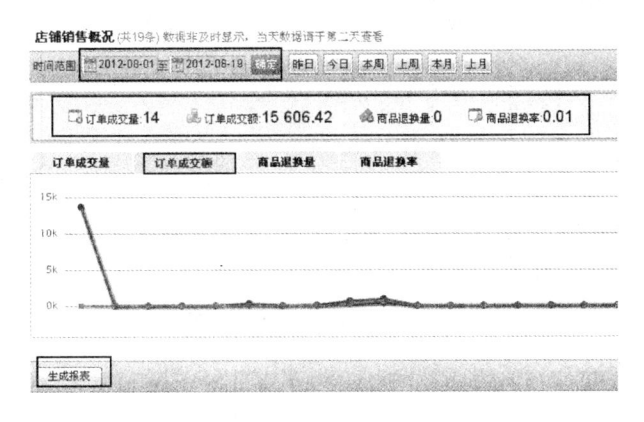

图 8-22　店铺销售详细信息

(2)商品销售排行

Step1:后台,依次点击"报表—商品销售排行",如图8-23所示。

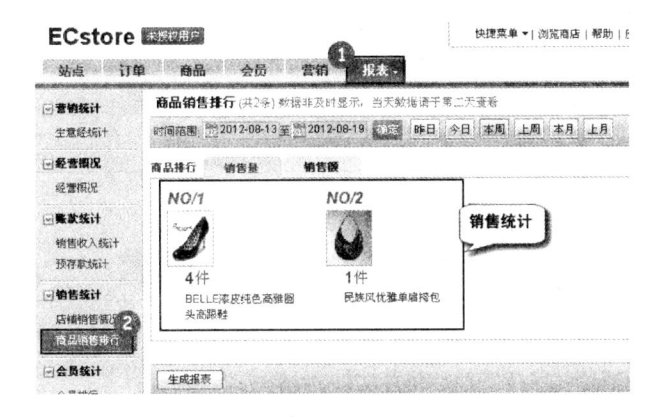

图 8-23　商品销售排行

Step2：点击后，显示的就是通用的筛选界面，如图 8-24 所示。

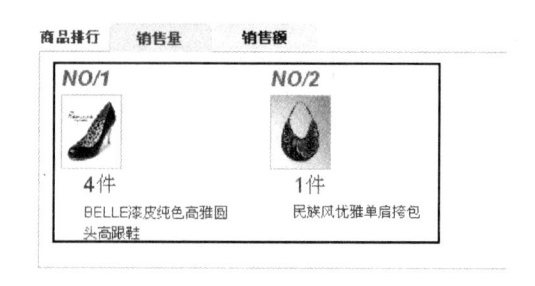

图 8-24　筛选界面

Step3：也可以自定义日期进行筛选，如图 8-25 所示。

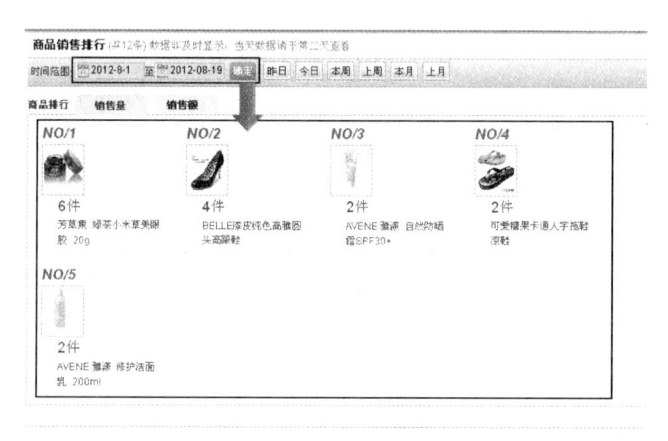

图 8-25　自定义日期进行筛选

任务五：会员统计

会员统计主要是统计会员相关的订单数量及订单金额，可以让商家对本店的会员情况有一个全盘的了解。

Step1：后台，依次点击"报表—会员排行"，如图 8-26 所示。

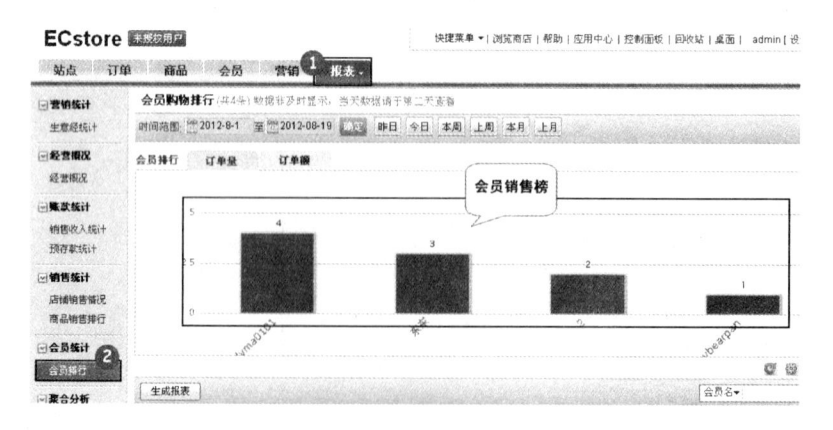

图 8-26　会员排行

Step2：点击后，显示的就是通用的筛选界面，如图 8—27 所示。

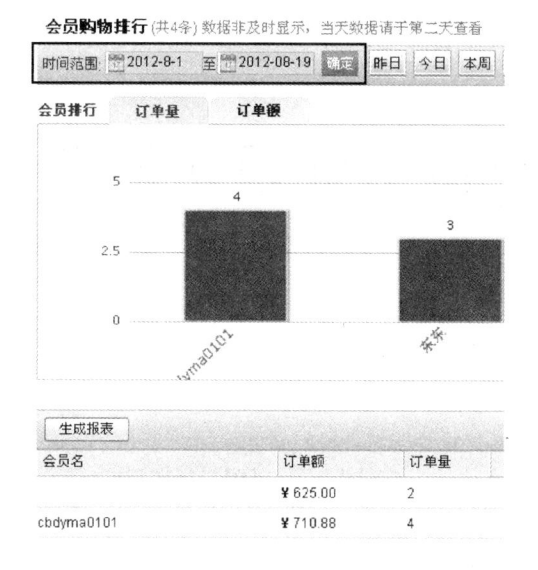

图 8—27　通用的筛选界面

Step3：可以指定日期对数据进行筛选，如图 8—28 所示。

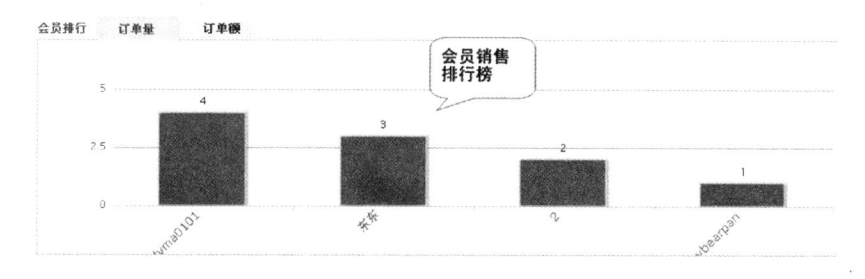

图 8—28　指定日期对数据进行筛选

Step4：同时也可以查看订单额，如图 8—29 所示。

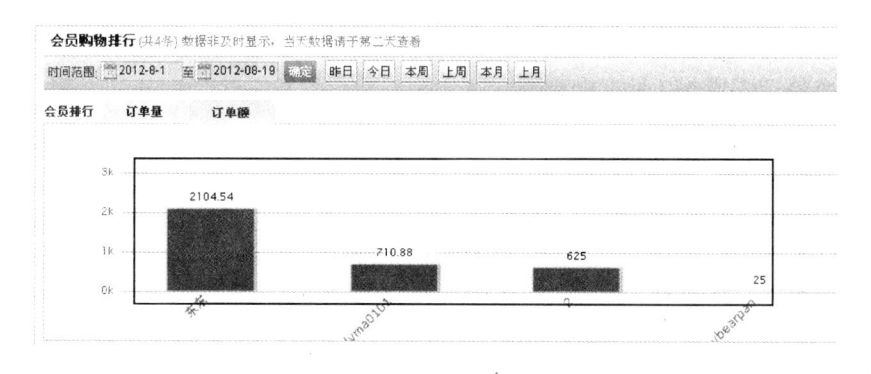

图 8—29　查看订单额

通过这样一个简单的统计就可以对某段日期范围内会员的销售情况有一个总体掌握。

电子商务管理认证复习题

项目一　网店搭建

理论知识题

一、单选题

1. 建立公司网站(　　)。
   A. 是网络营销的前提条件　　　　　　　　B. 对网络广告并不重要
   C. 是网络广告唯一手段　　　　　　　　　D. 是在局域网环境下
2. 电子商务网站的功能,包括(　　)功能。
   A. 电子出版　　　　　　　　　　　　　　B. 商品选购
   C. 办公事务管理　　　　　　　　　　　　D. 人力资源管理
3. 电子商务网站主要分为(　　)和 B2C 两种。
   A. EDI　　　　　　B. INTRANET　　　　　C. B2B　　　　　　D. RFID
4. 一般进行交易的电子商务网站必须具备(　　)。
   A. Web 服务器、域名服务器、数据库服务器和支付网关
   B. Web 服务器、域名服务器和商品服务器
   C. 域名服务器、商品服务器、企业服务器
   D. 前台服务器和后台服务器
5. 一个电子商务应用平台系统的运行,要有(　　)、主机设备,也需要有支持平台软件和应用软件。
   A. 杀毒软件　　　　B. 仓储系统　　　　　C. 网络　　　　　　D. 配送系统
6. B2C 网站的网上购物的流程,一般是(　　)。
   A. 会员注册→商品搜索选购→下订单→结算金额→选择送货方式→网上支付→购物完成→订单查询
   B. 会员注册→商品搜索选购→订单查询→结算金额→选择送货方式→网上支付→购物完成→下订单
   C. 会员注册→网上支付→下订单→结算金额→选择送货方式→商品搜索选购→购物完成→订单查询
   D. 网上支付→商品搜索选购→下订单→会员注册→选择送货方式→结算金额→购物完成→订单查询
7. B2C 网站的网上购物的后台处理主要流程,一般是(　　)。
   A. 网上客户下订单→订单受理→库存查询→销售单生成→出库确认→发货确认→结账
   B. 发货确认→订单受理→库存查询→销售单生成→出库确认→网上客户下订单→结账

C. 库存查询→订单受理→网上客户下订单→销售单生成→出库确认→发货确认→结账
D. 网上客户下订单→订单受理→库存查询→发货确认→出库确认→销售单生成→结账

8. 域名申请注册用户可以在CNNIC的网站上直接联机填写域名注册申请表并提交。CNNIC会对用户提交的申请表进行在线的检查,填写完毕后单击(　　)即可。
　A. 注册　　　　　　B. 登录　　　　　　C. 删除　　　　　　D. 退出

9. 在查询框内输入想要查询的域名,单击提交。如果已经被他人注册,将会出现域名、域名注册单位、管理联系人、技术联系人等提示信息。如果没有被他人注册,将会出现"你所查询的信息不存在"的提示信息,这时用户就可以开始(　　)了。
　A. 注册　　　　　　B. 登录　　　　　　C. 删除　　　　　　D. 退出

10. 网上商店建立的准备工作的第一步是(　　)。
　A. 编写网站设计的计划书　　　　　　B. 网站交互设计
　C. 检查网页的链接　　　　　　　　　D. 正式发布网站

11. 网站编辑负责网站频道信息内容的搜集、把关、规范、整合和(　　),并更新上线。
　A. 编辑　　　　　　B. 查询　　　　　　C. 搜索　　　　　　D. 研究

12. 在客户生命周期的各个阶段中,(　　)是客户对企业做出最大贡献的时期。
　A. 客户潜在期　　　　　　　　　　　B. 客户开发期
　C. 客户成长期　　　　　　　　　　　D. 客户成熟期

13. 网上商店生成系统的常见功能准确的选择是(　　)。
　A. 内置支付网关　　　　　　　　　　B. 购物车功能
　C. 多种支付选择　　　　　　　　　　D. 以上都是

14. 网络和信息安全主要强调除网络自身安全以及服务提供安全外,还包括网络上的信息机密性、(　　)、可用性以及相关内容安全的有害信息控制。
　A. 完整性　　　　　B. 重要性　　　　　C. 先进性　　　　　D. 恢复性

15. (　　)是统计整理的一种重要形式,通过对零乱、分散的原始数据资料进行有次序的整理,形成一系列反映总体各组之间个体分布状况的数列。
　A. 频数分布　　　　B. 累计频数　　　　C. 累计频率　　　　D. 统计数据分组

16. 网站信息安全的内容之一就是(　　)。
　A. 防止网站信息被篡改　　　　　　　B. 网站色彩鲜明
　C. 网站内容完整　　　　　　　　　　D. 网站调用快速

17. (　　)所面对的主要问题包括发现所隐藏的信息的真实内容、阻断所指定的信息,挖掘所关心的信息。
　A. 数据安全　　　　B. 交易安全　　　　C. 内容安全　　　　D. 下载安全

18. 开展电子商务最突出的问题是要解决(　　)、交易和结算中的安全问题,建立安全认证体系是关键。
　A. 网上购物　　　　B. 网上询价　　　　C. 网上查询　　　　D. 网上论坛

19. (　　)是依照相同标准对相同职务的员工进行考核的一种方法。
　A. 交替排序法　　　B. 简单排序法　　　C. 配对比较法　　　D. 强制分布法

20. 目前国际上常用的密码体系有对称密钥密码体系和(　　)。
　A. 混钥密码体系　　　　　　　　　　B. 私钥密码体系
　C. 公开密钥体系　　　　　　　　　　D. 不对称密钥体系

21. (　　),主要包括应用服务的可用性与可控性。
　A. 网络与应用平台安全　　　　　　　B. 应用服务提供安全
　C. 信息加工和传递安全　　　　　　　D. 信息内容安全

22. 电子商务网站安全的因素,从网站内部看,网站计算机硬件、通信设备的可靠性、操作系统、(　　)、数据库系统等自身的安全漏洞,都会影响到网站的安全运行。

A. 入侵者　　　　　　B. 网络协议　　　　　　C. 计算机病毒　　　　　D. 网络黑客
23. 电子商务网站安全的因素,从网站外部看,(　)、入侵者、计算机病毒是危害电子商务网站安全的重要因素。
A. 操作系统　　　　　B. 网络协议　　　　　　C. 数据库系统　　　　　D. 网络黑客
24. (　)企图通过使你的服务计算机崩溃或把它压垮来阻止你提供服务,是最容易实施的攻击行为。
A. 服务拒绝攻击　　　B. 利用型攻击　　　　　C. 信息收集型攻击　　　D. 假消息攻击
25. (　)是一类试图直接对你的机器进行控制的攻击。
A. 服务拒绝攻击　　　B. 利用型攻击　　　　　C. 信息收集型攻击　　　D. 假消息攻击
26. (　)的目的是保护网内的数据、文件、口令和控制信息,保护网上传输的数据。
A. 访问控制　　　　　B. 物理安全　　　　　　C. 信息加密　　　　　　D. 一级安全策略
27. (　)是网络安全防范和保护的主要策略,它的主要任务是保证网络资源不被非法使用和非常访问。
A. 访问控制　　　　　B. 物理安全　　　　　　C. 信息加密　　　　　　D. 一级安全策略
28. 我国现行的涉及交易安全的法律法规中,(　)主要是民法通则和刑法中有关保护交易安全的条文。
A. 综合性法律　　　　　　　　　　　　　　　B. 规范交易主体的有关法律
C. 规范交易行为的有关法律　　　　　　　　　D. 监督交易行为的有关法律
29. 我国现行的涉及交易安全的法律法规中,(　)包括产品质量法、财产保险法、价格法、消费者权益保护法、广告法、反不正当竞争法等。
A. 综合性法律　　　　　　　　　　　　　　　B. 规范交易主体的有关法律
C. 规范交易行为的有关法律　　　　　　　　　D. 监督交易行为的有关法律
30. SQLServer 支持的身份验证模式是(　)。
A. WindowsNT 身份验证、SQLServer 身份验证
B. 口令验证、密码验证
C. 密码验证、SQLServer 身份验
D. SQLServer 身份验证、口令验证
31. 对于数据库系统,负责定义数据库内容,决定存储结构和存储策略及安全授权等工作的是(　)。
A. 应用程序员　　　　B. 数据库管理员　　　　C. 用户　　　　　　　　D. 软件设计师
32. 数据库的备份中,(　)是一种逻辑备份,这种方法包括读取一系列的数据库日志,并写入文件中,这些日志的读取与其所处位置无关。
A. 导出备份　　　　　B. 导入备份　　　　　　C. 冷备份　　　　　　　D. 热备份
33. 数据安全主要是指(　)。
A. 数据的正确性、有效性、相容性　　　　　　B. 用户数据与程序的独立性
C. 保护数据以防止不合法的使用　　　　　　　D. 防止并发程序之间的干扰
34. 数据库系统的安全特性主要是针对(　)而言的。
A. 程序　　　　　　　B. 操作系统　　　　　　C. 数据　　　　　　　　D. 外设
35. 转储与恢复程序主要在实现 DBMS 的(　)功能时使用。
A. 数据库运行管理　　B. 数据库的建立维护　　C. 数据组织、存储与管理　D. 其他
36. 事务是数据库环境中的(　)工作单位,事务是不能嵌套的,可恢复的操作必须在一个事务的界限内才能执行。
A. 外部　　　　　　　B. 内部　　　　　　　　C. 物理　　　　　　　　D. 逻辑
37. 用户(或应用程序)使用数据库的方式称为权限,以下不是用户权限是(　)。
A. 读权限　　　　　　B. 插入权限　　　　　　C. 修改权限　　　　　　D. 导入权限
38. 数据库系统允许用户把已获得的(　)再转授给其他用户。

A. 权限　　　　　　　B. 文件　　　　　　　C. 软件　　　　　　　D. 设备
39. 以下不包括客户概况分析的内容是(　　)。
A. 层次　　　　　　　B. 风险　　　　　　　C. 层次　　　　　　　D. 习惯
40. (　　)指客户对某个产品或商业机构的忠实程度、持久性、变动情况等。
A. 客户利润分析　　　B. 客户忠诚度分析　　C. 客户性能分析　　　D. 客户未来分析
41. 防火墙的组成部分包括验证工具、包过滤、应用网关和(　　)。
A. 软件识别　　　　　B. 硬件隔离　　　　　C. 病毒清除组件　　　D. 服务访问政策
42. 防火墙(FireWall)成为近年来新兴的保护计算机网络安全技术性措施,它是一种(　　)控制技术。
A. 防范　　　　　　　B. 隔离　　　　　　　C. 杀毒　　　　　　　D. 搜索
43. (　　)就是采用数学方法对原始信息(通常称为"明文")进行再组织,使得加密后在网络上公开传输的内容对于非法接收者来说成为无意义的文字(加密后的信息通常称为"密文")。
A. 信息加密技术　　　B. 硬件隔离　　　　　C. 病毒清除组件　　　D. 服务访问政策
44. (　　)的应用使交易文件的完整性得以保证。
A. 信息加密技术　　　B. 数字摘要　　　　　C. 病毒清除组件　　　D. 服务访问政策
45. (　　)的指标意义是衡量网站内容对访问者的吸引程度以及网站的宣传效果。
A. 网站转换率　　　　　　　　　　　　　　B. 回访者比率
C. 积极访问者比率　　　　　　　　　　　　D. 忠实访问者比率
46. (　　)的指标意义是衡量网站内容对访问者的吸引程度和网站的实用性。
A. 网站转换率　　　　　　　　　　　　　　B. 回访者比率
C. 积极访问者比率　　　　　　　　　　　　D. 忠实访问者比率

二、是非题

1. 电子商务网站的功能,包括商品发布功能、商品选购功能、具有个性化的采购订单模板,顾客进行购物组合比较,"购物车"内置的价格计算模型可以根据商家的价格体系灵活定制、在线交易功能、商品交接、资金结算功能。(　　)
2. 电子商务网站主要分为 B2B 和 B2C 两种。(　　)
3. 一个电子商务应用平台系统的运行,要有网络、主机设备,也需要有支持平台软件和应用软件。(　　)
4. 已注册用户是指系统中已有其注册信息的用户,此类用户可完成整个购买流程。(　　)
5. 申请注册域名,用户可以通过 Web 和 E-mail 两种方式填写注册申请表。(　　)
6. 在创建一个 Web 站点之前,必须先申请域名和站点空间。只有申请了域名和站点空间后,用户制作的网页才能发布到互联网上,供他人浏览。(　　)
7. 网络编辑需要具备以下几方面基本知识与技能:新闻传播学、计算机及网络技术基础、文字表达能力及网络编辑所负责领域的相关学科基础知识。(　　)
8. 会员中心功能是网上商店生成系统的常见功能之一。(　　)
9. 信息安全有多层含义,首先最基本的是网站内容的合法性。(　　)
10. 内容安全是指对信息真实内容的隐藏、发现、选择性阻断。(　　)
11. 开展电子商务最突出的问题是要解决网上购物、交易和结算中的安全问题,建立安全认证体系是关键。(　　)
12. 信息机密性可以依靠加密机制以及密钥分发等来保障。(　　)
13. 电子商务网站安全的因素,从网站内部看,网站计算机硬件、通信设备的可靠性、操作系统、网络协议、数据库系统等自身的安全漏洞,都会影响到网站的安全运行。(　　)
14. 信息收集型攻击并不对目标本身造成危害,这类攻击被用来为进一步入侵提供有用的信息。(　　)
15. 安全策略是指在某个安全区域内(一个安全区域,通常是指属于某个组织的一系列处理和通信资源),用于所有与安全相关活动的一套规则。(　　)

16. 我国有关电子商务交易安全的法律保护问题,主要涉及两个基本方面:第一,电子商务交易首先是一种商品交易,其安全问题应当通过民商法加以保护;第二,电子商务交易是通过计算机及其网络而实现的,其安全与否依赖于计算机及其网络自身的安全程度。（　　）
17. 数据库正式投入运行与维护工作的开始,并不标志着数据库设计工作的结束。（　　）
18. 数据库的备份恢复中,导入的过程是导出的逆过程,这个命令先读取导出来的导出转储二进制文件,并运行文件,恢复对象用户和数据。（　　）
19. 数据独立性包括物理独立性和逻辑独立性两个方面。（　　）
20. 事务是数据库环境中的物理工作单位,事务是不能嵌套的,可恢复的操作必须在一个事务的界限内才能执行。（　　）
21. 客户资料管理就是通过对客户详细资料的管理,来提高客户满意程度,从而提高企业的竞争力的一种手段。（　　）
22. 防火墙指的是一个有软件和硬件设备组合而成、在内部网和外部网之间、专用网与公共网之间的界面上构造的保护屏障。（　　）
23. 加密技术分为两类,即对称加密和非对称加密。（　　）
24. 浏览用户比率这个指标一定程度上衡量网页的吸引程度。（　　）
25. 访问者销售额这个指标是用来衡量网站的市场效率。（　　）
26. UV 的意思就是 Unique Visitor,中文翻译即唯一访问者。（　　）
27. 对于电子商务网站来说,网站数据库中记录的详细交易信息,同样可以运用 RFM 分析模型进行数据分析,尤其对于那些已经建立起客户关系管理(CRM)系统的网站来说,其分析的结果将更具意义。（　　）
28. 消费心理是指消费者在个人消费活动中发生的各种心理现象及外在表现。（　　）
29. 消费心理学通过研究消费者的个性心理特征,可以了解不同的消费行为产生的内在原因,掌握消费者购买行为和心理活动的规律,预测消费趋势。（　　）
30. 在商业经营活动中,知觉是消费者在购买商品和使用商品的过程中,商品的外部单一属性作用于消费者不同感官而产生的主观印象。（　　）

三、多选题

1. 电子商务网站的功能,包括(　　)、商品交接、资金结算功能。
   A. 商品发布功能
   B. 商品选购功能
   C. 具有个性化的采购订单模板,顾客进行购物组合比较
   D. "购物车"内置的价格计算模型可以根据商家的价格体系灵活定制
   E. 在线交易功能
2. 按照商务目的和业务功能分类,可以将电子商务网站分为(　　)。
   A. 基本型商务网站　　B. 宣传型商务网站　　C. 客户服务型商务网站
   D. 完全电子商务运作型网站　　　　　　　　E. 完全电子政务运作型网站
3. 一个电子商务应用平台系统的运行,要有(　　)。
   A. 网络　　　　B. 主机设备　　　　C. 仓储系统　　　　D. 平台软件
   E. 应用软件
4. 电子商务类网站分为 B2B(商家对商家)和 B2C(商家对个人客户)两种,按照交易过程可分为(　　)三个阶段。
   A. 商品检索　　B. 网上调查　　　　C. 商品采购　　　　D. 网址推广
   E. 订单支付
5. 注册域名的步骤有(　　)。
   A. 查询域名　　B. 申请注册　　　　C. 申请个人网站空间

D. 建立 E-mail 服务器　　E. 建立 IIS

6. 想建立一个自己的网站，就要选择合适的网站空间。网站空间的主要类型有（　　）。
A. 购买自己的服务器　　B. 租用专用服务器　　C. 使用虚拟主机
D. 使用免费网站空间　　E. 建立局域网

7. 网站编辑的特点有（　　）。
A. 超文本链接式编辑　　B. 全时化编辑　　C. 数据库化编辑
D. 交互性编辑　　E. 静态编辑

8. 网上商店生成系统的常见功能有（　　）。
A. 内置支付网关　　B. 模板编辑　　C. 邮件发送设置　　D. 组合商品
E. 商品目录功能

9. 信息安全涉及（　　）。
A. 信息的保密性　　B. 完整性　　C. 可用性　　D. 可控性
E. 不可否认性

10. 内容安全是指对信息真实内容的（　　）。
A. 隐藏　　B. 发现　　C. 选择性阻断　　D. 收集
E. 索引

11. 有关电子商务面临的安全问题，主要有（　　）。
A. 信息泄漏　　B. 篡改　　C. 身份伪造　　D. 电脑病毒
E. 黑客

12. 网络应用服务安全可以分为（　　）。
A. 网络与应用平台安全　　B. 应用服务提供安全　　C. 信息加工和传递安全
D. 信息内容安全　　E. 软件设计安全

13. 电子商务网站安全的因素，从网站内部看，网站计算机硬件、通信设备的可靠性、（　　）等自身的安全漏洞，都会影响到网站的安全运行。
A. 操作系统　　B. 网络协议　　C. 数据库系统　　D. 网络黑客
E. 入侵者

14. 网络攻击概括来说分为（　　）。
A. 服务拒绝攻击　　B. 利用型攻击　　C. 信息收集型攻击
D. 假消息攻击　　E. 输入性攻击

15. 按照授权的性质划分，安全策略分为（　　）。
A. 基于身份的安全策略　　B. 基于规则的安全策略　　C. 基于角色的安全策略
D. 基于规范的安全策略　　E. 基于软件的安全策略

16. 我国现行涉及电子商务交易安全的法律法规有（　　）。
A. 综合性法律　　B. 规范交易行动有关法律　　C. 监督交易行为有关法律
D. 规范交易主体有关法律　　E. 民事诉讼法

17. ORACLE 数据库由（　　）组成。
A. 过程文件　　B. 数据库文件　　C. 日志文件　　D. 控制文件
E. 程序文件

18. ORACLE 数据库的标准备份有（　　）。
A. 导出/导入备份　　B. 冷备份　　C. 热备份　　D. 文件备份
E. 数据备份

19. 对数据库的保护通过（　　）实现。
A. 并发控制　　B. 数据库的恢复　　C. 安全性控制　　D. 完整性控制
E. 查询控制

20. 数据存储及恢复可以从( )、磁盘阵列 RAID 数据恢复等几方面着手。
A. 分区
B. 文件分配表
C. 格式化与删除
D. 理解覆盖
E. 硬件故障数据恢复

技能操作题

1. 注册用户

试题要求：

用户名：	cbdyma0814	密码：	123456
电子邮箱：	cbdyma0814@126.com	姓名：	小丸子
性别：	女	出生日期：	1985年1月1日
地区：	上海市虹口区	联系地址：	江湾镇
邮编：	200431	移动电话：	130×××9461
固定电话：	021－56××1234		

2. 网上购物

序号	品名	颜色	尺码	数量
1	可爱糖果卡通人字拖凉鞋	白色	37码	1
2	水洗白铅笔牛仔裤	深蓝色	L	1

3. 客户留言

顾客提问：	请问"可爱糖果卡通人字拖凉鞋"是什么材质的？有哪些颜色和尺寸可选？
顾客提问：	请问什么是货到付款？你们支持哪些线上支付方式？
顾客提问：	请问下单后什么时候能发货？你们退换货的规则是什么？

4. 商品评级

品名	评级	星级
可爱糖果卡通人字拖凉鞋	这是一款款式新颖的凉鞋，我很喜欢	五星
水洗白铅笔牛仔裤	这是一款时尚的牛仔裤，我们值得拥有！	四星

项目二 后台配置

理论知识题

一、单选题

1. ( )指标是用来衡量网站的市场效率。
A. 单个访问者成本
B. 订单获取差额
C. 每笔产出
D. 每个访问者销售额

2. ( )是衡量网站的对每个访问者的销售情况。

A. 单个访问者成本 B. 订单获取差额
C. 每笔产出 D. 订单转化率

3. UV 被度量的方法有（　　）。
A. 网站服务器分辨 B. E-mail 服务器分辨
C. 数据库服务器分辨 D. 应用服务器分辨

4. 评价电子商务用户价值的指标有（　　）、单次最高交易额、购买商品种类。
A. 最近购买时间 B. 购买频率
C. 平均每次交易额 D. 以上都是

5. （　　）是消费者对产品满足其需要的整体能力的评价。
A. 效用 B. 需要 C. 欲望 D. 需求

6. 消费心理是指消费者在个人消费活动中发生的各种心理（　　）及外在表现。
A. 现象 B. 活动 C. 表象 D. 波动

7. （　　）具有多元化、层次化、个性化、发展化的特性，这些需要是存在于人本身生理需要和自身状态之中，而不是市场营销者凭主观臆想加以创造的。
A. 效用 B. 需要 C. 欲望 D. 需求

8. （　　），即说明消费者某种消费行为产生的原因。
A. 揭示和描述消费者行为的表现 B. 揭示消费者行为的规律性
C. 预测和引导消费者行为 D. 展示消费者行为

9. （　　）顾客需要的是方便、直接的网上购物。
A. 简单型 B. 冲浪型 C. 接入型 D. 议价型

10. 在商业经营活动中，（　　）是消费者在购买商品和使用商品过程中，商品的外部单一属性作用于消费者不同感官而产生的主观印象。
A. 感觉 B. 知觉 C. 回忆 D. 认知

11. 各种感觉的感受性在一定条件下会出现（　　）。
A. 越来越强现象 B. 越来越弱现象
C. 保持原状现象 D. 此长彼消现象

12. 记忆的心理过程主要由识记、保持、回忆和认知四个环节组成。（　　）是巩固已经识记的知识和经验的过程，使识记材料较长时间地保持在脑海中。
A. 识记 B. 保持 C. 回忆 D. 认知

13. 人们常记住与他们态度与信念相吻合的信息，这就是选择性（　　）。
A. 曲解 B. 注意 C. 记忆 D. 认知

14. （　　）是消费者行为的最初原动力，购买行为是消费者行为的直接驱动力。
A. 愿望 B. 欲望 C. 需求 D. 需要

15. 由于网上销售没有传统营销的成本高，所以具有一定的（　　）优势。
A. 使用价值 B. 价值 C. 价格 D. 范围

16. （　　）是使消费者做出购买某种商品决策的内在驱动力，是引起购买行为的前提。
A. 愿望 B. 购买动机 C. 需求 D. 需要

17. （　　）是指消费者以追求商品或服务的使用价值为主导倾向的购买动机。
A. 求实动机 B. 情感动机 C. 理智动机 D. 信任动机

18. （　　）网民对常更新、具有创新设计特征的网站很感兴趣。
A. 简单型 B. 冲浪型 C. 接入型 D. 议价型

19. 市场营销的基本理论认为，顾客的市场行为产生于顾客的各种动机，而动机源于顾客的（　　）。
A. 需要 B. 需求 C. 欲望 D. 愿望

20. 顾客只购买某企业的产品或服务的直接动力是他对该企业的产品或服务的（　　）总价值大于总成本。

A. 预期　　　　　　B. 结算　　　　　　C. 核算　　　　　　D. 事后

21. 属于（　　）阶层的消费者一般喜欢格调清新、与众不同或高档的商品。
A. 一般　　　　　　B. 较低　　　　　　C. 较高　　　　　　D. 普通

22. 消费者根据对商品或服务的（　　）可能会形成满意的态度或不满意的态度，并通过在学习过程中积累的经验直接影响下一次的购买决策与购买行为。
A. 体会　　　　　　B. 实践　　　　　　C. 实验　　　　　　D. 经验

23. （　　）是指消费者对某一企业或某一产品持有积极态度和好感，但如果缺乏购买动机，消费者也不一定会采取购买行动。
A. 购买能力　　　　　　　　　　　B. 购买动机
C. 情境因素　　　　　　　　　　　D. 测度上的问题

24. 网上商品的特性和网络消费的安全性与（　　）对消费者进行购买决策时有重大的影响。
A. 直观性　　　　　B. 交互性　　　　　C. 产品　　　　　　D. 服务

25. 消费者态度会影响其对产品和品牌的（　　）。
A. 感觉　　　　　　B. 知晓　　　　　　C. 评价与判断　　　D. 满足

26. 消费者态度影响消费者的（　　）。
A. 购买感觉　　　　B. 购买时间　　　　C. 购买预测　　　　D. 购买意向

27. 消费者由原来有点喜欢某种产品到现在非常喜欢该种产品，这涉及（　　）。
A. 态度方向的改变　　　　　　　　B. 态度强度的变化
C. 态度原则的调整　　　　　　　　D. 理性需求的改变

28. 网络消费者注重自我，强调个性消费，这种个性化的消费使网络消费需求呈现出（　　）。
A. 同质性　　　　　B. 相似性　　　　　C. 异质性　　　　　D. 差异性

29. 力求选择消费者信任的信息传递方式或信息输送渠道传递消息，使消费者在接受可靠（　　）的基础上，结合自己的经验、知识与期望，对商品形成积极肯定的态度。
A. 文件　　　　　　B. 信息　　　　　　C. 资料　　　　　　D. 数据

30. 根据信息的内容、消费者的特点以及情景条件选择适宜的（　　）方式，发挥各种传递媒体对消费者的最佳说服效果。
A. 介绍　　　　　　B. 传递　　　　　　C. 媒介　　　　　　D. 输送

31. 使用与态度研究（U&A）用于测量消费者产品（　　）和态度的方法。
A. 爱好　　　　　　B. 质量要求　　　　C. 使用方法　　　　D. 使用习惯

32. 在网上购物，除了能够完成实际的购物需求以外，（　　）在购买商品的同时，还能得到许多信息，并得到在各种传统商店没有的乐趣。
A. 协会　　　　　　B. 销售者　　　　　C. 生产者　　　　　D. 消费者

33. 消费者的感觉器官持续受到某一消费对象的过度刺激，会引起感受力下降，形成感觉适应，称为（　　）。
A. 感觉逆反　　　　B. 广告逆反　　　　C. 价格逆反　　　　D. 政策逆反

34. 在广告宣传中，某些不适当的表现形式、诉求方式也会形成过度刺激，引起消费者的逆反心理，称为（　　）。
A. 感觉逆反　　　　B. 广告逆反　　　　C. 价格逆反　　　　D. 政策逆反

35. 消费者预期是消费者根据自身掌握的信息与经验，对事情做出的事前（　　）。
A. 考虑　　　　　　B. 想象　　　　　　C. 感觉　　　　　　D. 估计

36. 消费者以前对产品的体验、产品的价格以及产品的物理特征都会影响到顾客对产品的（　　）。
A. 需要　　　　　　B. 需求　　　　　　C. 预期　　　　　　D. 感觉

37. 互联网对于这些喜欢浏览、参观的顾客是一个绝好的去处，他们可以在网上反复比较，选择（　　）的商品，在毫无干预的情况下最后作出购买的决定。

A. 低价 B. 合适 C. 高价 D. 漂亮

38. ( )也称 EKB 模式,这种模式强调了购买者进行购买决策的过程。
A. 恩格尔模式 B. 尼科西亚模式 C. 霍华德—谢思模式 D. 尼斯模式

39. ( ),更加强调购买过程的早期情况,即知觉过程、学习过程及态度的形成。
A. 恩格尔模式 B. 尼科西亚模式 C. 霍华德—谢思模式 D. 尼斯模式

40. ( )消费者在购买过程中,他们的主观性较强,不愿意别人介入,受广告宣传及售货员的介绍影响甚少。
A. 慎重型 B. 习惯型 C. 价格型 D. 冲动型

41. 一些顾客不愿意到商场购买易于引起敏感问题的商品,网上商店如果能较好地满足这些顾客( )的要求,便可以获得丰厚的回报。
A. 知情权 B. 询价 C. 报价 D. 隐私权

42. ( )是品牌差异大,消费者介入程度高的购买行为。
A. 复杂型购买行为 B. 多变型购买行为
C. 和谐型购买行为 D. 习惯型购买行为

43. ( )是品牌差异小,消费者介入程度低的购买行为。
A. 复杂型购买行为 B. 多变型购买行为
C. 和谐型购买行为 D. 习惯型购买行为

44. 购买决策是消费者作为决策主体,为了实现满足需求这一特定目标,在( )中进行的评价、选择、决断、决定的一系列活动。
A. 购买结算 B. 购买预测 C. 购买过程 D. 购买预算

45. 仓库为了防范供应商意外中断供货而设置的库存量为( )。
A. 平均库存量 B. 最高库存量
C. 计划库存量 D. 安全库存量

46. 消费者对于以前购买且产生良好体验的商品会继续购买,这种( )行为会减少决策不当而带来的购买风险。
A. 仿效购买 B. 试购 C. 重复购买 D. 网上购买

二、是非题

1. 注意是我们人类共同具有的心理现象。 ( )
2. 在商品社会中,消费者需要具体体现为对商品和劳务的需要。 ( )
3. 就消费者行为而言,动机能驱动、促使消费者为达到一定的目的而进行有关的消费活动。 ( )
4. 情感动机就是消费者对某种商品有了清醒的了解和认知,在对这个商品比较熟悉的基础上进行的理性抉择和做出的购买行为。 ( )
5. 文化是决定一个人的欲望与行为的最基本因素,社会对其个别成员行为的影响主要是经由它的文化。 ( )
6. 普通阶层倾向于大众文化的流行性商品。 ( )
7. 适应功能是指形成关于某些事物的态度,能够帮助个体回避或忘却那些严峻环境或难以正视的现实,从而保护个体的现有人格和保持心理健康。 ( )
8. 抱有恶意态度的被试者怀有明确购买意图。 ( )
9. 管理者可以通过调整营销组合等方法来改变消费者已形成的对产品或品牌的态度。 ( )
10. 消费者的态度是在后天的学习过程中受多种主客观因素的综合作用而形成的。 ( )
11. 使用与态度研究(U&A)用于测量消费者产品使用习惯(usage)和态度(attitude)的方法。 ( )
12. 在广告宣传中,某些不适当的表现形式、诉求方式会形成过度刺激,引起消费者的逆反心理,称为感觉逆反。 ( )

13. 产品预期是评估产品实际性能的标准。（　）
14. 性能预期受到消费者个人特性的影响。（　）
15. 消费者"黑箱"，即市场营销学中的"刺激—反应"模式(S-R公式)。（　）
16. 在购买阶段，消费者把自己的购买态度转变为实际的购买行动。（　）
17. 如果消费者购买的商品品牌间差异大，但价格低，可供选择的品牌很多时，他们并不花太多的时间选择品牌，专注于某一产品，而是经常变换品种，称为多变型购买行为。（　）
18. 购买决策在消费者购买活动中占有极其重要的关键性地位。（　）
19. 在家庭消费中，决策者一般是该商品的直接消费者或家庭中的权威性角色，或者是家庭中经济收入的主要决策者。（　）
20. 消费者的购买决策是建立在效用与费用双项平衡的基础之上，其购买决策的基本原则是选择用最少的货币支出换取最大效用的产品或服务。（　）
21. 定期型网民常常访问新闻和商务网站，而运动型的网民喜欢运动和娱乐网站。（　）
22. 网站界面漂亮的个性化设计，网站优秀的声誉、较高的网站知名度、简单便利的交易方式，将更能吸引消费者的目光从而刺激消费者产生某种需求并产生相应的购买动机。（　）
23. 网络消费者对产品和服务的具体要求越来越独特，而且变化多端，个性化越来越明显。（　）
24. 维护在线消费者的利益是保障电子商务健康发展的重要组成部分。（　）
25. 库存是指商品脱离了生产过程，尚未进入再生产（消费）过程，在生产或流通领域的暂时停留阶段。（　）
26. 商品形成库存的原因很多，主要是因为商品的生产与消费在时间上的同步而引起的。（　）
27. 伴随着需求与供应链管理流程的整个过程，则是信息流与资金流的管理。（　）
28. 库存管理模型按供需情况可分为确定型和概率型两类。（　）
29. 广义的库存控制应该是整个需求与供应链管理部门，乃至整个公司的责任。（　）
30. 对存储物资数量和质量的监测有利于掌握仓储的基本情况，也有利于科学控制库存。（　）

三、多选题

1. 用户（或应用程序）使用数据库的方式称为权限，权限有（　　）。
   A. 读权限　　　　　B. 插入权限　　　　　C. 修改权限　　　　　D. 删除权限
   E. 导入权限
2. 客户资料的管理包括客户资料的（　　）等方面。
   A. 收集　　　　　B. 判断　　　　　C. 整理　　　　　D. 查阅
   E. 分析
3. 从实现原理上分，防火墙的技术包括（　　）。
   A. 网络级防火墙　　　B. 应用级网关　　　C. 电路级网关
   D. 规则检查防火墙　　E. 病毒检测
4. 目前国际上常用的密码体系有（　　）。
   A. 对称密钥密码体系　　B. 混钥密码体系　　　C. 私钥密码体系
   D. 公开密钥体系　　　　E. 不对称密钥密码体系
5. 网站运营数据分析的内容指标有（　　）、忠实访问者量、访问者参与指数、回弹率（所有页面）、回弹率（首页）、浏览用户比率、浏览用户指数、浏览用户量等。
   A. 网站转换率　　　B. 回访者比率　　　C. 积极访问者比率
   D. 忠实访问者比率　　E. 忠实访问者指数
6. 网站分析的商业指标有（　　）、单个访问者成本、订单获取差额、订单获取率、每笔产出、投资回报率等。
   A. 平均订货额　　　B. 订单转化率　　　C. 每个访问者销售额

D. 单笔订单成本　　　E. 再订货率

7. 网站经营数据的统计方法有（　　）。
A. 通过一部分用户样本预估整体的用户情况
B. 根据用户的行为和特征对用户进行细分
C. 网站设计与商业目标的相关性分析
D. 网站整体用户体验的度量
E. 数据库使用频率

8. 网站流量分析系统以网站日志为数据源，结合网站类型、规模和用户需求，从而形成提供（　　）等多方面数据信息的网站运营决策系统。
A. 访问分析　　　B. 网站管理、内容分析　　　C. 网民来源分析
D. 黑客侵害分析　　　E. 病毒干扰分析

9. 消费者在购买行为中产生的（　　）情感、意志等心理活动过程，表现出人的心理活动的一般规律。
A. 感觉　　　B. 知觉　　　C. 记忆　　　D. 注意
E. 想象

10. 消费心理学的研究有（　　）。
A. 揭示和描述消费者行为的表现　　　B. 揭示消费者行为的规律性
C. 预测和引导消费者行为　　　D. 展示消费者行为
E. 揭示消费者行为的重要性

11. 根据知觉反映的事务特征，可分为（　　）。
A. 空间知觉　　　B. 时间知觉　　　C. 运动知觉　　　D. 视知觉
E. 听知觉

12. 记忆的心理过程主要由（　　）四个环节组成。
A. 感觉　　　B. 识记　　　C. 保持　　　D. 回忆
E. 认知

13. 消费者具体购买动机有（　　）。
A. 求实动机　　　B. 求新动机　　　C. 求美动机　　　D. 求名动机
E. 求廉动机

14. 从动机与行为的关系上分析，动机的特征有（　　）。
A. 启动性　　　B. 方向性　　　C. 强度　　　D. 方便性
E. 实用性

15. 消费者心理性购买动机的主要有（　　）。
A. 求实动机　　　B. 情感动机　　　C. 理智动机　　　D. 信任动机
E. 求新动机

16. 人类的行为大部分来自学习，不像低等生物的行为主要受其本能所主宰。在现代社会中成长的小孩，经过家庭与其他机构，通过社会化的过程，学习到基本的（　　）等，对于消费者的购买动机和行为有非常大的影响。
A. 价值观　　　B. 知觉　　　C. 偏好　　　D. 行为
E. 感觉

17. 消费者态度的形成过程中，受到的客观因素有（　　）。
A. 消费者的感觉影响态度的形成
B. 态度是接受各种事务信息后经过加工判断形成的
C. 消费者的消费需要、消费愿望是影响态度的重要因素
D. 消费者所属的阶层、文化、家庭等影响态度的形成
E. 消费者的经验影响态度的形成

18. 消费者态度的功能包括（　　）。
A. 适应功能　　　　　B. 自我防御功能　　　　　C. 知识或认识功能
D. 价值表达功能　　　E. 自我调节功能

19. 消费者态度对购买行为的影响，主要体现在（　　）。
A. 消费者态度会影响其对产品和品牌的评价与判断
B. 消费者态度会影响其对产品的愿望
C. 消费者态度会影响其学习兴趣和效果
D. 消费者态度会影响其需求
E. 消费者态度会影响消费者的购买意向

20. 将态度改变的过程分为（　　）相互联系的部分。
A. 外部刺激　　　　　B. 目标靶　　　　　C. 中介过程　　　　　D. 劝说结
E. 坚持原则

技能操作题

1. 根据以下要求在素材包中选择正确素材配置和维护网上商店：

基本设置：			
网店名称：	心意网	网站地址：	www.xinyi.com
网店 logo：	Logo.jpg	报警库存：	3
商店所有人：	王东东	联系人：	王东东
固定电话：	021-12345678	手机：	1303101234
电子邮件：	cbdyma0101@126.com	联系地址：	江湾镇
邮政编码：	200431		
购物显示设置：			
非会员购物	不支持	顾客点击商品购买按钮后	只将商品加入购物信息栏
订单金额取整位数	整数取整	订单金额取整方式	四舍五入
是否设置含税价格	设置	税率	3%
邮政编码是否为必填项	是	是否开启配送时间	是
商品图片设置：			
列表页缩略图	宽度:110px	高度:80px	缺省图:dflt1.gif
商品详细页图	宽度:300px	高度:300 px	缺省图:dflt2.gif
商品相册图	宽度:500 px	高度:500 px	缺省图:dflt3.gif
支付方式管理：			
支付币别：	人民币		
添加支付宝支付方式：			
支付方式名称：	支付宝	合作者身份：	021123
交易安全校验码：	021123	选择接口类型：	标准双接口
交易费率	3%		

续表

配送方式管理：			
配送计费方式：	全国统一价	默认物流公司：	中通快递
重量设置：	首重1千克	续重1千克	支持物流保价
保价设置：	费率10%	最低报价费：	10元
配送费用：	首重费用10元	续重5元	支持货到付款
管理员设置：			
任务：	添加管理员并赋予权限		
用户名：	Yangxiaoer	密码：	QWSDT456
类型：	普通管理员	权限角色：	订单管理员
状态：	启用	姓名：	杨川
编号：	Shopex001	部门：	仓储
备注：	负责对商品进行维护，包括商品的上、下架及库存补充		

2. 对网店进行后台数据的备份，并将备份的数据保存为 backup。
3. 查询并统计最近1个月网上商店的以下数据：

网店收入		销量第一名的商品	
订单总额		订单成交量	

项目三　商品的上架与管理

理论知识题

一、单选题

1. 商品是用来交换的劳动产品，具有（　　）两个基本属性。
 A. 使用价值和价值　　　　　　　　B. 使用价值和维护价值
 C. 使用价值和参考价值　　　　　　D. 使用价值和估算价值
2. （　　）是包装作用能否正常发挥的前提条件，合理的商品包装是随商品流通环境的变化、包装技术的进步而不断改进和发展的。
 A. 商品包装合理化　　B. 适应商品特性　　C. 适应运输条件　　D. "适量、适度"
3. 使用价值是指商品能够以自身（　　）来满足人们某种需要的属性，是商品的效用或物的效用，即商品的有用性。
 A. 社会属性　　　　B. 自然属性　　　　C. 价值属性　　　　D. 价格属性
4. （　　）是指凝结在商品中的抽象劳动。商品的价值是商品的本质属性，反映了人和人之间的社会关系。
 A. 价格　　　　　　B. 劳动价值　　　　C. 价值　　　　　　D. 使用价值
5. （　　）的商品仅指符合商品定义的有形产品。
 A. 广义　　　　　　B. 狭义　　　　　　C. 出口　　　　　　D. 内销
6. 对于销售包装而言，包装容器大小应与内装商品相宜，包装费用应与内装商品相吻合，预留空间过大、包装费用占商品总价值比例过高,都是有损消费者利益,误导消费者的"过分包装",这是包装的(　　)要求。
　　A. 商品包装就简　　　B. 适应商品特性　　　C. 适应运输条件　　　D."适量、适度"
7. (　　)的商品除了可以是有形的产品外,还可以是无形的服务。
　　A. 广义　　　　　　　B. 狭义　　　　　　　C. 出口　　　　　　　D. 内销
8. 在产品上突出了厂名、商标,有助于减轻购买者对产品质量的怀疑心理,这是为了(　　)。
　　A. 满足求信心理　　　B. 满足求美心理　　　C. 满足求实心理　　　D. 满足求稳心理
9. (　　)是指商品能够以自身自然属性来满足人们某种需要的属性,是商品的效用或物的效用,即商品的有用性。
　　A. 价格　　　　　　　B. 劳动价值　　　　　C. 价值　　　　　　　D. 使用价值
10. 商品构成的(　　),即商品能够给消费者带来的实际利益。
　　A. 核心部分　　　　　B. 形式部分　　　　　C. 有形部分　　　　　D. 延伸部分
11. 商品构成的(　　),即人们在购买商品时所获得的附加利益和服务。
　　A. 核心部分　　　　　B. 形式部分　　　　　C. 有形部分　　　　　D. 延伸部分
12. 国际标准《质量管理体系——基础和术语》(ISO9000:2000)对质量的定义是:"一组(　　)特性满足要求的程度。"
　　A. 显性　　　　　　　B. 隐性　　　　　　　C. 固有　　　　　　　D. 私有
13. 2000版ISO9000族国际标准给出的关于质量的概念是(　　)的,代表了当前的最新认识。
　　A. 狭义　　　　　　　B. 广义　　　　　　　C. 固有　　　　　　　D. 私有
14. 商品质量管理是指在商品质量方面指挥和(　　)组织的协调活动。
　　A. 连接　　　　　　　B. 从事　　　　　　　C. 控制　　　　　　　D. 领导
15. 精美的包装能激起消费者高层次的社会性需求,深具艺术魅力的包装对购买者而言是一种美的享受,是促使潜在消费者变为显在消费者,变为长久型、习惯型消费者的驱动力量,这是为了(　　)。
　　A. 满足求信心理　　　B. 满足求美心理　　　C. 满足求实心理　　　D. 满足求稳心理
16. 商品质量认证是对商品符合(　　)的一种证明活动。
　　A. 标准　　　　　　　B. 协议　　　　　　　C. 合同　　　　　　　D. 说明书
17. 国际标准化组织给现代商品质量认证下的定义是:由可以充分信任的第三方证实某一经鉴定的产品或服务符合特定标准或其他技术(　　)的活动。
　　A. 等级　　　　　　　B. 规范　　　　　　　C. 合同　　　　　　　D. 说明书
18. 商品质量认证的基础是(　　)。
　　A. 合格证书　　　　　B. 标准技术规范　　　C. 合格标志　　　　　D. 第三方
19. 在商品质量认证的程序中,(　　),是开展认证的前提和依据。
　　A. 制定认证标准　　　B. 检查评价质量体系　C. 产品测试　　　　　D. 审查评议
20. 商品标准的本质特征是(　　)。
　　A. 重复性　　　　　　B. 协调性　　　　　　C. 简化性　　　　　　D. 统一性
21. 商品(　　)是对商品质量和与质量有关的各个方面所规定的准则,是商品生产、经营和消费者评定商品质量的共同依据。
　　A. 标准　　　　　　　B. 属性　　　　　　　C. 物理性　　　　　　D. 外型
22. 按照《国家标准管理办法》的规定,我国强制性国家标准的代号为(　　)。
　　A. GB/T　　　　　　　B. ISO　　　　　　　　C. CCC　　　　　　　　D. GB
23. 在进行商品包装设计的时候,应注意从消费者的消费习惯出发,根据商品自身的特点,设计出符合大多数人消费习惯的包装,这是(　　)。
　　A. 按消费习惯设计　　　　　　　　　　　　B. 按照消费对象的年龄设计
　　C. 按照消费对象的文化水平及经济收入设计　D. 按照设计师的审美观设计

24. 商品（　　）就是根据一定的目的，为满足某种需要，选择适当的分类标志或特征，将商品集合体科学地、系统地逐次划分为不同的大类、中类、小类、品类或类目、品种乃至规格、品级、花色等细目的过程。
    A. 调研　　　　　　　B. 上线　　　　　　　C. 分类　　　　　　　D. 编码
25. 商品分类的原则是建立科学商品（　　）体系，使商品分类满足特定的目的和需要。
    A. 分类　　　　　　　B. 分层　　　　　　　C. 综合　　　　　　　D. 集中
26. （　　）是指将分类对象按所选定的若干分类标志，逐次地分成相应的若干个层级类目，并排列成一个有层次、逐级展开的分类体系。
    A. 面分类法　　　　　B. 平行分类法　　　　C. 线分类法　　　　　D. 随机分类法
27. 在进行商品包装设计时，应根据消费对象的年龄进行不同的设计，这是（　　）。
    A. 按照消费习惯设计
    B. 按照消费对象的年龄设计
    C. 按照消费对象的文化水平及经济收入设计
    D. 按照设计师的审美观设计
28. 商品编码就是赋予某种或某类商品的一个或一组有序的（　　）排列，是便于人和计算机识别与处理的代表符号。
    A. 数字　　　　　　　B. 字母　　　　　　　C. 算式　　　　　　　D. 符号
29. 迄今为止世界上第一个关于电子商务的法律是（　　）。
    A.《电子贸易示范法》　　　　　　　　　　　B.《电子签字示范法》
    C.《电子商务示范法》　　　　　　　　　　　D.《电子商业示范法》
30. （　　）是按商品类目在分类体系中出现的先后次序，依次给以顺序代码的一种编码方法。
    A. 顺序编码法　　　　B. 层次编码法　　　　C. 平行编码法　　　　D. 混合编码法
31. （　　）是将分类对象按其特征分成若干个面，再把每个面内的类目排列的顺序代码加以组合而形成代码的一种方法。
    A. 顺序编码法　　　　B. 层次编码法　　　　C. 平行编码法　　　　D. 混合编码法
32. （　　）是由一组规则排列的条、空及其对应字符组成的标记，用以表示一定的信息。
    A. GPS　　　　　　　B. 条码　　　　　　　C. GIS　　　　　　　　D. RFID
33. 我国的商品条码管理机构是（　　）。
    A. 中国物品编码协会　　　　　　　　　　　B. 中国物品编码中心
    C. 中国条码协会　　　　　　　　　　　　　D. 中国条码中心
34. 所需费用较低是因为（　　）。
    A. 设备结构简单、成本低　　　　　　　　　B. 信息采集速度快
    C. 可靠性高　　　　　　　　　　　　　　　D. 灵活、实用
35. 条码符号作为一种识别手段可以单独使用，也可以和有关设备组成识别系统实现自动化识别，还可和其他控制设备联系起来实现整个系统的自动化管理，同时，在没有自动识别设备时，也可实现手工键盘输入，这是因为（　　）。
    A. 设备结构简单、成本低　　　　　　　　　B. 信息采集速度快
    C. 可靠性高　　　　　　　　　　　　　　　D. 灵活、实用
36. 商品的保管与养护是流通领域各部门不可缺少的重要工作之一，应在此过程中贯彻（　　）的方针，达到最大限度地保护商品质量，减少商品损失的目的。
    A. 以防为主、防重于治、防治结合　　　　　B. 以治为主、治重于防、防治结合
    C. 以防为主　　　　　　　　　　　　　　　D. 以治为主
37. 商品的保管与养护中贯彻"以防为主、防重于治、防治结合"的方针，其中（　　）是指不使商品发生质量上的降低和数量上的减损。
    A. 治　　　　　　　　B. 防　　　　　　　　C. 商品盘点　　　　　D. 商品修复

38. （　　）要求保管人员在保证库存商品使用价值不变的前提下，有效利用现有仓储设施，提高仓库及相关设备的利用率，减少保管费用，降低供应成本。
    A. 质量第一原则　　　　B. 预防为主原则　　　　C. 效率原则　　　　D. 防治结合原则
39. 中华人民共和国电子签名法于（　　）由第十届全国人民代表大会常务委员会第十一次会议通过。
    A. 2004年8月28日　　　　　　　　　　　　B. 2004年7月1日
    C. 2003年8月28日　　　　　　　　　　　　D. 2003年7月1日
40. （　　）是指通过采取相应措施，加大仓库内空气流通的保养手段。
    A. 通风　　　　　　　　　　　　　　　　B. 温度控制
    C. 湿度控制　　　　　　　　　　　　　　D. 根据货物属性采取相应的保管措施
41. 联合国国际贸易法委员会（　　）的颁布为逐步解决电子商务的立法问题奠定了基础，为各国制订本国电子商务法规提供了框架和示范文本。
    A.《电子贸易示范法》　　　　　　　　　　B.《电子签字示范法》
    C.《电子商务示范法》　　　　　　　　　　D.《电子商业示范法》
42. 根据我国《电子商务签名法》第2条规定："（　　），是指以电子、光学、磁或者类似手段生成、发送、接收或者储存的信息"。
    A. 数据电文　　　　B. 数字电文　　　　C. 图文电文　　　　D. 文字电文
43. 商品包装是实现商品价值和（　　）并能增加商品价值的一种手段。
    A. 使用价值　　　　B. 性能　　　　C. 效用　　　　D. 价值
44. 商品包装的作用是（　　）。
    A. 保护商品、降低成本、加快周转、方便消费
    B. 保护商品、便利流通、促进销售、方便消费
    C. 保护商品、便利装卸、促进销售、降低成本
    D. 促进销售、便利流通、降低成本、保护商品
45. 包装是商品的"改良"，不仅（　　），而且通过优美的造型、色彩、图案和合理的定位来美化商品，把物质的东西和文化的、精神的内涵结合起来。
    A. 增加商品使用价值　　　　　　　　　　B. 保护商品
    C. 强化商品质量　　　　　　　　　　　　D. 降低成本
46. （　　）是包装的物质基础，是包装功能的物质承担者。
    A. 包装技术　　　　B. 包装结构造型　　　　C. 包装材料　　　　D. 表面装潢
47. （　　）是实现包装保护功能、保证内装商品质量的关键。
    A. 包装技术　　　　B. 包装结构造型　　　　C. 包装材料　　　　D. 表面装潢
48. 按商业经营习惯分类，（　　）是为工艺品、美术品、文物、精密贵重仪器、军需品等所采用的包装，一般成本较高。
    A. 内销包装　　　　B. 特殊包装　　　　C. 出口包装　　　　D. 软包装
49. 在电子商务条件下，属于卖方应当承担的是（　　）。
    A. 按照网络交易规定方式支付价款　　　　B. 按照合同规定的时间、地点接受标的物
    C. 对标的物的质量承担责任　　　　　　　D. 对标的物的验收

二、是非题

1. 商品是用来交换的劳动产品，具有使用价值和价值两个基本属性。　　　　　　　　　　（　　）
2. 使用价值是指凝结在商品中的抽象劳动。商品的价值是商品的本质属性，反映了人和人之间的社会关系。　　　　　　　　　　　　　　　　　　　　　　　　　　　　　　　　　　　（　　）
3. 狭义的商品仅指符合商品定义的无形产品。　　　　　　　　　　　　　　　　　　　　（　　）
4. 广义的商品除了可以是有形的产品外，还可以是有形的服务。　　　　　　　　　　　　（　　）

5. 使用价值是指商品能够以自身自然属性来满足人们某种需要的属性,是商品的效用或物的效用,即商品的有用性。（　）
6. 商品的构成的核心部分,即商品的具体形态,是消费者通过自己的眼、耳、鼻、舌、身等感觉器官可以接触到、感觉到的有形部分。（　）
7. 影响商品质量的因素很多,既有生产环节的影响,也有流通环节的影响。（　）
8. 对服务性商品的质量要求主要有功能性、时间性、文明性、安全性、舒适性和经济性。（　）
9. 已经取得认证证书的产品不符合国家标准或者行业标准的,以及产品未经认证或者认证不合格的,不得使用认证标志出厂销售。（　）
10. 在质量认证标志使用有效期内,认证机构可随时在工厂、市场或用户单位抽取样品进行产品测试。（　）
11. 商品标准的本质特征是获得最佳的售后秩序及经济效益。（　）
12. 地方标准是指在没有国家标准的情况下,由专业标准化主管机构或专业标准化组织批准发布、在某个行业范围内统一使用的标准。（　）
13. 商品分类是商品学研究的基础,也是国民经济管理现代化的先决条件。（　）
14. 线分类法的一般表现形式是大类、中类、小类和细目等,将分类对象一层一层地进行具体划分,各层级所选用的分类标志可以相同,也可以不同。（　）
15. 商品编码与商品分类密切相关,分类在前,编码在后,在实践中也称为商品分类编码。（　）
16. 混合型代码是用一个或若干个字母表示分类对象的代码。（　）
17. 商品条码是由国际物品编码协会（EAN）和统一代码委员会（UCC）规定的、用于表示商品标识代码的条码,包括EAN商品条码和UPC商品条码。（　）
18. EAN-13条码"6917878002975"最后一位校验位没有错。（　）
19. 商品的保管与养护中要贯彻"以防为主、防重于治、防治结合"的方针。（　）
20. 商品保管原则从整体角度概括了商品在仓库内存储保管过程中所应该遵守的原则,在具体执行时,保管人员还应该坚持诸如先进先出原则、零数先出原则、重下轻上原则等。（　）
21. 仓库温度过低,货物会发生融化、膨胀、软化、腐烂变质、挥发、老化、自燃,甚至发生物理爆炸。（　）
22. 商品包装是指在商品流通过程中为保护商品,方便储运,促进销售,按一定技术方法而采用的容器、材料和辅助材料等的总称。（　）
23. 包装的便利功能是指商品的包装为商品的空间移动及消费者的携带使用提供了方便条件。（　）
24. 包装技术是包装材料和包装技术的具体形式。（　）
25. 按商业经营习惯分类,出口包装是为适应在国内销售的商品所采用的包装,具有简单、经济、实用的特点。（　）
26. 商品包装要适应出口国家、民族的文化差异,不仅要起到保护商品、方便运输的作用,而且要引起消费者的购买欲望,增强商品的国际竞争力。（　）
27. 包装的设计必须能够满足消费者的核心需求,也就是必须有实在的价值。（　）
28. 虽然文化水平及经济收入的差异在商品选择上会有差异,但消费者通常对商品包装的欣赏和要求大致相同。（　）
29.《电子签字示范法》主要定义了数字签字的方法。（　）
30. 电子商务的区域性特点使得中国电子商务的法制建设既要考虑国内的环境,又要与全球电子商务的法制建设同步。（　）

三、多选题

1. 商品是用来交换的劳动产品,具有（　）基本属性。
A. 价值　　　　　　B. 参考价值　　　　　　C. 估算价值　　　　　　D. 使用价值
E. 维护价值

2. 商品的二重性是（　　）。
   A. 使用价值　　　　B. 具体劳动　　　　　　C. 价值　　　　　　　　D. 抽象劳动
   E. 交换价值
3. 属于有形的产品有（　　）。
   A. 保险　　　　　　B. 金融　　　　　　　　C. 服装　　　　　　　　D. 食品
   E. 旅游
4. 属于无形的服务产品有（　　）。
   A. 保险　　　　　　B. 金融　　　　　　　　C. 服装　　　　　　　　D. 食品
   E. 旅游
5. 人们之所以会否定使用价值统一度量的可能性，主要基于的原因有（　　）。
   A. 使用价值主体特性的不确定性
   B. 使用价值客体特性的复杂性和多样性
   C. 使用价值的不可测定性
   D. 使用价值介体特性的可变换性
   E. 主观使用价值与客观使用价值的不同步性
6. 商品应当是有形物质属性和无形消费利益的组合体和最佳统一方式，商品能给人们带来的实际利益和心理利益部分，构成了商品整体概念，即商品的（　　）。
   A. 有形部分　　　　B. 核心部分　　　　　　C. 形式部分　　　　　　D. 无形部分
   E. 延伸部分
7. 影响工业产品质量的因素主要有（　　）和检验以及包装质量等。
   A. 产品设计　　　　B. 原材料　　　　　　　C. 制造工艺　　　　　　D. 设备和操作方法
   E. 标准水平
8. PDCA 循环是全面质量管理的基本方法，包括（　　）。
   A. 计划　　　　　　B. 执行　　　　　　　　C. 检查　　　　　　　　D. 处理
   E. 通信
9. 商品质量认证的对象是（　　）。
   A. 产品　　　　　　B. 服务　　　　　　　　C. 标准　　　　　　　　D. 技术规范
   E. 合格标志
10. 商品质量认证的程序为（　　）、监督检查、监督检验、监督处理。
    A. 制定认证标准　　B. 申请　　　　　　　　C. 检查评价质量体系
    D. 产品测试　　　　E. 审查评议
11. 对具体的商品来说，商品标准是对商品的（　　）试验方法、包装、运输、贮存等方面所做的技术规定，是设计、生产、检验商品质量的技术依据，是生产和流通领域中鉴定商品质量、评定商品等级的技术准则和客观依据。
    A. 质量　　　　　　B. 品种　　　　　　　　C. 规格　　　　　　　　D. 技术性能
    E. 检验规则
12. 从中国国内来说，商品标准的分级为（　　）。
    A. 国家标准　　　　B. 行业标准　　　　　　C. 地方标准　　　　　　D. 企业标准
    E. 内部标准
13. 在商品分类时必须遵守的原则有（　　）。
    A. 明确拟分类的商品集合体所包括的范围
    B. 提出商品分类的明确目的
    C. 选择适当的分类标志
    D. 以商品的用途作为分类标志

E. 以商品的原材料作为分类标志

14. 建立商品分类体系的基本方法为（　　）。
    A. 线分类法　　　　　B. 面分类法　　　　　C. 数字分类法　　　　　D. 字母面分类法
    E. 混合分类法

15. 商品编码的原则为（　　）。
    A. 唯一性　　　　　　B. 合理性　　　　　　C. 可扩充性　　　　　　D. 简明性
    E. 适用性

16. 目前,商品编码的种类主要有（　　）。
    A. 数字型编码　　　　B. 拼音码　　　　　　C. 字母型编码　　　　　D. 混合型编码
    E. 条形码

17. 厂商选择适宜的代码结构,应遵循三项基本的编码原则,这些原则是（　　）。
    A. 唯一性原则　　　　B. 可替代原则　　　　C. 无含义性原则
    D. 稳定性原则　　　　E. 方便性原则

18. 条码作为一种图形识别技术与其他识别技术相比有的特点有（　　）、自由度大、设备结构简单、成本低、易于制作。
    A. 简单　　　　　　　B. 信息采集速度快　　C. 采集信息量大
    D. 可靠性高　　　　　E. 灵活、实用

19. 商品的保管与养护要做到（　　）和保持好仓库清洁卫生。
    A. 严格验收入库商品　B. 适当安排储存场所　C. 妥善进行堆码苫垫
    D. 控制好仓库温、湿度　E. 认真对商品进行在库检查

20. 商品存储的原则在仓库商品保管中,为了保证商品的质量和商品流通的有效性,一般会遵循的原则有（　　）。
    A. 先进先出原则　　　B. 零数先出原则　　　C. 重下轻上原则
    D. ABC 分类布置原则　E. 按照货品类别存放原则

技能操作题

1. 请添加商品品牌"摩托罗拉、诺基亚、多普达、联想、三星",并分别链接到素材库中的相应品牌图片。
2. 请添加一个名为"手机"的类型,类型要求如下:

是否为实体商品：	是	是否与品牌关联：	是
是否启用商品扩展属性：	是	是否启用商品参数表：	否
是否启用购物必填信息：	否		
关联品牌：	摩托罗拉、诺基亚、多普达、联想、三星		
扩展属性：	上市时间、网络类型、外观样式、屏幕颜色、铃声、摄像头、是否智能手机、操作系统		

3. 按照以下要求添加分类,并关联类型。

分类：	3C 数码	关联类型：	手机

4. 在"手机"分类下发布一个商品：

所属分类：	3C 数码	所属类型：	手机
商品名称：	Nokia E72	手机价格：	2 780 元
商品编号：	NKA-01-232	商品关键词：	诺基亚 E72
品牌：	诺基亚	是否上架：	是
简介：	诺基亚 E72 在机身造型方面继承了 E71 的设计思路，QWERTY 全键盘加上宽大超薄的机身让 E72 依然非常抢眼，作为 E 系列的中高端产品，E72 依然在机身材质中大量采用了金属材质，质感非常不错。另外，E72 对于机身细节方面的改进让该机更加的易用，手感也有一定的提升。		
成本价：	2 500 元	市场价：	3 260 元
货号：	NKA9384729484	重量：	128 克
库存：	28 个		
扩展属性：			
手机上市时间：	2012 年	网络类型：	GSM
外观样式：	直板	屏幕颜色：	65 536 色
铃声：	32 位	摄像头：	300 万
是否智能手机：	是	操作系统：	Symbian 4.0

项目四　商品促销

理论知识题

一、单选题

1. 网络促销是指利用现代化的（　　）技术向虚拟市场传递有关商品和劳务的信息，以启发需要，引起消费者购买欲望和购买行为的各种活动。
　　A. 局域网　　　　　B. 计算机　　　　　C. 通信　　　　　D. 网络
2. 网络促销能够把企业的产品、服务、价格等信息传递给目标公众，引起他们的注意，这是（　　）。
　　A. 告知功能　　　　B. 反馈功能　　　　C. 说服功能　　　D. 创造需求
3. 网络促销能够通过电子邮件及时收集和汇总顾客的需求和意见，迅速反馈给企业管理层，这是（　　）。
　　A. 告知功能　　　　B. 反馈功能　　　　C. 说服功能　　　D. 创造需求
4. （　　）是针对可能在网络虚拟市场上产生购买行为的消费者群体提出来的。
　　A. 确定网络促销对象　　　　　　　　B. 设计网络促销内容
　　C. 决定网络促销组合　　　　　　　　D. 制定网络促销预算方案
5. 网络促销的最终目标是希望引起购买。这个最终目标是要通过（　　）来实现的。
　　A. 确定网络促销对象　　　　　　　　B. 设计网络促销内容
　　C. 决定网络促销组合　　　　　　　　D. 制定网络促销预算方案

6. 网络促销是在互联网这个( )市场环境下进行的。
   A. 食品　　　　　　B. 计算机　　　　　　C. 实体　　　　　　D. 虚拟
7. 互联网虚拟市场的出现,将所有的企业都推向了一个统一的( )大市场。
   A. 全市　　　　　　B. 地区　　　　　　　C. 全国　　　　　　D. 全球
8. 网络技术的发展,打破了传统的地理位置和区域的限制,使( )逐步成为一体。
   A. 地区　　　　　　B. 全市　　　　　　　C. 全国　　　　　　D. 全球
9. 促销是通过买卖双方信息的沟通来实现的,在网络上,信息的沟通都要通过网络的( )来完成的。
   A. 广播　　　　　　B. 发布　　　　　　　C. 查询　　　　　　D. 传递
10. ( )就是利用网络营销策略扩大站点的知名度,吸引网上流量访问网站,起到宣传和推广企业以及企业产品的效果。
    A. 网络广告　　　　B. 销售促进　　　　　C. 站点推广　　　　D. 关系营销
11. ( )就是企业利用可以直接销售的网络营销站点,采用一些销售促进方法如价格折扣、有奖销售、拍卖销售等方式,宣传和推广产品。
    A. 网络广告　　　　B. 销售促进　　　　　C. 站点推广　　　　D. 关系营销
12. ( )是一种比较常用的累计数量折扣定价法,就是顾客缴纳少量费用即获得一张积分卡,在规定时期内顾客累计购买商品达到一定金额,则按其购买金额大小给予不同的折扣。
    A. 积分卡累计折扣定价策略　　　　　　B. 会员折扣定价策略
    C. 限时折扣定价策略　　　　　　　　　D. 季节折扣定价策略
13. ( )是零售商家为了平衡各季节的商品销售,对一些季节性商品进行折扣销售的策略。
    A. 积分卡累计折扣定价策略　　　　　　B. 会员折扣定价策略
    C. 限时折扣定价策略　　　　　　　　　D. 季节折扣定价策略
14. ( )目前在网上的应用不算太多,一般情况下,在新产品推出试用、产品更新、对抗竞争品牌、开辟新市场情况下利用赠品促销可以达到比较好的促销效果。
    A. 抽奖促销　　　　B. 折价促销　　　　　C. 赠品促销　　　　D. 积分促销
15. 一般情况下,在新产品推出试用、产品更新、对抗竞争品牌、开辟新市场情况下利用赠品促销可以达到比较好的( )效果。
    A. 销售　　　　　　B. 树立产品形象　　　C. 促销　　　　　　D. 树立企业形象
16. ( )一般设置价值较高的奖品,消费者通过多次购买或多次参加某项活动来增加积分以获得奖品。
    A. 抽奖促销　　　　B. 折价促销　　　　　C. 赠品促销　　　　D. 积分促销
17. 消费者通过多次购买或多次参加某项活动来增加积分以获得( )。
    A. 产品　　　　　　B. 折价　　　　　　　C. 佣金　　　　　　D. 奖品
18. ( )是以一个人或数人获得超出参加活动成本的奖品为手段进行商品或服务的促销。
    A. 抽奖促销　　　　B. 折价促销　　　　　C. 赠品促销　　　　D. 积分促销
19. 抽奖促销是以一个人或数人获得超出参加活动成本的奖品为手段进行商品或服务的( )。
    A. 推销　　　　　　B. 营销　　　　　　　C. 销售　　　　　　D. 促销
20. 由不同商家联合进行的促销活动称为( )。
    A. 联合促销　　　　B. 折价促销　　　　　C. 赠品促销　　　　D. 积分促销
21. 联合促销的产品或服务可以起到一定的优势互补、互相提升自身价值等( )。
    A. 价值　　　　　　B. 效率　　　　　　　C. 影响　　　　　　D. 效应
22. 节日促销要将送礼与喜庆的结合,节日折扣与赠品的结合,节日欢庆与特色的结合等,这就需要对产品与之相关的各个方面进行包装,也就是我们熟悉的( )。
    A. 装扮　　　　　　B. 促销产品定位　　　C. 促销台面　　　　D. 促销环境
23. 节日消费的产品周期短,( )尽量简洁明快。
    A. 装扮　　　　　　B. 促销产品定位　　　C. 促销台面　　　　D. 促销环境

24. 纪念日促销与一般的促销意义不同，纪念日根据的影响较大，所以更加需要注意纪念日的各种（　　）、礼仪、习惯等民族特点。
   A. 风俗　　　　　　B. 风情　　　　　　C. 做法　　　　　　D. 方式

25. 页面重心平衡采用的方法有（　　）。
   A. 上下平衡　　　　B. 上重下轻　　　　C. 左右平衡　　　　D. 左重右轻

26. 常见的有登在报上的优惠券、送到家门口的广告优惠券、放在店门入口处宣传架上的优惠券，称为（　　）。
   A. 优惠券折扣　　　B. 赠品折扣　　　　C. 礼品折扣　　　　D. 积分折扣

27. （　　）是一种可以以低于商品或服务价格进行消费的凭证，也称为折扣卡。
   A. 优惠卡　　　　　B. 商用卡　　　　　C. 试用卡　　　　　D. 礼品卡

28. 每天开门营业后的某个时段内或多少个份数内给予优惠，称为（　　）优惠。
   A. 限时限量　　　　B. 积分　　　　　　C. 定时　　　　　　D. 无限量

29. （　　）管理作为一种特殊的市场营销方式，一个奖励积分计划可以有效地稳定老顾客，并吸收新的临时客户发展成长期客户。
   A. 礼券赠送　　　　B. 优惠积分　　　　C. 网络促销　　　　D. 网络广告

30. （　　）而进行的促销是指在竞争对手采取促销的情况下，为了遏制竞争对手的势头而进行的促销。
   A. 反促销　　　　　B. 优惠积分　　　　C. 网络促销　　　　D. 网络广告

31. 反促销而进行的促销是指在（　　）采取促销的情况下，为了遏制竞争对手的势头而进行的促销。
   A. 竞争对手　　　　B. 合作伙伴　　　　C. 网络促销　　　　D. 网络广告

32. 企业利用可直接销售的网络营销站点，采用一些销售促进方法（价格折扣、有奖销售、拍卖销售等），在模块功能上属于（　　）功能。
   A. 网络广告　　　　B. 销售促进　　　　C. 管理平台　　　　D. 关系营销

33. 借助网上知名站点、免费电子邮件服务，以及一些免费公开的交互站点发布关于企业产品促销信息的广告，对企业以及企业产品进行宣传推广，在模块功能上属于（　　）功能。
   A. 网络广告　　　　B. 销售促进　　　　C. 管理平台　　　　D. 关系营销

34. 邮件群发这一手段被广泛应用于电子商务、（　　）。
   A. 网络营销　　　　B. 传统营销　　　　C. 一对一营销　　　D. 服务营销

35. 群发邮件时，（　　）尽量不要太商业化，内容也不宜过多，如果一看就是推销邮件，效果就不会太好，而内容过多就会使阅读者不耐烦甚至根本不看。
   A. 栏目　　　　　　B. 标题　　　　　　C. 表格　　　　　　D. 图表

36. 以下不属于群发电子邮件需注意的有（　　）。
   A. 设计时尽量避免过多的敏感文字
   B. 设定邮件主题时，请不要在主题中加入带有网站地址的信息
   C. 主题不要太短，否则容易产生乱码
   D. 可以使用图片实现某些敏感文字的屏蔽，但是图片应切为小图，避免下载时间过长

37. 用户通过（　　）向目标网站发送相关需求、建议和进行咨询。
   A. 电子邮件　　　　B. 传真　　　　　　C. 表单　　　　　　D. 电话

38. 群发平台的功能优势不包括（　　）。
   A. 所见即所得内容编辑器　　　　　　B. 自定列表字段
   C. 个性化邮件支持　　　　　　　　　D. 邮件的保存与删除

39. 常用的邮件群发工具不支持（　　）邮箱。
   A. QQ　　　　　　　B. 163　　　　　　 C. 126　　　　　　 D. Gmail

40. 不同内容的邮件群发的操作步骤是（　　）。
   A. 打开"邮件合并联系人"窗口→在"联系人"栏选择要发送的联系人→撰写邮件→合并到新文档

B. 打开"邮件合并联系人"窗口→撰写邮件→在"联系人"栏选择要发送的联系人→合并到新文档
C. 在"联系人"栏选择要发送的联系人→打开"邮件合并联系人"窗口→撰写邮件→合并到新文档
D. 撰写邮件→在"联系人"栏选择要发送的联系人→打开"邮件合并联系人"窗口→合并到新文档

41. 建立公司网站（　　）。
   A. 是网络营销的前提条件　　　　　　　　B. 对网络广告并不重要
   C. 是网络广告唯一手段　　　　　　　　　D. 是在局域网环境下

42. 关于垃圾邮件的危害不包括（　　）。
   A. 占用网络带宽，造成邮件服务器拥塞，进而降低整个网络的运行效率
   B. 侵犯收件人的隐私权，侵占收件人信箱空间
   C. 被黑客利用成助纣为虐的工具
   D. 经过用户许可送到用户的邮箱中的任何电子邮件

43. 完成创建组的手续之后，用户可以用两种方法加入你刚创建的邮件列表，一是取得 Html 代码，用户可以在主页完成订阅手续，二是直接通过（　　）。
   A. BBS　　　　　B. Web 页　　　　　C. 电子邮件　　　　　D. usenet

44. （　　）就是利用邮件系统协议，采用自动发送的技术，可以一封信抄送给多个人的软件。
   A. 邮件群发平台　　B. 邮件群发器　　C. 网上交易平台　　D. 邮件列表

45. 网民通过电子邮件或论坛转发自己认为好的或有意义的新闻。这种互动方式属于（　　）。
   A. 启动式互动方式　　　　　　　　　　　B. 增值性互动方式
   C. 参与式互动方式　　　　　　　　　　　D. 提升式互动方式

46. 以下群发器的基本原理中，被封锁的几率较小的是（　　）。
   A. 利用 smtp 协议群发
   B. 利用本机作为服务器群发
   C. 利用 http 协议群发
   D. 模拟人手发送群发，往往会涉及修改邮件头信息

47. 在网络中，应该规范自己的言行，（　　）是值得提倡的。
   A. 为了吸引更多的网友，构造虚假信息　　B. 出于某种目的，在网络上散布谣言
   C. 编制病毒程序，干扰网络的正常使用　　D. 上传健康、有益的信息资料

48. 群发邮件时，（　　）尽量不要太商业化，内容也不宜过多，如果一看就是推销邮件，效果就不会太好，而内容过多就会使阅读者不耐烦甚至根本不看。
   A. 栏目　　　　　B. 标题　　　　　C. 表格　　　　　D. 图表

49. 群发邮件时，发送线程数越大，发送（　　）。
   A. 速度越慢　　　　　　　　　　　　　　B. 速度越快
   C. 与速度无关　　　　　　　　　　　　　D. 会产生垃圾邮件

二、是非题

1. 网络广告通常以数字文件，嵌在网页中，用以表现广告内容。　　　　　　　　　　（　　）
2. 网络广告通常以图象文件，嵌在网页中，用以表现广告内容。　　　　　　　　　　（　　）
3. 网络广告是以数字代码为载体，采用先进的多媒体技术设计制作，通过互联网广泛传播，具有良好的交互功能的广告形式。　　　　　　　　　　　　　　　　　　　　　　　　　　　　（　　）
4. PPS 广告是根据网络广告所产生的直接销售数量而付费的一种定价模式。　　　　（　　）
5. 电子邮件式广告又名"弹跳广告"，广告主选择自己喜欢的网站或栏目，在该网站或栏目出现之前插入一个新窗口显示广告。　　　　　　　　　　　　　　　　　　　　　　　　　　　　（　　）
6. 固定位置的广告形式是最早采用，也是最常见的广告形式。它的特点是，在某一个或者某一类页面的相对固定位置放置广告。　　　　　　　　　　　　　　　　　　　　　　　　　　　　（　　）

7. 上下文相关广告,是在固定位置广告的基础上,增加广告与上下文的相关性,由广告投放平台通过分析投放广告的页面内容,然后从广告库中提取出相关的广告进行投放。（　　）

8. 横幅式广告是指当人们浏览某网页时,网页会自动弹出一个很小的对话框。随后,该对话框或在屏幕上不断盘旋、或漂浮到屏幕的某一角落。当你试图关闭时,另一个会马上弹出来。（　　）

9. 网站推广的最终目的是指让更多的客户知道你的网站在什么位置。（　　）

10. 网站推广的终级目标是寻找准确访问者,一切从访问者出发,致力于将每个访问者变成客户和消费者。（　　）

11. 提供不同的类别,网站登录到搜索引擎,选择不同的类别其收费是不同的。（　　）

12. 一般情况下,由于某种原因电子邮件没有传送到收件人手中,邮件系统会将邮件退回,并给出退回的原因。（　　）

13. 在这些资源合作形式中,交换链接是最简单的一种合作方式,也是新网站推广的有效方式之一。（　　）

14. 病毒式营销利用的是用户口碑传播的原理,在互联网上,这种"口碑传播"更为方便,可以像病毒一样迅速蔓延因此病毒式营销(病毒性营销)成为一种高效的信息传播方式,而且,由于这种传播是用户之间自发进行的,因此几乎是不需要费用的网络营销手段。（　　）

15. 信息发布是免费网站推广的常用方法之一。（　　）

16. 快捷网址使用自然语言和网站 URL 建立其对应关系,这对习惯于使用中文的用户来说,提供了极大的方便。（　　）

17. 网站推广初期网站访问量快速增长,得到更多用户了解是这个阶段的主要目标,也就是获得尽可能多用户的认知,产品推广和销售促通常居于次要地位,因此更为注重引起用户对网站的注意。（　　）

18. SEO 推广的主要目的是增加特定关键字的曝光率以增加网站的知名度,进而增加销售的机会。（　　）

19. 接入互联网的计算机不一定都有 IP 地址。（　　）

20. 国际推广是指全球性的网站推广,主要是指在全球知名网站做网站推广,目前最好的国际推广是百度。（　　）

21. 交叉链接是指对方 A 站链接你的 A 站,而你的 A 站也同样链接对方的 A 站。（　　）

22. 目前最简单的增加流量的方法就是用交换联盟,就是网站与网站之间的流量交换,这是最快捷的方法之一。（　　）

23. 文字链接是以某关键字作为标题附带 url 地址。（　　）

24. 文字链接是以某关键字作为标题进行搜索的。（　　）

25. 在搜索引擎中搜索和你的网站关键词相关的网站来寻找的方法成功率较大。（　　）

26. 网络宣传最重要的是策划和创意,如果撇开创意与专业的策划案,而盲目的在论坛发帖子,这样的宣传是毫无意义的。（　　）

27. 如果友链的网站长时期不更新,建议也要和其做外链。（　　）

28. 搜索引擎优化(Search Engine Optimization,SEO)是一种利用搜索引擎的搜索规则来提高目的网站在有关搜索引擎内的排名方式。（　　）

29. 定期搜索是指网站拥有者主动向搜索引擎提交网址,它在一定时间内定向向你的网站派出"蜘蛛"程序,扫描你的网站并将有关信息存入数据库,以备用户查询。（　　）

三、多选题

1. 市场调查的内容有（　　）。
   A. 市场环境调查　　　　　　　　　B. 市场基本状况的调查
   C. 销售可能性调查　　　　　　　　D. 对消费者及消费需求调查
   E. 对企业产品、产品价格、影响销售的社会和自然因素、销售渠道调查

2. 网上市场调查常用的方法有( )等多种方法。
   A. 在线调查表单调查　　　　　　　　　　B. E-mail 调查
   C. 网站访问者随机调查　　　　　　　　　D. 网上数据搜索
   E. 上门调研

3. 与传统的市场调研相比较，网上市场调研具有的优势是( )。
   A. 能充分发挥主观能动性　　　　　　　　B. 信息传递迅速
   C. 便捷和低成本耗资　　　　　　　　　　D. 有较高的效率
   E. 客观性较强

4. 一个完整的企业网络商务信息收集系统包括( )。
   A. 销售部门　　　　　　　　　　　　　　B. 先进的网络检索设备
   C. 科学的信息收集方法　　　　　　　　　D. 业务精通的网络信息检索员
   E. 完整的数据库

5. 网络上的市场调研具有的特点有( )、网络调研可检验性和可控制性、互联网调查的局限性。
   A. 网络信息的及时性和共享性　　　　　　B. 网络调查的便捷性和低费用
   C. 网络调查的交互性能和充分性　　　　　D. 网络调查结果的可靠性和客观性
   E. 网络调研无时空和地域的限制

6. 网上市场调查就是充分利用互联网的( )等特点。
   A. 广泛性　　　　B. 直接性　　　　C. 互动性　　　　D. 随意性
   E. 自觉性

7. 通过专用的软件,在特定的范围内,如( ),收集电子邮件地址。
   A. 新闻组　　　　B. 在线服务　　　　C. 分类广告
   D. 邮件地址搜索引擎　　　　E. WWW 网站

8. Excel 在统计调研问卷中有( )等作用。
   A. 数据分析功能　　　B. 统计功能　　　C. 智能制表　　　D. 画出趋势线
   E. 软件设计

9. 用 Excel 统计调研问卷中的步骤有( )。
   A. 调查结果在 Excel 中的初步汇总　　　　B. 调查结果在 Excel 中的初步统计
   C. 统计图的制作　　　　　　　　　　　　D. 制作说明书
   E. 编制计划

10. 以下( )Excel 函数可以在问卷数据基本统计中用到。
    A. COUNT　　　B. AVERAGE　　　C. SUM　　　D. MAX
    E. IF

11. 统计的含义是( )。
    A. 统计活动　　B. 统计数据　　C. 统计学　　D. 统计方法
    E. 统计组织

12. 统计总体具有( )特点。
    A. 同质性　　　B. 大量性　　　C. 变异性　　　D. 方便性
    E. 总结性

13. 统计工作是人们为了说明所研究对象的某种数量特征和数量规律性,而对该现象的数据进行( )的活动过程。
    A. 录入　　　B. 收集　　　C. 整理　　　D. 分析
    E. 查询

14. 统计调查的种类有( )。
    A. 全面调查　　B. 专门调查　　C. 普查　　　D. 非全面调查

E. 抽样调查
15. 统计调查的方法有（　　）。
A. 统计报表　　　　B. 重点调查　　　　C. 普查　　　　D. 典型调查
E. 抽样调查
16. 统计整理方案一般应包括内容的内容有（　　）。
A. 确定汇总的统计指标和综合表　　　　B. 确定分组方法
C. 确定汇总资料的形式　　　　D. 确定资料的审查内容和审查方法
E. 确定统计制度
17. 相对指标数值的表现形式有（　　）
A. 比例数　　　　B. 无名数　　　　C. 结构数　　　　D. 抽样数
E. 复名数
18. 统计指标按其所反映的内容或其数值表现形式，可以分为（　　）。
A. 总量指标　　　　B. 相对指标　　　　C. 平均指标　　　　D. 数量指标
E. 总量指标
19. 统计指标的构成要素有（　　）。
A. 指标名称　　　　B. 计量单位　　　　C. 计算方法
D. 时间限制和空间限制　　　　E. 指标数值
20. 统计指标的特点有（　　）。
A. 数量性　　　　B. 综合性　　　　C. 具体性　　　　D. 质量性
E. 抽象性

技能操作题

1. 请添加一个名为"全场购物满50元免运费"的规则名称，规则描述：全场购物满50元免运费。

启用状态：	是
开始时间：	2012－1－1 09:00
结束时间：	2020－3－1 21:00
会员级别：	黄金会员，白金会员，特殊贵宾
优惠条件：	当订单商品总价满×时，对所有商品优惠
订单金额：	50元
优惠方案：	订单免运费

2. 添加一个名称为"购物满100元立减10元"的优惠券。

号码：	DAF494994882
状态：	启用
优先级：	45
开始时间：	2012－1－1 09:00
结束时间：	2020－3－1 21:00
会员级别：	普通会员 黄金会员 白金会员 特殊贵宾
优惠条件：	对所有订单给予优惠
优惠方案：	满100元立减10元

3. 添加一个赠品名称为"CLINIQUE 倩碧眼部护理水凝霜 15ml"赠品。

赠品名称：	CLINIQUE 倩碧眼部护理水凝霜 15ml
所属分类：	小样
所需积分：	500
兑换起始时间：	2012－1－1 09:00
兑换终止时间：	2021－3－1 21:00
每单限购数量：	1

4. 请为商品名"韩版明星最爱休闲品"设置团购活动。

团购商品：	七彩钻石三角耳饰	活动开始：	2012 年 1 月 1 日
活动结束：	2012 年 12 月 31 日	活动最少数量：	10
活动最多数量：	30	价格：	98 元
活动对象：	黄金会员，白金会员	每人限购：	10

项目五　会员管理

理论知识题

一、单选题

1. 网上市场调查有两方面的含义，即在网上利用互联网特性进行市场调查和(　　)。
A. 在互联网上进行间接调查
B. 专门针对互联网形成的特殊的网上市场进行的调查
C. 在互联网上进行问卷调查
D. 在互联网上对传统市场进行调查

2. 站点法是(　　)。
A. 通过给被调查者发送电子邮件的形式将调查问卷发给一些特定的网上用户，由用户填写后以电子邮件的形式再反馈给调查者的调查方法
B. 通过给被调查者发送电子邮件的形式将调查问卷发给所有的网上用户，由用户填写后以电子邮件的形式再反馈给调查者的调查方法
C. 将调查问卷的 Html 文件附加在一个或几个网络站点的 BBS 上，由浏览这些站点的网上用户在此 BBS 上回答调查问题的方法
D. 将调查问卷的 Html 文件附加在一个或几个网络站点的 Web 上，由浏览这些站点的网上用户在此 Web 上回答调查问题的方法

3. 通过给被调查者发送电子邮件的形式将调查问卷发给一些特定的网上用户，由用户填写后以电子邮件的形式再反馈给调查者的调查方法是(　　)。
　　A. 网上观察调查法　　　　　　　　B. 网上间接调查法
　　C. 网上直接调查法　　　　　　　　D. 网上实验调查法

4. 通过网上直接调查方法收集的资料是( )。
　　A. 第一手资料　　　　B. 第二手资料　　　　C. 过去的资料　　　　D. 现在的资料
5. 与传统邮件调查法相比,电子邮件调查法的优点是( )。
　　A. 扩大了邮件传送的地域　　　　　　　　B. 提高了邮件传送的针对性
　　C. 提高了邮件传送的时效性　　　　　　　D. 扩大了邮件传送的人群
6. 网上市场调查的关键是( )。
　　A. 如何利用互联网交互式的信息沟通渠道来实施调查活动
　　B. 如何利用有效工具和手段实施调查和收集整理资料
　　C. 如何在信息海洋中获取想要的资料信息和分析出有用的信息
　　D. 如何通过网络来收集市场调查中需要的一些二手资料
7. 网上市场调查的重点是( )。
　　A. 如何利用互联网交互式的信息沟通渠道来实施调查活动
　　B. 如何利用有效工具和手段实施调查和收集整理资料
　　C. 如何在信息海洋中获取想要的资料信息和分析出有用的信息
　　D. 如何通过网络来收集市场调查中需要的一些二手资料
8. 与传统市场调研比较,网上市场调研除了有消息传递快、成本低、效率高的优势外,还具有( )的特点。
　　A. 主动性强　　　　B. 逻辑性强　　　　C. 主观性强　　　　D. 客观性强
9. 通过 E-mail 将问卷发送给被调查者,被调查者完成后将结果通过 E-mail 返回的调查方法的缺点是( )。
　　A. 无法控制被调查者
　　B. 容易遭到被访问者的反感,有侵犯个人隐私之嫌
　　C. 无法核对问卷填写者的真实情况
　　D. 不能进行自动统计
10. 网上市场调查除直接在网上通过问卷进行调查,还包括( )。
　　A. 利用网上调查工具提高调查效率
　　B. 通过网络来收集市场调查中需要的一些二手资料
　　C. 利用网上调查工具加强调查效果
　　D. 利用网上调查工具,实施调查和收集整理资料
11. Excel 的( )能够满足调研问卷中的总计要求。
　　A. 统计功能　　　　B. 分析功能　　　　C. 文字编辑功能　　　　D. 画图功能
12. Excel 的( )能够满足调研问卷中的汇总统计后表格输出的要求。
　　A. 统计功能　　　　B. 智能制表功能　　　　C. 文字编辑功能　　　　D. 画图功能
13. 在 Execl 电子表格中建立调查统计表之前的最重要工作是我们要将统计调查表依次进行( ),这样做的好处是不仅可以知道问卷的总数,还可以很方便地进行后期校对工作。
　　A. 编号　　　　B. 设计　　　　C. 分析　　　　D. 汇总
14. 用 Execl 轻松将各选择题的答案信息汇总后,为了更加直观地反映统计调查的结果我们往往会用( )的形式更加直观地反映出来。
　　A. 剪贴图　　　　B. 视图　　　　C. 矢图　　　　D. 统计图
15. 用( )轻松统计各选项个数。
　　A. COUNT　　　　B. AVERAGE　　　　C. SUM　　　　D. MAX
16. 用( )算出平均数。
　　A. COUNT　　　　B. AVERAGE　　　　C. SUM　　　　D. MAX

17. (　　)是指收集、整理和分析统计数据,并探索数据的内在数量规律性的活动过程。
    A. 统计活动　　　　B. 统计数据　　　　C. 统计学　　　　D. 统计方法
18. (　　)是指统计活动过程所获得的各种数字资料和其他资料的总称。
    A. 统计活动　　　　B. 统计数据　　　　C. 统计学　　　　D. 统计方法
19. (　　)是指统计总体的各个单位必须在某些方面而且至少在一个方面具备某种共同的性质。
    A. 同质性　　　　　B. 大量性　　　　　C. 变异性　　　　D. 方便性
20. 从统计研究的角度来说,(　　)是指构成统计总体的各个单位之间存在的差别。
    A. 同质性　　　　　B. 大量性　　　　　C. 变异性　　　　D. 方便性
21. 统计学研究对象是现象总体的(　　)方面,包括数量表现、数量关系和数量界限。
    A. 存量　　　　　　B. 产量　　　　　　C. 数量　　　　　D. 质量
22. 统计调查的种类按调查(　　)分为全面调查和非全面调查。
    A. 组织形式　　　　　　　　　　　　　　B. 收集资料的方法
    C. 对象包括的范围　　　　　　　　　　　D. 登记的时间是否连续
23. 构成总体的一部分单位的调查,称为(　　)。
    A. 全面调查　　　　B. 专门调查　　　　C. 普查　　　　　D. 非全面调查
24. (　　)是从全部总体单位中选择一个或几个有代表性的单位进行深入细致调查的一种调查组织方式。
    A. 统计报表　　　　B. 重点调查　　　　C. 普查　　　　　D. 典型调查
25. (　　)只从全部总体单位中选择少数重点单位进行调查的一种调查组织方式。
    A. 统计报表　　　　B. 重点调查　　　　C. 普查　　　　　D. 典型调查
26. 统计整理是统计工作的(　　)阶段,在统计工作全过程中起着承前启后的作用,它既是统计调查的继续和深入,使人们对客观事物的认识由感性阶段发展到理性阶段的重要过程,又是进一步进行统计分析的基础和前提。
    A. 中间　　　　　　B. 准备期　　　　　C. 后期　　　　　D. 前期
27. 统计整理是根据统计研究任务的需要,按照已设计的统计调查(　　)的要求,对调查来的资料进行一系列加工汇总,使其系统化、条理化,从而得出反映现象总体特征的综合资料的过程。
    A. 方案　　　　　　B. 方法　　　　　　C. 方式　　　　　D. 计划
28. 将不同地区、部门、单位之间同类指标进行对比所得的综合指标称为(　　)。
    A. 动态相对指标　　B. 结构相对指标　　C. 比例相对指标　D. 比较相对指标
29. (　　)是两个绝对数之比,如经济增长率、股票价格指数等。
    A. 总量指标　　　　B. 相对指标　　　　C. 平均指标　　　D. 数量指标
30. 某工业企业产品年生产量为10万件,期末库存量为3.8万件,它们(　　)。
    A. 是时期指标　　　　　　　　　　　　　B. 是时点指标
    C. 前者是时期指标,后者是时点指标　　　D. 前者是时点指标,后者是时期指标
31. 下列指标中属于时点指标的是(　　)。
    A. 国内生产总值　　B. 流通费用率　　　C. 人均利税额　　D. 商店总数
32. 指标数值随研究范围的大小而增减的综合指标是(　　)。
    A. 相对指标　　　　B. 质量指标　　　　C. 平均指标　　　D. 总量指标
33. 统计指标体系是由若干相互(　　)的统计指标构成的有机整体。
    A. 依托　　　　　　B. 分离　　　　　　C. 干扰　　　　　D. 联系
34. (　　)即所有的统计指标都是可以用数值来表现的。
    A. 数量性　　　　　B. 综合性　　　　　C. 具体性　　　　D. 质量性
35. (　　)是指统计指标既是同质总体大量个别单位的总计,又是大量个别单位标志差异的综合,是许多个体现象数量综合的结果。
    A. 数量性　　　　　B. 综合性　　　　　C. 具体性　　　　D. 质量性

二、是非题

1. 在搜索过程中,使用引号进行搜索,对所搜索的网页中所包含的关键字没有特别的要求。（　）
2. 1994年4月,斯坦福大学的两名博士生,美籍华人杨致远和David Filo共同创办了Yahoo!。（　）
3. 搜索条件越具体,搜索引擎返回的结果就越精确。（　）
4. 网站的实际内容是你网络优化策略的一个重要的因素。（　）
5. 全文搜索是只针对文章标题进行搜索的搜索方式。（　）
6. 全文索引技术是目前搜索引擎的关键技术。（　）
7. 元搜索引擎就是将网站分门别类地存放在相应的目录中,因此用户在查询信息时,可选择关键词搜索,也可按分类目录逐层查找。（　）
8. 元搜索引擎就是通过一个统一的用户界面帮助用户在多个搜索引擎中选择和利用合适的（甚至是同时利用若干个）搜索引擎来实现检索操作,是对分布于网络的多种检索工具的全局控制机制。（　）
9. 水平搜索引擎是针对某一个行业的专业搜索引擎,是搜索引擎的细分和延伸,是对网页库中的某类专门的信息进行一次整合,定向分字段抽取出需要的数据进行处理后再以某种形式返回给用户。（　）
10. 集合式搜索引擎的特点是可以集合众多搜索引擎的特点,对比搜索,更能准确的找到目标内容。（　）
11. 门户网站和搜索引擎是同一个概念。（　）
12. 免费链接列表,简称FFA。（　）
13. 站内营销是网络营销的一个组成部分,是处于网络营销的首要环节。（　）
14. 品牌认知是指在网站上的一系列活动都将是企业品牌以及产品品牌对用户的一个综合传播过程。这个过程中企业所散发出来的企业文化与经营理念以及对用户的态度是构成品牌认知元素。（　）
15. 网络促销是指利用现代化的网络技术向计算机市场传递有关商品和劳务的信息,以启发需要,引起消费者购买欲望和购买行为的各种活动。（　）
16. 动作良好的网络促销活动,不仅可以诱导需求,而且可以创造需求,发掘潜在的顾客,扩大销售量。（　）
17. 网络促销的最终目标是希望引起购买。这个最终目标是要通过设计具体的信息内容来实现的。（　）
18. 网络促销是通过网络传递商品和服务的存在、性能、功效及特征等信息。（　）
19. 网络促销是通过网络技术传递产品或服务的信息。（　）
20. 销售促进就是企业利用可以直接销售的网络营销站点,采用一些销售促进方法如价格折扣、有奖销售、拍卖销售等方式,宣传和推广产品。（　）

三、多选题

1. 下列指标中,属于强度相对指标的有（　　）。
   A. 人均国内生产总值　　　　　　　　B. 人口密度
   C. 人均钢产量　　　　　　　　　　　D. 每千人拥有的商业网点数
   E. 人均粮食产量

2. 下列指标属于总量指标的有（　　）。
   A. 国内生产总值　　B. 人均利税总额　　C. 利税总额　　D. 职工人数
   E. 固定资产原值

3. 根据标志值在总体中所处的特殊位置确定的平均指标有（　　）。
   A. 算术平均数　　B. 调和平均数　　C. 几何平均数　　D. 众数
   E. 中位数

4. 描述数据离散程度的测度值,根据所依据的数据类型不同,主要有(   )、标准差、离散系数。
A. 异众比率　　　　　B. 四分位差　　　　　C. 极差　　　　　D. 平均差
E. 方差

5. 下列所属国家统计报表制度的有(   )。
A. 国民经济核算统计报表制度　　　　　B. 基本单位统计报表制度
C. 农林牧渔业统计报表制度　　　　　D. 农业产值和价格综合统计报表制度
E. 工业统计报表制度

6. 普查作为一种特殊的调查组织方式有(   )等特点。
A. 调查单位较少
B. 普查通常是一次性或周期性的
C. 需要规定统一的标准时点
D. 普查数据比较准确,规范化程度比较高,可作为抽样调查和其他调查的依据
E. 适用范围较窄,只能调查一些基本或特定的现象

7. 抽样调查有(   )等特点。
A. 按随机原则抽取调查单位
B. 调查目的是从数量上推算总体,因此它实际上起到了全面调查的作用
C. 抽样调查会产生抽样误差,但抽样误差可以事先计算并且可以加以控制
D. 按特定原则抽取调查单位
E. 按固定原则抽取调查单位

8. 通过调查宝钢、鞍钢、首钢等几个大型钢铁基地来了解我国钢铁的基本情况,这种调查属于(   )。
A. 重点调查　　　　　B. 典型调查　　　　　C. 抽样调查　　　　　D. 非全面调查
E. 普查

9. 典型调查法具有(   )等特征。
A. 定性调查
B. 根据调查者的主观判断,选择少数具有代表性的单位进行调查
C. 面对面的直接调查
D. 方便、灵活,可以节省时间、人力和经费
E. 定量调查

10. 与传统的报纸杂志、无线广播和电视等传统媒体发布的广告相比,网络广告具有交互性和(   )。
A. 直接性　　　　　B. 适应性　　　　　C. 快速性　　　　　D. 普遍性
E. 交互性

11. 常见的网络广告的投放形式包括(   )。
A. 网幅广告　　　　　B. 文本链接广告　　　　　C. 电子邮件广告　　　　　D. 赞助
E. 与内容相结合

12. 网络广告可以是以(   )格式的图像文件,定位在网页中。
A. JPG　　　　　B. MPG　　　　　C. BMP　　　　　D. MPEG
E. GIF

13. 网络广告的形式有(   )等广告形式。
A. banner　　　　　B. button　　　　　C. 光标　　　　　D. 文字链接
E. 刷新

14. 网络广告按照投放目的可以分为(   )。
A. CPO广告　　　　　B. CPS广告　　　　　C. PPS广告　　　　　D. PPA广告
E. PPD广告

15. 按投放形式分类,网络广告包括(   )。

A. 邮件列表广告 B. 墙纸式广告
C. 电子邮件式广告 D. 竞赛和推广式广告
E. 插页式广告

16. 网上商店日常运营管理,包括( )。
A. 订单管理 B. 销售统计
C. 客户查询和商家信用值 D. 商品预览
E. 网络广告

17. 适合投放上下文广告的网站主要有( )。
A. 购物网站
B. 为让用户提供其感兴趣产品或服务的信息网站
C. 为用户提供消费建议的网站
D. 游戏网站
E. 新的独立访问用户占较大比例的网站

18. 同传统的广告媒体相比,网络广告的特征主要体现( )。
A. 广泛性和开放性 B. 实时性和可控性
C. 直接性和针对性 D. 双向性和交互性
E. 统计性和可评估性

19. 国内网站推广是指将网站推广到国内各大知名网站和搜索引擎,主要有( )。
A. 搜狐 B. 新浪 C. 网易 D. 百度
E. 谷歌

20. 网站推广的初级目标是利用( )可操作性方案,将网站建设成为同类型网站中最专业、最全面以及最有前景的网站;实现日访问量达到5 000,注册会员达5 000以上。
A. 电子邮件推广 B. 搜索引擎加注
C. 雁过留声法 D. 论坛推广
E. 导航网站登录

技能操作题

"心意网"网店进行周年庆优惠活动,活动时间为2012年9月1～5日,活动规则如下:

1. 按照素材编写促销邮件并在目标客户中群发,活动时间内购冰洗、厨卫电器、空调单件产品。

会员等级:	普通会员	地区:	浙江
注册时间:	2010－01－01～2012－12－01	数量:	前100名

满680元送200元(返100元电子券＋100元电饭煲/电水壶/电熨斗)
满1680元送400元(返200元电子券＋200元电磁炉)
满2680元送600元(返300元电子券＋300元电压力锅/豆浆机)
满3680元送800元(返400元电子券＋300元电压力锅/豆浆机)

2. 按照素材编写短信并在目标客户中群发,与银行联合进行促销活动,规则如下:

会员等级:	白金会员	地区:	上海
注册时间:	2010－01－01～2012－12－01	数量:	前50名

活动期间招行分期付款6期免利息、免手续费。
活动期间刷兴业银行各类卡满2 000元送芝士炉,满5 000元送厨具3件套;分期付款免利息、免手续费。

项目六 店铺整修

理论知识题

一、单选题

1. 狭义软文的定义是指企业花钱在报纸或杂志等宣传载体上刊登的（　　）的广告。
   A. 纯文字性　　　B. 图文并茂性　　　C. 图片性　　　D. 新闻性

2. 不属于论坛"关于说明档与签名栏的管理"的是（　　）。
   A. 内容规定与上贴规定一致，要积极健康
   B. 说明档与签名档中不能超链接其他网站、文章和音乐
   C. 为方便阅读，请尽量使签名档不超过4行
   D. 凡转贴文章，请注明原始出处和时间

3. 广义的软文是指企业通过策划在报纸、杂志、DM、网络、手机短信等宣传载体上刊登的可以提升企业品牌形象和知名度，或可以促进企业销售的一些（　　）、阐释性文章，包括特定的新闻报道、深度文章、付费短文广告、案例分析等。
   A. 推荐性　　　B. 鼓动性　　　C. 介绍性　　　D. 宣传性

4. 论坛帖子管理有论坛网站发布论坛管理（　　）进行管理。
   A. 条例　　　B. 案例　　　C. 计划　　　D. 手段

5. 软文的最终目的，是对消费者进行针对性的心理（　　），对消费者进行消费情景制造，唤起消费者内心的需求渴望，并适时地促进消费者进行购买行为。
   A. 引导　　　B. 沟通　　　C. 交流　　　D. 指导

6. 软文是企业软性渗透的商业策略在广告（　　）上的实现，通常借助文字表达与舆论传播使消费者认同某种概念、观点和分析思路，从而达到企业品牌宣传、产品销售的目的。
   A. 形式　　　B. 内容　　　C. 方案　　　D. 策划

7. 一篇完整软文的要素之一是（　　）。
   A. 表头　　　B. 标题　　　C. 编号　　　D. 剪贴画

8. （　　）是如实地将广告正文的要点简要地摆明，使人一目了然，这是目前采用较多的形式。
   A. 宣事式标题　　　B. 新闻式标题　　　C. 诉求式标题　　　D. 颂扬式标题

9. （　　）是通过提出问题来引起关注，从而促使消费者发生兴趣，启发他们的思考，产生共鸣，留下印象。
   A. 提问式标题　　　B. 新闻式标题　　　C. 诉求式标题　　　D. 颂扬式标题

10. 软文是具有商业性的，需要有极强的（　　）。
    A. 方向性　　　B. 目的性　　　C. 便利性　　　D. 通俗性

11. 产品的软文宣传，大多采用（　　）推广的形式。
    A. 叙述式　　　B. 体验式　　　C. 介绍式　　　D. 模仿式

12. 知识软文属于知识营销范畴，是在满足（　　）对行业或产品知识的认知需求前提下，达到推广企业或产品的目的。
    A. 潜在客户　　　B. 忠实客户　　　C. 流失客户　　　D. 中小商户

13. 应该根据软文的不同类型选择不同的平台，软文发布的目的就是为了提升企业的品牌知名度，要考虑软文发布网站的（　　）和在特定领域的影响力。
    A. 用户类型　　　B. 点击率　　　C. 知名度　　　D. 用户数

14. 可以选择（　　）的软文广告发布机构对广大有意承接软文广告的网站进行批量的软文广告投放，可以大大提高软文的发布效率。
    A. 企业　　　　　　B. 专业　　　　　　C. 业余　　　　　　D. 产品
15. 赋予产品与生俱来的（　　）描述，让消费者与文案产生互动，才有可能让产品轻松地完成"惊险的一跳"。
    A. 形象化　　　　　B. 规范化　　　　　C. 条理化　　　　　D. 通俗化
16. 赋予产品与生俱来的形象化描述，让消费者与文案产生（　　），才有可能让产品轻松地完成"惊险的一跳"。
    A. 互动　　　　　　B. 联动　　　　　　C. 交流　　　　　　D. 通话
17. 网络读者阅读习惯，一般一字一句认真看完的很少，所以在发表文章的时候，注意文章的篇幅不要（　　）。
    A. 控制　　　　　　B. 分篇　　　　　　C. 短小　　　　　　D. 过长
18. 阅读可以分成四种情况，其中不包括（　　）
    A. 信息式阅读法　　　　　　　　　　　B. 文学作品阅读法
    C. 经典著作阅读法　　　　　　　　　　D. 陶醉性的阅读法
19. 软文能卖货还在于其语言的（　　），要能照顾到大多数阅读者的理解能力。
    A. 合理化　　　　　B. 商业化　　　　　C. 便利化　　　　　D. 通俗化
20. 产品功能（　　）一直是产品策划的核心，不仅在软文创作上是，在产品核心概念的提炼等多个环节中也是。
    A. 合理化　　　　　B. 商业化　　　　　C. 便利化　　　　　D. 形象化
21. 软文写作中最重要的就是软文的（　　）了，一篇好的内容是读者能够认真看下去的必要条件。也是传达作者理念和软文营销效果最大化的必须具备的东西。
    A. 标题　　　　　　B. 内容　　　　　　C. 风格　　　　　　D. 形式
22. 素材来源也就是文章的内容从哪里来，通常不包括以下几个方面（　　）。
    A. 修改法　　　　　B. 拼凑法　　　　　C. 案例法　　　　　D. 小结法
23. 软文推广的技巧不包括（　　）。
    A. SEO即搜索引擎优化，软文的标题要加粗，关键词在文章中的前面，文章中要有适当的外链，关键词加粗或加外链等
    B. 选择一些重要的平台，发布软文，不要单独选择一家平台发布
    C. 把每一篇文章都加上自己写的比较惹火的文章，这样可以引发读者访问本文之外的其他文章
    D. 通过电子邮件营销来实现软文的推广
24. 在软文写作中策划是非常重要的，其中不包括（　　）。
    A. 软文结构的安排　　　　　　　　　　B. 表现内容的方法
    C. 诉求点的放置　　　　　　　　　　　D. 系列软文的构思
25. 新闻写作要处理新闻事实与记者所要表达的观点之间的矛盾，解决的办法是（　　）。
    A. 用事实说话　　　　　　　　　　　　B. 运用逻辑推理
    C. 只需记录，不发表任何观点　　　　　D. 依据事实，发表评论
26. 围绕一个主题，将同一时空范围的情况有序地组织起来，这种主体结构方式叫做（　　）。
    A. 横向结构　　　　B. 纵向结构　　　　C. 点面结构　　　　D. 倒金字塔结构
27. 网络新闻标题的制作，一般是先把新闻的中心内容用（　　）的语言概括出来，然后再根据标题字数的限制加以取舍来制作。
    A. 标准　　　　　　B. 规范　　　　　　C. 正确　　　　　　D. 准确
28. 作为一篇消息的有机组成部分，重在补充、反衬或烘托新闻事实主要部分是（　　）。
    A. 导语　　　　　　B. 主体　　　　　　C. 背景　　　　　　D. 结尾

29. 新闻正文的任务,主要是运用具体的事实有层次地回答、说明、解释或补充(　　)中提到的问题或事件。
   A. 正文　　　　　　B. 导语　　　　　　C. 标题　　　　　　D. 结尾
30. 图片新闻在版面上能够形成(　　)中心,与其他版面元素如文字、标题、线条、色彩等进行合理搭配,形成版面主次结构与版面逻辑意义,体现编者的意图。
   A. 触觉　　　　　　B. 感觉　　　　　　C. 听觉　　　　　　D. 视觉
31. 新闻图片的首要功能是报道信息,没有(　　)的图片,形式感再好,也是没有版面价值的。
   A. 客观性　　　　　B. 可观性　　　　　C. 价值性　　　　　D. 新闻性
32. (　　),这种格式的好处是节省版面,节省广告费用;缺点是主要内容不醒目。
   A. 不分段表述　　　B. 分段表述　　　　C. 罗列表述　　　　D. 非罗列表述
33. (　　)它只需开出系列品种名称,或分布各地的销售维修点,不加或略加说明。
   A. 不分段表述　　　B. 分段表述　　　　C. 罗列表述　　　　D. 非罗列表述
34. (　　)是每一个广告作品为传达最重要或最能引起广告对象兴趣的信息,而在最显著的位置以特别的字体或特别的语气突出表现的语句。
   A. 标题　　　　　　B. 正文　　　　　　C. 广告口号　　　　D. 随文
35. (　　)是指广告文案中居于主体地位的语言文字,是广告标题的具体化陈述,旨在向受众传达主要广告信息,它是广告文案的中心和主体部分,起着介绍商品、树立形象的作用。
   A. 标题　　　　　　B. 正文　　　　　　C. 广告口号　　　　D. 随文
36. 开设(　　)的博客,写与自己卖的产品相关行业文章,去一些和自己产品目标对象相关的论坛进行宣传。
   A. 专业　　　　　　B. 个人　　　　　　C. 企业　　　　　　D. 协会
37. 企业利用论坛这种网络交流的平台,通过文字、图片、视频等方式发布企业的产品和服务的信息,从而让目标客户更加深刻地了解企业的产品和服务。最终达到企业宣传企业的品牌、加深市场认知度的网络营销活动,就是(　　)。
   A. 论坛推广　　　　B. 博客推广　　　　C. SNS推广　　　　D. 网站推广
38. 专业的论坛帖子策划、撰写、发放、监测、汇报流程,在论坛空间提供高效(　　)。包括各种置顶帖、普通帖、连环帖、论战帖、多图帖、视频帖等。
   A. 发布　　　　　　B. 发表　　　　　　C. 广播　　　　　　D. 传播
39. SNS为用户提供了一个可以自由选择私密度的行为环境,个人资料、沟通讨论、组织活动、建立自己的圈子或者俱乐部都可以自己来限制它的开放程度,在便捷互动与隐私安全方面选择适合自己的平衡点,这是它的(　　)。
   A. 真实性　　　　　B. 私密性　　　　　C. 工具性　　　　　D. 合理性
40. 实现人脉信息的显性化,真实而可信赖是其必要的前提,也是SNS的基础原则,这是它的(　　)。
   A. 真实性　　　　　B. 私密性　　　　　C. 工具性　　　　　D. 合理性
41. 请勿张贴未经公开报道、未经证实的消息,属于论坛管理平台的使用规则中的(　　)。
   A. 论坛禁止内容　　　　　　　　　　　B. 关于用户名的管理
   C. 关于说明档与签名栏的管理　　　　　D. 关于版权问题
42. 请勿注册和使用与其他网友相同、相仿的名字或昵称,属于论坛管理平台的使用规则中的(　　)。
   A. 论坛禁止内容　　　　　　　　　　　B. 关于用户名的管理
   C. 关于说明档与签名栏的管理　　　　　D. 关于版权问题

二、是非题

1. 限时折扣定价策略是在特定的营业时段对商品进行打折,以刺激顾客的购买欲望。　　　　　　(　　)
2. 一般情况下赠品促销,在新产品推出试用、产品更新、对抗竞争品牌、开辟新市场情况下利用赠品促销可以达到比较好的促销效果。   (   )
　　3. 消费者通过多次购买或多次参加某项活动来增加积分以获得奖品。   (   )
　　4. 抽奖促销是以一个人或数人获得超出参加活动成本的奖品为手段进行商品或服务的促销。 (   )
　　5. 联合促销的产品或服务可以起到一定的优势互补、互相提升自身价值等效应。   (   )
　　6. 节日消费的产品周期短，装扮尽量简洁明快。   (   )
　　7. 纪念日促销与一般的促销意义其实本质是相同的。   (   )
　　8. 优惠卡是一种可以以低于商品或服务价格进行消费的凭证，也称折扣卡。   (   )
　　9. 每天开门营业后的某个时段内或多少个份数内给予优惠，称为定时优惠。   (   )
　　10. 反季促销就是在常规的淡季做一些有利于销售的营销广告，让利于顾客。   (   )
　　11. 典型电子商务平台的促销功能模块包括有关系营销模块。   (   )
　　12. 群发邮件技术同邮件列表一样具有批量发送邮件的功能，且不支持附件发送。   (   )
　　13. 邮件群发软件中的发送线程是指同时可并发群发的邮件数量，可以理解为：当发送线程设置为10时，相当于用10台电脑同时群发邮件。群发的线程数越大，发送速度就越快。   (   )
　　14. 邮件群发平台的目标是为中国的中小企业提供精准的数据库营销平台和数据库营销方法体系，提高企业的营销管理绩效，帮助企业成长。   (   )
　　15. 邮件群发一般使用工具完成，有Smtp型工具和Web型工具。   (   )
　　16. 进入垃圾邮件的原因很多，比如接收方服务器对垃圾邮件的判断标准不同（比如内容、发送频率、关键字等）。   (   )
　　17. 邮件群发平台，就是利用邮件系统协议，采用自动发送的技术，可以一封信抄送给多个人的软件。
　　 (   )
　　18. 群发出去的邮件如果是垃圾邮件就会被屏蔽。   (   )
　　19. 群发软件中的发送线程是指同时可并发的邮件数。   (   )
　　20. 文章的文采是对新闻内容进行分类时的重要的依据。   (   )

三、多选题

1. 短信营销广告的适用渠道包括(　　　　)。
　A. 通过短信实现更加快速或更加温情的沟通联系
　B. 把短信作为提高服务质量的一种手段
　C. 应用短信加快工作效率（包括商业销售效率）的提高
　D. 现有业务基础上提供简单短信行业应用服务
　E. 同领域的单位机构提供不同内容、不同形式的个性化、专业化服务

2. 短信编写的基本要求包括(　　　　)。
　A. 凝练　　　　　B. 温馨　　　　　C. 风趣　　　　　D. 简短
　E. 生动

3. 短信编写的方法包括(　　　　)。
　A. 拼音　　　　　B. 笔画　　　　　C. 小写字母　　　　D. 大写字母
　E. 数字

4. 狭义软文的定义是指企业花钱在(　　　　)等宣传载体上刊登的纯文字性的广告。
　A. 报纸　　　　　B. 杂志　　　　　C. 电视　　　　　D. 网络
　E. 广播

5. 广义的软文是指企业通过策划在(　　　　)等宣传载体上刊登的可以提升企业品牌形象和知名度，或可以促进企业销售的一些宣传性、阐释性文章，包括特定的新闻报道、深度文章、付费短文广告、案例分析等。
　A. 报纸　　　　　B. 杂志　　　　　C. DM　　　　　D. 网络
　E. 手机短信

6. 软文最终目的是通过（　　）实现的。
A. 对消费者进行针对性的心理引导　　　　B. 对消费者进行消费情景制造
C. 唤起消费内心的需求渴望　　　　　　　D. 适时地促进消费者进行购买行为
E. 编制消费计划

7. 一篇完整软文的要素有（　　）。
A. 表头　　　　B. 标题　　　　C. 编号　　　　D. 内容
E. 切入点

8. 软文标题的形式有（　　）。
A. 宣事式标题　　B. 新闻式标题　　C. 诉求式标题　　D. 颂扬式标题
E. 号召式标题

9. 拟定广告标题时，还应注意（　　）。
A. 主题鲜明　　B. 简明扼要　　C. 内容具体　　D. 个性独特
E. 引人注目

10. 软文发布，要注意（　　），这样才能取得好的推广效率。
A. 连续性　　B. 计划性　　C. 实用性　　D. 随意性
E. 情感因素

11. 软文的发布，应当做到（　　）。
A. 根据软文的不同类型选择不同的平台　　B. 选择专业的软文广告发布机构
C. 费用低廉　　　　　　　　　　　　　　D. 用户数多
E. 知名度高

12. 软文发表后要及时追踪文章的评论情况，及时与网友交流互动，具体做到（　　）。
A. 在网友热心的评论中，发现文章的不足之处，能及时修改
B. 在原有软文的基础上，针对网友意见写出后续软文
C. 在互动中打出组合拳
D. 通过读者评论，总结经验，为下次写出更好文章做铺垫
E. 换一个平台

13. 阅读可以分成四种情况，包括（　　）。
A. 信息式阅读法　　　　　　　B. 文学作品阅读法
C. 经典著作阅读法　　　　　　D. 麻醉性阅读法
E. 随手翻阅读法

14. 软文书写的原则有（　　）。
A. 产品功能形象化　　　　　　B. 写作语言通俗化
C. 应用黄金分割法则　　　　　D. 挖掘新闻点
E. 文章要长

15. 软文写作的技巧包括（　　）。
A. 文章切入点　　B. 标题　　C. 作者　　D. 内容
E. 素材来源

16. 软文的写作要遵循一些规律，包括（　　）。
A. 注重软文的新闻性
B. 强调实用性
C. 把握软文的全局观
D. 要充分考虑软文对于读者的"可接受性"
E. 注重软文的生动性

17. 软新闻的主要特征是(　　)。

A. 注重引起读者兴趣
B. 强调娱乐
C. 重在引起受众的情感呼应
D. 时效性强
E. 强调文采

18. 广告不得有的情形,包括(　　)。

A. 使用中华人民共和国国旗、国徽、国歌
B. 使用国家机关和国家机关工作人员的名义
C. 使用国家级、最高级、最佳等用语
D. 妨碍社会安定和危害人身、财产安全
E. 损害社会公共利益妨碍社会公共秩序和违背社会良好风尚

19. 消息的正文,是具体展示新闻内容,充分而有力地体现新闻主题的核心部分。因此(　　)是正文写作中必须做好的工作。

A. 环绕新闻主题
B. 选取典型的材料
C. 巧妙的运用、布局和安排,注意表达的条理性和逻辑
D. 层次分明
E. 结构严谨

20. 图片叙事特征主要表现在(　　)。

A. 真实再现新闻事件,视觉冲击力强
B. "聚焦"的运用使得图片具备追求意义渗透、多元扩散的叙事特点
C. 图片叙事的建构性
D. 图片的清晰度
E. 图片的独立性

技能操作题

1. 撰写发布软文

（1）根据素材撰写软文

商品信息：联想 U150-STW

价格：3 350 元

性能参数：11.6 英寸(1 366×768 分辨率)显示屏,硬件配备了 Intel 赛扬双核 SU2300 处理器,1GB DDR3 内存,250GB 硬盘,集成 Intel GMA X4500 显示芯片,不带光驱,机身总重约 1.35Kg。接口方面：联想 U150-STW 提供 3 个 USB2.0 接口,5 合 1 读卡器,VGA,HDMI,RJ45(网络接口),耳机输出接口,麦克风输入接口,电源接口,e-SATA 接口。网络方面：联想 U150-STW 内置无线网卡,1 000Mbps 以太网卡,内置蓝牙。机身尺寸：290×191.5×13.5-24.4mm。其他方面：联想 U150-STW 出厂带正版 Windows 7 Home Basic 操作系统,3 芯锂电池,集成 130 万像素高清摄像头,杜比认证音效,立体声扬声器,整机保修 2 年。

性能特点：APS 硬盘防护系统,Multi-touch 多点触控板,杜比音效认证,智能人脸识别,一键拯救系统,闪联任意通。

适用场合：出行、移动办公。

（2）发布软文

请将所编写软件发布到恰当栏目。

2. 客户留言的回复

请根据网店帮助中心或素材库相关信息回答顾客提出的问题,问题如下：

顾客提问：	请问下单后什么时候能发货？
客服回答：	根据订单是否为货到付款，分2种情况回答。当订单为货到付款时，下单后由客服跟客户进行确认后就能发货。当订单为线上支付方式时，下单后顾客成功付款就能发货。

项目七　订单管理

理论知识题

一、单选题

1. 电子采购就是通过(　　)，借助计算机管理企业的采购活动。
   A. 互联网　　　　B. 局域网　　　　C. WAN　　　　D. ASP

2. 电子采购比一般的电子商务和一般性的采购在本质上有了更多的概念延伸，它不仅完成采购行为，而且利用信息和(　　)对采购全称的各个环节进行管理。
   A. 计算机技术　　B. 网络技术　　　C. 多媒体技术　　D. 局域网技术

3. 采购方企业通过电子采购交易平台进行(　　)采购，可以根据采购企业的要求自由设定交易时间和交易方式，大大地缩短了采购周期。
   A. 报价　　　　　B. 询价　　　　　C. 竞价　　　　　D. 还价

4. 电子采购的优势之一是(　　)。
   A. 信息公开　　　B. 信息交流　　　C. 信息发布　　　D. 信息共享

5. 对于(　　)，电子采购可以更及时地掌握市场需求，降低销售成本，增进与采购商之间的关系，获得更多的贸易机会。
   A. 采购商　　　　B. 代理商　　　　C. 供应商　　　　D. 生产商

6. (　　)是对企业的采购计划进行制订和管理，为企业通过及时准确的采购计划和执行程序。
   A. 采购计划管理　B. 订单管理　　　C. 发票校验管理　D. 生产管理

7. (　　)以采购单为源头，对从供应商确认订单、发货、到货、检验、入库等采购订单流转的各个环节进行准确的跟踪，实现全过程管理。
   A. 采购计划管理　B. 订单管理　　　C. 发票校验管理　D. 生产管理

8. 在确定了供应商后，订单会通过电子邮件等方式传递给供应商，称为(　　)。
   A. 选择供应商　　B. 下订单　　　　C. 订单跟踪　　　D. 电子支付

9. 根据企业预先规定的采购流程，采购申请被一次主动地传送给各个负责人请求批准，称为(　　)。
   A. 选择供应商　　B. 确定采购需求　C. 订单跟踪　　　D. 电子支付

10. 严格地说，订货跟踪是一种被动式的管理，这种问题的来源往往在于供应商自身的经营管理以及与供应商的(　　)处理。
    A. 问题　　　　　B. 方案　　　　　C. 联系　　　　　D. 关系

11. 订货跟踪主要是指订单发出后的进度检查、监控、联络等日常工作，目的是为了防止到货延误或出现数量、质量上的(　　)。
    A. 时差　　　　　B. 弹性　　　　　C. 差错　　　　　D. 过剩

12. 采购合同是供需双方为执行(　　)任务，明确双方权利和义务而签订的具有法律效力的书面协议。
    A. 生产　　　　　B. 销售　　　　　C. 供销　　　　　D. 产销

13. 采购合同是买受人通过市场购买自己所需的物品,出卖人将物品的( )转移给买受人,买受人支付价款的合同。
   A. 使用权　　　　　B. 代理权　　　　　C. 经销权　　　　　D. 所有权
14. 采购合同除了一般的合同所具有的特征外,下面显示的不是采购合同特征的是( )。
   A. 采购合同是一种典型的商务合同
   B. 采购合同约定转移的仅限于标的物的所有权
   C. 采购合同的买方须向卖方支付一定价款
   D. 采购合同约定转移的仅限于标的物的使用权
15. 采购合同约定转移的仅限于标的物的( )。
   A. 所有权　　　　　B. 经销权　　　　　C. 代理权　　　　　D. 所有权
16. 不是合同正文的主要内容的是( )。
   A. 签订时间　　　　　　　　　　　B. 货物的名称与规格
   C. 货物的数量条款　　　　　　　　D. 货物的质量条款
17. 不是合同正文的主要内容的是( )。
   A. 签订地点　　　　　　　　　　　B. 货物的名称与规格
   C. 货物的数量条款　　　　　　　　D. 货物的质量条款
18. 虽然《合同法》规定合同当事人订立合同,可以有书面形式、口头形式和其他形式。但《政府采购法》明确规定,政府采购合同应当采用( )形式。
   A. 口头合同　　　　B. 书面合同　　　　C. 虚拟合同　　　　D. 形式合同
19. ( )是在合同订立后,出卖人把标的物转移给买受人占有、适用,买受人按合同约定,分期向出卖人支付价款的合同。
   A. 分期付款的采购合同　　　　　　B. 有效的采购合同
   C. 效力待定的采购合同　　　　　　D. 无效的采购合同
20. ( )是指采购合同已经成立,但因其不完全符合合同生效的条件,其效力能否发生尚未确定的合同。
   A. 分期付款的采购合同　　　　　　B. 有效的采购合同
   C. 效力待定的采购合同　　　　　　D. 无效的采购合同
21. 签订买卖合同的当事人主要为( )或法人。
   A. 自然人　　　　　B. 成年人　　　　　C. 厂长　　　　　　D. 经理
22. 各国法律都认为,合同当事人的意思表示必须是( )才能成为一项有约束力的合同,否则这种合同无效。
   A. 清晰的　　　　　B. 真实的　　　　　C. 简洁的　　　　　D. 及时的
23. 下面不是效力待定的采购合同的是( )。
   A. 限制行为能力人订立的合同
   B. 无代理权的人以他人的名义订立的合同
   C. 无处分权人处分他人财产的采购合同
   D. 有代理权的人以他人的名义订立的合同
24. 下面不是效力待定的采购合同的是( )。
   A. 限制行为能力人订立的合同　　　B. 无代理权的人以他人的名义订立的合同
   C. 无处分权人处分他人财产的采购合同　　D. 有处分权人处分他人财产的采购合同
25. 限制行为能力人订立的合同,经法定代理人追认后有效,有效追认期限为( )。
   A. 6个月　　　　　B. 3个月　　　　　C. 2个月　　　　　D. 1个月
26. 一方以欺诈、胁迫手段订立合同,损害国家利益的合同为( )。
   A. 有效合同　　　　　　　　　　　B. 书面合同
   C. 效力待定合同　　　　　　　　　D. 无效合同

27. ( )是指招标人(买方)发出招标通告或招标单,说明拟采购的商品品种、规格、数量及其他条件,邀请卖方按照规定的时间、地点进行投标。
   A. 招标   B. 投标   C. 拍卖   D. 期货

28. ( )是指投标人(卖方)应招标通告的邀请,根据招标人所规定的招标条件,在规定的时间期限和地点,向招标人递价,争取中标以达成交易。
   A. 招标   B. 投标   C. 拍卖   D. 期货

29. 招标人通常要求投标人在投标时提供( )保证金,以防止招标人在投标后撤销投标或中标后不签订合同。
   A. 招标   B. 投标   C. 拍卖   D. 期货

30. ( ),则应在规定的日期和地点,由投标人参加的情况下,当众拆开密封的投标文件,宣读文件内容。
   A. 公开招标   B. 非公开招标   C. 协议招标   D. 密封招标

31. 招标公告出来后,研究并编写标书处于招标、投标的( )阶段。
   A. 招标   B. 投标   C. 开标   D. 中标

32. 由于《招标投标法》规定投标文件对( )文件提出的实质性要求和条件必须做出响应,投标商如果把握不准实质性和非实质性之间的界限,应不厌其烦地向招标人进行询问,而且最好以书面方式进行。
   A. 招标   B. 说明   C. 开标   D. 中标

33. 招投标的第一个程序就是编制( ),也就是编写"标书"。在这个环节,业主(招标人)最重要的就是按照自己的实质性要求和条件切实编制招标文件。
   A. 招标文件   B. 投标文件   C. 招标公告   D. 拍卖公告

34. ( ),主要是招标人的名称、地址和联系人及联系方式等;招标项目的性质、数量;招标项目的地点和时间要求;对投标人的资格要求;获取招标文件的办法、地点和时间;招标文件售价;投标时间、地点以及需要公告的其他事项。
   A. 招标公告   B. 招标文件   C. 投标文件   D. 拍卖公告

35. 招标书的结构一般由( )、正文与结尾三部分组成。
   A. 标题   B. 目录   C. 引言   D. 说明

36. ( )的内容主要包括:招标单位和招标项目名称,招标项目的具体要求,投标资格与方法以及技术、质量、时间等要求,投标开标的日期、地点和应缴费用等。
   A. 招标书   B. 投标书   C. 招标公告   D. 拍卖公告

37. 政府采购招标简单程序分为资格预审、发售标书、现场踏勘(或技术交底)、投标、开标、评标、资格后审、定标、签约,下列( )属于招标步骤中的内容。
   A. 接受委托、编制说明书、发布公告
   B. 接受委托、编制标书、发布评标说明
   C. 接受委托、编制标书、发布公告
   D. 项目立项、编制标书、发布公告

38. 政府采购招标简单程序分为接受委托、编制标书、发布公告、资格预审、发售标书、现场踏勘(或技术交底)、投标、开标、评标、资格后审、定标、签约,下列( )属于招标步骤中的内容。
   A. 发布公告、资格终审、发售标书   B. 发布公告、资格预审、鉴定标书
   C. 发布公告、资格预审、发售标书   D. 发布广告、资格预审、发售标书

二、是非题

1. 电子采购就是通过局域网,借助计算机管理企业的采购活动。   (   )
2. 采购方企业通过电子采购交易平台进行竞价采购,可以根据采购企业的要求自由设定交易时间和交易方式,大大地缩短了采购周期。   (   )

3. 对于供应商,电子采购可以更及时地掌握市场需求,降低销售成本,增进与采购商之间的关系,获得更多的贸易机会。（　）

4. 订单管理以采购单为源头,对从供应商确认订单、发货、到货、检验、入库等采购订单流转的各个环节进行准确的跟踪,实现全过程管理。（　）

5. 根据企业预先规定的采购流程,采购申请被一次主动地传送给各个负责人请求批准,称为选择供应商。（　）

6. 如果在供应商选择上能够严格把关,如果能恰当地处理与供应商的关系,给予必要的合作,订单出错的问题将会大大减少。（　）

7. 采购合同是供需双方为执行供销任务,明确双方权利和义务而签订的具有法律效力的书面协议。（　）

8. 采购合同是一种典型的商务合同。（　）

9. 不是合同正文的主要内容的是货物的名称与规格。（　）

10. 虽然《合同法》规定合同当事人订立合同,可以有书面形式、口头形式和其他形式。但《政府采购法》明确规定,政府采购合同应当采用书面合同形式。（　）

11. 有效的采购合同是指采购合同已经成立,但因其不完全符合合同生效的条件,其效力能否发生尚未确定的合同。（　）

12. 许多国家往往从广义上解释"合同内容必须合法",其中包括不得违反法律、不得违反公共秩序或公共政策,以及不得违反善良风俗或道德三个方面。（　）

13. 限制行为能力人订立的合同为效力待定的采购合同。（　）

14. 一方以欺诈、胁迫手段订立合同,损害国家利益的合同为无效合同。（　）

15. 招标与投标同一般进出口贸易方式的做法不同,采用这种方式,双方当事人不必经过交易磋商,而是由各投标人应邀同时采取一次递价的办法。（　）

16. 招标可以采用公开招标或非公开招标两种方法。（　）

17. 为防止投标人在中标后不与招标人签约,招标人通常要求投标人提供投标保证函或投标保证金,如开标后,投标人未中标,招标人将保证金退还投标人。（　）

18. 投标人须知,主要是说明招标文件的组成部分、投标文件的编制方法和要求、投标文件的密封和标记要求、投标价格的要求及其计算方式、评标标准和方法、投标人应当提供的有关资格和资信证明文件、投标保证金的数额和提交方式、提供投标文件的方式和地点以及截止日期、开标和评标及定标的日程安排以及其他需要说明的事项。（　）

19. 招标文件是投标人编制。（　）

20. 招标人发出的标书,在送达投标人时失效。（　）

三、多选题

1. 电子采购是有采购方发起的一种采购行为,是一种不见面的网上交易,如（　　）。
A. 网上招标　　　　B. 网上竞标　　　　C. 网上谈判　　　　D. 网上论坛
E. 新闻组

2. 网络采购的特点有（　　）。
A. 提高采购效率,缩短采购周期　　　　B. 节约采购成本
C. 优化采购流程　　　　D. 减少过量的安全库存
E. 信息共享

3. 市场经济发达国家的电子网络采购主要通过（　　）不同层面来具体实现的。
A. 网络化　　　　B. 合理化　　　　C. 智能化　　　　D. 一体化
E. 简单化

4. 采购管理包括( )。
A. 采购计划管理　　B. 订单管理　　C. 发票校验管理　　D. 生产管理
E. 人力资源管理
5. 在电子采购过程中,从招标方发布招标信息到最后的双方签约,主要包括的步骤( )、货物入库、付款。
A. 提交、分析并确定采购需要　　B. 选择供应商
C. 确定合格的价格　　D. 签署采购合同
E. 跟踪交货过程,确保交货
6. 向供应商发出采购订单之后,要保证供应商将所订购的货物按质按量按时送到企业的仓库,采购部门应对订单进行( )。
A. 跟踪　　B. 催货　　C. 录入　　D. 修改
E. 查询
7. 采购合同是供需双方为执行供销任务,明确双方( )而签订的具有法律效力的书面协议。
A. 交货责任　　B. 付款责任　　C. 运输责任　　D. 权利
E. 义务
8. 采购合同除了一般的合同所具有的特征外,显示的特征有( )。
A. 采购合同是一种典型的商务合同　　B. 采购合同约定转移的仅限于标的物的所有权
C. 采购合同的买方须向卖方支付一定价款　　D. 采购合同约定转移的仅限于标的物的使用权
E. 采购合同是一种典型的单边合同
9. 采购合同是商务性的契约文件,其内容条款一般应包括( ),以及不合格品的处理,当另订有质量协议时,则在采购合同中写明见"质量协议"违约的责任。
A. 供方与分供方的全名、法人代表,以及双方的通讯联系的电话、电报、电传等
B. 采购货品的名称、型号和规格,以及采购的数量
C. 价格和交货期
D. 交付方式和交货地点
E. 质量要求和验收方法
10. 虽然《合同法》规定合同当事人订立合同,可以有( )和其他形式。但《政府采购法》明确规定,政府采购合同应当采用书面合同形式。
A. 书面形式　　B. 口头形式　　C. 简单形式　　D. 繁杂形式
E. 单边形式
11. 采购合同的种类,按照有效性分为( )。
A. 分期付款的采购合同　　B. 有效的采购合同
C. 效力待定的采购合同　　D. 无效的采购合同
E. 可撤销的采购合同
12. 根据各国法律的规定,合同订立若有效一般须具备的实质要件有( )。
A. 合同当事人须有签约能力　　B. 当事人的意思表示必须真实
C. 合同内容必须合法　　D. 合同必须有对价或约因
E. 必须数字签名
13. 采购合同的有效的条件有三个,分别是( )。
A. 合同的当事人符合法律的要求　　B. 意思表示真实
C. 合同的内容不能违反法律和社会的公共利益　　D. 合同的当事人的一方符合法律的要求
E. 意思可表示真实
14. 无效合同包括( )。
A. 一方以欺诈、胁迫手段订立合同,损害国家利益的合同

B. 恶意串通,损害国家、集体或者第三人利益的合同
C. 以合法形式掩盖非法目的的合同
D. 损害社会公共利益的合同
E. 违反法律、行政法规强制性规定的合同

15. (　　)是一种贸易方式的两个方面。
   A. 招标　　　　　B. 投标　　　　　C. 拍卖　　　　　D. 期货
   E. 经销

16. 国际竞争性招标的做法有(　　)。
   A. 公开招标　　　　　　　　　　　B. 选择性招标
   C. 无限竞争性招标　　　　　　　　D. 有限竞争性招标
   E. 以上都是

17. 招投采购的一般程序的内容包括(　　)、签订合同。
   A. 编制标书　　　　　　　　　　　B. 发布信息与获取信息
   C. 标书发售、购买　　　　　　　　D. 投标
   E. 评标

18. 招标采购的准备阶段,要对招标投标活动的整个过程作出具体安排,包括对招标项目进行(　　)邀请相关人员等。
   A. 论证分析　　　B. 确定采购方案　　　C. 编制招标文件　　　D. 制定评标办法
   E. 组建评标机构

19. 招标书的结构一般由(　　)三部分组成。
   A. 标题　　　　　B. 正文　　　　　C. 结尾　　　　　D. 摘要

20. 政府采购的形式有(　　)。
   A. 公开招标　　　B. 邀请招标　　　C. 竞争性谈判　　　D. 询价采购
   E. 单一来源采购

技能操作题

1. 顾客刘刚在网店下了一个订单,他打来电话,说想将"花色高帮运动鞋"换成花色、38码的,请为他查询商品库存并修改订单信息。

2. 请为顾客刘刚的订单(订单号:20120816142041)进行发货操作,并打印配货单和申通的快递单。

3. 顾客刘刚收到货后觉得尺码偏小,他在会员中心提交了售后服务申请,请接受他的申请,并根据申请中的要求为他重新下一个订单并发货。

| 原订单号: | 20090312137135 | 申请新尺码: | 43码 |

项目八　网上调查、统计和报表

理论知识题

一、单选题

1. 下列指标属于总量指标的是(　　)。
   A. 人均粮食产量　　　B. 资金利税率　　　C. 产品合格率　　　D. 学生人数

2. 下列指标属于比例相对指标的是( )。
   A. 工人出勤率　　　　　　　　　　　　B. 农轻重的比例关系
   C. 每百元产值利税额　　　　　　　　　D. 净产值占总产值的比重

3. ( ),表示一个总体中所包含的总体单位总数,表示总体本身的规模大小。
   A. 总体单位总量　　B. 总体标志总量　　C. 结构相对数　　D. 比例相对数

4. ( )是表明总体内部各组成部分在总体中所占比重的相对指标。
   A. 总体单位总量　　B. 总体标志总量　　C. 结构相对数　　D. 比例相对数

5. 加权算术平均数的大小( )。
   A. 受各组次数的影响最大　　　　　　B. 受各组标志值的影响最大
   C. 受各组标志值和次数的共同影响　　D. 不受各组次数的影响

6. 某工厂新工人月工资400元,工资总额为200 000元,老工人月工资800元,工资总额80 000元,则平均工资为( )元。
   A. 600　　　　B. 533.33　　　　C. 466.67　　　　D. 500

7. 标志变异指标是反映同质总体的( )。
   A. 集中程度　　B. 离散程度　　C. 一般水平　　D. 变动程度

8. 标准差指标数值越小,则反映变量值( )。
   A. 越分散,平均数代表性越低　　　　B. 越集中,平均数代表性越高
   C. 越分散,平均数代表性越高　　　　D. 越集中,平均数代表性越低

9. 统计调查表应当标明( )、制定机关、批准或者备案文号、有效期限等标志。
   A. 表号　　　B. 标题　　　C. 正文　　　D. 结尾

10. 工业定期统计报表的特点之一是( )。
    A. 时间要求比较快　　　　　　　　　B. 准确程度要求高
    C. 统计范围比较全　　　　　　　　　D. 分类目录比较细

11. 某些不能够或不宜用定期统计表搜集的全面统计资料,一般应采取的方法是( )。
    A. 普查　　　B. 重点调查　　　C. 典型调查　　　D. 抽样调查

12. ( )与其他调查相比,其特点是:涉及面广,工作量大,往往需要动员很多人力和物力。
    A. 普查　　　B. 重点调查　　　C. 典型调查　　　D. 抽样调查

13. 为了解城市职工家庭的基本情况,以作为研究城市职工收入水平及生活负担的依据,需要进行一次专门调查,最为适合的调查组织形式是( )。
    A. 重点调查　　B. 典型调查　　C. 抽样调查　　D. 普查

14. 非全面调查中最完善、最有科学根据的方式方法是( )。
    A. 重点调查　　B. 典型调查　　C. 抽样调查　　D. 非全面报表

15. 上海市工商银行要了解2010年第一季度全市储蓄金额的基本情况,调查了储蓄金额最高的几个储蓄所,这种调查属于( )。
    A. 重点调查　　B. 典型调查　　C. 抽样调查　　D. 普查

16. 重点调查是一种( ),它是从全部调查单位中,选择一部分重点单位进行调查。
    A. 非全面调查　　B. 典型调查　　C. 抽样调查　　D. 普查

17. 有意识地选择三个农村点调查农民收入情况,这种调查方式属于( )。
    A. 典型调查　　B. 重点调查　　C. 抽样调查　　D. 普查

18. ( )是指根据调查研究的目的,在若干同类调查对象中选取一个或几个有代表性的对象进行系统、周密的调查研究,从而认识这一类对象的本质特征、发展规律,找出具有普遍意义和有价值的经验和值得借鉴的教训。
    A. 典型调查　　B. 重点调查　　C. 抽样调查　　D. 普查

19. 网络广告是在第( )类媒体发布的广告。
   A. 一　　　　　　　　B. 二　　　　　　　　C. 三　　　　　　　　D. 四
20. 将某个网站进行推广的方法,不包括( )。
   A. 与其他网站进行互换链接的操作　　　　B. 人工登录到搜索引擎的信息库中
   C. 设置网站主页的 meta 项和 title　　　　D. 更新网页
21. ( )是最早采用,也是最常见的广告形式。它的特点是,在某一个或者某一类页面的相对固定位置放置广告。
   A. 固定位置广告　　B. 上下文相关广告　　C. 弹出广告　　　　D. 内文提示广告
22. ( )划出一些关键字,然后当鼠标移动到上边的时候,使用提示窗口的方式显示相关的广告内容。
   A. 固定位置广告　　B. 上下文相关广告　　C. 弹出广告　　　　D. 内容提示广告
23. 网络广告发布的形式有( )。
   A. 主页形式　　　　B. 利用 FTP 发布　　 C. 通过 BBS 发布　　D. 利用局域网发布
24. 网络广告的形式有文字链接、button 和( )等广告形式。
   A. 刷新　　　　　　B. 鼠标　　　　　　　C. 光标　　　　　　D. banner
25. 网络广告的载体基本上是多媒体、超文本格式文件,受众可以对某感兴趣的产品了解更为详细的信息,使消费者能亲身体验产品、服务与品牌。这是互联网广告的( )。
   A. 强烈感官性　　　B. 即时性　　　　　　C. 灵活性　　　　　D. 简洁性
26. ( )是指每次点击成本,即只有广告图标被浏览者点击后才构成一次计费单位。
   A. CPN 广告　　　　B. CPM 广告　　　　　C. CPC 广告　　　　D. CPA 广告
27. ( )也称为 Cost-per-Transaction,即根据每个订单/每次交易来收费的方式。
   A. CPO 广告　　　　B. CPS 广告　　　　　C. PPS 广告　　　　D. CPA 广告
28. ( )根据网络广告所产生的直接销售数量而付费的一种定价模式。
   A. CPO 广告　　　　B. CPS 广告　　　　　C. PPS 广告　　　　D. CPA 广告
29. ( )又名"旗帜广告",最常用的广告尺寸是 486×60(或 80)像素,定位在网页中,大多用来表现广告内容。
   A. 横幅式广告　　　　　　　　　　　　　B. 墙纸式广告
   C. 电子邮件式广告　　　　　　　　　　　D. 竞赛和推广式广告
30. ( )又名"直邮广告",利用网站电子刊物服务中的电子邮件列表,将广告加在每天读者所订阅的刊物中发放给相应的邮箱所属人。
   A. 横幅式广告　　　　　　　　　　　　　B. 墙纸式广告
   C. 电子邮件列表广告　　　　　　　　　　D. 竞赛和推广式广告
31. ( )是在固定位置广告的基础上,增加广告与上下文的相关性,由广告投放平台通过分析投放广告的页面内容,然后从广告库中提取出相关的广告进行投放。
   A. 固定位置广告　　　　　　　　　　　　B. 上下文相关广告
   C. 弹出广告　　　　　　　　　　　　　　D. 内文提示广告
32. 网上商店要尽可能使客户对本商店产生强烈的第一印象,所以( )是最重要的事情。
   A. 商店的商标　　　B. 漂亮的页面　　　　C. 优惠的价格　　　D. 绚丽的动画
33. 上下文广告一般采用( ),以其宣传的更加强大的定位能力,更加容易引导用户点击,被认为是比其他任何在线广告形式(如条幅广告)都有效的一种在线广告。
   A. 文本形式　　　　B. 图像形式　　　　　C. 表格形式　　　　D. 动画形式
34. ( )是一种基于网页内容由自动程序输出的匹配广告。
   A. 固定位置广告　　B. 上下文相关广告　　C. 弹出广告　　　　D. 内文提示广告
35. ( )是指当人们浏览某网页时,网页会自动弹出一个很小的对话框。随后,该对话框或在屏幕上不断盘旋、或漂浮到屏幕的某一角落。当你试图关闭时,另一个会马上弹出来。

A. 弹出式广告 B. 上下文相关广告
C. 弹出广告 D. 内文提示广告

36. 广告中,( )正确是制作网络广告的关键。
A. 弹出式广告 B. 上下文相关广告 C. 弹出广告 D. 内文提示广告

37. ( )就是以国际互联网络为基础,利用数字化的信息和网络媒体的交互性来辅助营销目标实现的一种新型的市场营销方式。
A. 网站优化 B. 网站推广 C. 网络广告 D. 网络营销

38. 以下不属于常用网站推广方法的是( )。
A. 关系推广 B. 搜索引擎 C. 信息推广 D. 资源推广

39. 数据库策略是网站推广的有效方法,以下不包括( )。
A. 调查 B. 有奖活动 C. 新闻 D. 邮件收发

40. 软文分别站在多个角度有计划地撰写和发布推广,但不包括( ),促使每篇软文都能够被各种网站转摘发布,以达到最好的效果。软文写的要有价值,让用户看了有收获,标题要写的吸引网站编辑,这样才能达到最好的宣传效果。
A. 行业角度 B. 用户角度 C. 商业角度 D. 媒体角度

二、是非题

1. 统计调查的种类按调查对象包括的范围划分为全面调查和非全面调查。( )
2. 普查是从全部总体单位中选择一个或几个有代表性的单位进行深入细致调查的一种调查组织方式。( )
3. 统计整理是根据统计研究任务的需要,按照已设计的统计调查方案的要求,对调查来的资料进行一系列加工汇总,使其系统化、条理化,从而得出反映现象总体特征的综合资料的过程。( )
4. 统计指标是说明现象总体数量特征的概念或范畴。( )
5. 统计指标按其所反映的内容或其数值表现形式,可以分为总量指标、相对指标和平均指标。( )
6. 统计指标体系是由若干相互联系的统计指标构成的有机整体。( )
7. 统计指标不是抽象的概念和数字,而是一定的具体的社会经济现象的量的反映,是在质的基础上的量的集合。( )
8. 总量指标是反映社会现象在一定时间、地点和条件下总规模或总水平的统计指标。( )
9. 结构相对数是反映一个统计总体内部各个组成部分之间数量对比关系的相对指标,常用系数和倍数表示。( )
10. 平均指标就是表明同类社会经济现象在一定时间、地点条件下达到的一般水平,是总体内各单位参差不齐的标志值的代表值,它的数值表现为平均数。( )
11. 集中趋势的测度值(平均指标)与离散程度的测度值(标志变异指标)是一对互相联系的对应指标,是从两个不同的侧面反映同质总体的共同特征。( )
12. 统计报表制度是根据国家有关统计法的规定,依据自上而下统一规定的表格形式、项目及其指标、报送时间与程序布置调查要求和任务,自下而上逐级汇总上报的统计报表制度。( )
13. 普查是专门组织的一次性的全面调查,用来调查某现象在一定时点上的状况。( )
14. 抽样调查是按随机原则,从被研究总体中抽取一部分调查单位进行观察,用这一部分单位的调查结果,推算被研究现象总体的一种调查方式。( )
15. 重点调查是一种非全面调查,它是从全部调查单位中,选择一部分重点单位进行调查。( )
16. 典型调查是根据调查的目的和要求,在对研究对象进行初步的全面分析的基础上,选择具有代表性的典型单位做周密系统的调查,借以认识事物发展变化的规律。( )
17. 信息有其生命周期,因而广告也有其生命周期。( )

三、多选题

1. 评标程序有( )。
   A. 评标准备　　　　B. 初步评审　　　　C. 详细评审　　　　D. 提交评标报告
   E. 签订合同

2. 投标书的结构一般由( )几部分组成。
   A. 标题与时间　　　B. 正文　　　　　　C. 前言　　　　　　D. 署名
   E. 引言

3. 直接沟通的具体方式有( )。
   A. 电话沟通　　　　　　　　　　　　　B. 网络沟通
   C. 面对面的人员沟通　　　　　　　　　D. 销售人员拜访客户
   E. 在报纸上做广告

4. 网络商务沟通的礼仪包括( )。
   A. 尊重他人的隐私　　　　　　　　　　B. 尊重他人的知识
   C. 尊重他人的劳动　　　　　　　　　　D. 尊重他人的时间
   E. 不要随意公开私人邮件、聊天纪录和视频等内容

5. 在开展国际贸易网络营销中,收到的询盘邮件的形式为( )和窃取情报型。
   A. 寻找卖家型　　　　　　　　　　　　B. 准备入市型
   C. 无事生非型　　　　　　　　　　　　D. 信息收集型
   E. 索要样品型

6. 有经验的网商报价中要掌握的是( )。
   A. 报价前进行充分准备
   B. 在报价中选择适当的价格术语
   C. 选择合适的报价渠道
   D. 利用合同里的付款方式、交货期、装运条款、保险条款等要件与买家讨价还价
   E. 借自己的综合优势,在报价中掌握主动

7. 进出口合同中的价格条款,一般包括商品的单价和总值或总金额两项基本内容,单价通常由四个部分组成,即包括( )四项内容。
   A. 计量单位　　　B. 单位价格金额　　　C. 计价货币　　　D. 贸易术语
   E. 数量

8. 在进行网上贸易时,可直接进行报价,具体有( )。
   A. 在"报价单"中选择"手机短信",将您的报价内容发送到对方手机上,或短信提醒对方查看您的报价
   B. 当您 E-mail 或系统留言收到客户的询价单时,可选择直接通过 E-mail 或回复留言进行报价
   C. 如果向您询价的采购商"正在网上"时,您可以马上与他洽谈
   D. 根据采购商联系方式,直接打电话与对方进行交流,判断对方合作意向、询价真实性,以及把握客户需求和预算
   E. 发信函报价

9. 电子合同是双方或多方当事人之间通过电子信息网络以电子的形式达成的( )的协议。
   A. 设立　　　　　B. 变更　　　　　　C. 终止财产性民事权利义务关系
   D. 交换　　　　　E. 传递

10. 无形信息产品在( )等方面有其特殊性。
    A. 履行的时间　　B. 履行过程　　　　C. 风险承担　　　D. 产品检验
    E. 退货

11. 电子合同可以包括( )。
    A. 以 EDI 方式订立合同   B. 以电子邮件方式订立合同
    C. 以格式条款方式订立合同   D. 以书面方式订立合同
    E. 以口头方式订立合同

12. 从各国电子商务的实践看,格式电子合同中仲裁条款的效力取决于( )。
    A. 格式合同提供者应对合同中的仲裁条款进行必要的专门提示
    B. 合同中的仲裁条款不能存在对消费者不公平、不合理的规定
    C. 有的商家利用其对某些仲裁机构的特殊仲裁规则或者仲裁活动比较了解,相反消费者却知之甚少的情况,通过订立仲裁协议,指定这些仲裁机构仲裁纠纷,从而使消费者的正当权益难以得到维护
    D. 合同中仲裁条款是否有效还取决于各国法律对仲裁协议内容的规范
    E. 格式合同提供者不必对合同中的仲裁条款进行必要的专门提示

13. 就一项数据电文的发端人和收件人之间而言,不得仅仅以意旨的声明或其他陈述采用数据电文形式为理由而否定其( )。
    A. 法律效力   B. 有效性   C. 可执行性   D. 合理性
    E. 通用性

14. 电子合同的特征有( )。
    A. 电子合同是一种民事法律行为   B. 电子合同交易主体的虚拟化和广泛化
    C. 电子合同具有技术化、标准化的特点 D. 电子合同订立的电子化
    E. 电子合同中的意思表示电子化

15. 表示是否构成承诺需具备以下( )要件。
    A. 承诺必须由受要约人向要约人做出   B. 承诺必须是对要约明确表示同意的意思表示
    C. 承诺的内容不能对要约的内容做出实质性的变更   D. 承诺应在要约有效期间内做出
    E. 承诺可以是对要约沉默表示

16. 书面形式是指合同书、信件和数据电文,包括( )等可以有形地表现所载内容的形式。
    A. 电报   B. 电传   C. 传真   D. 电子数据交换
    E. 电子邮件

17. 最密切联系原则在电子合同法律适用中的变革,包括( )。
    A. 最密切联系原则在电子合同中的适用需要变革
    B. 关于 ISP 及其住所能否成为新的连结点问题
    C. 关于网络服务器能否成为新的连结点问题
    D. 关于许可方所在地能否成为新的连结点问题
    E. 关于网址能否成为新的连结点问题

18. 电子商务中,电子合同的订立与传统合同的区别是( )。
    A. 合同订立的环境   B. 合同的形式
    C. 合同当事人的权利和义务   D. 合同的履行与支付
    E. 合同订立的双方

19. 电子合同的生效需具备( )法定要件。
    A. 行为人具有相应的民事行为能力   B. 电子意思表示真实
    C. 不违反法律和社会公共利益   D. 合同必须具备法律所要求的形式
    E. 行为人具有相应的刑事行为能力

20. 从我国当前电子商务开展的情况来看,基本上履行方式有( )。
    A. 在线付款,在线交货   B. 在线付款,离线交货
    C. 离线付款,离线交货   D. 离线付款,在线交货
    E. 部分在线付款,全部在线交货

技能操作题

1. 发布一个新产品的广告信息

在文章栏目的"新闻公告"下发布一个广告信息,内容如下:

标题:	三人三季帐篷
图片:	hangpeng.jpg
商品链接:	http://www.myshop.com/zhangpeng.php
商品信息:	面料:Shell210TPU1500 菱格涤塔夫 PU 防水胶条 内帐:210T 防泼水透气面料,100%涤纶 底料:150DPU1500 防水牛津布,100%涤纶 撑杆:8.5mm 铝合金杆 帐钉:铝钉 可清洗
厂商信息:	探险者户外用品股份有限公司成立于 1999 年,是一家专业从事户外用品研发、设计、生产与销售的高新技术企业。2007 年,探路者品牌被认定为"中国驰名商标",并成为"北京 2008 年奥运会特许生产商",创造了中国户外用品行业的两项唯一。2008 年,公司建成了中国户外用品业规模最大、创新能力最强的研发中心,设计的三项产品荣获国内最具权威的工业设计大奖"红星奖"。 探路者以"打造卓越品牌,分享户外阳光生活"为使命,以"提供周全的户外保护"为品牌基础,广泛采用新材料、新技术、新工艺,产品覆盖户外生活各领域(装备、鞋、服、包等),产品既能满足极限爱好者高山探险的需求,更面向大众倡导积极健康的户外休闲方式。

2. 添加一个网站友情链接:

在友情链接栏目添加一条内容:

链接名称:	户外旅行网
图片:	huwai.jpg
链接地址:	http://www.huwaiwang.com
排序:	0

3. 统计推广链接带来的订单数量和金额:

请在订单管理中统计由该广告带来的订单。

推广链接 ID:	guanggao
时间范围:	2012 年 1 月 1 日~2012 年 12 月 31 日
订单范围:	已付款、已发货的订单

考场练兵(模拟考试)

理论模拟考试

一、是非题

1. 商品包装是指在商品流通过程中为保护商品,方便储运,促进销售,按一定技术方法而采用的容器、材料和辅助材料等的总称。（ ）
2. 包装的便利功能是指商品的包装为商品的空间移动及消费者的携带使用提供了方便条件。（ ）
3. 包装技术是包装材料和包装技术的具体形式。（ ）
4. 按商业经营习惯分类,出口包装是为适应在国内销售的商品所采用的包装,具有简单、经济、实用的特点。（ ）
5. 商品包装要适应出口国家、民族的文化差异,不仅要起到保护商品、方便运输的作用,而且要引起消费者的购买欲望,增强商品的国际竞争力。（ ）
6. 包装的设计必须能够满足消费者的核心需求,也就是必须有实在的价值。（ ）
7. 虽然文化水平及经济收入的差异在商品选择上会有差异,但消费者通常对商品包装的欣赏和要求大致相同。（ ）
8. 《电子签字示范法》主要定义了数字签字的方法。（ ）
9. 电子商务的区域性特点使得中国电子商务的法制建设既要考虑国内的环境,又要与全球电子商务的法制建设同步。（ ）
10. 买方接受标的物后,无论何时只要发现标的物的表面有瑕疵,卖方都应该为产品质量负责任。（ ）
11. 买卖双方之间各自因违约而产生的违约责任风险应由网络交易中心承担。（ ）
12. 在电子商务中,虚拟银行基本义务是依照客户的指示,准确、及时地完成电子资金划拨,因此它是扮演担保银行的角色。（ ）
13. 消费中心通常是企业性的服务机构,主要任务是受理数字证书的申请、签发及对数字证书的管理。（ ）
14. 电子认证被认为是具有技术性的监管方式。（ ）
15. 采用数据信息形式签订电子商务合同,收件人指定特定系统接收数据信息的,该数据信息进入该特定系统的时间,视为到达时间。（ ）
16. 电子商务涉及数字化的管理,随着电子化水平的提高,诸多交易的无纸化必然给各项监管工作带来困难。（ ）
17. 为了保护合同买方的合法权益,维护社会经济秩序,促进社会主义现代化建设,制定中华人民共和国合同法。（ ）

18. 婚姻、收养、监护等有关身份关系的协议,适用中华人民共和国合同法的规定。（　　）
19. 中华人民共和国合同法所称合同是平等主体的律师、法人、其他组织之间设立、变更、终止民事权利义务关系的协议。（　　）
20. 赠与合同是借款人向贷款人借款,到期返还借款并支付利息的合同。（　　）
21. 要约可以撤销,撤销要约的通知应当在要约到达受要约人之前或者与要约同时到达受要约人。（　　）
22. 采用格式条款订立合同的,提供格式条款的一方应当遵循公平原则确定当事人之间的权利与义务,并采取合理的方式提请对方注意免除或者限制其责任的条款,按照对方的要求,对该条款予以说明。（　　）
23. 当事人订立合同,不可采用数据电文形式。（　　）
24. 当事人对合同的效力可以约定附期限。（　　）
25. 行为人没有代理权、超越代理权或者代理权终止后以被代理人名义订立的合同,未经被代理人追认,对被代理人不发生效力,由行为人承担责任。（　　）
26. 一方以欺诈、胁迫的手段订立合同,损害国家利益的合同无效。（　　）
27. 一方以欺诈、胁迫的手段或者乘人之危,使对方在违背真实意思的情况下订立的合同,受损害方有权请求人民法院或者仲裁机构变更或者撤销。（　　）
28. 价款或者报酬不明确的,按照订立合同时履行地的市场价格履行；依法应当执行政府定价或者政府指导价的,按照规定履行。（　　）
29. 附解除条件的合同,自条件成就时失效。（　　）
30. 当事人可以约定一方解除合同的条件。解除合同的条件成立时,解除权人可以解除合同。（　　）
31. 当事人一方不履行合同义务或者履行合同义务不符合约定的,应当承担继续履行、采取补救措施或者赔偿损失等违约责任。（　　）
32. 当事人一方明确表示或者以自己的行为表明不履行合同义务的,对方可以在履行期限届满之前要求其承担违约责任。（　　）
33. 地区级以上人民政府工商行政管理部门是广告监督管理机关。（　　）
34. 法律、行政法规规定禁止生产、销售的商品或者提供的服务,以及禁止发布广告的商品或者服务,不得设计、制作、发布广告。（　　）
35. 广告不得损害未成年人和残疾人的身心健康。（　　）
36. 国家规定的应当在医生指导下使用的治疗性药品广告中,必须注明"按医生处方购买和使用"。（　　）
37. 食品广告必须真实、合法、科学、准确,符合社会主义精神文明建设的要求,不得欺骗和误导消费者。（　　）
38. 食品、酒类、化妆品广告的内容必须符合卫生许可的事项,并不得使用医疗用语或者易与药品混淆的用语。（　　）
39. 广告主委托设计、制作、发布广告,应当委托具有合法经营资格的广告经营者、广告发布者。（　　）

二、单选题

1. 库存管理既要提高服务水平,又要降低(　　)成本。
 A. 订货与库存持有　　B. 管理和协调　　C. 专业与信息　　D. 人员和保管

2. 对于经营者来说,恰当的(　　)是减少成本,增加资金周转,扩大盈利的重要手段,也是左右企业兴衰的关键之一。
 A. 入库　　B. 出库　　C. 盘点　　D. 库存

3. (　　)的手段除了包括仓储管理这个环节之外,更重要的部分还包括：预测与订单处理,生产计划与控制,物料计划与采购控制,库存计划与预测本身,以及成品、原材料的配送与发货的策略,甚至包括海关管理流程。

A. 库存控制　　　　　B. 库存预测　　　　　C. 入库　　　　　D. 库存组织

4. Internet 的前身最早是( )，它首次实现了一些异地计算机的数据共享。
A. Internet　　　　　B. Nsfnet　　　　　C. Arpnet　　　　　D. Extranet

5. 按库存管理的目的分类又可分为( )和安全型两类。
A. 经济型　　　　　　　　　　　　　B. 定期定量模型
C. 节约型　　　　　　　　　　　　　D. 不定量不定期模型

6. 库存控制应该是为了达到公司的财务运营目标，特别是现金流运作，通过优化整个需求与供应链管理流程，合理设置 ERP 控制策略，并辅之以相应的信息处理手段、工具，从而实现在保证及时交货的前提下，尽可能( )，减少库存积压与报废、贬值的风险。
A. 降低库存水平　　　　　　　　　　B. 保持库存水平
C. 提高库存水平　　　　　　　　　　D. 平衡库存水平

7. ( )是指由于库存供应中断而造成的损失。
A. 缺货成本　　　　　　　　　　　　B. 仓储持有成本
C. 订货或生产准备成本　　　　　　　D. 在途库存持有成本

8. 要打开 IE 窗口，可以双击桌面上的( )。
A. Internet Explorer　　　　　　　B. 网上邻居
C. Outlook Express　　　　　　　D. 我的电脑

9. ABC 分类法中，A 类商品的品目和平均资金占用额累计百分数分别为( )。
A. 30%，70%~80%　　　　　　　　B. 15%，70%~80%
C. 30%，15%~25%　　　　　　　　D. 30%，50%~70%

10. 对 A 类商品存货检查频率为( )。
A. 密集　　　　　B. 一般　　　　　C. 较低　　　　　D. 很低

11. 在建议新的订货量时要强调 1.5 倍的安全存货原则，具体计算方法( )。
A. 安全存货量＝上次拜访前的实际销量×1.5
B. 安全存货量＝上次拜访前的实际销量/1.5
C. 安全存货量＝上次拜访后的实际销量×1.5
D. 安全存货量＝上次拜访后的实际销量/1.5

12. ( )的存货原则可以帮助客户有效地利用空间和资金，不致带来货物积压、资金、空间无效占用等损失。
A. 1.1 倍　　　　　B. 1.5 倍　　　　　C. 1.8 倍　　　　　D. 2.5 倍

13. 存货周转就是对暂时未卖出的货架上的产品依据( )的原则进行循环。
A. 随意进出　　　　B. 先进后出　　　　C. 后进先出　　　　D. 先进先出

14. 存货周转的有三个原则必须遵守，不是三原则的是( )。
A. 动手周转货架上的陈列产品　　　　B. 落实先进先出的原则
C. 把存货数记入客户卡　　　　　　　D. 1.5 倍的存货原则

15. 按配送商品的种类和数量分类是配送管理的基本形式之一，下列不属于按配送商品的种类和数量分类的是( )。
A. 少品种或单品种、大批量配送　　　B. 多品种、少批量、多批次配送
C. 设备成套、配套配送　　　　　　　D. 定量配送

16. 为了节省上网费用和时间，我们可以把经常访问的站点放入( )，然后脱机浏览。
A. 历史记录　　　　B. 收藏夹　　　　C. 回收站　　　　D. 搜索栏

17. 按配送的组织形式分，可以分成( )。
A. 分散配送、集中配送、信息配送　　B. 分散配送、专业配送、共同配送
C. 自动配送、集中配送、共同配送　　D. 分散配送、集中配送、共同配送

18. 送货作为配送中心最后的业务环节,其目标是把商品及时、准确、安全、(　　)地运送达客户。
   A. 合法　　　　　　B. 合理　　　　　　C. 经济　　　　　　D. 快速
19. 有关配送的理解(　　)是正确的。
   A. 配送是一种"直达"形式
   B. 配送可以解决流通领域的所有问题
   C. 配送是物流中一种特殊的、综合的活动形式,与商流是没有关系的
   D. 配送是"配"和"送"的有机结合,为追求整个配送的优势,分拣、配货等项工作是必不可少的
20. 关于配送的功能,(　　)是错误的。
   A. 有益于物流运动实现合理化　　　　　　B. 有利于合理配置资源
   C. 配送对新技术的要求很低　　　　　　　D. 可以降低物流成本,促进生产快速发展
21. 随着物流配送系统的计算机网络系统的建立和电子商务的发展,物流配送中心与供应商、制造商及顾客之间的联系可通过(　　)。
   A. 物流配送系统的计算机通信网络实现　　B. 打电话实现
   C. 邮局寄信实现　　　　　　　　　　　　D. 上门服务实现
22. 随着物流配送系统的计算机系统的建立和电子商务的发展,物流信息的处理越来越体现出(　　)的特点。
   A. 集成化　　　　　B. 自动化　　　　　C. 网络化　　　　　D. 智能化
23. 物流合理化的问题是配送要解决的大问题,也是衡量配送本身是否合理的重要(　　)。
   A. 条件　　　　　　B. 状况　　　　　　C. 形式　　　　　　D. 标志
24. 对于配送企业而言,企业(　　)反映配送合理化程度。
   A. 利润　　　　　　B. 员工　　　　　　C. 规模　　　　　　D. 信息化
25. 通过(　　),可以以最近的路程、最低的配送成本,从而追求合理化。
   A. 加工配送　　　　B. 共同配送　　　　C. 专业化配送　　　D. 即时配送
26. 如果无法显示当前网页,可以尝试(　　)。
   A. 点击"后退"按钮　　　　　　　　　　B. 点击"停止"按钮
   C. 点击"刷新"按钮　　　　　　　　　　D. 点击"搜索"按钮
27. 客户满意度是指客户体会到的他所实际"感知"的待遇和(　　)之间的差距。
   A. "实际"的待遇　　　　　　　　　　　B. "期望"的待遇
   C. "得到"的待遇　　　　　　　　　　　D. "预想"的待遇
28. 客户服务在商业实践中一般分为三类,不包括(　　)。
   A. 售前服务　　　　B. 售中服务　　　　C. 售后服务　　　　D. 咨询服务
29. 客户关系管理带给企业的主要优势,其中不包括(　　)。
   A. 降低成本,增加收入　　　　　　　　　B. 提高业务运作效率
   C. 保留客户,提高客户忠诚度　　　　　　D. 挖掘产品的潜在价值
30. 客户关系管理系统具有对市场活动、销售活动的预测,分析能力,能够从不同角度提供有关产品和服务成本,利润数据,并对客户分布,市场需求趋势的变化,做出科学的预测,以便更好地把握市场机会。指的是(　　)。
   A. 拓展市场功能　　　　　　　　　　　　B. 降低成本,增加收入功能
   C. 提高业务运作效率　　　　　　　　　　D. 保留客户,提高客户忠诚度
31. 客户服务管理的核心理念是企业全部的经营活动都要从满足客户的需要出发,以提供满足客户需要的产品或服务作为酒店的义务,以(　　)作为企业经营的目的。
   A. 客户购买　　　　B. 提高服务　　　　C. 提高产量　　　　D. 客户满意

32. 客户服务质量取决于企业(　　),即认识市场、了解客户现有与潜在需求的能力,并将此导入企业的经营理念和经营过程中。
   A. 创造新产品的能力　　　　　　　　　　B. 创造客户价值的能力
   C. 提高销售量的能力　　　　　　　　　　D. 了解市场动态的能力

33. 在客户服务中如何令满腔愤怒的客户平复情绪是一门技术,不包括(　　)。
   A. 主动认出并称呼客户　　　　　　　　　B. 记住并称呼客户的名字
   C. 用术语　　　　　　　　　　　　　　　D. 当客户完成一件工作时,表示谢意

34. 在客户服务中如何保持和提高自尊心是一门技术,不包括(　　)。
   A. 倾听不打断,然后总结客户对问题的看法
   B. 如果必要,保持沉默
   C. 解释问题如何发生,其中哪些步骤可以纠正,并试探客户反应
   D. 采取适当步骤并跟踪结果

35. 客户服务主要包括四个阶段:接待客户、(　　)和挽留客户。
   A. 理解客户、帮助客户　　　　　　　　　B. 欢迎客户、帮助客户
   C. 理解客户、欢迎客户　　　　　　　　　D. 理解客户、分析客户

36. 受理业务时,注意倾听客户提出的要求和问题,了解客户所办业务的需求;(　　)接过客户递交的现金、凭证、票据,以适宜的音量复述客户所办的业务。
   A. 双手　　　　　B. 单手　　　　　C. 左手　　　　　D. 右手

37. 以下不属于电话服务提问的技巧的是(　　)。
   A. 信息层提问　　　　　　　　　　　　　B. 服务层提问
   C. 困难性提问　　　　　　　　　　　　　D. 解决性提问

38. 培养亲和力的四项基本要求不包括(　　)。
   A. 语音的控制　　　　　　　　　　　　　B. 语速的控制
   C. 语调的控制　　　　　　　　　　　　　D. 语气的控制

39. 在三包服务中销售者应履行的义务不包括(　　)。
   A. 不能保证实施三包规定的,不得销售目录所列产品
   B. 保持销售产品的数量
   C. 执行进货检查验收制度,不符合法定标识要求的,一律不准销售
   D. 产品出售时,应当开箱检验,正确调试,介绍使用维护事项、三包方式及修理单位,提供有效发票和三包凭证

40. 1995年2月,在全国人大七届常委会第三十次会议通过的《产品质量法》中,进一步明确了产品的(　　)的质量责任和义务。
   A. 网商　　　　　B. 经销者　　　　　C. 生产者　　　　　D. 生产者、经销者

41. (　　)是指为完成一道或多道加工工序,在加工之前对工件进行定位、夹紧和调整的作业。
   A. 安装　　　　　B. 调试　　　　　C. 加工　　　　　D. 运输

42. (　　)是指电厂机组、变电站或某项设备在安装过程中及安装结束后移交生产前,按设计和设备技术文件规定进行调整、整定和一系列试验工作的总称。
   A. 安装　　　　　B. 调试　　　　　C. 加工　　　　　D. 运输

43. 备品配件实施统一化管理可以具有很多优势,其中不包括(　　)。
   A. 大幅降低成本　　　　　　　　　　　　B. 最大限度盘活资金
   C. 促进安全稳定生产　　　　　　　　　　D. 延长设备设用寿命

44. 我们可以对备品配件进入科学管理范畴、锁定集团化做一番有意的探索,其中不包括(　　)。
   A. 建立制度　　　　B. 批量采购　　　　C. 集中运输　　　　D. 网络管理

45. 技术培训的方法有许多,其中不包括( )。
    A. 演示法　　　　　　B. 研讨法　　　　　　C. 视听法　　　　　　D. 对比法
46. 技术培训可以分类多个层次其中不包括( )。
    A. 决策层人才　　　　B. 管理层人才　　　　C. 操作层人才　　　　D. 综合性人才
47. 大型机械组的日常维修保养、( )是大型养路机械的设备管理制度的重要组成部分,是维护现场大机器设备状态正常的重要手段。
    A. 巡回检修　　　　　B. 一次检修　　　　　C. 随机检修　　　　　D. 定点检修
48. ( )由于其应用于客户服务的特性而被人们更亲切的称为客户服务中心。
    A. 呼叫中心　　　　　B. 修理中心　　　　　C. 抢救中心　　　　　D. 信息中心
49. 近年来网络集成技术的不断发展,使( )从以前专用的硬、软件平台开始向网络化的方向发展,从而使以前作为电信公司专门产品的呼叫中心开始向各网络公司、计算机公司、数据库公司以及软件公司转移。
    A. 呼叫中心　　　　　B. 修理中心　　　　　C. 抢救中心　　　　　D. 信息中心
50. 以下对于平息客户不满的方法做得不正确的是( )。
    A. 首先,先让客户把不满尽情发泄,千万别中途解释,这也会激发客户的强烈不满,他将越说越激动,反而之,你先让他把话全说完再作解释,他的情绪会平复些
    B. 无论谁对谁错,我们也应当为引起客户不满而作出充分的道歉
    C. 在聆听客户述说不满的同时,用自己的话再重复一遍,让客户知道你是明白的
    D. 给客户解决问题的办法
51. 流失的客户,对企业损失最大、最需要保留的是( )。
    A. 非财务原因主动流失的客户　　　　　　B. 财务原因主动流失的客户
    C. 非财务原因被动流失的客户　　　　　　D. 财务原因被动流失的客户
52. 客户忠诚的前提是( )。
    A. 产品低价格　　　　B. 产品高质量　　　　C. 客户满意　　　　　D. 产品外观漂亮
53. 客户忠诚的行为特征是( )。
    A. 喜爱产品　　　　　B. 赞美产品　　　　　C. 重复购买　　　　　D. 关心产品
54. 在客户关系生命周期的形成期,以下属于客户潜在期望的是( )。
    A. 受到企业非同一般的重视　　　　　　　B. 获得更大的物质利益
    C. 成为企业的一部分　　　　　　　　　　D. 客户对企业的重要价值得到认可
55. 以下不属于客户分析的内容的有( )。
    A. 分析/数据挖掘服务　　　　　　　　　B. 数据存储与处理
    C. 促销活动管理/执行　　　　　　　　　D. 客户数据集成服务
56. 以下不属于客户加访的技巧的是( )。
    A. 注重客户细分工作　　　　　　　　　　B. 明确客户需求
    C. 确定合适的客户回访方式　　　　　　　D. 利用客户回访进行商品推销
57. ( )使商品的交易活动得以完成,并通过良好的销售活动维系企业与客户的关系,做好为客户的售后服务。
    A. 商品企业销售物流　　　　　　　　　　B. 商品企业运输物流
    C. 商品企业采购物流　　　　　　　　　　D. 商品企业退货物流
58. 客户服务数据的特点不包括( )。
    A. 时效性　　　　　　B. 完整性　　　　　　C. 准确性　　　　　　D. 安全性
59. ( )主要目的是帮助企业的市场营销人员和客户服务人员在客户分析中掌握和理解客户的行为。客户的行为信息反应了客户的消费选择或是决策过程。
    A. 描述类信息　　　　　　　　　　　　　B. 行为类信息
    C. 关联类信息　　　　　　　　　　　　　D. 对比类信息

60. ( )主要是用来理解客户的基本属性的信息,如个人客户的联系信息、地理信息和人口统计信息,企业客户的社会经济统计信息等。
   A. 描述类信息	B. 行为类信息
   C. 关联类信息	D. 对比类信息

61. 潜在客户数据获取渠道有许多,不包括( )。
   A. 数据公司	B. 目录营销与直复营销组织
   C. 信用调查公司	D. 消费者保护公司

62. 电话销售中的4C是指迷茫客户、唤醒客户、安抚客户、( )。
   A. 签约客户	B. 服务客户	C. 智能客户	D. 商业客户

63. ( )是指直接给消费者打电话或邮寄产品目录。只要有合适的价格或目的安排,许多这样的公司都愿意分享它们的数据列表。
   A. 数据公司	B. 直复营销组织
   C. 专业调查公司	D. 相关服务行业

64. 客户流失中的被动流失原因在于( )。
   A. 企业的产品质量出现问题	B. 企业的客户服务与支持做得不好
   C. 出现了强力的竞争对手	D. 既得客户对企业不再是一个好客户

65. 一般来说,比较好的建立站点目录的习惯是( )。
   A. 在根目录下建立一个总的Image目录放置图像文件
   B. 直接把图像文件放置在各个栏目目录下
   C. 为每个栏目建立一个单独的Image目录放置图像文件
   D. 在每个目录下,建立一个Image目录放置图像文件

66. 栏目编辑时一定要遵循设计好的网站模板,这是因为( )。
   A. 保证风格统一、确保网站总体结构和页面总体规划,提高网页制作效率
   B. 保证文字内容正确率
   C. 安全
   D. 管理员的习惯

67. 考察平台是否形成了一定的商业"马太效应",是指( )。
   A. 是否有方便顾客的支付平台
   B. 是否有覆盖全国的配送系统
   C. 平台是否易于远程维护
   D. 是否已经有许多相关的网上商店在该平台搭建,可以提升网上商店平台的人气

68. 按照小组、系统的结构安排站点功能,网站的整体布局和颜色基调,在装饰风格的分类中属于( )。
   A. 功能性装饰	B. 可视性装饰
   C. 组织性装饰	D. 辅助性装饰

69. 企业购买通用的商店管理软件系统来搭建企业的网上商店平台,优点是( )。
   A. 可以根据企业自己的特性搭建能满足自己个性化需求的网上商店
   B. 生成的商店具有规模效应
   C. 不需要大力推广
   D. 简单快捷

70. 在IE浏览器的地址中,应当输入( )。
   A. 要访问的计算机名	B. 需要访问的网址
   C. 对方计算机的端口号	D. 对方计算机的属性

71. 企业租赁使用开放的第三方商店生成系统平台搭建企业的网上商店，缺点是（　　）。
    A. 无法根据企业自己的特性搭建能满足自己个性化需求的网上商店
    B. 简单快捷，而且借助第三方平台的知名度可以迅速提高企业网上商店的访问量
    C. 生成的商店不具有规模效应
    D. 需要大力推广

72. 网上商店的平台是否易于远程维护，商品的信息是否易于修改，日常业务管理是否易于操作，反映了（　　）属性。
    A. 平台的易用性　　　　　　　　　　　　B. 平台的商用性
    C. 平台的廉价性　　　　　　　　　　　　D. 平台的知名度和聚集性

73. 属于主题指南类检索软件的是（　　）。
    A. Excite　　　　　B. Alta Vista　　　　　C. Lycos　　　　　D. Infoseek

74. 作为一个术语，对"相关分数"的描述正确的是（　　）。
    A. 有时用来称呼搜索引擎排名优先级标准
    B. 依靠用户提交注册信息并依赖搜索引擎的管理人员来增加索引的数目
    C. 是用户利用搜索引擎公司的登录系统自动登录
    D. 是和所要考察指标相关的分值

75. 搜索引擎排名优先级标准，有时也可能被称作（　　）。
    A. 相关分数　　　　B. 相关级别　　　　C. 相关等级　　　　D. 相关条件

76. 为了使用户更方便有效地检索内容，许多检索网点允许使用（　　）。
    A. 人工检索　　　　B. 自动检索　　　　C. 语音输入　　　　D. 布尔操作符

77. 现在很多检索软件都是将人工编制的主题目录和计算机检索软件提供的（　　）检索结合起来，以充分发挥两者的优势。
    A. 术语　　　　　　B. 语法　　　　　　C. 图像　　　　　　D. 关键词

78. 布尔操作符中表示"或"操作的是（　　）。
    A. or　　　　　　　B. and　　　　　　　C. not　　　　　　　D. end

79. 将本地网站登录到其他搜索引擎，在选择目录类别时要选择（　　）。
    A. 相关程度最高的类别和相关程度最低的子目录登录
    B. 相关程度最低的子目录登录
    C. 较低层次的子目录登录
    D. 相关程度最高的类别和程度最低的子目录同时登录

80. 利用关键字获取好的搜索引擎排名，不正确的方法有（　　）。
    A. 不断地寻找关键字和错误拼写的利用
    B. 关键字的地区性和使用更长的关键字
    C. 关键字的组合和应该避免的关键字
    D. 用短关键字和减少关键字

81. 建立一个虚拟的商店，在N上展示商品，进行N上的促销活动。该类N站称为（　　）。
    A. 销售服务性站点　　　　　　　　　　　B. 信息手册性站点
    C. 娱乐驱动性站点　　　　　　　　　　　D. 在线销售性站点

82. 网上间接调查方法有（　　）。
    A. 利用搜索引擎、访问相关网站和利用相关的网上数据库
    B. 利用搜索引擎、访问相关网站和实验法
    C. 利用搜索引擎、利用网络服务器搜集资料和访问相关网站
    D. 利用搜索引擎、访问相关网站和利用网络服务器搜集资料

83. 在进行网上交易时,交易密码应该( )。
A. 保持不变　　　　　　　　　　　　B. 每次交易修改
C. 定期修改　　　　　　　　　　　　D. 可以不要
84. 在网上订立并网上履行的电子合同属于( )。
A. 信息产品合同　　　　　　　　　　B. 有形信息产品合同
C. 无形信息产品合同　　　　　　　　D. 有形产品合同
85. 正在浏览的 Web 页面文档的扩展名为( )。
A. txt　　　　　B. wav　　　　　C. mpeg　　　　　D. htm
86. 电子合同与传统合同相比,问题在于电子签名有效性、合同收到与成立地点以及( )。
A. 合同格式　　　B. 合同证据　　　C. 合同内容　　　D. 合同盖章
87. 电子合同是通过计算机网络系统订立的,以( )方式生成、储存或传递合同。
A. 电子手段　　　B. 光学手段　　　C. 数据电文　　　D. 电子邮件
88. 网络通信中标志通信各方身份信息的一系列数据称为( )。
A. 数字签字　　　B. 数字证书　　　C. 公开密钥　　　D. 私人密钥
89. 用户采用( )验证身份的方式时,能享受信息服务和使用交易服务中的洽谈等交易功能。
A. 用户名和密码　　　　　　　　　　B. 用户名、密码和 CA 证书密码
C. CA 证书密码　　　　　　　　　　D. 身份证
90. 网上信用卡支付进行远程授权要使用( )。
A. 私人密钥　　　B. 数字签名　　　C. 数字证书　　　D. 公开密钥
91. 在网络营销中,用户通过( )向目标网站发送相关需求、建议和进行咨询。
A. 电子邮件　　　B. 传真　　　　　C. 表单　　　　　D. 电话
92. 用户在目标网站进行一站式注册,表示可以享受该网站范围的( )。
A. 基本使用权限　　　　　　　　　　B. 最高使用权限
C. 一次缴纳费用　　　　　　　　　　D. 每次使用交费
93. SSL 协议最早是由( )提出的。
A. Microsoft　　　B. Netscape　　　C. ISO　　　　　D. IBM
94. SSL 的全称是( )。
A. Session Socket Language　　　　　B. Session Software Language
C. Security Socket Layer　　　　　　 D. Security Software Layer
95. 在支付过程中,消费者选择付款方式、确认定单、签发付款指令时,( )开始介入。
A. S-HTTP　　　B. HTTP　　　　C. SET　　　　　D. SSL
96. 支付过程中使用 SET 协议时,SET 采用( )技术来保证商家看不到消费者的账号信息。
A. 对称加密　　　B. 双重签名　　　C. 数字证书　　　D. 电子指纹
97. ( )协议是 TCP/IP 协议的一部分,它定义了远程登录客户机与远程登录服务器之间的交互过程。
A. SSL　　　　　B. SET　　　　　C. POP　　　　　D. Telnet
98. 不是认证中心功能的是( )。
A. 证书的颁发　　B. 证书的查询　　C. 证书的更新和作废　　D. 证书翻译
99. 电子现金是一种以( )形式流通的货币。
A. 智能　　　　　B. 数据　　　　　C. 现金　　　　　D. 电子
100. 使用电子现金的三方,包括( )均需安装电子现金软件。
A. 客户、商家、银行　　　　　　　　B. 商家、银行、认证中心
C. 客户、商家、认证中心　　　　　　D. 客户、银行、认证中心

101. 以数据形式流通的货币是(　　)。
   A. 电子支票　　　　B. 电子货币　　　　C. 电子支付　　　　D. 电子现金
102. 电子支票传输系统目前一般是(　　)。
   A. 公用网络系统　　B. 专用网络系统　　C. 国际互联网络　　D. 城市局域网络
103. 不属于电子支票簿功能的是(　　)。
   A. 存放数字证书　　B. 密钥生成　　　　C. 保护私钥　　　　D. 签名和背书
104. 电子支票结算系统以弥补无法面对面地进行交换所带来的缺陷采用的方法是(　　)。
   A. 支票账号、身份认证　　　　　　　　B. 支票账号、数字签名
   C. 身份认证、数字签名　　　　　　　　D. 数字签名、资金状况
105. 电子商务活动中的电子钱包软件通常都是(　　)。
   A. 免费提供　　　　B. 有偿提供　　　　C. 自己编制　　　　D. 自己购买
106. 电子钱包中记录的每笔交易的状态有四种,分别是成功、订单接收、订单拒绝、(　　)。
   A. 订单放弃　　　　B. 订单未完成　　　C. 订单失败　　　　D. 订单遗失
107. 安装中银电子钱包软件的步骤是(　　)。
   A. 获得电子钱包软件、启动中银电子钱包的安装程序、确认软件安装许可证、确认存放程序的文件夹和图标
   B. 获得电子钱包软件、确认软件安装许可证、启动中银电子钱包的安装程序、确认存放程序的文件夹和图标
   C. 获得电子钱包软件、确认存放程序的文件夹和图标、启动中银电子钱包的安装程序
   D. 获得电子钱包软件、启动中银电子钱包的安装程序、确认存放程序的文件夹和图标、确认软件安装许可证
108. 在贝瑞和帕拉苏拉曼提出的三级关系营销理论中,一级关系营销在维持客户关系方面所采取的主要手段是(　　)。
   A. 建立客户组织,增强对客户的控制　　B. 向客户提供技术服务
   C. 向客户提供深层次援助　　　　　　　D. 增加目标客户的财务利益
109. 在客户关系生命周期的形成期,属于客户潜在期望的是(　　)。
   A. 受到企业非同一般的重视　　　　　　B. 获得更大的物质利益
   C. 成为企业的一部分　　　　　　　　　D. 客户对企业的重要价值得到认可
110. 企业建立有效客户关系的根本出发点是(　　)。
    A. 商品价格　　　　B. 客户的真正需求　C. 商品质量　　　　D. 服务水平
111. 在电子支票方式中,付款证明是一个由(　　)出文证明的电子流。
    A. 购买方　　　　　B. 销售方　　　　　C. 生产方　　　　　D. 金融中介
112. 电子现金必须具备可以存、取和转让的特点,也就是具备(　　)。
    A. 匿名性　　　　　B. 不可重复使用性　C. 可转换性　　　　D. 安全存储性
113. 在制造业物流中,物流按其在制造业中所发挥的职能,可分为(　　)。
    A. 供应物流、生产物流、销售物流、回收物流及废弃物流
    B. 区域物流、国内物流和国际物流
    C. 微观物流和宏观物流
    D. 企业物流和社会物流
114. 物流是指物品从产出源点到最终消费点的流动储存活动,具体包括运输、保管、包装、装卸、搬运、流通加工和(　　)等活动。
    A. 仓储　　　　　　B. 采购　　　　　　C. 信息处理　　　　D. 销售
115. 物流按地域范围分类,可分为区域物流、国内物流和(　　)。
    A. 微观物流　　　　B. 宏观物流　　　　C. 国际物流　　　　D. 企业物流

116. 当商品的买卖交易关系确立时,事实上也就克服了物品之间的(   )。
   A. 所有权间隔   B. 场所间隔   C. 时间间隔   D. 使用权间隔
117. (   )是企业生产活动的中心环节。
   A. 企业生产物流   B. 企业采购物流
   C. 企业销售物流   D. 企业退货物流
118. 做好企业的生产物流除了可以缩短产品的生产周期,还可以(   )。
   A. 提高销售价格   B. 提高生产效率
   C. 提高生产质量   D. 减少废次产品
119. 生产企业或流通企业卖出产品或商品的物流过程称为(   )。
   A. 供应物流   B. 销售物流   C. 生产物流   D. 企业物流
120. 从销售点收回包装产品用的容器属于(   )。
   A. 回收物流   B. 厂内物流   C. 销售物流   D. 退货物流
121. 商业企业的物流活动包括商品的进货、销售、调拨、存储和(   )。
   A. 验收   B. 加工   C. 退货   D. 服务
122. 现代物流相对于传统物流,其标志是(   )。
   A. 现代管理思想   B. 信息管理系统
   C. 高新技术应用   D. 电子商务发展
123. 物流系统由物流作业系统和(   )组成,它们之间存在层次性的关系。
   A. 物流配送系统   B. 物流供应链系统
   C. 物流信息系统   D. 物流规划系统
124. 物流信息管理一般包括(   )的内容。
   A. 物流信息的收集、处理、传递和存储
   B. 物流信息的识别、处理、传递和存储
   C. 物流信息的删除、转换、传递和存储
   D. 物流信息的更新、处理、分类和存储
125. 通过信息系统管理物流,可有效地提高整个物流的(   )。
   A. 灵活性,先进性,可靠性   B. 灵活性,速度,可靠性
   C. 先进性,可靠性,灵活性   D. 先进性,速度,可靠性
126. 在电子商务条件下,对于实物商品(   )的处理不能通过计算机和网络通信设备实现。
   A. 商流   B. 资金流   C. 物流   D. 信息流
127. 在电子商务环境中,物流的运作是以(   )为中心的。
   A. 信息   B. 商品   C. 企业   D. 客户
128. 企业为满足客户的物流需求,开展的一系列物流活动的结果称为(   )。
   A. 物流管理   B. 物流服务   C. 物流成本   D. 物流效益
129. 商品条码的国际组织是(   )。
   A. 国际物品编码协会   B. 国际物品编码中心
   C. 国际条码协会   D. 国际条码中心
130. 我国的商品条码管理机构是(   )。
   A. 中国物品编码协会   B. 中国物品编码中心
   C. 中国条码协会   D. 中国条码中心
131. 在中国内地,EAN/UCC-13 厂商识别代码由(   )位数字组成,由中国物品编码中心负责分配和管理。
   A. 4～6   B. 7～9   C. 8～10   D. 9～11

132. 条码的识读过程中扫描条码符号得到的是( )。
A. 光信号　　　　B. 电信号　　　　　　C. 数字信号　　　　　　D. 光电信号

133. 条码识读后输入电子收款机或计算机的是( )。
A. 条码代表的数字　　　　　　　　B. 条码代表的字符
C. 条码代表的数字信号　　　　　　D. 条码代表的数字或字符

134. 如果商品没有合适的条码印刷位置,一般可( )。
A. 粘贴标签　　　　　　　　　　　B. 悬挂条码标签
C. 印在商品底部　　　　　　　　　D. 不要条码

135. 国际上通用的和公认的三种物流条码中,一般企业最常用的是( )。
A. ITF-14 条码　　　　　　　　　　B. UCC/EAN-128 条码
C. EAN-13 条码　　　　　　　　　　D. EAN-8 条码

136. 不是铁路运输特点的是( )。
A. 在我国,铁路运输是货物运输的主要形式之一
B. 具有较高的连续性、可靠性和安全性
C. 铁路运输的灵活性很高
D. 发货的频率比公路运输低

137. 各种运输方式中( )能够运输数量巨大的货物,适合于进行长距离、低价值、高密度、便于机械设备搬运的货物运输。
A. 铁路运输　　　　B. 公路运输　　　　C. 航海运输　　　　D. 航空运输

三、多选题

1. 市场调查的内容有( )。
A. 市场环境调查　　　　　　　　　B. 市场基本状况的调查
C. 销售可能性调查　　　　　　　　D. 对消费者及消费需求调查
E. 对企业产品、产品价格、影响销售的社会和自然因素、销售渠道调查

2. 网上市场调查常用的方法有( )等多种方法。
A. 在线调查表单调查　　　　　　　B. E-mail 调查
C. 网站访问者随机调查　　　　　　D. 网上数据搜索
E. 上门调研

3. 与传统的市场调研相比较,网上市场调研具有的优势是( )。
A. 能充分发挥主观能动性　　　　　B. 信息传递迅速
C. 便捷和低成本耗资　　　　　　　D. 有较高的效率
E. 客观性较强

4. 一个完整的企业网络商务信息收集系统包括( )。
A. 销售部门　　　　　　　　　　　B. 先进的网络检索设备
C. 科学的信息收集方法　　　　　　D. 业务精通的网络信息检索员
E. 完整的数据库

5. 网络上的市场调研具有的特点有( )、网络调研可检验性和可控制性、互联网调查的局限性。
A. 网络信息的及时性和共享性　　　B. 网络调查的便捷性和低费用
C. 网络调查的交互性能和充分性　　D. 网络调查结果的可靠性和客观性
E. 网络调研无时空和地域的限制

6. 网上市场调查就是充分利用互联网的( )等特点。
A. 广泛性　　　　B. 直接性　　　　C. 互动性　　　　D. 随意性
E. 自觉性

7. 通过专用的软件，在特定的范围内，如（　　），收集电子邮件地址。
A. 新闻组　　　　　　B. 在线服务　　　　　　C. 分类广告
D. 邮件地址搜索引擎　E. WWW 网站

8. Excel 在统计调研问卷中有（　　）等作用。
A. 数据分析功能　　　B. 统计功能　　　　　　C. 智能制表　　　　　　D. 画出趋势线
E. 软件设计

9. 用 Excel 统计调研问卷中的步骤有（　　）。
A. 调查结果在 Excel 中的初步汇总　　　　　　B. 调查结果在 Excel 中的初步统计
C. 统计图的制作　　　　　　　　　　　　　　D. 制作说明书
E. 编制计划

10. 以下（　　）Excel 函数可以在问卷数据基本统计中用到。
A. COUNT　　　　　　B. AVERAGE　　　　　C. SUM　　　　　　　　D. MAX
E. IF

11. 统计的含义是（　　）。
A. 统计活动　　　　　B. 统计数据　　　　　　C. 统计学　　　　　　　D. 统计方法
E. 统计组织

12. 统计总体具有（　　）特点。
A. 同质性　　　　　　B. 大量性　　　　　　　C. 变异性　　　　　　　D. 方便性
E. 总结性

13. 统计工作是人们为了说明所研究对象的某种数量特征和数量规律性，而对该现象的数据进行（　　）的活动过程。
A. 录入　　　　　　　B. 收集　　　　　　　　C. 整理　　　　　　　　D. 分析
E. 查询

14. 统计调查的种类有（　　）。
A. 全面调查　　　　　B. 专门调查　　　　　　C. 普查　　　　　　　　D. 非全面调查
E. 抽样调查

15. 统计调查的方法有（　　）。
A. 统计报表　　　　　B. 重点调查　　　　　　C. 普查　　　　　　　　D. 典型调查
E. 抽样调查

16. 统计整理方案一般应包括内容的内容有（　　）。
A. 确定汇总的统计指标和综合表　　　　　　　B. 确定分组方法
C. 确定汇总资料的形式　　　　　　　　　　　D. 确定资料的审查内容和审查方法
E. 确定统计制度

17. 相对指标数值的表现形式有（　　）。
A. 比例数　　　　　　B. 无名数　　　　　　　C. 结构数　　　　　　　D. 抽样数
E. 复名数

18. 统计指标按其所反映的内容或其数值表现形式，可以分为（　　）。
A. 总量指标　　　　　B. 相对指标　　　　　　C. 平均指标　　　　　　D. 数量指标

19. 统计指标的构成要素有（　　）。
A. 指标名称　　　　　B. 计量单位　　　　　　C. 计算方法
D. 时间限制和空间限制　E. 指标数值

20. 统计指标的特点有（　　）。
A. 数量性　　　　　　B. 综合性　　　　　　　C. 具体性　　　　　　　D. 质量性
E. 抽象性

技能操作题

一、店铺管理

相关试题

1. 请将网上商店安装到本地网站的根目录下，并做到 http://localhost 可以访问网上商店首页，http://localhost/admin/可以访问网上商店后台管理登录页；网上商店使用的数据库及账号如下：

数据库主机：	Localhost	数据库用户名：	Sqlabc_f
数据库密码：	Shopex	数据库名称：	Sqlabc
是否安装体验数据：	否		

2. 根据以下要求在素材包中选择正确素材配置和维护网上商店：

基本设置：			
网店名称：	谭木匠	网站地址：	www.tmj.com
网店 logo：	Logo.jpg	备案号：	3234223
报警库存：	3	是否启用验证码：	是
购物显示设置：			
非会员购物	不支持	顾客点击商品购买按钮后	只将商品加入购物信息栏
前台商品价格精确	2位小数	价格进位方式	四舍五入
订单金额取整位数	整数取整	订单金额取整方式	四舍五入
是否设置含税价格	设置	税率	3%
默认备货时间	3天		
商品图片设置：			
列表页缩略图	宽度：110 px	高度：80 px	缺省图：dflt1.jpg
商品详细页图	宽度：300 px	高度：300 px	缺省图：dflt2.jpg
商品相册图	宽度：500 px	高度：500 px	缺省图：dflt3.jpg
支付方式管理：			
支付币别：	人民币		
预存款设置：	支付费率 6%	排序 6	
线下支付：	支持交易货币：人民币、美元、欧元、英镑、港币、新台币		
支付费率：1%	排序 5		
银行账号及汇款地址：	招商银行： 账号：622 58802 ××××1234 姓名：张三 工商银行： 账号：6222 0236 0200 ×××× 885 姓名：李四 邮政汇款 地址：上海市××路333号 收款人：王五		

续表

配送方式管理：				
	配送计费方式：	全国统一价	默认物流公司：	中通快递
	重量设置：	首重1千克	续重1千克	支持物流保价
	保价设置：	费率10%	最低报价费：	10元
	配送费用：	首重费用10元	续重5元	支持货到付款
管理员设置：				
	任务：	添加管理员并赋予权限		
	用户名：	Cbdymacheng	密码：	Ecstore123
	类型：	普通管理员	权限角色：	商品管理员
	状态：	启用	姓名：	杨川
	编号：	Shopex001	部门：	仓储
	备注：	负责对商品进行维护，包括商品的上、下架及库存补充		

3. 用 shopex_backup.zip 的数据包替换现有系统中的所有数据，并对现有系统中的数据库进行备份。
4. 查询并统计最近3个月的网上商店的以下数据：

浏览数	访问数	独立访客	每次访问页数
订单总额	订单	转化率	平均单价

二、商品信息管理

相关试题

1. 依次添加商品品牌"联想,华硕,东芝,惠普"，并关联到相关品牌图片。
2. 请添加一个名为"笔记本电脑1"的类型并添加关联品牌，要求如下：

是否为实体商品：	是	否与品牌关联：	是
是否启用商品扩展属性：	是	是否启用商品参数表：	否
是否启用购物必填信息：	否	关联品牌：	联想,华硕,东芝,惠普
扩展属性：	上市时间、网络类型、外观颜色、屏幕颜色、蓝牙、摄像头、操作系统		

3. 按照以下要求添加分类，并关联类型：

分类：	电脑	关联类型：	笔记本电脑1

4. 发布一个商品，并保存：

分类：	电脑	类型：	笔记本电脑1
商品名称：	联想Y60	销售价：	5 100元
商品编号：	LXY-01-232	商品关键词：	联想Y460
品牌：	联想	立即上架：	是

续表

分类：	电脑	类型：	笔记本电脑1
商品简介：	时尚 Handbag 外观设计,彰显潮流品位。14.0寸LED背光屏、全新一代超强显卡,专业高品质音响,带来全方位的激爽影音娱乐体验。		
成本价：	5 000	市场价：	5 500元
货号：	NKA9384729484	重量：	2 200克
库存：	28		

三、配送及客户服务管理

相关试题

1. 顾客张先生在网店下了一个订单,订单号为20121012109909,他在线联系想要将收获地址和收货人信息按照以下表格调整订单信息。

收货人：	王晓丽	联系手机：	136××××2356
收货地址：	上海浦东新区××大道215号		

2. 顾客商女士在网店订购了"素色羊皮磨砂尖头高跟鞋",订单号为20121012100499,原价是268元,经过和店主协商,需要在订单里面进行如下修改：

价格修改为：	150元	商品数量：	2件
配送方式：	快递	新增购买商品：	圆形指南针不锈钢甜美手表
支付方式：	货到付款		

四、网站优化

相关试题

1. 在"站点管理"设置SEO优化

名称：	商品列表页	TITLE(页面标题)：	爱哟欧式时尚女装品牌
META_KEYWORDS(关键词)：				
女装网,女装网店,网上买女装,购买女装,时尚女装,欧美女装,流行女装,女装品牌,女装新款,女装特价,真丝连衣裙,雪纺连衣裙,品牌连衣裙,卓越的网上购物			
META_DESCRIPTION(页面描述)：			
(爱哟)是时尚女装品牌网站,网上购买欧美流行女装新款特价,就来爱哟女装网站。			
是否启用 nofollow：	是	是否启用 noindex：	否

2. 自定义URL添加规则如下：

原链接：	cart.html	新链接：	购物车
启用：	是		

3. 在"站点"添加友情链接并进行操作

链接名称：	商派	链接地址：	http://www.shopex.cn
友情链接图片：	素材 2.1.1.1.jpg	排序：	1
隐藏：	否		

五、网络广告的发布与管理

相关试题

1. 发布一个网店公告，要求如下：

栏目：	最新公告	标题：	最新会员积分规则
内容：	\multicolumn{3}{l	}{1. 购买本店商品都可以获得积分，积分比率为购物金额的100%，即购买100元的商品可获得100个积分。 2. 购物金额若非整数，购物积分取整数部分发放，即购买100.5元商品，将获得100个积分。 3. 若会员在支付时使用优惠券，本店将只针对实际支付金额发放积分。 4. 成功支付订单后，积分将自动打入会员的积分账户。}

六、网络促销

相关试题

1. 请添加一个名为"全场购物满30元免运费"的活动，商品限定为短袖 T-shirt，添加一个名为"购物满99元立减10元"的优惠券。

2. 请为一个名为"炫彩清凉 POLO 衫"的商品设置组合销售的商品。

3. 请为商品"Walk 系列风尚帆布鞋"设置限时抢购的活动。

4. 请为商品名"韩版明星最爱休闲手提包"设置团购活动。

5. 将商店的积分规则设置为"按订单商品总价格计算积分"，积分比率设为"0.1"。

七、群发推广

相关试题

1. 根据以下参数，设置邮件账号，完成邮件短信操作：

发送方式：	使用外部 SMTP 发送	发信人邮箱：	test1@shopex.cn
smtp 服务器地址：	mail1.domain.com	smtp 服务器端口：	25
smtp 用户名：	shopex1	smtp 密码：	shopex1

2. 给目标客户群发站内信：

目标客户：	普通会员	标题：	上海商派
信息内容：	\multicolumn{3}{l	}{ShopEx 成立于2002年，是国内最大的电子商务软件及服务提供商。ShopEx 长期专注于电子商务软件的研发及电子商务解决方案与服务的提供。多年来，ShopEx 始终秉承"做最好的电子商务软件和服务"之理念，引领中国电子商务行业技术的发展方向。}

八、网络软文推广

相关试题

1. 在文章栏目下添加为"联想 Y460N"的节点,并在导航菜单里添加列表页菜单,菜单标题为"最新商品信息",根据素材撰写软文

商品信息并进行操作:

联想 Y460N-ITH(H)

价格:5 899 元

性能参数:14 英寸(1366×768 分辨率 16∶9)显示屏,硬件配备了 Intel 酷睿 i3 380M 处理器,2GB DDR3 内存,500GB 硬盘,NVIDIA GeForce GT 425M 1G 显示芯片,DVD 刻录机支持 DVD SuperMulti 双层刻录,机身总重约 2.2 千克。接口方面:4xUSB2.0 接口,5 合 1 读卡器,耳机输出接口,麦克风输入接口,电源接口,EcpressCard 扩展接口。网络方面:联想 Y460N-ITH 内置无线网卡,1 000Mbps 以太网卡,内置蓝牙。机身尺寸:340×235×20×32.8mm。其他方面:联想 Y460N-ITH 出厂带正版 Windows 7 Home Basic 操作系统,安全锁孔支持人像识别功能 Slide Bar 桌面导航一键影音联想分屏一键拯救系统闪联,6 芯锂电池,集成 130 万像素高清摄像头,杜比认证音效,立体声扬声器,整机保修 3 年。

性能特点:APS 硬盘防护系统,联想高触感笔记本键盘,slide bar 触控条,杜比音效认证,智能人脸识别,一键拯救系统,闪联任意通

适用场合:出行、移动办公

九、售后服务

相关试题

1. 通过系统平台添加售后服务的问题:

订单号:	20121012101895
会员用户名:	商派小子	密码:	demo
售后服务标题:	商品退换货政策?
申请售后的详细原因描述:	(略)

2. 接受售后服务申请,并回答顾客提出的关于售后服务的问题。

附录

电子商务常用专业术语

1. 商业模式

名称	相关解释
B2B 模式	Business to Business——企业对企业。例如：阿里巴巴，生意宝（网盛科技）、慧聪网。
B2C 模式	Business to Customer——企业对个人。例如：亚马逊，当当，凡客，时尚起义，走秀网。
C2C 模式	Customer to Customer——个人对个人。例如：ebay，淘宝，拍拍。
BMC 模式	Business-Medium-Customer 的缩写，率先集量贩式经营、连锁经营、人际网络、金融、传统电子商务（B2B、B2C、C2C、C2B）等传统电子商务模式优点于一身，解决了 B2B、B2C、C2C、C2B 等传统电子商务模式的发展瓶颈。B＝Business，指企业；C＝Customers，指消费者，终端；M＝Medium，在这里指的是在企业与消费者之间搭建的一个空中的纽带与桥梁。
B2B2C	是一种电子商务类型的网络购物商业模式，B 是 business 的简称，C 是 customer 的简称，第一个 B 指的是商品或服务的供应商，第二个 B 指的是从事电子商务的企业，C 则是表示消费者。以亚马逊为代表。
O2O	Online to Offline 团购模式，以团宝网、美团网、高朋网为代表。

2. 广告词汇

名称	相关解释
植入式广告	在电影或电视剧或者其他场景插入相关的广告。如变形金刚、非诚勿扰等。
SEM	Search Engine Marketing 的缩写，意即搜索引擎营销。
EDM	Electronic Direct Marketing 的缩写，即电子邮件营销。
CPS	Cost per Sales 的缩写，即销售分成。
CPA	Cost per Action，每次动作成本，即根据每个访问者对网络广告所采取的行动收费的定价模式。对于用户行动有特别的定义，包括形成一次交易、获得一个注册用户，或者对网络广告的一次点击等。
CPM	(Cost per Mille，或者 Cost per Thousand；Cost per Impressions) 每千人成本。
CPC	(Cost per Click；Cost per Thousand Click-Through) 每点击成本。
ROI	Return on Investment 的缩写，投资报酬率。
SEO	Search Engine Optimization 的缩写，搜索引擎优化。
CR 转化率	Conversion Rate 的缩写，是指访问某一网站访客中，转化的访客占全部访客的比例。
UV	Unique Vister 的缩写，独立访客。
AdWords	Google 的关键词竞价广告。
Alexa	Alexa.com 是专门发布网站世界排名的网站。网站排名有两种：综合排名和分类排名。
二跳率	二跳率，由 99click 最先提出，网站页面展开后，用户在页面上产生的首次点击被称为"二跳"，二跳的次数即为"二跳量"，二跳量与浏览量的比值称为页面的二跳率。
跳出率	跳出率是指浏览了一个页面就离开的用户占一组页面或一个页面访问次数的百分比。
人均访问页面	PV 总和除以 IP，即可获得每个人平均访问的页面数量。至少人均访问页面需要超过 10 个以上，才算是优质的用户。

3. 营销方式

名　称	相关解释
网络媒体	门户网站广告,客户端软件广告。
SEM	竞价排名,联盟广告。
EDM 邮件营销	内部邮件群发,第三方平台,数据库整合营销等方式。
社区营销	BBS 推广(发帖和活动)SNS。
CPS/代销	销售分成(一起发,成果网,创盟)。
SEO	搜索引擎优化。
积分营销	积分兑换,积分打折,积分购买等。
DM 目录	传统单张目录,如麦考林、红孩子、凡客、PPG。
线下活动	会展,体验店等。
传统媒体	电台、电视台、报纸、杂志。

4. 数字化网络营销效果

名　称	相关解释
访问页面	网络推广的访问者访问 5 个页面以上才是有效流量。访问 10 个页面以上是高质量的流量,访问 2 个以下页面是垃圾流量。
停留时间	超过 3 分钟才是有效流量;超过 6 分钟是高质量流量;小于 1 分钟的是垃圾流量。
二跳率数据	推广来主页二跳率 70% 以上是高质量流量。
转化率数据	推广购买转化率为 1% 以上为高质量流量。
动销率	商品动销率计算公式为:商品动销率＝动销品种数/门店经营总品种数×100%。
动销品种数	门店中所有商品种类中有销售的商品种类总数。
商品动销率	商品动销率＝商品累计销售数量/商品期末库存数量

5. 数字化的网站

名　称	相关解释
访问量	alexa,chinaz 查询工具。
网络流行度	搜索网站名,搜索结果越多相对来说越流行。
行业排名	查询行业在艾瑞网站的排名。
网络新闻曝光率	用 baidu 新闻搜索。
SEO 表现	收录与 PR,排名。
百度指数	百度指数是用以反映关键词在过去 30 天内的网络曝光率及用户关注度。
每天新增注册用户数	UV×1%
活跃用户	活跃用户＝注册用户/10
最高同时在线	最高同时在线＝活跃用户×20%
收费交易客户数	收费交易客户数＝活跃用户×5%
销售额	收费交易客户数×商品平均价格
客单价	零售术语又称 ATV,即每一位顾客平均购买商品金额。

6. 电子商务公司职位

名　称	相关解释
UI	User Interface(用户界面)的简称。UI设计则是指对软件的人机交互、操作逻辑、界面美观的整体设计。
TD	技术部研发(Technology Development Department,TDD)
JS	JavaScript,前端开发。
DZ	页面重构,页面制作。
PM	项目经理。
PDM	产品经理。
UED	用户体验设计,交互设计。
Operation Manager	运营经理

7. 商品物流及客户管理

名　称	相关解释
QC	Quality Control的简称,中文意义是品质控制,又称质检,即对产品进行一个初步的检验,排除质量问题。
SKU	Stock Keeping Unit的简称,即库存进出计量的单位,可以是以件、盒、托盘等为单位。保存库存控制的最小可用单位。
3PL	第三方物流(Third Party Logistics),电商行业意指快递公司。
PCS	计量单位的简写,即pieces一块、件、片、篇、张、条、套。多见于外贸交易中,后为书写方便,延伸到其他行业,可代表个、包、袋等表示数量的产品。
SRM	Supplier Relationship Management的缩写,即供应商关系管理。
ERP	Enterprise Resource Planning的缩写,即企业资源计划。
OMS	Order Management System的缩写,即订单管理系统。
CRM	Customer Relationship Management的缩写,即客户关系管理。
RFM	模型是衡量客户价值和客户创利能力的重要工具和手段。该机械模型通过一个客户的近期购买行为、购买的总体频率以及花了多少钱三项指标来描述该客户的价值状况。

主要参考文献

1. 陈文培.电子商务员[M].北京:中国劳动社会保障出版社,2005.
2. 陈文培.国际贸易理论基础考试辅导精编[M].上海:立信会计出版社,2011.
3. 李英枫.新编统计学[M].北京:北京大学出版社,2008.
4. 陈文培.助理电子商务师[M].北京:中国劳动社会保障出版社,2006.
5. 陈文培.助理电子商务师职业技能鉴定辅导练习[M].北京:中国劳动社会保障出版社,2009.